Politologische Aufklärung – konstruktivistische Perspektiven

Herausgegeben von
Univ.-Prof. Dr. Renate Martinsen,
Universität Duisburg-Essen, Deutschland

AF166555

Die Entdeckung des Beobachters bezeichnet in der Gegenwart die zentrale intellektuelle Herausforderung in den modernen Wissenschaften. Der dadurch in zahlreichen Disziplinen eingeleitete „constructivistic turn" stellt in Rechnung, dass es keinen Zugang zu einer beobachterunabhängigen Realität gibt. Erkenntnisprozesse bilden demnach die Realität nicht einfach ab, sondern sind vielmehr aktiv an ihrer Erzeugung beteiligt. In den letzten Jahrzehnten hat in den Geistes- und Sozialwissenschaften bereits in weiten Bereichen eine Ausdifferenzierung des konstruktivistischen Diskurses stattgefunden – in der Politikwissenschaft setzte diese Entwicklung jedoch erst mit Verzögerung ein. Die Publikationsreihe „Politologische Aufklärung – konstruktivistische Perspektiven" verfolgt ein Forschungsprogramm, das sich eine konstruktivistische Reformulierung von politikwissenschaftlichen Fragestellungen und Begrifflichkeiten zum Ziel gesetzt hat. Dabei geht es in verschiedenen konstruktivistischen Varianten – wenn auch mit jeweils unterschiedlichen Akzentuierungen – stets um die Frage nach der Produktion von politischer Wirklichkeit und die Frage nach dem Status unseres Wissens.

Renate Martinsen (Hrsg.)

Ordnungsbildung und Entgrenzung

Demokratie im Wandel

Herausgeber
Univ.-Prof. Dr. Renate Martinsen
Universität Duisburg-Essen
Duisburg
Deutschland

Politologische Aufklärung – konstruktivistische Perspektiven
ISBN 978-3-658-02717-9   ISBN 978-3-658-02718-6 (eBook)
DOI 10.1007/978-3-658-02718-6

Die Deutsche Nationalbibliothek verzeichnet diese Publikation in der Deutschen Nationalbibliografie; detaillierte bibliografische Daten sind im Internet über http://dnb.d-nb.de abrufbar.

Springer VS
© Springer Fachmedien Wiesbaden 2015

Gedruckt auf säurefreiem und chlorfrei gebleichtem Papier

Springer Fachmedien Wiesbaden ist Teil der Fachverlagsgruppe Springer Science+Business Media
(www.springer.com)

Inhalt

Teil II
(Demokratische) Ordnungsbildung in der Weltgesellschaft

Teil III
Demokratie und das Andere der Ordnung

Einleitung

Konstituierung und Entgrenzung von (demokratischer) Ordnung in der Moderne – einführende Überlegungen

Renate Martinsen

1 Die Macht der Ordnung und die Ordnung der Macht

„Gott würfelt nicht!" lautet eine bekannte Sentenz, die dem Physiker Albert Einstein zugeschrieben wird und die von der menschlichen Sehnsucht nach einem geordneten Weltganzen Zeugnis ablegt. Als Grundkategorie menschlicher Welterfassung dient *Ordnung* der kategoriellen Abstraktion und ermöglicht die Strukturierung von Erfahrung. Die Suche nach Regelhaftigkeit, Wiederkehrendem, Vergleichbarem, Mustern, Strukturen etc. ist auch in den Sozialwissenschaften von elementarer Bedeutung. Erst der Wille zur Ordnung schafft die Voraussetzung für das Erkennen gesellschaftlicher Zusammenhänge. Aus der Perspektive der Chaostheorie stellt sich das Weltgeschehen als zu jedem Zeitpunkt einzigartiger, unfassbar vielschichtiger evolutionärer Prozess dar – doch allenfalls Gott könnte dies begreifen, nicht aber der Mensch. Im Alltagsleben wie auch in der Wissenschaft versuchen wir durch Ordnungsvorstellungen Orientierungsmöglichkeiten und Planbarkeit für die Lebensführung bzw. für das Denken von Gesellschaft zu etablieren, indem wir den einmaligen prozessualen Strom der Ereignisse zerstückeln und die so entstandenen Teile Kategorien zuordnen: Durch diese Reduktion von Komplexität werden „Regelmäßigkeiten ge- und erfunden" (vgl. Kriz 2004: 45). Erst so wird Ordnungs- und Sinnbildung im (wissenschaftlichen) Umgang mit Welt ermöglicht.

Doch jede Ordnung ist unhintergehbar imperfekt. Denn die Herstellung von Ordnung, die dem „wilden" Fluss an Vorkommnissen in der Welt abgerungen wird, kann nur über Grenzziehung erfolgen. Die *Grenze* trennt den zum strukturierten Ganzen gehörenden Kosmos von dem Jenseits der Ordnung. In anderen Worten: Die Semantik der Ordnung folgt der Logik des Codes „Ordnung" versus „Unordnung". Dem Außen der Ordnung kommt eine doppelte Funktion zu: Einerseits stellt das Ausgegrenzte das Ordnungsgefüge immer wieder in Frage, andererseits ist es Möglichkeitsbedingung für die Identitätsbildung einer Ordnung. Als Distinktionsprinzip ermöglicht Ordnung kontingente Anordnungen von Phänomenen. Grenzen sind somit unweigerlich umkämpft. Weil Ordnung konstitutiv auf ihr Anderes verweist, kann die Grenzbildung nie zu einem definiten Resultat führen, sondern ist als fortlaufender Prozess zu konzeptualisieren, der es mit Unterbrechungen, Paradoxien und Vermischungen zu tun hat. „Grenzhygiene" (Koschorke 1999: 50) bleibt eine Fiktion.

Auch das politische Denken ist seit jeher von diesem grundsätzlichen Bezug auf Ordnung strukturiert. Jedoch sind Konzeptionen einer politischen Ordnung seit der *Moderne* vor charakteristische Herausforderungen gestellt. Denn die moderne, d. h. funktional ausdifferenzierte Gesellschaft verfügt nicht mehr über ein Zentrum oder eine Spitze – deshalb kann sie sich nicht mehr auf eine referenzfähige Einheit beziehen, von der aus für alle verbindliche Maßstäbe abgeleitet werden können (vgl. Martinsen 2010). Ein moderner Theoriestil muss die Unmöglichkeit des Rückgriffs auf eine Letztinstanz in Rechnung stellen und Erkenntnis selbstreflexiv wenden. Welt ist dann nicht mehr als Gegenstand, sondern nur noch als unfassbare Einheit, die auf verschiedene Weise beobachtet werden kann, imaginierbar. Die Ordnungsidee steht vor der Herausforderung, dass es in der Moderne plurale gesellschaftliche Ordnungsvorstellungen gibt, die nicht miteinander kompatibel sind: Unterschiedliche gesellschaftliche Funktionssysteme mit jeweils eigenen Rationalitäten haben sich ausdifferenziert, die distinkte Grenzziehungen etablieren. Ordnungen in der modernen Gesellschaft sind somit beobachtungsabhängig. Konstruktivistische Denkfiguren, die auf diese Beobachterabhängigkeit rekurrieren, halten seit geraumer Zeit Einzug in das sozialwissenschaftliche Denken.

Vor dem Hintergrund der Ordnungskonkurrenz in der modernen Gesellschaft bilden die Konzeptualisierungsbemühungen einer *politischen Ordnung* nur noch einen Sinnentwurf neben anderen. Die Ansätze zur Profilierung einer Ordnung in der politischen, durch Machtbeziehungen gewebten Welt haben sich seit der Neuzeit immer wieder auf den Staat als nach innen und außen kompaktem Handlungsakteur bezogen. Diese Sichtweise wird gegenwärtig indes zunehmend in Zweifel gezogen: *Wandel von Staatlichkeit* ist das politikwissenschaftliche Megathema seit dem Ende des 20. Jahrhunderts. Demnach befindet sich die staatliche Ordnung sowohl „nach innen" als auch „nach außen" im Zuge der Herausbildung von (Global) Governance-Strukturen in einem Erosionsprozess: National und transnational erweitert sich zunehmend der Kreis der Akteure und Institutionen, die „mitregieren" und über kein demokratisches Mandat verfügen bzw. eine Entkopplung zwischen der Reichweite politischer Entscheidungsmacht und dem Horizont politischer Problemketten induzieren. Die Frage nach der demokratischen Legitimität politischer Ordnungen in einer sich globalisierenden Welt nimmt mittlerweile einen prominenten Platz auf der politikwissenschaftlichen Forschungsagenda ein. Dabei stellt sich das Problem, ob die herkömmlichen Denkformen überhaupt noch in der Lage sind, „demokratische Legitimität" auf der Folie eines grundlegend veränderten politischen Koordinatensystems angemessen zu konzeptualisieren.

Eine weitere Problematisierungsebene eröffnen politiktheoretische Perspektiven, welche die gängige Fokussierung auf den Staat und die institutionell-rechtliche Dimension des Politischen in Frage stellen. Der Bezug auf die staatliche Ordnung als Gravitationszentrum politikwissenschaftlichen Denkens operiert mit einem folgenreichen „blinden Fleck": Ist das Soziale ein vielschichtiger Ordnungszusammenhang, dann ist bereits der Konstituierung und Verstetigung einer politischen Ordnung selbst ein genuin politischer Charakter inhärent. Unterscheidet man in diesem Sinne zwischen *der Politik* und *dem Politischen*, wie ein neueres politiktheoretisches Denken nahelegt, dann sind alle gesellschaftlichen Teilsysteme immer auch „politisierte Systeme", denn der „unabschließbare Prozess der Konstruktion von Systemen [ist] selbst höchst umkämpft und mithin politisch." (Peter 2014: 54) Sinnvermittelte Kämpfe um Inklusion und Exklusion werden über die Kommunikation von Differenzen prozessiert. Die Bezüge zwischen dem Innen und Außen der politischen Ordnung gehen einher mit der Austragung von Konflikten. Versteht man politische Ordnung in konstruktivistischer Denkweise als „diskursives Produkt", dann kommt kontroversen Vorstellungen einer legitimen Ordnung paradoxerweise eine konstitutive Funktion für diese zu, da Deutungskonflikte die Fortsetzung des Diskurses sichern, der die Ordnung konstituiert (vgl. Brodocz 2011: 50 f.).

2   Wandel des Wandels: Demokratie in der Moderne

Solchermaßen erfolgt eine Dynamisierung von Ordnungsbildungsprozessen. Ging man herkömmlicherweise davon aus, dass eine Analyse sozialen oder politischen Wandels nur vor dem Hintergrund einer stabilen sozialen Struktur begrifflich erfasst werden kann, so deutet sich hier an, dass das gesellschaftstheoretische Verständnis von *Wandel* womöglich reformuliert werden muss. Zunächst einmal ist evident, dass sich Wandel in der Moderne nicht mehr auf eine Fortschrittsperspektive beziehen kann: Die laufende Transformation von Ordnungen scheint nur noch auf die eigene Fortsetzbarkeit bezogen. Beständiger Wandel ist demnach „ziellos und kontingent" (Jäger/Weinzierl 2011: 15), aber keineswegs beliebig, da die Anschlussfähigkeit von Operationen an die Ordnungsbildungsprozesse zum Aufbau von ordnungsgenerierenden Strukturen erforderlich ist. Der Wandel von politischen Ordnungen verläuft pfadgebunden – die Wahrnehmung von Strukturbrüchen wäre somit auf einen profilbildenden Ordnungsimpuls der Sozialwissenschaften zurückzuführen. Es passt ins Bild, dass sich im neuen Jahrtausend inhaltliche Trendaussagen zur Entwicklung des politischen Teilbereichs immer mehr verflüchtigen – vielmehr finden sich polare Leittafeln wie „Ausdifferenzierung und Interaktion", „Regionalisierung und Internationalisierung", „Steuerung und Selbstorganisation", die das Signum der Ambivalenz tragen. Insofern lässt sich von einem Paradigmenwechsel im Sinne eines „Wandels des Wandels" sprechen. Die These eines neuen Wandels führt zu einer Verflüssigung der Grenzfrage. Es ist in diesem Sinne keineswegs von statischen Grenzziehungen auszugehen. Vielmehr kann ein kontinuierlicher dynamischer Prozess der Entgrenzung und Neubegrenzung (= Ordnungsbildung) diverser sozial produzierter Zusammenhänge verzeichnet werden. Entgrenzung als Zusammenspiel des Wandels sozialer Grenzen findet dabei gegenwärtig auf verschiedenen strukturell miteinander gekoppelten Ebenen (funktionale, territoriale und symbolische) statt (vgl. Stetter 2008: 103 ff.). Die Diagnose einer grundsätzlichen Polykontexturalität der Gesellschaft impliziert, dass soziale Funktionssysteme füreinander ein hohes Irritationspotential besitzen.

Auch politischer Wandel vollzieht sich entsprechend als kontinuierlicher Prozess der Etablierung und Verstetigung sowie Entgrenzung und Rekonstituierung von politischen Ordnungen. Eine zentrale Rolle für das politikwissenschaftliche Selbstverständnis spielt die Thematisierung von Bestandsvoraussetzungen und Entwicklungschancen der *Demokratie*. Wandel der politischen Ordnung wird zuvorderst thematisiert als Frage nach einer neuen Performanz demokratischer Ordnungen. Ein verbreiteter Topos in der Politikwissenschaft handelt von Entgrenzung als Gefährdung der Demokratie. Aus der tradierten staatszentrierten Perspektive werden die Einbußen im Hinblick auf den normativen Anspruch einer umfassenden Gesellschaftssteuerung im Zuge der Globalisierung beklagt. Doch die vorherrschende Konzentration auf die „Norm" der nationalstaatlich verstandenen Demokratie vermag die strukturell gewandelten Verhältnisse nur unzureichend zu erfassen. Setzt man hingegen an bei einem gesellschaftstheoretisch verankerten Begriff von Entgrenzung, dann kann verdeutlicht werden, dass Demokratie in historischer Perspektive zugleich auch ein Resultat von funktionaler Differenzierung ist. Der Vorzug einer historisch vermittelten Orientierung an der „Form" der Demokratie erweitert den Analysefokus und eröffnet die Option, die gegenwärtig stattfindenden Wandlungsprozesse neu zu beschreiben. Demokratie fungiert solchermaßen als Selbstbeschreibungsformel der politischen Ordnung im Allgemeinen: „Das, was als Herrschaft geordnet werden sollte, [...] kehrt ungeregelt ins System zurück und veranstaltet dort ein eigenes Spiel, um Formen zu finden, die sich als Grundlage für Wiederauflösung und Neukonsolidierung eignen." (Luhmann 2000: 357) Unter einer funktionalen Perspektive scheint eine demokratische Herrschaftsform am ehesten zu gewährleisten, dass soziale Komplexität erhalten bleibt, indem sie die unbekannte Zukunft offen hält für neue Gelegenheitszeitfenster und damit einhergehende neue Beschränkungen. Indes lässt sich auch unter primär funktionalistischer Betrachtung eine normative Privilegierung der Demokratie plausibilisieren, da Demokratie als Ordnung ohne letzten Grund beschrieben werden kann (vgl. Marchart 2010: 31). Als radikale Demokratie stellt sie das ständige Neuordnen des politischen Felds in Rechnung und reflektiert auf ihre eigene Wandelbarkeit. Eine Realisierung dieses Potentials demokratischer Ordnungen impliziert, dass sich Demokratie auf keine a priori feststehenden Normen bezieht, sondern Normbildung aus der demokratischen Praxis selbst erwächst.

3 Politisierung als Folge des konstruktivistischen Zweifels

In den *Beiträgen des vorliegenden Bandes* geht es darum, das Verständnis der theoretisch gehaltvollen Begriffe „Ordnungsbildung" und „Entgrenzung" aus gesellschafts- und politiktheoretischer Warte zu vertiefen und zugleich anhand des Themenschwerpunkts „Demokratiewandel" zu beleuchten.[1] Folgende Leitfragen umgrenzen – bei differierender Schwerpunktsetzung – das Forschungsinteresse: (1) Wie lässt sich Ordnung verstehen? (2) Wie vollzieht sich der Wandel von Ordnung (Prozesse der Entgrenzung, Prozesse der Re-Konstituierung)? (3) Inwiefern kann gegenwärtig ein Wandel der demokratischen Ordnung diagnostiziert werden? Trotz unterschiedlicher theoretischer Perspektiven und empirischer Bezüge stellen sich zahlreiche Verweisungszusammenhänge zwischen den Texten her, sodass die folgende Gliederung nur *einem* möglichen ordnungstheoretischen Profil geschuldet ist. Die im Folgenden präsentierte „Storyline" startet mit Beobachtungen des dynamischen Wandels demokratischer Ordnungen, die sodann verstärkt auf den Rahmen des weltpolitischen Systems bezogen werden und thematisiert abschließend „das Andere der Ordnung" (Bröckling u. a. 2014) im Sinne eines Jenseits der etablierten demokratischen Ordnung: Der Fokus auf dem Ausnahmefall, dem Anderen, dem Antagonismus machen darauf aufmerksam, dass auch

---

1   Der Band geht zurück auf eine Vortragsreihe des gesellschaftswissenschaftlichen Profilschwerpunkts „Wandel von Gegenwartsgesellschaften. Ordnungsbildung in entgrenzten Verhältnissen" der Universität Duisburg-Essen zum Thema „Entgrenzung und Ordnungsbildung – Demokratie im Wandel" und versammelt überarbeitete Fassungen von Vorträgen, die vom SoSe 2012 bis zum WiSe 2013/14 gehalten wurden. Die Beiträge von Martinsen und Martinsen-Flügel wurden im Rahmen des DVPW-Kongresses am 27. September 2012 an der Universität Tübingen im Panel „Demokratie als Konstrukt" der Themengruppe „Konstruktivistische Theorien der Politik" in einer ersten Version vorgestellt.

demokratische Ordnungen immer wieder notwendig Ausschließungen produzieren und dies – im besten Falle – selbst reflektieren.

3.1 Dynamisierung der Demokratie

Der erste Themenblock zum Demokratiewandel wird eröffnet durch grundbegriffliche Überlegungen von *André Brodocz* zur dynamischen Ordnungsbildung von Demokratien. Politische Ordnungen, deren Geltungswillen auf die Durchsetzung kollektiv verbindlicher Entscheidungen ausgerichtet ist, werden demnach auf dem Wege der Zuschreibung von Legitimität durch die Bürger nicht nur dar-, sondern auch fortlaufend hergestellt. Die Pluralität von legitimen Ordnungsvorstellungen wird dabei symbolisch integriert durch eine Einheitsvorstellung, die auf unterschiedliche Weise interpretiert werden kann. Diese Deutungsöffnung verläuft über Deutungskonflikte, welche die fortwährende diskursive Konstituierung der politischen Ordnung indes erst ermöglichen. Zugleich aber bergen diese Auseinandersetzungen auch Potential nicht nur für den kontinuierlichen Wandel von Ordnungen, sondern auch für deren Gefährdung. „Demokratie" ist gegenwärtig zur hegemonialen Einheitsvorstellung geworden, über die moderne politische Ordnungen ihre symbolische Integration erwirken. Sowohl die Konflikte um Deutungsmacht auf der Ebene der internationalen politischen Ordnung als auch die Krisendiagnosen in etablierten westlichen Demokratien führen vor Augen, dass Demokratie nicht nur stets „im Kommen" (Derrida), sondern auch „*im Gehen*" ist.

Gleichfalls an die These einer Dynamisierung des Demokratiebegriffs angeknüpft wird im Beitrag von *Renate Martinsen*. Ausgehend von der politikwissenschaftlichen Debatte um den Wandel von Staatlichkeit und den Krisendiskursen zur demokratischen Legitimität wird gezeigt, dass meist zwei miteinander in Spannung stehende Strukturprinzipien des demokratischen Verfassungsstaates nicht hinreichend unterschieden werden: nämlich das Volkssouveränitäts- und das Rechtstaatsprinzip, die Anknüpfungspunkte für unterschiedliche gesellschaftliche Selbstverständigungsdiskurse bieten. Im Zuge der wachsenden gesellschaftlichen Wahrnehmung der Ambivalenz des technischen Fortschritts kommt es insbesondere im Kontext von großen Infrastrukturprojekten, die mit langfristigen irreversiblen Weichenstellungen einhergehen, zur Herausbildung einer neuen, in der Mitte der bürgerlichen Gesellschaft angesiedelten Protestbewegung. In Bezug auf das Fallbeispiel *Stuttgart 21* lässt sich plausibilisieren, dass der Streit um den Neubau des Stuttgarter Hauptbahnhofs als Konflikt um die Deutung von Demokratie reformuliert werden kann. Abschließend wird diskutiert, inwiefern sich mit dem Stuttgarter Schlichtungsverfahren als einem kommunikativen Politikmodell

Formen einer „kommunikativen Demokratie" abzeichnen, welche geeignet erscheinen, repräsentative und direktdemokratische Demokratie zu ergänzen.

Die Reflexionen von *Ludger Heidbrink* zum zeitdiagnostischen Begriff des „Postliberalismus" greifen gleichfalls die Diskussionen auf, die Symptome einer Krise der liberalen Verfassung westlicher Demokratien ausmachen. Der Autor prüft, ob sich mit dem Postliberalismus-Label als heuristischem Konstrukt eine veränderte und angemessenere Beschreibung gesellschaftlicher und demokratischer Wandlungsprozesse leisten lässt. Hierzu werden zunächst einmal verschiedene Krisenszenarien aufgefächert, die nahelegen, dass der über zweihundert Jahre vorherrschende politische und ökonomische Liberalismus an seine Grenzen gelangt sein könnte. Wenn die Aufgabe der politischen Philosophie primär als korrektives Verfahren verstanden wird, lässt sich vor dem Hintergrund der skizzierten Bedrohungen der Wandel von einer liberalen Politik der Ordnungsbildung zum postliberalen Paradigma wie folgt skizzieren: Es geht nun primär um die Vermeidung von genuinen Systemdefekten, die eine Gefährdung der gesellschaftlichen Funktionsbedingungen nach sich ziehen könnten. Eine „stabile demokratische Zukunft" kann auch im Kontext einer postliberalen Gesellschaftsgestaltung nicht garantiert werden. Vielmehr steht der Postliberalismus für die „Wiederkehr des Politischen" im Rückgang auf die soziale Existenz des Menschen und im Zeichen demokratischer Selbstregierung.

Demokratietheorie wird meist differenziert in eine normative Variante, der es vor allem um Demokratiebegründung geht, sowie eine empirische Variante, welche den analytischen Fokus auf Demokratiebeschreibung legt. Demgegenüber schärft auch *Oliver Martinsen-Flügel* den Blick für einen alternativen Demokratietheoriemodus, der nicht darauf abzielt, ein normatives Fundament für Demokratie zu rechtfertigen, aber dennoch normativ interessiert und folgenreich ist. In diesem dritten Strang insistiert ein radikales Demokratiedenken, wie es in den jüngeren Diskursen einer kritischen politischen Philosophie von Judith Butler bis zu Jacques Rancière verfolgt wird, auf der subversiven Befragung vorfindbarer institutioneller Ordnungen. Diese gegenwärtig populären Diskurse zur Demokratie gehen wesentlich auf Claude Leforts Überlegungen zum „Abenteuer der Demokratie" zurück, in denen das nicht fixierbare Grundelement demokratischer Ordnungen akzentuiert wird. Demokratie ist solchermaßen zu verstehen als eine auf Emanzipation ausgerichtete Unternehmung, deren Befragungen vorfindbare Ordnungen beständig umschreiben und so gesellschaftliche Ordnungen nicht nur aufbrechen, sondern überhaupt erst konstituieren.

3.2 (Demokratische) Ordnungsbildung in der Weltgesellschaft

Die beobachtbare Verflüssigung von Demokratiekonzepten, bei denen gerade der prozessuale Charakter der umkämpften Herstellung, Verstetigung, Entgrenzung, Auflösung oder Rekonstituierung demokratischer Ordnungen ins Zentrum rückt, wird im zweiten Themenfeld schwerpunktmäßig auf die inter- und transnationale Ebene bezogen. Ausgehend von der Feststellung, dass die Theorien der Internationalen Beziehungen (IB) eine bemerkenswerte theoretische Blindstelle aufweisen, indem sie häufig keine Aussagen treffen über die Ordnungsstruktur globaler Politik, welche der internationalen Politik zugrunde liegt, wirft *Stephan Stetter* grundsätzliche Fragen nach Ordnung und Wandel in der Weltpolitik auf. Zur Überwindung des diagnostizierten Defizits der IB-Theorien wird Ordnungsbildung in einer hochgradig differenzierten und strukturell globalisierten Welt aus einer historisch und soziologisch informierten Perspektive reformuliert. Eine solchermaßen inspirierte Theorie der globalen politischen Ordnung identifiziert zwei signifikante Strukturmuster derselben, deren begriffliche Beachtung einen Beitrag zur Konturierung des ordnungstheoretischen Profils klassischer IB-Theorien leisten könnte: funktionale Ausdifferenzierung moderner Gesellschaftsordnungen einerseits sowie Subjektivierungsdynamiken, die spezifische Formen des Umgangs mit Inklusion und Exklusion bedingen, andererseits. Zwar lässt sich Demokratie mittlerweile auch als eine wichtige Semantik der globalen politischen Ordnung ausmachen und Abweichungen zum modernen Differenzierungs- und Inklusionspostulat eignen sich für eine normative Aufladung, doch scheint diese Entwicklung – so die resümierende Einschätzung – weniger zu einer „Entgrenzung der Demokratie im Sinne einer Demokratisierung globaler Politik" zu führen, sondern eher Fragmentierungstendenzen der weltpolitischen Ordnung Vorschub zu leisten.

Vor diesem Hintergrund ist in der Politikwissenschaft eine Diskussion darüber entfacht, ob – analog zur Etablierung von Verfassungsordnungen in demokratischen Nationalstaaten – die Ausbildung eines transnationalen Konstitutionalismus geeignet wäre, ein mancherorts diagnostiziertes Demokratiedefizit im globalen Raum abzufedern. *Andreas Niederberger* entfaltet systematisch die Facetten dieser politiktheoretischen Kontroverse, die sowohl eine empirische als auch eine normative Dimension aufweist, und prüft anschließend die Perspektiven einer Konstitutionalisierung der transnationalen Verhältnisse für die Demokratie: Stellen diese eine Antwort auf die neuen Herausforderungen dar oder bedrohen sie stattdessen die Zukunft demokratischer Legitimität? Der Autor gelangt zu der Einschätzung, dass die Entwicklungen des Rechts im Kontext der Globalisierung aus demokratietheoretischer Sicht zwiespältig sind und sich die ausmachbaren Ambivalenzen auch nicht nach einer Seite auflösen lassen, wenn man sich nicht an einem vorab feststehenden normativen Projekt ausrichtet. Trotz und gerade angesichts dieser nicht eindeutigen Verhältnisse lässt sich plausibilisieren, dass die Affirmation eines funktionalistischen Konstitutionalismus notwendig wäre, da ein solcher Orientierungspunkt an der „*Idee* eines *demokratischen* Teilhabe*rechts"* festhält und diese nachhaltig sichert – und zwar jenseits guter Absichten derer, die Steuerung faktisch ausüben.

Einen anderen Fokus auf die „Regierung der Welt" legt *Klaus Schlichte* in seinem Beitrag: Nicht das Recht, sondern die Verwaltung als bisher wenig beachteter Kern politischer Herrschaft wird aus der Perspektive einer kritischen Soziologie der internationalen Politik ins Visier genommen und einer immanenten Kritik unterzogen. Dabei lässt sich ein neuer Typ bürokratischer Herrschaft identifizieren, der sich in verschiedenen globalisierten Politikfeldern, vor allem aber in der Entwicklungspolitik und in der Wissenschaftspolitik, aufzeigen lässt, und der die alten zentralistischen Organisationsformen überlagert. „Cubicle Land" ist eine Chiffre für diese dezentralisierte Form der globalisierten Bürokratie, die über eine spezifische Sprache verfügt und besondere Vorstellungen von Personal und Führung entwickelt. Die ihr inhärente Ordnungsutopie hat darüber hinaus „eine eigene Zeitlichkeit, die sich in quasi-religiösen Formen und Praktiken äußert". Mit zunehmender Komplexität moderner Gesellschaften entwickelt sich eine unheilvolle Dynamik zwischen Bürokratisierung und Demokratisierung: Jede neue Forderung und jeder neue Konflikt führt zu neuen Regeln, die wiederum neue Auseinandersetzungen nach sich ziehen. Die eigentliche Wirklichkeit der (globalen) Politik – so die provokante These – scheint sich gegenwärtig weniger über Regierungsbeschlüsse denn über die Routinen der Verwaltung herzustellen. „Cubicle Land" ist ein fundamental politisches Phänomen.

3.3   Demokratie und das Andere der Ordnung

In den Beiträgen der dritten Autorengruppe verlagert sich die Blickrichtung insofern, dass nun nicht mehr primär die Demokratieformationen diesseits und jenseits des Nationalstaats im Fokus stehen, sondern stattdessen das Außerordentliche der Demokratie ins Zentrum der Betrachtung rückt. *Wolfgang Fach* greift Überlegungen von Jean-Jacques Rousseau zur „katastrophalen Demokratie" auf und fragt nach ihrer Relevanz für die heutigen Verhältnisse. Dabei zeigt er, dass Rousseau, der gemeinhin als Vertreter radikaldemokratischer Ansprüche gilt, zumeist eine verkürzte Rezeption erfährt. Denn in der Regel wird nicht in Rechnung gestellt, dass Volksherrschaft via „Gesellschaftsvertrag" nicht für den Alltag konzipiert wurde, sondern für den Ausnahmefall, in dem alle Kräfte mobilisiert werden müssen, um eine Katastrophe (bis hin zum Tod des Kollektivs) abzuwenden.

Anders als in unserem gängigen Verständnis ist darum in Rousseaus Demokratie-
konzeption die Exit-Option gerade nicht erlaubt. Demokratie im katastrophalen Augenblick bliebe indes auf eine momenthafte Dimension beschränkt. Oder
lässt sich Demokratie auch rhetorisch durch die Beschwörung des Ernstfalls
herbeiführen? Zu Rousseaus Zeiten bot sich hierfür das Phänomen „Scheintod"
als geeigneter Diskurskandidat an. Jedoch ist zu bilanzieren, dass es trotz einer
umfangreichen transnationalen Debatte nicht gelungen ist, den Scheintod als ge-
samtgesellschaftliches Problem mit zwingendem Handlungsbedarf zu etablieren. Auch gegenwärtig – so der Autor – verzeichnet eine „politische Romantik
des Warntätertums" Konjunktur: Von den Jüngern Rousseaus wird mit existen-
tieller Verve ein „neuer Gesellschaftsvertrag" eingefordert: Doch die historischen
Erfahrungen stimmen skeptisch bezüglich der Durchschlagskraft eines simulier-
ten Ernstfalls.

Nicht die Konstruktion einer katastrophalen Situation, sondern die „des Anderen" steht im Mittelpunkt des Beitrags von *Christiane Bausch*, die Prozesse der
Inklusion und Exklusion in modernen westlichen Demokratien angesichts grenzüberschreitender Migrationsbewegungen näher beleuchtet. Es stellt sich hierbei
die Frage, wie die Herausforderungen, die Zuwanderung für die Demokratie mit
sich bringt, da sie die Grenzen des Demos unweigerlich destabilisiert, angemessen
konzeptualisiert werden können. Feministische partizipatorische Demokratietheorien, welche gruppenspezifische Maßnahmen einfordern, berücksichtigen
nicht ausreichend, dass soziale Gruppen keine essentialistische Größe darstellen,
sondern vielmehr ein Effekt diskursiver Grenzziehungen sind, über die demokratische Ordnungen stabilisiert werden. (De-)konstruktivistische Theorien erweisen sich demgegenüber als weiterführend, denn sie fokussieren gerade auf die
machtbasierten Kategorisierungsprozesse, auf denen Ausschlüsse aus der politischen Ordnung beruhen. Postkoloniale Ansätze vermögen außerdem die Heterogenität der Stimmen „Anderer" zu verdeutlichen und zu zeigen, wie diese „innerhalb eines diskursiven Rahmens zum Schweigen gebracht werden". Die Grenzen
des Demos sind – dies zeigt der Blick auf die bundesrepublikanische Geschichte –
verhandelbar: Demokratische Ordnungen werden durch den Anderen entgrenzt,
aber auch wieder re-konstituiert.

Die bereits weiter oben angeschnittene Debatte um Möglichkeit oder Unmöglichkeit einer globalen demokratischen Ordnung nimmt *Oliver Marchart* zum
Anlass, um die herkömmliche Herangehensweise der akademischen Demokratietheorie an diese Frage zu problematisieren. Der Mainstream der politischen Theorie verkürzt in der Tradition Kants die Idee demokratischer Ordnung auf die der
institutionalisierten *Rechts*-Ordnung. Dadurch ist das gängige politiktheoretische
Denken aber nicht in der Lage, die genuine Funktion von Protest in der globalen
Weltbürgergesellschaft angemessen zu erfassen. Erforderlich ist demnach ein Per-

spektivenwechsel in Bezug auf Protestbewegungen, die – neben ihren expliziten Anliegen – zugleich immer auch implizit für die Akzeptanz der Legitimität von Konflikt eintreten. In Anbetracht des ontologischen Primats der sozialen Kämpfe, denen Demokratie ihre Gründung und Reaktivierung verdankt, vor dem Juridisch-Institutionellen, verfehlt eine auf Umsetzbarkeit partikularer Forderungen ausgerichtete Betrachtungsweise die wesentliche Funktion von Protest, Katalysator einer „fortgesetzten *Demokratisierung* der Demokratie" zu sein. Eine weltbürgerliche Protestbewegung, die solchermaßen für eine Reaktivierung des demokratischen Dispositivs via Antagonismus steht, unterscheidet sich allenfalls im Grad der transnationalen Vernetzung von lokalen oder nationalen Protestakteuren: Protestkommunikation macht nicht an territorialen Grenzen halt.

Die Komplexität von Politik in einer sich entgrenzenden Welt ergibt sich durch das vielschichtige Zusammenspiel von fluiden Grenzbildungen und erfordert offensichtlich neue Strukturen und eine neue Semantik von Demokratie. Demokratische Ordnungen sind nicht zuletzt beobachtbare Ordnungen. Ordnungsbildung und Entgrenzung von Demokratie sind in diesem Sinne eine Frage des Beobachtungsstandpunkts – auch hier gilt: „Der konstruktivistische Zweifel könnte sich so als latent politisch erweisen." (Peter 2014: 60)

Literatur

Bröckling, Ulrich/Dries, Christian/Leanza, Matthias/Schlechtriemen, Tobias, 2014: Editorial: Das Andere der Ordnung, in: Behemoth. A Journal of Civilisation, Jg. 7, H. 1, 4–10.

Brodocz, André, 2011: Kampf um Deutungsmacht: Zur Symbolisierung politischer Ordnungsvorstellungen, in: Detlef Lehnert (Hrsg.), Demokratiekultur in Europa: Politische Repräsentation im 19. und 20. Jahrhundert, Köln: Böhlau, 47–62.

Jäger, Wieland/Weinzierl, Ulrike, 2011: Moderne soziologische Theorien und sozialer Wandel, 2. Aufl., Wiesbaden: VS.

Koschorke, Albrecht, 1999: Die Grenzen des Systems und die Rhetorik der Systemtheorie, in: ders./Cornelia Vismann (Hrsg.), Widerstände der Systemtheorie. Kulturtheoretische Analysen zum Werk von Niklas Luhmann, Berlin: Akademie, 49–62.

Kriz, Jürgen, 2004: Beobachtung von Ordnungsbildungen in der Psychologie. Sinnattraktoren in der Seriellen Reproduktion, in: Sibylle Moser (Hrsg.), Konstruktivistisch Forschen. Methodologie, Methoden, Beispiele, Wiesbaden: VS, 43–66.

Luhmann, Niklas, 2000: Die Politik der Gesellschaft, hrsg. v. André Kieserling, Frankfurt a. M.: Suhrkamp.

Marchart, Oliver, 2010: Claude Lefort: Demokratie und die doppelte Teilung der Gesellschaft, in: Ulrich Bröckling/Robert Feustel (Hrsg.), Das politische Denken, Bielefeld: transcript, 19–32.

Martinsen, Renate, 2010: Die Beobachtungen der Beobachtungen der Moderne – die Moderne im systemtheoretischen Diskurs im Anschluss an Niklas Luhmanns Theorie der modernen Gesellschaft, in: Ingo Pies/Walter Reese-Schäfer (Hrsg.), Diagnosen der Moderne: Weber, Habermas, Hayek, Luhmann, Berlin: Wissenschaftlicher Verlag Berlin, 184–196.

Peter, Tobias, 2014: Politisierte Systeme – Grenzen der Politik und Entgrenzung des Politischen bei Niklas Luhmann, in: Renate Martinsen (Hrsg.), Konstruktivistische Theorien der Politik, Wiesbaden: Springer VS, 45–61.

Stetter, Stephan, 2008: Entgrenzungen in der Weltgesellschaft. Eine Bedrohung für die Demokratie?, in: André Brodocz/Marcus Llanque/Gary S. Schaal (Hrsg.), Bedrohungen der Demokratie, Wiesbaden: VS, 99–118.

Teil I
Dynamisierung
der Demokratie

Die Dynamisierung demokratischer Ordnungen

André Brodocz

Zusammenfassung Der Beitrag zeigt, wie sich Ordnungen durch die Deutungsöffnung ihrer Einheitsvorstellungen dynamisch konstituieren. Dadurch werden Ordnungen zu Orten von Deutungskonflikten und Kämpfen um Deutungsmacht. Diese Auseinandersetzungen dynamisieren Ordnungen, indem sie nicht nur ihren Wandel prägen, sondern ebenso ordnungszersetzend und schließlich auflösend wirken können. Vor diesem Hintergrund eröffnen sich Perspektiven auf den gegenwärtigen Wandel von Demokratien. Dies betrifft einerseits die Deutungskonflikte und -kämpfe, die der globale Siegeszug der Demokratie als hegemoniale Einheitsvorstellung politischer Ordnungen mit sich bringt, und andererseits die Krisen, in denen insbesondere die etablierten Demokratien des Westens seit geraumer Zeit gesehen werden.

1 Einleitung: Die Paradoxie von Ordnungen

Es *gibt* Ordnungen. Ordnungen existieren, solange wir unser Handeln an ihnen orientieren. Indem wir unser Handeln an einer Ordnung orientieren, stellen wir diese Ordnung nicht nur dar. Vielmehr stellen wir diese Ordnung mit diesem Akt erst her, indem wir unser Handeln so mit anderen Handlungen verbinden, wie diese unseres Erachtens miteinander verbunden sind. Wir verknüpfen unsere Handlung mit anderen Handlungen zu einer Ordnung, die ohne unsere aktuelle Verknüpfung nicht existieren würde. Wenn wir uns an einer Ordnung orientieren, gehen wir also davon aus, dass diese Ordnung existiert. Und es ist unsere Handlung, die *uns* mit ihrer Verknüpfung die Existenz dieser Ordnung in actu beweist – zumindest für den Moment.

Allerdings gibt es nicht nur eine Ordnung – es gibt Ordnung*en* (vgl. Anter 2007: 86–94). Wir können also auch anders. Wir könnten uns ebenso an einer anderen Ordnung orientieren. Wir könnten unsere Handlung anders verknüpfen. Die Pluralität von Ordnungen verschafft uns Freiheit: Wir können uns an dieser oder jener Ordnung orientieren. Die Pluralität von Ordnungen gibt damit aber auch Anderen einen Anlass, zu erwarten, dass wir unsere Orientierung an dieser und nicht an jener Ordnung auch rechtfertigen können. Max Weber (1980: 16–19) zufolge orientieren wir uns dabei bekanntlich an jenen Ordnungen, denen wir *legitime* Geltung zuschreiben. Dies hilft uns, Kontingenz zu bändigen. Darüber hinaus wird damit gegenüber Anderen die Erwartung geweckt, dass sie sich ebenso an der gleichen Ordnung orientieren. Wenn wir unser Handeln dermaßen an einer Ordnung orientieren, verknüpfen wir unsere Handlungen deshalb nicht nur retrospektiv, sondern auch prospektiv. In diesem – Weberschen – Sinn gibt es darum nur Ordnungen, die auch legitim sind.

Ordnungen existieren aber nicht nur – Ordnungen vergehen auch. Die „Paradoxie" von Ordnungen wird dabei darin gesehen, dass sie sich selbst gefährden (Anter 2007: 52–53). Auch demokratische Ordnungen sind davor nicht gefeit (vgl. Brodocz/Llanque/Schaal 2008). Im Folgenden soll deshalb gezeigt werden, welche Ordnungsdynamiken Konstitution und Verstetigung sowie Wandel und Zerfall von demokratischen Ordnungen bewirken. Zuerst wird generell dargelegt, wie sich Ordnungen durch die Symbolisierung von Einheitsvorstellungen dynamisch konstituieren. Zentral ist dabei der fortlaufende Prozess, mit dem diese Einheitsvorstellungen in ihrer Bedeutung geöffnet werden (2). Durch die Deutungsöffnung ihrer Einheitsvorstellung werden Ordnungen unweigerlich zu Orten von Deutungskonflikten und Kämpfen um Deutungsmacht. Diese Auseinandersetzungen dynamisieren Ordnungen, indem sie nicht nur ihren Wandel prägen, sondern ebenso ordnungszersetzend und schließlich auflösend wirken können (3). Vor diesem Hintergrund werden abschließend Perspektiven auf den gegenwärtigen Wandel von Demokratien skizziert. Dies betrifft einerseits die Deutungskonflikte und -kämpfe, die der globale Siegeszug der Demokratie als hegemoniale Einheitsvorstellung politischer Ordnungen mit sich bringt, und andererseits die Krisen, in denen insbesondere die etablierten Demokratien des Westens seit geraumer Zeit gesehen werden (4).

2   Die dynamische Konstitution von Ordnungen

2.1   Die Dynamik der Deutungsöffnung

Legitim ist eine Ordnung allein für jene Akteure, deren Handlungen sich an derselben orientieren. Orientierungen verschiedener Akteure an derselben Ordnung sind möglich, wenn diese Orientierung von den beteiligten Akteuren als einheitlich reflektiert und dadurch explizit gemacht wird. Auch unter sich unbekannten Akteuren können sich Ordnungen so jederzeit bilden. Allerdings setzt diese Form der Ordnungsbildung Anwesenheit voraus, weshalb spontan entstandene Ordnungen besonders fragil sind. Zur Dauer tendieren demgegenüber Ordnungen, die von der Notwendigkeit einer wiederholten expliziten Reflexion ihrer Einheit befreit (worden) sind. Dies ist bei Ordnungen der Fall, die durch eine Einheitsvorstellung symbolisiert werden und so den Akteuren ihre Existenz sowie ihren „Geltungswillen" (Grimm 2004: 454) beweisen. Wir können uns der Existenz einer solchen Ordnung gewiss sein. Und wir können uns gewiss sein, dass es – zumindest für andere – gute Gründe dafür gibt, diese Ordnung als legitim anzuerkennen. Um von der Existenz einer Ordnung überzeugt zu sein, kommt es unter diesen Umständen weder darauf an, ob wir diese Gründe kennen, noch kommt es darauf an, ob wir diese Gründe sogar teilen. Ordnungen, die durch eine Einheitsvorstellung symbolisiert werden, erlauben uns also, dass wir uns an ihnen orientieren, ohne uns mit anderen über die Gründe ihrer Legitimität verständigen zu müssen.

Wenn jedoch Ordnungen erst aus der Verknüpfung unseres Handelns mit anderen Handlungen hervorgehen, dann kann ihre Symbolisierung durch eine Einheitsvorstellung diesem Prozess kaum vorgängig sein. Ebenso wenig sind Einheitsvorstellungen „Ideen", die jenseits des Sozialen darauf warten, dass wir Ordnungen mit ihnen identifizieren (Brodocz 2003: 60–63). Vielmehr werden auch die Einheitsvorstellungen erst durch die Handlungen hervorgebracht, die sich an ihnen orientieren. Dies geschieht, indem wir unsere Handlungen mit einer Einheitsvorstellung kommunikativ (verbal oder nonverbal) so verknüpfen, dass darin unsere Orientierung an der Ordnung symbolisch zum Ausdruck kommt. Die Einheitsvorstellung wird durch diese Verknüpfung zu einem Äquivalent aller unserer Handlungen, die sich auf diese Weise mit ihr verbinden.

Unsere Handlungen sind jedoch verschieden. Ebenso sind die Gründe verschieden, weshalb wir unsere Handlungen mit derselben Einheitsvorstellung verknüpfen. Das bedeutet, dass eine Einheitsvorstellung äquivalent zu unterschiedlichen Handlungen und deren Begründungen wird. Durch unterschiedliche Verknüpfungen wird eine Einheitsvorstellung damit selbst unterschiedslos gegenüber Unterschiedlichem. Anders gesagt: Indem eine Einheitsvorstellung mit verschiedenen Handlungen äquivalenziell verbunden wird, büßt diese Einheitsvorstellung Differenzen ein, aus denen sie ihre eigene Bedeutung generieren kann: Sie wird zu einem Signifikanten ohne Signifikat (vgl. Laclau 1994). Die Einheitsvorstellung wird also in ihrer Bedeutung durch diese Verknüpfungen geöffnet. Aus der Außenperspektive erscheinen uns solche Einheitsvorstellungen deshalb als deutungsoffen, während wir ihnen aus der Binnenperspektive beteiligter Akteure durchaus Bedeutung, wenn auch verschiedene, einräumen – ansonsten würden wir unser Handeln auch kaum daran orientieren.

Eine Einheitsvorstellung, mit der eine Ordnung symbolisch zum Ausdruck gebracht wird, ist danach der Effekt eines emergenten Deutungsöffnungsprozesses, der ihren äquivalenziellen Verknüpfungen mit unterschiedlichen Handlungen aufruht. Der Deutungsöffnungsprozess erklärt aber nicht nur, wie Einheitsvorstellungen performativ entstehen und funktionieren, ohne dabei der Ordnung vorgängig zu sein. Mit Hilfe des Deutungsöffnungsprozesses kann zudem nachgezeichnet werden, wie aus unterschiedlichen Handlungen eine Ordnung hervorgeht. Indem sie sich gleichzeitig mit derselben Einheitsvorstellung äquivalenziell verknüpfen, integriert diese Einheitsvorstellung diese differenten Handlungen zu einer Ordnung. In dieser Form ist die symbolische Integration (vgl. Bonacker/Brodocz 2001), d. h. die Symbolisierung der Ordnung durch eine Einheitsvorstellung darum konstitutiv für die Ordnungsbildung.

Welcher Signifikant durch seine kommunikative Verknüpfung auf diese Weise in einer Ordnung als Einheitsvorstellung fungiert, ist empirisch eine offene Frage. Sie hängt ganz wesentlich davon ab, ob es zur Deutungsöffnung eines Signifikanten kommt und dass dieser Deutungsöffnungsprozess *am Laufen* bleibt. Diese konstitutive Dynamik ist gewährleistet, solange Akteure ihr Handeln wiederholt an einer Ordnung orientieren, indem sie den Sinn ihres Handelns mit derselben Einheitsvorstellung verknüpfen. Diese Verknüpfungen sind für sich bzw. für jeden verknüpfenden Akteur in diesem Moment eindeutig, ansonsten könnten wir von dieser Ordnung in dieser Situation keine Orientierung erwarten. Der emergente Effekt der Deutungsöffnung zehrt also davon, dass die einzelnen Verknüpfungen den Akteuren eindeutig erscheinen. Dies wird gefährdet, sobald diese Orientierungen und mit ihnen die Unterschiedlichkeit der Verknüpfungen reflektiert und auf diese Weise explizit gemacht werden. In diesem Fall droht, dass sich die Akteure darauf verständigen, dass diese Ordnung und die sie symbolisierende Einheitsvorstellung eindeutig „beliebig" ist. Hegemoniale Einheitsvorstellungen sind deshalb häufig durch zusätzliche Ideologien abgesichert, die – etwa in der Form von „Transzendenzrekursen" (Patzelt 2013: 32) – die Kontingenz der Einheitsvorstellung bestreiten bzw. ihre Essentialität behaupten (vgl. Laclau 1996). Sie blockieren so, dass „an sich autonome" Ordnungen ihre Autonomie auch „für sich" reflektieren (Bauman 2000: 119–120).

Dennoch ist auch solch „heteronomen" Ordnungen (Castoriadis 1997: 4) unvermeidlich eine eigentümliche Spannung eingeschrieben, an der sie jederzeit wieder verfallen können. Einerseits tendiert eine fortlaufend auf Rekonstitution angewiesene Ordnung erst zur Dauer, wenn sie durch eine Einheitsvorstellung symbolisiert wird, deren Bedeutung durch äquivalenzielle Verknüpfungen mit unterschiedlichen Handlungen geöffnet worden ist. Andererseits bedroht die jederzeit mögliche Reflexion dieser Deutungsoffenheit die Fortsetzung dieses Prozesses, sobald sich die Akteure dabei auf die Beliebigkeit dieser Ordnung und ihrer Orientierungsleistungen einigen. Wird allerdings diese Beliebigkeit ausdrücklich kommuniziert, dann wird eine Einheitsvorstellung kaum noch dazu motivieren, dass Akteure ihre Handlungen weiterhin mit ihr verknüpfen, geschweige denn bereit wären, für diese Ordnungen nötigenfalls zu töten oder zu sterben (vgl. Brodocz 2004). Ohne die Fortsetzung dieses Verknüpfens kommt jedoch genau der Deutungsöffnungsprozess zum Erliegen, aus dem die Einheitsvorstellung hervorgeht – zugleich wird die Integration dieser Handlungen zu einer Ordnung so ge-, wenn nicht zerstört.

2.2 Die Dreidimensionalität der Deutungsöffnung

Angesichts dieser Spannung erscheint es allein aufgrund ideologischer Absicherungen wie ihrer „historischen Notwendigkeit", „religiösen Auserwähltheit" oder „rationalen Alternativlosigkeit" eher unwahrscheinlich, dass es Ordnungen gibt. Warum diese Spannung in der Praxis dennoch soweit ausgehalten wird, dass Ordnungen immer wieder eine gewisse Dauer und extensive Ausbreitung entfalten können, wird erst bei einer genaueren Betrachtung des Deutungsöffnungsprozesses deutlich. Die Verknüpfung einer Handlung mit einer Einheitsvorstellung erfolgt durch eine Kommunikation, die in sachlicher, sozialer und zeitlicher Hinsicht unterschiedlich Sinn machen kann (vgl. Luhmann 1971, 1984: 111–122). Indem wir unsere Handlung mit einer Einheitsvorstellung äquivalenziell verbinden, stellen wir fest, *was* diese Einheitsvorstellung ist – nämlich ein Äquivalent und keine Differenz zu unserer Handlung. Sachlich ist dieser Sinn, weil er hier im Anderssein auftritt. Zeitlich macht das Verknüpfen unserer Handlung mit einer Einheitsvorstellung demgegenüber dadurch Sinn, dass dieses Verknüpfen die Vergangenheit und Zukunft der Ordnung neu entwirft: Die Ordnung wird mit der aktuellen Verknüpfung auf eine spezifische Weise gegenwärtig, wie sie *dadurch* vorher war und nachher gewesen sein wird. Sozial ist der Sinn unserer Verknüpfung mit der Einheitsvorstellung schließlich insofern, als diese Verknüpfung unsererseits auf ein bestimmtes Erleben der Ordnung verweist, das andere teilen können oder auch nicht.

Verstetigte Ordnungen verarbeiten die ihnen inhärente Spannung zwischen der emergenten Deutungsoffenheit ihrer Einheitsvorstellung und der für ihre Deutungsöffnung nötigen verschiedenen, für sich aber eindeutigen Verknüpfungen mit unterschiedlichen Handlungen durch eine spezifische Kombination ihrer drei Sinndimensionen. Wenn die Unterschiedlichkeit der verschiedenen Verknüpfungen explizit gemacht wird, dann muss dies nicht sofort dazu führen, dass wir uns über die Beliebigkeit dieser Einheitsvorstellung verständigen. In der Regel kommt es zunächst zu Konflikten darüber, wie die Einheitsvorstellung zu deuten ist. Statt einer Verständigung auf interaktionsfolgenirrelevante „Beliebigkeit" kann sich auch eine der konfligierenden Deutungen durchsetzen. Geht diese Deutungsschließung über den konkreten Deutungskonflikt hinaus, dann drohen der Einheitsvorstellung Einbußen an jener ordnungsstiftenden Kraft, die sie aus ihrer Deutungsöffnung zieht. Ihre Verknüpfbarkeit mit unterschiedlichen Handlungen droht soweit eingeschränkt zu werden, dass sie eine Vielzahl verschiedener Handlungen nicht mehr symbolisch zu einer Ordnung integrieren kann. In diesen Fällen dominiert der sachliche Sinn jener Verknüpfung, die sich über den konkreten Deutungskonflikt hinaus durchgesetzt hat, auch ihre Zeit- und Sozialdimension. Das heißt, dass die in sachlicher Hinsicht durchgesetzte Deutung einer Einheitsvorstellung nicht nur über diesen Konflikt hinaus einen Ordnungsanspruch auf die Zukunft erhebt, sondern damit auch dessen je gegenwärtiges Erleben als „berechtigt" vorgibt.

Allerdings müssen die drei Sinndimensionen nicht zwingend auf diese feste Art kombiniert sein, wenn ein Deutungskonflikt einer Entscheidung zugeführt wird. Beschränkt sich die Entscheidung über die Bedeutung der Einheitsvorstellung allein auf deren sachlichen Sinn in diesem konkreten Deutungskonflikt, dann bleibt die Verkopplung der drei Sinndimensionen lose (vgl. Brodocz 2008). Der zeitliche Sinn einer dermaßen verknüpften Einheitsvorstellung wird dadurch ebenso wenig gebunden wie der soziale Sinn. Trotz explizit gemachter sachlicher Differenzen über die Bedeutung der Einheitsvorstellung in diesem Fall erzwingt der mit der Entscheidung fixierte sachliche Sinn nicht, dass er auch von allen anderen identisch erlebt werden muss. Damit wird der Deutungskonflikt über die Einheitsvorstellung in sachlicher Hinsicht entschieden, ohne dadurch die anderen beiden Sinndimensionen zu dominieren. Insbesondere in der Sozialdimension bleibt so die Chance erhalten, dass die Einheitsvorstellung trotz fixierten sachlichen Sinns unterschiedlich erlebt und in der Konsequenz somit in ihrer Bedeutung offen gehalten werden kann.

Die verstetigten Ordnungen inhärente Spannung zwischen der emergenten Deutungsoffenheit ihrer Einheitsvorstellung und der für ihre Deutungsöffnung nötigen verschiedenen, für sich aber eindeutigen Verknüpfungen mit unterschiedlichen Handlungen kann sich also im Zuge eines Deutungskonflikts in Varianten entfalten. Zum einen können die sich widersprechenden Deutungen reflektiert und so einer Verständigung darüber zugeführt werden, dass die Bedeutung dieser Einheitsvorstellung „beliebig" geworden ist; zum anderen kann sich eine Deutung der Einheitsvorstellung durchsetzen und dabei die Bedeutung der Einheitsvorstellung in allen drei Sinndimensionen schließen. Beide Varianten wirken der Dynamik des Deutungsöffnungsprozess entgegen, durch die die Einheitsvorstellung die Ordnung symbolisch integriert. Dieser fortlaufende Prozess und die mit ihm verbundene symbolische Integration einer Ordnung wird demgegenüber nur in einer dritten Variante fortgesetzt, in der ein Deutungskonflikt über eine Einheitsvorstellung nur in sachlicher Hinsicht entschieden wird, ohne dadurch die Deutungsöffnungschancen in den anderen beiden Sinndimensionen zu beeinträchtigen. Dieses Maß an Eindeutigkeit reicht zumeist aus, um die Akteure von der Existenz der Ordnung weiterhin zu überzeugen. Diese Gewissheit ist nötig, damit sie ihr Handeln auch weiterhin an dieser Ordnung orientieren – und damit immer wieder neu herstellen.

3 Dynamisierung durch Deutungskonflikte und Deutungsmacht

3.1 Diffuses und konzentriertes Deutungskonfliktmanagement

Die dynamische Konstitution von Ordnungen macht ihren Wandel wahrscheinlich. Dieser Wandel vollzieht sich schleichend und konflikthaft. Schleichend wandeln sich Ordnungen allein dadurch, dass die sie symbolisierende Einheitsvorstellung auf die Dynamik angewiesen ist, laufend in ihrer Bedeutung geöffnet zu werden. Die Permanenz ihrer Deutungsöffnung ist darin begründet, dass sie aus einer kommunikativen Verknüpfung mit verschiedenen Handlungen resultiert. Kommunikationen und Handlungen sind aber ereignishaft, sie dauern für sich nur im Moment ihres Vollzugs (vgl. Luhmann 1984: 389). Die Deutungsöffnung einer Einheitsvorstellung muss deshalb immer wieder erneuert werden – und zwar mit neuen Handlungen und Verknüpfungen, die sich auf eine neue Art und Weise voneinander unterscheiden. Die für Einheitsvorstellungen konstitutive Unterschiedslosigkeit gegenüber Unterschiedlichem wird deshalb nicht identisch reproduziert, sondern unterschiedlich rekonstituiert. In dieser Hinsicht wandeln sich Ordnungen deshalb schleichend, solange sie existieren. Schleichender Wandel betrifft nur den Deutungsöffnungsprozess, aber nicht die dadurch deutungsgeöffnete Einheitsvorstellung.

Der Wandel einer Ordnung vollzieht sich aber nicht allein in dieser inkrementellen Dynamik. Im Deutungsöffnungsprozess ihrer Einheitsvorstellung sind Deutungskonflikte latent angelegt. Sie beruhen darauf, dass verschiedene Handlungen auf widersprüchliche Weise mit der Einheitsvorstellung verknüpft werden können. Manifest werden diese Widersprüche in Deutungskonflikten. Diese treten auf, sobald die widersprüchlichen Verknüpfungen von den beteiligten Akteuren explizit gemacht werden. Dies setzt voraus, dass ein Akteur die Verknüpfung seiner Handlung mit der Einheitsvorstellung mit den Verknüpfungen anderer Akteure vergleicht und den aus dem Vergleich erscheinenden Widerspruch auch kommuniziert. Ein solcher Widerspruch wird für uns in jenen Ordnungen zu einer ernsthaften Option, denen wir nicht durch Abwanderung entkommen können (vgl. Hirschman 1989: 168–191).

Verständigen sich in solchen Situationen die Beteiligten darauf, dass die Einheitsvorstellung zur Handlungsorientierung nicht mehr taugt, weil sie allen Handlungen Sinn und Legitimität zu verleihen scheint oder von vielen z. B. „korrupt" Handelnden ignoriert wird, dann droht einer Ordnung der Verfall. Allerdings kommt es darauf an, inwiefern diese Verständigung über die beteiligten Akteure hinaus wirkt. Solange unbeteiligte Akteure von einer Verständigung über eine auf diese Weise als „beliebig" geltende Ordnung in Unkenntnis bleiben oder diese Verständigung ablehnen, ist es nicht wahrscheinlich, dass sie sich umorientieren. Sie werden ihre Handlungen wiederholt mit der Einheitsvorstellung verknüpfen und so zur Fortsetzung ihrer Deutungsöffnung beitragen. Wie beim schleichenden Wandel betrifft die Veränderung in einem solchen Verlauf also nur den Deutungsöffnungsprozess, aber nicht die für die symbolische Integration der Ordnung konstitutive Einheitsvorstellung.

Der Umgang mit Deutungskonflikten strukturiert den Wandel von Ordnungen, ohne ihn dadurch jedoch zu determinieren. Das Deutungskonfliktmanagement kann dabei eher diffus oder eher konzentriert sein (vgl. Brodocz 2011). Konzentriert ist das Deutungskonfliktmanagement, wenn es eine autoritative Instanz gibt, die zwischen konfligierenden Deutungen verbindlich entscheidet. Deutungskonflikte werden so in Deutungskonkurrenzen überführt. Statt den Deutungskonflikt direkt mit einem anderen Akteur auszutragen, überlassen beide Seiten einem Dritten (vgl. Simmel 1992: 124–150) die Entscheidung darüber, welche Deutung mit der Einheitsvorstellung vereinbar und deshalb auch, welche Handlung mit dieser Einheitsvorstellung verknüpfbar ist. Beide Seiten konkurrieren also darum, dass die autoritative Instanz ihre Deutung und nicht die des Konkurrenten verbindlich bestätigt. Im Unterschied zum direkt ausgetragenen Deutungskonflikt funktioniert die Deutungskonkurrenz indirekt (vgl. Werron 2010). Eine Reflexion des Deutungskonflikts, die in eine Verständigung der Konfliktparteien über die Beliebigkeit der Einheitsvorstellung münden und diese ihrer ordnungsstiftenden Kraft berauben kann, wird im konzentrierten Deutungskonfliktmanagement dadurch blockiert, dass der Deutungskonflikt in eine Deutungskonkurrenz überführt wird. Allerdings konzentriert sich in der verbindlichen Entscheidung des Konflikts über die Bedeutung der Einheitsvorstellung durch eine autoritative Instanz zugleich jene Ordnungen inhärente Spannung, die sich zwischen der emergenten Deutungsöffnung ihrer Einheitsvorstellung einerseits und den jeweils für sich eindeutigen Verknüpfungen unserer Handlungen mit dieser Einheitsvorstellung andererseits auftut. Während deshalb die eine Ordnung gefährdende reflektierte Deutungsoffenheit ihrer Einheitsvorstellung im konzentrierten Deutungskonfliktmanagement blockiert wird, erhöht sich die Gefahr, dass die von der autoritativen Instanz durchgesetzte Deutung nicht nur deren sachlichen Sinn umfasst, sondern auch auf ihre soziale und zeitliche Sinndimension übergreift und so die ordnungskonstitutive Deutungsöffnung ihrer Einheitsvorstellung untergräbt (vgl. Brodocz 2008).

Im diffusen Deutungskonfliktmanagement stellen sich die Gefährdungen umgekehrt dar. Diffus ist das Deutungskonfliktmanagement in einer Ordnung, wenn es keinen Akteur bzw. keine Institution gibt, die die Deutungskonflikte verbindlich entscheidet. Deutungskonflikte werden dann direkt ausgetragen, ohne dass eine Konfliktpartei dauerhaft Deutungshoheit gewinnen kann. Dies kann zum einen daran liegen, dass die sich in einem Deutungskonflikt durchsetzende Deutung keine Verbindlichkeit erzeugt, die über die direkt involvierten Konfliktparteien hinausgeht, oder dass sich kein Akteur in jedem Deutungskonflikt mit seiner Deutung verbindlich durchsetzt. Zum anderen ist es für das diffuse Deutungskonfliktmanagement in einer Ordnung ebenso typisch, wenn die Deutungskonflikte unentschieden bleiben. Sich explizit widersprechende Deutungen einer Einheitsvorstellung existieren in diesen Fällen nebeneinander und tragen genau so zur ordnungskonstitutiven Deutungsöffnung der Einheitsvorstellung bei. Sowohl das Nacheinander als auch das Nebeneinander widersprüchlicher Deutungen in Ordnungen, die diffus mit ihren Deutungskonflikten umgehen, bergen jedoch die Gefahr in sich, dass sie als ordnungszersetzende „Beliebigkeit" reflektiert werden. Demgegenüber schwindet die Gefahr, dass sich eine Deutung der Einheitsvorstellung gegen andere Deutungen durchsetzt und so den Deutungsöffnungsprozess der Einheitsvorstellung verstellt.

Insbesondere in Ordnungen, die durch ein konzentriertes Deutungskonfliktmanagement geprägt sind, wird deutlich, wie eng diese Ordnungen mit Deutungsmacht verknüpft sind. Dies gilt bereits für die Genese und Verstetigung von Ordnungen. Ordnungsbildend und -reproduzierend sind jene Prozesse, mit denen die Bedeutung ihrer Einheitsvorstellung geöffnet wird. Dieser Deutungsöffnungsprozess beruht auf einem Deutungspluralismus, der Deutungskonflikte birgt, über die im konzentrierten Deutungskonfliktmanagement eine „Konfliktautorität" (Frankenberg 1997: 230) verbindlich entscheidet und so Deutungsmacht ausübt. Hier ist Deutungsmacht über mehrere Deutungskonflikte hinweg im „Besitz" eines autoritativen Deuters zurechen- und dementsprechend leicht identifizierbar. Aber auch in Ordnungen, in denen die Entscheidungen über Deutungskonflikte nicht an einer Instanz konzentriert werden, wird Deutungsmacht ausgeübt. Allerdings ist diese Deutungsmachtpraxis in sachlicher, sozialer und zeitlicher Hinsicht diffus, d.h. dass eine sich im Deutungskonflikt durchsetzende Deutung in den meisten Fällen keine Bedeutung der Einheitsvorstellung festlegt, die weit über die widersprüchliche Frage hinausgeht (sachlich), dass sie keinen Anspruch erhebt, deutlich mehr als die direkt involvierten Akteure zu binden (sozial) und dass sie den Deutungskonflikt nur für einen eng begrenzten Zeitraum entscheidet (zeitlich).

Die mit dieser diffusen Deutungsmachtpraxis verbundenen Deutungsmachtverhältnisse sind also begrenzt und vorübergehend, während die autoritative Instanz im konzentrierten Deutungskonfliktmanagement in einem hegemonialen
Verhältnis zu anderen Akteuren und Institutionen einer Ordnung steht. Im letzteren Fall haben die symbolischen Voraussetzungen für die Deutungsmacht eines Akteures oder einer Institution darum immer zwei Seiten: Einerseits sind es
starke symbolische Voraussetzungen für die Deutungsmacht derjenigen Instanz,
die autoritativ deutet; andererseits sind dies zugleich schwache symbolische Voraussetzungen für die Deutungsmacht all jener, die diese hegemoniale Position
nicht innehaben.

3.2   Wandel durch Deutungsmachtkämpfe

Deutungsmacht ist aber ebenso zentral für den Wandel und den Verfall von Ordnungen. Der Wandel einer Ordnung kann sich auf zwei Ebenen vollziehen: auf der
Ebene der gedeuteten Einheitsvorstellung und auf der Ebene ihrer Deuter. Auf der
Ebene ihrer Deuter vollzieht sich ein Ordnungswandel, indem sich ein diffuses
Deutungskonfliktmanagement in ein konzentriertes Deutungskonfliktmanagement
transformiert und vice versa. Die Transformation vom diffusen ins konzentrierte
Deutungskonfliktmanagement findet statt, sobald ein Akteur (oder eine kleine
Gruppe von Akteuren) als autoritative Instanz anerkannt wird. Wahrscheinlich
wird diese Konzentration von Deutungsmacht an einer zentralen Stelle, wenn keine
Seite ihre Deutung durchsetzen kann, aber auch Kompromisse nicht erzielt werden können. Mit diesem „Königsmechanismus" (Elias 1997: 235–259) wird in der
Ordnung nicht nur ein Deutungsmachtverhältnis hegemonial, sondern auch die
Praxis der Deutungskonflikte wird in eine Praxis der Deutungskonkurrenzen überführt. Umgekehrt wandeln sich Ordnungen, sobald ein hegemoniales Deutungsmachtverhältnis zerbricht, weil es keinen Akteur mehr gibt, der als autoritativer
Deuter Anerkennung findet. Der Verlust seiner Autorität droht diesem Deuter vor
allem dann, wenn die Deutungskonkurrenten ihre Deutungskonflikte nicht mehr
als „Sachkonflikte", sondern als „Beziehungskonflikte" oder gar „Machtkonflikte"
(Messmer 2003: 275–316) darstellen. Jede Entscheidung der Deutungskonkurrenz
wird von einer Seite als Ablehnung ihrer selbst verstanden, die ihrerseits abgelehnt
werden „muss". Bei Autoritätsverlusten dieser Art transformiert das Deutungskonfliktmanagement von einer konzentrierten Form in eine diffuse. Auch hier geht der
Ordnungswandel über die Deutungsmachtverhältnisse hinaus, indem direkte Deutungskonflikte (wieder) an die Stelle der indirekten Deutungskonkurrenzen treten.
    Möglich ist der Wandel einer Ordnung auf der Ebene der Deuter, weil keine
Ordnung über einen natürlich gegebenen autoritativen Deuter verfügt, sondern

die Einnahme dieser Position auf einer kontingenten Anerkennung beruht. Dennoch ist dies kein bloßer historischer Zufall. Denn Ordnungen eröffnen aufgrund ihrer Funktionen und der damit verbundenen Strukturen nicht allen die gleichen Chancen, als autoritativer Deuter anerkannt zu werden. Vielmehr schaffen sie verschiedene Subjektpositionen, die unterschiedliche Handlungsoptionen erschließen (vgl. Nonhoff 2006: 159–175; Reckwitz/Schlichte 2013). Von zentraler Bedeutung für die Deutungsmachtverhältnisse in einer politischen Ordnung ist dabei, welche Gelegenheiten die Strukturen den Akteuren bieten, sich in der Praxis als „Herr aller Deuter und Deutungen" (Fögen 1997: 15) darzustellen. Aber auch günstige Gelegenheitsstrukturen garantieren nicht, dass sich ein als autoritative Instanz anerkannter Deuter seiner Position deshalb sicher sein kann. Vielmehr kann er diese Anerkennung wieder verlieren, wenn er in der Praxis den Erwartungen nicht gerecht wird, die seine Autorität begründet haben (vgl. Brodocz 2009: 229–233).

Ordnungswandel kann sich aber auch auf der Ebene der Einheitsvorstellung vollziehen. Diese Dynamisierung von Ordnungen ist möglich, weil Einheitsvorstellungen nicht an sich deutungsoffen sind, sondern aus einem Deutungsöffnungsprozess hervorgehen. Dies beinhaltet, dass wir unsere unterschiedlichen Handlungen fortlaufend mit derselben Einheitsvorstellung äquivalenziell verknüpfen. Durch die Wiederholung einer bestimmten Verknüpfung ist es möglich, dass diese zunächst performativ von der Deutungsöffnung der hegemonialen Einheitsvorstellung profitiert und dadurch ebenso in ihrer Bedeutung geöffnet wird. Die bis dato hegemoniale Einheitsvorstellung wird deutungsmachtpolitisch vereinnahmt und in der Folge funktional ersetzbar. Die Vereinnahmung einer Einheitsvorstellung durch ein funktionales Äquivalent schafft somit für neue Handlungen Anschlüsse an die geltende Ordnung, die nicht mehr explizit über die bis dahin dominierende Einheitsvorstellung hergestellt werden müssen. Verlagern sich in der Folge die Verknüpfungen neuer Handlungen auf das funktionale Äquivalent, dann wird dieses sukzessiv zur neuen hegemonialen und damit ordnungskonstitutiven Einheitsvorstellung.

Einheitsvorstellungen können aber nicht nur stillschweigend vereinnahmt und dadurch verdrängt, sondern auch konfrontativ mit einer antihegemonialen „Affektpolitik" (Stäheli 2007) entzaubert werden. In solchen Momenten werden häufig zuerst ihre „Strategien der Kontingenzverleugnung" (Greven 2010: 68) und dann die Ordnung selbst ausdrücklich in einer „Krise" gesehen: Die Ordnung biete uns keine Orientierung mehr, sie könne uns keine Grenzen mehr aufzeigen, sie zeige nicht mehr an, wofür wir stehen, oder sie sei zu einer leeren Hülse verkommen. Einheitsvorstellungen sind generell anfällig für derartige Kritiken, weil ihre ordnungskonstitutive Funktion auf einem Prozess beruht, in dessen Folge sie selbst deutungsgeöffnet werden. Wird dieser emergente Effekt der Deutungsoffen-

heit reflektiert und als Ausdruck ihrer „Beliebigkeit" kritisiert, erscheinen Ordnungen in der Krise. In Abgrenzung zur kritisierten Einheitsvorstellung werden
in solchen Krisendiagnosen meistens zugleich neue Ideen artikuliert, die diesen
„Mangel" abstellen und dem Geltungswillen der Ordnung neuen Ausdruck verleihen sollen (vgl. Nonhoff 2006: 215–216).

Verliert die bisherige Einheitsvorstellung auf diese Weise ihre hegemoniale
Stellung, ohne dass eine neue Einheitsvorstellung etabliert wird, droht der Zerfall der Ordnung. Zuerst impliziert dieser Prozess, dass damit die symbolischen
Voraussetzungen für die Ausübung von Deutungsmacht für keinen Akteur bzw.
keine Institution noch stark sind. Allerdings sind sie auch nicht schwach, sondern unsicher. Mangelt es uns an einer von allen geteilten Einheitsvorstellung,
dann werden wir unsicher, woran wir uns legitimerweise orientieren sollen. Und
wir werden unsicher, was wir von Dritten legitimerweise erwarten können. Denn
Ordnung existiert nur noch insoweit, wie wir uns mit anderen ausdrücklich über
unsere Erwartungen und Erwartungserwartungen verständigen. Daraus können
neue Ordnungen entstehen. Da wir jedoch nicht alle gleichermaßen auf diese Verständigung angewiesen sind, sondern einige ihre Erwartungen kurzfristig auch
mit anderen Mitteln wie die in Aussichtstellung positiver oder die Androhung ne-
gativer Sanktionen oder aber kurzerhand mit Zwang durchsetzen können, wohnt
dem Zerfall einer Ordnung nicht automatisch ein auf Verständigung aufruhender
Neuanfang inne. Die dynamische Konstitution einer Ordnung impliziert also Dy-
namisierbarkeiten, die ihrer konstitutiven Dynamik entgegenlaufen können.

4   Demokratische Ordnungen und ihre gegenwärtigen Dynamisierungen

4.1   Dynamisierungen durch Demokratie: Deutungskonflikte in der internationalen politischen Ordnung

Die Dynamisierung von Ordnungen erfolgt also durch Deutungskonflikte und
Kämpfe um Deutungsmacht. Politische Ordnungen im Allgemeinen sowie demokratische Ordnungen im Besonderen sind davon nicht ausgenommen. Politisch sind Ordnungen, deren Geltungswillen auf die Herstellung und Durchsetzung von Entscheidungen zielen, die kollektive Verbindlichkeit beanspruchen. In
der westlichen Moderne ist der „Staat" zunächst die Einheitsvorstellung, die als
„Staatsraison" Orientierung bietet und durch die politische Ordnungen symbolisch integriert werden (Münkler 1987: 165–174). Der Staat profitiert dabei davon,
wenn allein staatliche Institutionen erfolgreich die Gewaltmittel beanspruchen,
um die kollektive Verbindlichkeit von Entscheidungen gegebenenfalls auch gegen

Widerstände durchzusetzen (vgl. Breuer 1998: 18). Das staatliche Monopol auf die Gewalt ist eine Gelegenheitsstruktur, durch die verschiedene Handlungen immer wieder mit dem Staat verknüpft und im Medium der Akten (vgl. Vismann 2000) auf Dauer gestellt werden: sei es, dass wir seinen Entscheidungen folgen oder sie gar ausführen; sei es, dass er unsere Handlungen gewaltsam erzwingt oder unterdrückt. Das Gewaltmonopol bietet staatlichen Institutionen aber nicht nur Möglichkeiten, in Deutungskonflikten ihre Deutungen des „Staates" unter Androhung von Sanktionen durchzusetzen; ebenso bieten sich ihnen damit Möglichkeiten, in Deutungskonkurrenzen als jener Dritte aufzutreten, der verbindlich über die Vereinbarkeit sich widersprechender Deutungen entscheidet. Der Staat als „Ordnungsinstrument" und der Staat als „Ordnungsidee" hängen somit eng zusammen (Anter 2007: 209–218). Allerdings bilden sie sich, wie viele postkoloniale Staaten Asiens, Afrikas und Lateinamerikas zeigen, deshalb noch nicht automatisch gemeinsam aus (vgl. Schlichte 2005: 230).

Der Staat ist vielmehr die dominierende Einheitsvorstellung in den politischen Ordnungen der westlichen Moderne. Die politischen, aber auch die akademischen Kämpfe um seine Bedeutung (vgl. Boldt/Conze/Haverkate/Klippel/ Koselleck 1990; Wagner 1990) haben die dafür nötigen Prozesse der Deutungsöffnung am Laufen gehalten. Allerdings ist der Staat selten dauerhaft allein hegemonial gewesen. Immer wieder ist es gelungen, ihn längerfristig mit anderen Aspekten zu verbinden, etwa als Nationalstaat und als Rechtsstaat, als Volksstaat und als Arbeiter- und Bauernstaat, als sozialer und totaler Staat und als Verfassungsstaat oder als demokratischer Staat (vgl. Reinhard 2002: 406–479). Aber auch eine politische Ordnung mit demokratischer Staatsorganisation muss nicht zwingend damit einhergehen, dass der demokratische Staat bzw. die Demokratie zugleich die Einheitsvorstellung dieser Ordnung ist. Diese Funktion kann etwa auch bei der Verfassung, dem Volk oder der Nation liegen – je nachdem wodurch eine Ordnung zu einer bestimmten Zeit im Einzelfall symbolisch integriert wird. Umgekehrt kann die symbolische Integration einer politischen Ordnung mit autoritärer Staatsorganisation auch mit einer demokratischen Einheitsvorstellung erfolgen (vgl. Breuer 1998: 168), wie es im Gewand der „Volksrepublik" bei vielen Staaten des Warschauer Pakts üblich war und heute noch prominent in China zu beobachten ist. Dass demokratische Einheitsvorstellungen auch von politischen Ordnungen beansprucht werden können, deren Staatsorganisation offensichtlich autoritär ist (vgl. Brown 2012; Dobson 2013), muss insofern als unvermeidlich betrachtet werden, als der mit einer erfolgreichen Einheitsvorstellung verbundene emergente Prozess ihrer Deutungsöffnung Differenzen kassiert und Äquivalenzen produziert, durch die auch autoritäre Staatsorganisationen in einen sinnhaften Zusammenhang mit einer demokratischen Einheitsvorstellung gestellt werden können.

Dass sich inzwischen fast alle Staaten als demokratisch verstehen (vgl. Stetter 2008: 109), zeigt in der Geschichte politischer Ordnungen einen Wandel an, durch den die Demokratie gegenwärtig zur hegemonialen Einheitsvorstellung moderner Staatlichkeit geworden ist. Für das moderne Verständnis von Demokratie ist die Französische Revolution die entscheidende Zäsur – dennoch bleibt die Bedeutung der Demokratie wie die des Staates politisch und akademisch umstritten (vgl. Conze/Koselleck/Maier/Reimann 1972: 847–899; Vorländer 2003: 6–12; Buchstein 2011). Bis heute gibt keinen Konsens darüber, was Demokratie bedeutet und wie ein demokratischer Staat zu organisieren ist. Im Gegenteil: Hier gibt es weltweit große Unterschiede (vgl. Schubert 2012: 239–273). Die internationale politische Ordnung ist genau deshalb gekennzeichnet durch Deutungskonflikte über das Verständnis von Demokratie, die vorwiegend immer noch zwischen Staaten ausgetragen werden. Das Deutungskonfliktmanagement ist hier insgesamt diffus, auch wenn in einzelnen Konflikten der UN-Sicherheitsrat oder inzwischen vermehrt auch internationale Gerichtsinstanzen wie die des Gatt oder der WTO (vgl. Zangl 2006), aber auch die Weltbank und der Internationale Währungsfonds als autoritative Instanzen Anerkennung gefunden haben. In bestimmten Politikfeldern entstehen so zum einen parallel zum dominierenden diffusen Deutungskonfliktmanagement Strukturen der „Weltstaatlichkeit" (Albert 2007), in denen spezifische Deutungskonflikte autoritativ durch Institutionen entschieden werden, an denen sich Deutungsmacht zu konzentrieren beginnt (vgl. Bonacker/Ecker-Ehrhardt 2013). Zum anderen schaffen sich internationale Administrationen, die Postkonfliktgesellschaften verwalten, Strukturen, an denen sich lokal zunächst ihre Deutungsmacht konzentriert – allerdings ohne diese zumeist nachhaltig stabilisieren zu können (vgl. Bonacker/Brodocz/Distler/Travoullion 2014; Bonacker 2012; Brodocz 2014).

Der „Siegeszug der Demokratie" (Vorländer 2003: 7) nach dem Zusammenbruch des real existierenden Sozialismus ist deshalb zwar befriedend, weil es zwischen den Staaten weitgehend unstrittig ist, dass sich politische Ordnungen als „Demokratien" symbolisch integrieren (vgl. mit weiteren Nachweisen Schubert 2012: 190). Allerdings schafft dies neue Konflikte darüber, wie die Demokratie im Einzelnen zu deuten ist und wessen Deutungen sich im Konfliktfall durchsetzen. Während das 20. Jahrhundert als Zeitalter der Ideologien von Konflikten zwischen Einheitsvorstellungen dominiert wurde, könnte das 21. Jahrhundert geprägt werden von Konflikten darüber, wer Deutungshoheit über die Demokratie ausüben kann. Der Kampf um Deutungsmacht ist nicht vorbei, sondern er verschiebt sich sukzessiv auf die Ebene der Deuter und ihrer Interpretationen (vgl. Bonacker 2007). Wir stehen also möglicherweise am Beginn des Zeitalters der Interpreten.

Ob die Deutungskonflikte in diesem Zeitalter friedlich ausgetragen werden, ist offen. Das diffuse Deutungskonfliktmanagement im internationalen System der

Politik bietet hier Anlass zur Hoffnung, aber auch zum Zweifel. Gewalt einhegend wirkt dieses Konfliktmanagement, weil es ein Nebeneinander unterschiedlicher Deutungen ermöglicht; allerdings werden die Deutungskonflikte hier weiterhin im direkten Modus ausgetragen, in dem Gewalt ein effektives Mittel zur Durchsetzung eigener Deutungen ist. Dies wäre bei einem konzentrierten Deutungskonfliktmanagement, wie es sich bei der Genese erster Strukturen von Weltstaatlichkeit abzeichnet, sicher anders, weil hier die Deutungskonflikte in indirekte Deutungskonkurrenzen überführt werden, in denen Gewalt nicht ihre direkte Wirkung erzielen kann. Viele Vorschläge zur Reform des UN-Sicherheitsrats und zur Stärkung von internationalen Institutionen wie dem Internationalen Strafgerichtshof, dem IWF und der Weltbank sind von diesen Hoffnungen getragen. Allerdings birgt dieses Deutungskonfliktmanagement die Gefahr, dass eine autoritative Instanz ihre Deutungsmacht dadurch überzieht, dass sie das Nebeneinander der unterschiedlich gedeuteten Einheitsvorstellung „Demokratie" durch eigene verbindliche Deutungen überwinden will, wenn etwa IWF und Weltbank, aber auch die EU ihre finanzielle Unterstützung für demokratische Staaten davon abhängig machen, ob ihrer Deutung guten Regierens gefolgt wird oder nicht (vgl. Habermas 2011: 41, 81).

Von einer Transformation seines Deutungskonfliktmanagements ist die internationale politische Ordnung insgesamt gegenwärtig jedoch weit entfernt, solange das Gewaltmonopol bei den Staaten bleibt und nicht auf überstaatliche Institutionen delegiert wird (vgl. Jachtenfuchs 2006: 89). Die letzten zwanzig Jahre zeigen, dass das diffuse Deutungskonfliktmanagement solange weitgehend gewaltfrei funktioniert, wie das Nebeneinander der Staaten und ihrer unterschiedlichen Deutungen von Demokratie davon nicht berührt werden. Dies ändert sich, wenn die territoriale Integrität der Staaten selbst Gegenstand des Deutungskonflikts wird – und zwar weniger von außen als von innen. Staat und Demokratie werden u. a. durch die Idee des Staatsvolks und -gebiets äquivalentiell verknüpft: Danach ist der demokratische Staat identisch mit der Selbstregierung seines Staatsvolks. Verstehen sich Teile der Bevölkerung eines demokratischen Staates jedoch jenseits des Staatsvolks als eigener Demos und streben deshalb eine Sezession, also eine eigene Ordnung an, dann wird die für seine Einheitsvorstellung zentrale Äquivalenz zwischen Staat und Demokratie brüchig und die symbolische Integration der politischen Ordnung wird prekär (vgl. Stetter 2008: 109–113). Gewalt wird in diesem Deutungskonflikt für diese Gruppe zu einer erfolgversprechenden Option, wenn sie dabei den militärischen Rückhalt eines anderen Staats unterstellen, der ihre Deutung teilt (vgl. Mann 2007: 17) – sei es etwa ihr ethnisches Selbstverständnis als eigenständiger Demos oder ihre Vorstellungen davon, wie „wahre" Demokratie staatlich zu organisieren ist.

4.2 Dynamisierungen von Demokratien: Die Krisen westlicher Demokratien

Demokratie dynamisiert aber nicht nur die internationale politische Ordnung. Auch demokratische Ordnungen werden weiterhin selbst durch Deutungskonflikte und Kämpfe um Deutungsmacht dynamisiert. Seit einigen Jahren wird in vielen etablierten Demokratien des Westens die „Politikverdrossenheit" ihrer Bürgerinnen und Bürger beklagt (Embacher 2009). Als Symptome gelten insbesondere ihr wachsendes Desinteresse an öffentlichen Fragen sowie ihre zurückgehende Beteiligung an Wahlen. Die Auswirkungen dieser verbreiteten Unterlassungspraktiken sind für den inkrementellen Wandel demokratischer Ordnungen nicht zu unterschätzen. Die Bürgerinnen und Bürger verzichten auf diese Weise immer öfter darauf, sich an der demokratischen Einheitsvorstellung ihrer politischen Ordnung zu orientieren. Damit machen sie immer weniger eigene Erfahrungen mit den Verfahren der Demokratie, weshalb sich die Legitimation ihrer politischen Ordnung überwiegend aus den Erfahrungen speist, die sie mit den Erfahrungen der um die Regierung konkurrierenden politischen Eliten machen (vgl. Brodocz 2010: 105).

Die für die Rekonstitution einer Ordnung nötige Fortsetzung der Deutungsöffnung ihrer Einheitsvorstellung bleibt in unserer demokratischen Ordnung deshalb vornehmlich den Eliten überlassen, die an der Herstellung und Durchsetzung kollektiv bindender Entscheidungen sowie ihrer öffentlichen Diskussion teilhaben. Ihrem Handeln wird allein schon in performativer Hinsicht unterstellt, dass es sich an der demokratischen Ordnung orientiert und somit zumindest implizit deren Einheitsvorstellung deutet. Dass wir die Deutungsöffnung der demokratischen Einheitsvorstellung Deutungseliten überlassen, ist für sich genommen noch keine Gefährdung der Ordnung. Der Deutungsöffnungsprozess ist nicht auf die Partizipation aller angewiesen. Entscheidend ist, ob wir gute oder schlechte Erfahrungen mit diesen Deutungseliten und dem mit ihnen verbundenen konzentrierten Deutungskonfliktmanagement machen. Im ersten Fall wird die demokratische Ordnung von einer „demokratischen Aristokratie" (Manin 2007: 183) getragen, während sie im zweiten Fall einer als „unfähigen" oder als „korrupt" wahrgenommenen politischen Klasse Gelegenheiten liefert, sich selbst zu versorgen bzw. zu bereichern. Der wachsende Vertrauensverlust der Bürger und Bürgerinnen in die politischen Eliten (vgl. Dalton 2004) spiegelt die schlechten Erfahrungen, die wir mit ihnen machen.

Wird der Deutungsöffnungsprozess unserer demokratischen Einheitsvorstellung jedoch nur noch von genau diesen Eliten getragen, weil wir uns aus Verdruss kaum noch selbst daran beteiligen, dann kann daraus durchaus eine Bedrohung der demokratischen Ordnung erwachsen. Wird die demokratische Ordnung von den Bürgerinnen und Bürgern in der Folge als eine Ordnung gedeutet, die das vertrauensunwürdige Handeln der politischen Klasse legitimiert, dann werden verschiedene Dynamisierungen möglich. Zum einen kann die Deutungshoheit der politischen Klasse bestritten werden, etwa mit Forderungen nach mehr direkter Demokratie; zum anderen kann aber auch die „permanente Krisenbefindlichkeit der Demokratie" (Möllers 2013: 285) genutzt werden, um die demokratische Ordnung im Allgemeinen und ihre Einheitsvorstellung im Besonderen in Frage zu stellen. Die erste Dynamisierung betrifft das Deutungskonfliktmanagement. Wachsende Proteste von Bürgerinnen und Bürgern gegen Entscheidungen der politischen Klasse sowie das Drängen nach mehr politischer Partizipation dynamisieren demokratische Ordnungen im Hinblick auf ihr Deutungskonfliktmanagement: Konzentrierte Formen des Deutungskonfliktmanagements können ihre strukturprägende Bedeutung verlieren, wenn sie dauerhaft mit diffusen Formen ergänzt oder durch diese sogar ersetzt werden (vgl. Richter 2011: 211–268; Vorländer 2013: 273–275).

Die zweite Dynamisierung demokratischer Ordnungen setzt nicht auf der Ebene der Deuter und ihres Deutungskonfliktmanagements an, sondern auf der Ebene der Einheitsvorstellung. Hier wird beispielsweise beklagt, dass in unseren Demokratien das Politische verschwunden ist (vgl. Fach 2008) oder dass die Demokratie sogar ihren historischen Zenit überschritten hat und wir uns auf dem Weg in die „Postdemokratie" (Crouch 2008) befinden. Krisendiagnosen dieser Art (vgl. ausführlich Michelsen/Walter 2013) bringen Zweifel zum Ausdruck, ob wir überhaupt noch in einer demokratischen Ordnung leben. Insbesondere den politischen und ökonomischen Eliten wird attestiert, sich in ihren Handlungen gar nicht mehr an der „Demokratie" zu orientieren, sondern allein an der Sicherung und Maximierung eigener, insbesondere ökonomischer Vorteile interessiert zu sein. Unsere politische Ordnung sei weniger demokratisch als „neoliberal" (Brand 2011). Wird diese Kritik mit Forderungen nach einer „radikalen Demokratie" verbunden (Mouffe 1992), dann kann dies durchaus zur weiteren Deutungsöffnung der Demokratie und somit zur Verstetigung unserer demokratischen Ordnung beitragen. Wird ein solcher Wandel als „hoffnungslos" verbrämt, weil Demokratie nur noch „gegen den Staat" (Abensour 2012) möglich ist, dann droht die Demokratie ihre hegemoniale Stellung als symbolisch integrierende Einheitsvorstellung unserer politischen Ordnung zu verlieren. Eine solche Dynamik würde auch auf die Ebene der Deuter durchschlagen, weil dies die symbolischen Voraussetzungen ihrer Deutungsmacht ändern würde, insofern sie fortan für alle unsicher wären. Deutungsmacht wäre dann vor allem von der Verfügung über andere Ressourcen abhängig, die negative und positive Sanktionsfähigkeit mit sich bringen. Die Dynamisierungen demokratischer Ordnungen sollten uns lehren, dass Demokratie nicht nur stets „im Kommen" (Derrida 2003: 123) ist, sondern auch *im Gehen*.

Literatur

Abensour, Miguel, 2012: Demokratie gegen den Staat. Marx und der machiavellische Moment, Berlin: Suhrkamp.

Albert, Matthias, 2007: Einleitung: „Weltstaat" und „Weltstaatlichkeit" als Bestimmungen des Politischen in der Weltgesellschaft, in: Matthias Albert/Rudolf Stichweh (Hrsg.), Weltstaat und Weltstaatlichkeit. Beobachtungen globaler politischer Strukturbildung, Wiesbaden: VS Verlag, 9–23.

Anter, Andreas, 2007: Die Macht der Ordnung. Aspekte einer Grundkategorie des Politischen, 2. Aufl., Tübingen: Mohr.

Bauman, Zygmunt, 2000: Die Krise der Politik. Fluch und Chance einer neuen Öffentlichkeit, Hamburg: Hamburger Edition.

Boldt, Hans/Conze, Werner/Haverkate, Görg/Klippel, Diethelm/Koselleck, Reinhart, 1990: Staat und Souveränität. Geschichtliche Grundbegriffe. Historisches Lexikon zur politisch-sozialen Sprache in Deutschland, Bd. 6, Stuttgart: Klett-Cotta, 1–154.

Bonacker, Thorsten, 2007: Der Kampf der Interpretationen. Zur Konflikthaftigkeit der politischen Moderne, in: Thorsten Bonacker/Andreas Reckwitz (Hrsg.), Kulturen der Moderne. Soziologische Perspektiven der Gegenwart, Frankfurt a. M./ New York: Campus, 199–218.

Bonacker, Thorsten, 2012: Politische Autorität in Nachkriegsgesellschaften. Zur Sicherheitskultur internationaler Administrationen, in: Christopher Daase/Philipp Offermann/Valentin Rauer (Hrsg.), Sicherheitskultur. Soziale und politische Praktiken der Gefahrenabwehr, Frankfurt a. M.: Campus, 229–252.

Bonacker, Thorsten/Brodocz, André, 2001: Im Namen der Menschenrechte. Zur symbolischen Integration der internationalen Gemeinschaft durch Normen, in: Zeitschrift für Internationale Beziehungen, Jg. 8, H. 2, 179–208.

Bonacker, Thorsten/Brodocz, André/Distler, Werner/Travouillon, Katrin, 2014: Deutungsmacht in Nachkriegsgesellschaften. Zur politischen Autorität Internationaler Administrationen im Kosovo und in Kambodscha, in: Zeitschrift für Internationale Beziehungen, Jg. 21, H. 2 (i. E.).

Bonacker, Thorsten/Ecker-Erhardt, Matthias, 2013: Entstehung und Zerfall von Autorität in der Weltpolitik. Eine differenzierungstheoretische Perspektive, in: Stephan Stetter (Hrsg.), Ordnung und Wandel in der Weltpolitik. Konturen einer Soziologie der Internationalen Beziehungen, Leviathan Sonderband 28, Baden-Baden: Nomos, 151–176.

Brand, Ulrich, 2011: Post-Neoliberalismus? Aktuelle Konflikte und gegenhegemoniale Strategien, Hamburg: VSA.

Breuer, Stefan, 1998: Der Staat. Entstehung, Typen, Organisationsstadien, Reinbek: Rowohlt.

Brodocz, André, 2003: Die symbolische Dimension der Verfassung. Ein Beitrag zur Institutionentheorie, Wiesbaden: Westdeutscher Verlag.

Brodocz, André, 2004: Töten und Sterben für die Gemeinschaft, in: Frankfurter Arbeitskreis für Politische Theorie & Philosophie (Hrsg.), Autonomie und He-

teronomie der Politik. Politisches Denken zwischen Poststrukturalismus und
Post-Marxismus, Bielefeld: transcript, 57–77.

Brodocz, André, 2008: Judikativer Minimalismus. Cass R. Sunstein und die Integration
demokratischer Gesellschaften, in: Kritische Justiz, Jg. 41, H. 2, 178–197.

Brodocz, André, 2009: Die Macht der Judikative, Wiesbaden: VS Verlag.

Brodocz, André, 2010: Erfahrung mit Verfahren. Zur Legitimation politischer Entscheidungen, in: Zeitschrift für historische Forschung, Beiheft 44, 91–109.

Brodocz, André, 2011: Kampf um Deutungsmacht. Zur Symbolisierung politischer
Ordnungsvorstellungen, in: Detlef Lehnert (Hrsg.), Demokratiekultur in Europa. Politische Repräsentation im 19. und 20. Jahrhundert, Köln/Wien/Wei-
mar: Böhlau, 47–62.

Brodocz, André, 2014: Verfassunggebung in konsolidierten Demokratien und Postkonfliktgesellschaften. Perspektiven einer Theorie der Deutungsmacht, in: Ellen
Bos/Kálmán Pócza (Hrsg.), Verfassunggebung in konsolidierten Demokratien:
Neubeginn oder Verfall eines politischen Systems?, Baden-Baden: Nomos,
43–58.

Brodocz, André/Llanque, Marcus/Schaal, Gary S., 2008: Demokratie im Angesicht ihrer Bedrohungen, in: André Brodocz/Marcus Llanque/Gary S. Schaal (Hrsg.),
Bedrohungen der Demokratie, Wiesbaden: VS Verlag, 11–26.

Brown, Wendy, 2012: Wir sind jetzt alle Demokraten …, in: Giorgio Agamben u. a.
(Hrsg.), Demokratie? Eine Debatte, Berlin: Suhrkamp, 55–71.

Buchstein, Hubertus, 2011: Demokratie, in: Gerhard Göhler/Mattias Iser/Ina Kerner
(Hrsg.), Politische Theorie. 25 umkämpfte Begriffe zur Einführung, Wiesbaden:
VS Verlag, 46–62.

Castoriadis, Cornelius, 1997: Democracy as Procedure and Democracy as Regime, in:
Constellations, Jg. 4, H. 1, 1–18.

Conze, Werner/Koselleck, Reinhart/Meier, Christian/Reimann, Hans Leo, 1972:
Demokratie, in: Geschichtliche Grundbegriffe. Historisches Lexikon zur politisch-sozialen Sprache in Deutschland, Bd. 1, Stuttgart: Klett-Cotta, 821–899.

Crouch, Colin, 2008: Postdemokratie, Berlin: Suhrkamp.

Dalton, Russel J., 2004: Democratic Challenges, Democratic Choices. The Erosion of
Political Support in Advanced Industrial Democracies, Oxford: Oxford University Press.

Derrida, Jacques, 2003: Schurken. Zwei Essays über die Vernunft, Frankfurt a. M.:
Suhrkamp.

Dobson, William J., 2013: The Dictator's Learning Curve. Tyranny and Democracy in
the Modern Word, London: Vintage.

Elias, Norbert, 1997: Über den Prozeß der Zivilisation. Soziogenetische und psycho-
genetische Untersuchungen, Bd. 2, Frankfurt a. M.: Suhrkamp.

Embacher, Serge, 2009: „Demokratie! Nein danke?" Demokratieverdruss in Deutschland, Bonn: Dietz.

Fach, Wolfgang, 2008: Das Verschwinden der Politik, Frankfurt a. M.: Suhrkamp.

Fögen, Marie-Theres, 1997: Die Enteignung der Wahrsager. Studien zum kaiserlichen
Wissensmonopol in der Spätantike, Frankfurt a. M.: Suhrkamp.

Frankenberg, Günter, 1997: Die Verfassung der Republik. Autorität und Solidarität in der Zivilgesellschaft, Frankfurt a. M.: Suhrkamp.

Greven, Michael Th., 2010: Verschwindet das Politische in der politischen Gesellschaft? Über Strategien der Kontingenzverleugnung, in: Thomas Bedorf/Kurt Röttgers (Hrsg.), Das Politische und die Politik, Berlin: Suhrkamp, 68–88.

Grimm, Dieter, 2004: Integration durch Verfassung. Absichten und Aussichten im europäischen Konstitutionalisierungsprozess, in: Leviathan, Jg. 32, H. 4, 448–463.

Habermas, Jürgen, 2011: Zur Verfassung Europas. Ein Essay, Berlin: Suhrkamp.

Hirschman, Albert, 1989: Entwicklung, Markt und Moral. Abweichende Betrachtungen, München: Hanser.

Jachtenfuchs, Markus, 2006: Das Gewaltmonopol: Denationalisierung oder Fortbestand?, in: Stephan Leibfried/Michael Zürn (Hrsg.), Transformationen des Staates?, Frankfurt a. M.: Suhrkamp, 69–91.

Laclau, Ernesto, 1994: Why do Empty Signifiers Matter to Politics?, in: Jeffrey Weeks (Hrsg.), The Lesser Evil and the Greater Good. The Theory and Politics of Social Diversity, London: Verso, 167–178.

Laclau, Ernesto, 1996: The Death and Resurrection of the Theory of Ideology, in: Journal of Political Ideologies, Jg. 1, H. 3, 201–220.

Luhmann, Niklas, 1971: Sinn als Grundbegriff der Soziologie, in: Jürgen Habermas/Niklas Luhmann (Hrsg.), Theorie der Gesellschaft oder Sozialtechnologie. Was leistet die Systemforschung?, Frankfurt a. M.: Suhrkamp, 25–100.

Luhmann, Niklas, 1984: Soziale Systeme. Grundriß einer allgemeinen Theorie, Frankfurt a. M.: Suhrkamp.

Manin, Bernard, 2007: Kritik der repräsentativen Demokratie, Berlin: Matthes & Seitz.

Mann, Michael, 2007: Die dunkle Seite der Demokratie: eine Theorie der ethnischen Säuberung, Hamburg: Hamburger Edition.

Messmer, Heinz, 2003: Der soziale Konflikt. Kommunikative Emergenz und systemische Reproduktion, Stuttgart: Lucius & Lucius.

Michelsen, Danny/Franz Walter, 2013: Unpolitische Demokratie. Zur Krise der Repräsentation, Berlin: Suhrkamp.

Möllers, Christoph, 2013: Legitimationschancen unserer Demokratie, in: Zeitschrift für Politikwissenschaft, Jg. 23, H. 2, 279–287.

Mouffe, Chantal, 1992: Dimensions of Radical Democracy. Pluralism, Citizenship, Community, London: Verso.

Münkler, Herfried, 1987: Im Namen des Staates. Die Begründung der Staatsraison in der frühen Neuzeit, Frankfurt a. M.: Fischer.

Nonhoff, Martin, 2006: Politischer Diskurs und Hegemonie. Das Projekt „Soziale Marktwirtschaft", Bielefeld: transcript.

Patzelt, Werner J., 2013: Transzendenz, politische Ordnung und beider Konstruktion, in: Werner J. Patzelt (Hrsg.), Die Machbarkeit politischer Ordnung. Transzendenz und Konstruktion, Bielefeld: transcript, 9–42.

Reckwitz, Andreas/Schlichte, Klaus, 2013: Subjekttheorie und politische Herrschaft in den internationalen Beziehungen, in: Stephan Stetter (Hrsg.), Ordnung und Wandel in der Weltpolitik. Konturen einer Soziologie der Internationalen Beziehungen, Leviathan Sonderband 28, Baden-Baden: Nomos, 107–124.

Reinhard, Wolfgang, 2002: Geschichte der Staatsgewalt. Eine vergleichende Verfassungsgeschichte Europas von den Anfängen bis zur Gegenwart, München: C. H. Beck.

Richter, Emanuel, 2011: Was ist politische Kompetenz? Politiker und engagierte Bürger in der Demokratie, Frankfurt a. M./New York: Campus.

Schlichte, Klaus, 2005: Der Staat in der Weltgesellschaft. Politische Herrschaft in Afrika, Asien und Lateinamerika, Frankfurt a. M./New York: Campus.

Schubert, Sophia, 2012: Die globale Konfiguration politischer Kulturen. Eine theoretische und empirische Analyse, Wiesbaden: Springer VS.

Simmel, Georg, 1992: Soziologie. Untersuchungen über die Formen der Vergesellschaftung. Georg-Simmel-Gesamtausgabe, Bd. 11, Frankfurt a. M.: Suhrkamp.

Stäheli, Urs, 2007: Von der Herde zur Horde? Zum Verhältnis von Hegemonie- und Affektpolitik, in: Martin Nonhoff (Hrsg.), Diskurs, radikale Demokratie, Hegemonie. Zum politischen Denken von Ernesto Laclau und Chantal Mouffe, Bielefeld: transcript, 123–138.

Stetter, Stephan, 2008: Entgrenzungen in der Weltgesellschaft. Eine Bedrohung für die Demokratie?, in: André Brodocz/Marcus Llanque/Gary S. Schaal (Hrsg.), Bedrohungen der Demokratie, Wiesbaden: VS Verlag, 99–118.

Vismann, Cornelia, 2000: Akten. Medientechnik und Recht, Frankfurt a. M.: Fischer.

Vorländer, Hans, 2003: Demokratie. Geschichte, Formen, Theorien, München: C. H. Beck.

Vorländer, Hans, 2013: Krise, Kritik und Szenarien. Zur Lage der Demokratie, in: Zeitschrift für Politikwissenschaft, Jg. 23, H. 2, 267–277.

Wagner, Peter, 1990: Sozialwissenschaften und Staat. Frankreich, Italien, Deutschland 1870–1980, Frankfurt a. M./New York: Campus.

Weber, Max, 1980: Wirtschaft und Gesellschaft. Grundriß der verstehenden Soziologie, 5. rev. Aufl., besorgt v. Johannes Winckelmann, Tübingen: Mohr.

Werron, Tobias, 2010: Direkte Konflikte, indirekte Konkurrenzen. Unterscheidung und Vergleich zweier Formen des Kampfes, in: Zeitschrift für Soziologie, Jg. 39, H. 4, 302–318.

Zangl, Bernhard, 2006: Die Entstehung internationaler Rechtsstaatlichkeit?, in: Stephan Leibfried/Michael Zürn (Hrsg.), Transformationen des Staates?, Frankfurt a. M.: Suhrkamp, 123–150.

Demokratie, Protest und Wandel
Zur Dynamisierung des Demokratiebegriffs in Konflikten um große Infrastrukturprojekte am Beispiel von *Stuttgart 21*

Renate Martinsen

Zusammenfassung Geht man von einem primär funktionalen Verständnis von Demokratie aus, dann besteht der Vorteil dieser Herrschaftsform darin, dass sie am ehesten geeignet erscheint, das Problem sozialer Komplexität zu meistern, indem sie die Zukunft offen hält für neue Entscheidungen unter gewandelten Rahmenbedingungen. Es wird jedoch zunehmend evident, dass bei großen Infrastrukturprojekten langfristige Weichenstellungen erfolgen, die eine Reversibilität von Entscheidungen als Prämisse von Demokratie nicht gewährleisten. Vor diesem Hintergrund ist die Herausbildung einer neuen, in der Mitte der bürgerlichen Gesellschaft angesiedelten Protestbewegung zu beobachten. In der Politikwissenschaft steht zur Debatte, ob es sich dabei um ein Krisensymptom der repräsentativen Demokratie handelt.

Im Beitrag werden zunächst die theoretischen Grundlagen eines sich gegenwärtig vollziehenden Wandels der Staatlichkeit expliziert und die zu Grunde gelegte politiktheoretische Lesart der Transformation von Demokratie und Protest vorgestellt. Es zeigt sich, dass sowohl Befürworter als auch Kritiker von *Stuttgart 21* in ihren unterschiedlichen Deutungen von demokratischer Legitimität jeweils eine der beiden in Spannung zueinander stehenden Legitimationsquellen im demokratischen Verfassungsstaat akzentuieren, die entsprechend mit einer Präferenz für repräsentative bzw. direkte Demokratie korrelieren. Abschließend wird mit Bezugnahme auf die Stuttgarter Schlichtung diskutiert, inwiefern sich mit den neuen – in brisanten technikbasierten Konfliktfällen vermehrt zum Einsatz kommenden – politischen Kommunikationsverfahren Formen einer *kommunikativen Demokratie* herausbilden, welche geeignet erscheinen, die bisherigen Demokratiemodelle westlicher Staaten zu ergänzen.

1 Demokratie im Wandel: Deutungskämpfe um einen Zentralbegriff gesellschaftlicher Selbstverständigung

Demokratie ist ein zentraler Begriff zur Selbstbeschreibung des politischen Systems in westlichen Gesellschaften, der sich historisch als Kampfbegriff zur

Durchsetzung verschiedener bürgerlicher Ansprüche profiliert hat. In aktuellen Krisendiskursen zum demokratischen Verfassungsstaat, wie z. B. in der Postdemokratie-Debatte, wird davon ausgegangen, dass sich gegenwärtig Anzeichen einer Krise demokratischer Legitimität ausmachen lassen. Den sozio-strukturellen Hintergrund der Krisenszenarien bilden weitreichende Transformationen moderner Gesellschaften, die insbesondere durch technikinduzierte Globalisierungs- und Ausdifferenzierungsprozesse gekennzeichnet sind. Die Politikwissenschaft diagnostiziert für ihren genuinen Gegenstand entsprechend einen Wandel der Staatlichkeit vom hierarchischen zum sogenannten „kooperativen Staat" (der Begriff wurde erstmals eingeführt von Ritter 1979). In diesem Kontext haben sich seit einiger Zeit neue Politikmodelle ausgebildet, die auf organisierte kommunikative Verfahren insbesondere im Vor- und Nachgang von politischen Entscheidungen ausgerichtet sind und deren Demokratiequalität politikwissenschaftlich kontrovers diskutiert wird.

Bei den massiven Auseinandersetzungen um den Neubau des Stuttgarter Hauptbahnhofs kam mit der von Heiner Geißler durchgeführten Schlichtung ein solches verhandlungsbasiertes Kommunikationsmodell zum Einsatz, das – eine Verfahrensinnovation – in gesamter Länge für die Öffentlichkeit medial übertragen wurde und translokal Solidaritätseffekte auslöste. Typisch an diesem Fallbeispiel ist der Hintergrund einer neuen, aus der bürgerlichen Mitte kommenden Protestbewegung, wie sie sich in jüngster Zeit auch an zahlreichen anderen Orten der Republik formiert hat. Die Eskalation des kommunalen Konflikts um den kostspieligen Umbau des Stuttgarter Hauptbahnhofs im Herbst 2010 sowie das im Anschluss durchgeführte Schlichtungsverfahren enthalten aus demokratietheoretischer Sicht einen hohen gegenwartsdiagnostischen Aussagewert. Der Konflikt um das Bahnprojekt „Stuttgart 21" lässt sich – so die These – reformulieren als Auseinandersetzung um die Durchsetzung von Deutungsmustern zur Demokratie. Zur Plausibilisierung dieser Interpretation wird an ein politikwissenschaftlich etabliertes Konzept von Deutungsmacht angeknüpft. Im Fokus der Betrachtung stehen nun jedoch konfligierende gesellschaftliche Selbstverständigungsdiskurse im demokratischen Verfassungsstaat.

Ich werde im Beitrag zunächst die theoretischen Grundlagen eines sich gegenwärtig vollziehenden Wandels der Staatlichkeit entfalten und vor diesem Hintergrund die aktuell zu beobachtende Transformation von Demokratie und Protest skizzieren. Am Fallbeispiel des Konflikts um den Neubau des Stuttgarter Hauptbahnhofs erfolgt sodann eine nähere Betrachtung gesellschaftlicher Selbstverständigungsdiskurse, in denen um das angemessene Verständnis von Demokratie gestritten wird. Mit Blick auf den öffentlichen Protest gegen das von der Deutschen Bahn AG zur Neuorganisation des Schienennah- und Fernverkehrs in der Region Stuttgart avisierte Neubauprojekt Stuttgart 21 und die politischen Bestrebungen, den Konflikt diskursiv einzuhegen, lässt sich exemplarisch untersuchen, inwiefern sich bei Auseinandersetzungen um große Infrastrukturprojekte die Herausbildung neuer Strukturen und Semantiken von Demokratie beobachten lässt.

2 Kommunikative Politikmodelle im demokratischen Verfassungsstaat

2.1 Wandel von Staatlichkeit und Krisendiskurse

Wandel der Staatlichkeit beschreibt seit geraumer Zeit *das* Megathema politikwissenschaftlicher Forschung.[1] Begreift man den Staatsbegriff als leitende Idee (vgl. Luhmann 1984), so erweisen sich die semantischen Verschiebungen in der Staatsterminologie als aufschlussreich: Der hierarchische, souveräne Staat ist demnach einem Gebilde gewichen, das mit Begriffen wie der „interaktive Staat", der „verhandelnde Staat", der „lernende Staat", der „argumentierende Staat" oder der „kooperative Staat" verbunden wird. Die gewandelte Metaphorik, die den *Leviathan* umkreist, zeugt von einer veränderten Perzeption der Handlungsfähigkeit des Staates zu Beginn des neuen Jahrtausends.

Hintergrund dieser politischen Transformationsprozesse sind tiefgreifende gesellschaftliche Umbrüche in der Spätmoderne: Technikgetriebene sozio-strukturelle Entwicklungsdynamiken unterminieren die Voraussetzungen des neuzeitlichen Staatsbegriffs, den nach außen und innen souveränen Leviathan. Zum einen wird die Figuration des Staates als kompaktem Handlungsakteur von „außen" durch politische Internationalisierungsprozesse herausgefordert, die der global entgrenzten Ökonomie quasi nachwachsen (vgl. Scharpf 1992). Zum anderen scheint der Nationalstaat im Zuge von Ausdifferenzierungsprozessen in der Gesellschaft zur Erfüllung seiner öffentlichen Aufgaben immer stärker auf verstreute gesellschaftliche Ressourcen angewiesen. Als Folge findet er sich auch „intern" zunehmend in Verhandlungssysteme mit nicht-staatlichen Akteuren verflochten. Beide Entwicklungstrends, Globalisierung bzw. Europäisierung wie auch Horizontalisierung, laufen auf eine Abflachung des hierarchischen Staatsmodells hinaus. Der Forschungsansatz „Politiknetzwerke" hat in den 90er-Jahren die Realität politischer Entscheidungsstrukturen mittels strukturanalytischer Methoden erforscht und empirisch die Staatswandel-These bestätigt (vgl. Schneider 1999). Auf

---

1   Vergleiche hierzu exemplarisch den seit 2003 bestehenden DFG-Sonderforschungsbereich 597 „Staatlichkeit im Wandel" an der Universität Bremen, der Jacobs University Bremen sowie der Universität Oldenburg.

begrifflicher Ebene führte die Wahrnehmung einer veränderten Gestalt des Politischen zum Wechsel vom Konzept der politischen Steuerung hin zum *(Global) Governance-Paradigma* (vgl. Benz/Dose 2010): Hierdurch werden die als komplexer angenommenen Voraussetzungen des Staatshandelns in der Welt des 21. Jahrhunderts akzentuiert.

Die Politikwissenschaft konzentrierte sich zu Beginn auf die Erforschung des Wandels von Staatlichkeit unter dem Problemlösungsaspekt, d. h. gefragt wurde nach der verbliebenen politischen Gestaltungsfähigkeit angesichts veränderter gesellschaftlicher Rahmenbedingungen. Mögliche Auswirkungen des staatlichen Wandels auf die *demokratische Legitimität* standen hingegen zunächst nicht im Fokus des politikwissenschaftlichen Interesses. Bereits Thomas Hobbes (2008) hat in seinem Werk „Leviathan" von 1651 die Notwendigkeit von Legitimitätsüberlegungen für die Stabilität politischer Ordnung erkannt. Seine politische Theorie ist auf die Frage ausgerichtet, mit welchen guten Gründen sich die Ausübung von Herrschaft – und damit einhergehend die Einschränkung der Freiheit und Selbstbestimmung des Einzelnen – rechtfertigen lässt. Dabei wird ein bestimmtes Verständnis des politischen Raums, den es zu „regieren" gilt, unterstellt: Er ist homogen strukturiert und hermetisch abgeschlossen. In allen neuzeitlichen Legitimitätsdiskussionen wurde entsprechend ein Ausgangspunkt als selbstverständlich unterstellt: Rechtmäßige Herrschaft erfordert den nach außen und innen souveränen Nationalstaat. Der Bedeutungsbogen in der Verwendung des Begriffs der Legitimität spannt sich dabei zwischen seiner normativen und seiner empirischen Verwendungsweise auf (vgl. Martinsen 2014): Die Frage nach der Rechtmäßigkeit politischer Herrschaft zielt einerseits auf die Anerkennungswürdigkeit einer politischen Ordnung (Legitimitätsanspruch), andererseits geht es um das Einverständnis der Bürger zu dieser Ordnung (Legitimitätsglaube).

Indes wird zunehmend erkennbar, dass die tradierten Legitimitätsmuster politischer Herrschaft in sich globalisierenden Arenen[2] einem fortschreitenden *Erosionsprozess* ausgesetzt sind: Zum einen bedingen Entgrenzungsprozesse „nach außen" eine Entkopplung zwischen der Reichweite politischer Entscheidungsmacht und dem Horizont politischer Problemketten. Zum anderen führen politische Entgrenzungsprozesse „nach innen" dazu, dass immer mehr Akteure „mitregieren", die über kein demokratisches Mandat verfügen.

---

2   Globalisierung ist dabei keineswegs nur als Gegenstand der inter- und transnationalen Forschung zu verstehen – vielmehr verändern sich durch die Transformation der Raum-Zeit-Verhältnisse als Kern des Globalisierungsgeschehens auch die Verhältnisse „vor Ort" in grundlegender Weise, denn sie sind jetzt immer „unter den Bedingungen der Globalisierung" zu reflektieren (vgl. hierzu Wiesenthal 2000).

Vor diesem Hintergrund stellt sich – nicht zuletzt auch mit Blick auf den Fall „Stuttgart 21" – die Frage, ob die herkömmlichen Denkmuster noch in der Lage sind, Legitimitätsaspekte auf der Folie eines grundlegend veränderten politischen Koordinatensystems angemessen zu konzeptualisieren bzw. ob und inwiefern die sich herausbildenden neuen Formen politischer Ordnungsbildung als legitim gelten können. In der Politikwissenschaft nimmt diese Debatte mittlerweile einen breiten Raum ein – sie hat zur Konjunktur eines *Krisendiskurses* geführt, der auf Probleme demokratischer Legitimität fokussiert (vgl. beispielsweise die Beiträge in Offe 2003). Auf der politikwissenschaftlichen Agenda erscheint damit die Frage nach der „Zukunftsfähigkeit" von Demokratien (vgl. Höffe 2009). Dabei wird der prinzipielle Wert der Demokratie in aller Regel nicht bezweifelt. Vielmehr geht es im Kern um die Frage nach den Grenzen der Leistungsfähigkeit dieser Regierungsform unter den gewandelten sozio-technologischen Bedingungen in der Gegenwart.

Demokratie steht somit in dem Augenblick, in dem sie sich historisch – zumindest in der westlichen Welt – als unumstrittene Norm etabliert hat, zugleich vor ihrer größten Belastungsprobe. Dieser Ernüchterungsdiskurs erfährt seine polemische Zuspitzung in der Redeweise vom „Ende der Demokratie" (Guéhenno 1994) und kristallisiert im Slogan von der „Postdemokratie" (Crouch 2008), auf den in der politikwissenschaftlichen Forschung verstärkt Bezug genommen wird. In der Diagnose der *Postdemokratie* wird davon ausgegangen, dass sich selbst in scheinbar „funktionierenden" Demokratien zunehmend gravierende Funktionsstörungen beobachten lassen: Denn obwohl die formalen Institutionen der parlamentarischen Demokratien weiterhin vollkommen intakt seien, komme es vor dem Hintergrund der gewandelten Verhältnisse in einer sich globalisierenden Welt zur Aushöhlung der demokratischen Prinzipien, insbesondere der Legitimationsfigur einer Partizipation des Volkes, zugunsten von Inszenierungen der politischen Eliten. In diesem Krisendiskurs zur „demokratischen Legitimität" wird häufig nicht kategorial unterschieden zwischen *Demokratie*defizit und *Legitimation*serosion – für eine differenzierte Betrachtung erscheint die Rückbesinnung auf die Grundprinzipien des demokratischen Verfassungsstaates daher unabdingbar.

2.2 Paradigmen des demokratischen Verfassungsstaates

Der demokratische Verfassungsstaat wurde als Gegenstand politikwissenschaftlicher Forschung erst in jüngster Zeit wiederentdeckt (vgl. etwa Brodocz 2004; Schmidt 2005; Vorländer 2006; Benz 2006; Enzmann 2009). Über einen längeren Zeitraum hingegen herrschte – etwas verallgemeinernd formuliert – eine po-

litikwissenschaftliche „Entfremdung vom Recht" (Becker/Zimmerling 2006: 10).
Es bestand eine Arbeitsteilung zwischen den Disziplinen, in deren Rahmen sich
die Politikwissenschaft schwerpunktmäßig mit dem „Staat in Aktion" (Machtaus-
einandersetzungen) und die Rechtswissenschaft mit dem „Staat in ruhendem Zustand" (Rechtsnormengefüge) befasste. Die Erkenntnis, dass sich moderne Demokratien als konstitutionelle bzw. *Grundrechte-Demokratien*[3] entwickelt haben, hat
mittlerweile in der Politikwissenschaft zu einer breiten Beschäftigung mit der Verfassung als rechtlich geregelter Institutionenordnung geführt.[4]

Die enge *Verschränkung zwischen Recht und Politik* im Konstitutionalismus
hat sich historisch im Zuge der Säkularisierung westlicher Gesellschaften herausgebildet. Mit dem Übergang von einem quasi extern vorgegebenen Natur- oder
Vernunftrecht, das staatlicherseits nur durchgesetzt werden muss, zu einem positiv gesetzten Recht stellt sich die Frage der Legitimation staatlicher Ordnung in
neuer Weise. Im Konzept des demokratischen Verfassungsstaates wird versucht,
das Problem der Legitimation von staatlich selbst erzeugtem Recht durch eine
Integration von Verfassungsprinzip und Demokratieprinzip zu „lösen". In einem
reziproken Wechselverhältnis soll staatliche Herrschaft eine Begrenzung durch
Recht erfahren, während zugleich das Recht politisch hervorgebracht wird, d.h.
in seiner Regelungsstruktur auf demokratisch generierten Verfahren beruht und
mit staatlicher Zwangsgewalt durchgesetzt werden kann. Es gibt somit zwei Legitimationsquellen des demokratischen Verfassungsstaates, die zueinander in einem Spannungsverhältnis stehen. Dies impliziert, dass das Prinzip der Volkssouveränität in konstitutionellen Demokratien nicht unumschränkt zum Zuge
kommen kann, sondern vielmehr seine Beschränkung am – die freiheitlichen
Grundrechte sichernden – Verfassungsprinzip findet. Mit anderen Worten: „Eine
unbeschränkte Volkssouveränität gibt es nur außerhalb des Staates, in einer revo-
lutionären Situation" (Benz 2006: 143).

Die Austarierung zwischen den Polen „Rechtsnormen" und „demokratische
Willensbildung" verläuft aus historischer Perspektive gesehen keineswegs kon-
fliktfrei. In staatstheoretischen Erörterungen lassen sich verschiedene Versuche
ausmachen, das Verhältnis zwischen Macht und Recht in konstitutionellen Demokratien zu akzentuieren. Dabei können in der *klassischen Theoriedebatte* drei Para-
digmen rekonstruiert werden, die hier in einer stark verknappenden Form vorge-

---

3   Grundlegende Elemente sind Gewaltenteilung, Grund- und Menschenrechte, Rechtsstaat-
    lichkeit und Demokratie – indes gibt es in der Ausgestaltung und Gewichtung auch bei kon-
    solidierten Demokratien nicht unerhebliche Unterschiede (siehe hierzu Enzmann 2009).
4   Analog lässt sich auch von rechtswissenschaftlicher Seite eine politikwissenschaftlich infor-
    mierte Befassung mit möglichen Gefährdungen des demokratischen Verfassungsstaats aus-
    machen – vergleiche etwa Horn (2009).

stellt werden: (1) ein staatszentriertes Paradigma: Dem souveränen Staat, dem die Aufgabe obliegt, die Spannungen in der Gesellschaft zu zügeln, kommt das Primat vor dem Recht zu (vgl. Böckenförde 2006); (2) ein rechtszentriertes Paradigma: Dem Recht, das hier Vorrang vor dem Staat erhält, wird eine weitreichende Fähigkeit zugesprochen, gesellschaftliche Konflikte unter Wahrung von Freiheit und Gleichheit zu regulieren (vgl. Hesse 1999); (3) ein politisches Paradigma: Statt Entgegensetzung von Recht und Politik soll eine Balancierung der zwei konkurrierenden Strukturprinzipien dazu führen, dass einer drohenden Entdemokratisierung postmoderner Gesellschaften entgegengewirkt wird (vgl. Habermas 1992). Diese drei klassischen Modelle sind mit der kritischen Frage zu konfrontieren, ob bei den jeweiligen Konzeptualisierungen des Verhältnisses von Staat/Politik und Recht nicht auf Prämissen gesetzt wird, welche die gesellschaftliche Ausdifferenzierung und Pluralisierung in modernen Gesellschaften nicht ausreichend in Rechnung stellen.

Eine grundlegend revidierte Sichtweise eröffnen Arbeiten zum demokratischen Verfassungsstaat, welche ihren Ausgang von einem kulturwissenschaftlichen Paradigma nehmen.[5] Im Zeichen des *cultural turns* verschiebt sich der Analysefokus gegenüber den klassischen Herangehensweisen von der instrumentellen zur symbolischen Dimension. Dadurch eröffnet sich die Möglichkeit, die Frage nach der Integration durch Verfassung mit einem alternativen Frame zu versehen, welcher für die Modernität moderner Gesellschaften angemessen erscheint. Stellt man den Prozesscharakter des Institutionellen in Rechnung, dann lassen sich zwei Verfassungsdimensionen unterscheiden: Verfassungstext und -wirklichkeit. Um Geltung zu erlangen, bedarf der Gründungsakt der Verfassungsgebung einer immer wieder zu leistenden interpretatorischen Vergegenwärtigung: „Geltung erwirbt die Verfassung in einem komplexen Prozess von Anerkennung und Akzeptanz in einem Raum potenziell konkurrierender – juristischer, politischer und gesellschaftlicher – Interpretationen und politisch-gesellschaftlicher Praktiken" (Vorländer 2006: 237). Ein „vitaler" integrativer Konstitutionalismus ist deshalb offen für die „streitigen Diskurse der Deutungskultur" (Vorländer 2006: 242). Die Verfassung als symbolische Ordnung bildet in diesem Sinne das Forum für *gesellschaftliche Selbstverständigungsdiskurse*.

Hierauf aufbauend lässt sich die Entwicklung einer avancierten Theorie der symbolischen Integration durch Normen beobachten, die auf Arbeiten von Er-

---

5   Einschlägig sind hier insbesondere die Arbeiten, die im Rahmen des von Hans Vorländer geleiteten Projekts „Verfassung als institutionelle Ordnung" am DFG-Sonderforschungsbereich 537 „Institutionalität und Geschichtlichkeit" der Technischen Universität Dresden (gefördert von 1997–2008) entstanden sind.

nesto Laclau zum Prozess politischer Identitätsstiftung Bezug nimmt (vgl. Laclau 1994; Brodocz 2004). Dabei werden die zwei bis dato vorherrschenden Integrationskonzepte von Konsens- und Konfliktthese miteinander kombiniert. Damit eine Verfassung symbolische Kraft entfaltet, ist demnach ein Konsens über eine *gemeinsame* Idee oder Norm erforderlich, die dann aber jeweils *unterschiedlich* interpretiert werden kann: „Geteilte Geltung ist nicht auf geteilte Gründe angewiesen" (vgl. Brodocz 2003: 62). Dabei muss eine solche Deutungsöffnung der Verfassung erst in diskursiver Praxis hergestellt werden – ob entsprechende Diskurse an der Verfassung kristallisieren oder ob andere deutungsoffene Signifikanten in diese Position einrücken, bleibt somit immer eine *empirische* Frage.

Das solchermaßen entwickelte *Konzept der Deutungsmacht* wird von der Dresdner Autorengruppe an einem spezifischen Gegenstandbereich (Verfassung) und in Bezug auf einen speziellen Interpreten (Verfassungsgerichtsbarkeit) exemplifiziert. Es wird plausibilisiert, dass die Selbststilisierung der Verfassungsrichter als bloße Exegeten eines eindeutigen Verfassungstextes dazu dient, die interpretatorische Neuschöpfung der Verfassung invisibel zu machen (vgl. Schmidt 2005). Durch die Fokussierung auf die Deutungsmacht des Verfassungsgerichts geraten andere Akteure der vorgestellten *offenen* Gesellschaft von Verfassungsinterpreten nicht in den Fokus der Betrachtung. Auch BürgerInnen sowie RepräsentantInnen gesellschaftlicher Funktionsbereiche können potentiell Deutungsmacht schaffen – inwieweit solche Deutungsangebote einen „mächtigen" Status erhalten, bleibt jeweils empirisch zu untersuchen. Desgleichen ist die Fokussierung auf Verfassungsdiskurse zur Untersuchung identitätsstiftender Mechanismen in einer deutungspluralistischen Praxis kontingent – der Forschungsansatz wurde auch bereits gewinnbringend zur Analyse von Menschenrechtsdiskursen angewandt (vgl. Bonacker/Brodocz 2001). Das Konzept der Deutungsmacht erscheint somit in mehrerlei Hinsicht *ausbaufähig*.

In Deutschland wurde dem Grundgesetz verfassungsrechtlich eine Grundentscheidung für die repräsentative Demokratie zugeschrieben (vgl. Grundgesetz 1988, Art. 20). Vor dem Hintergrund der negativen Erfahrungen mit der Weimarer Republik überwog vielerorts die Skepsis gegenüber direktdemokratischen Verfahren. Allerdings schließt dies nicht aus, dass künftig die zentralen Politikprozesse parlamentarischer Repräsentation durch andere Formen *ergänzt* werden, die zu einer Steigerung der Funktionsfähigkeit der Demokratie beitragen könnten. Dies bedeutet nicht, den konstitutionellen Aspekt des „Sich-nicht-in-eine-Demokratie-auflösen-Wollens" (Enzmann 2009: 14) zu ignorieren, sondern die Möglichkeit eines gesellschaftsstrukturell und kulturell bedingten Wandels kollektiver Demokratievorstellungen nicht außer Acht zu lassen. Vor dem Hintergrund der Frage nach Perspektiven zur Rekonzeptualisierung von Demokratie haben seit einiger Zeit deliberative bzw. *kommunikative Politikmodelle* Konjunktur, die auf die

Throughput-Perspektive der politischen Willens- und Meinungsbildungsprozesse fokussieren und die Bedeutung kollektiver Lernprozesse in der Demokratie hervorheben.[6]

2.3 Kommunikative Politikmodelle

Demokratie ist verschiedentlich auch als „Regierung durch Diskussion" (vgl. Barker 1948; Daele/Neidhardt 1996) bezeichnet worden. Damit soll nicht zum Ausdruck gebracht werden, dass diese Formel bereits eine hinreichende Definition des demokratischen Regierens in westlichen Gesellschaften liefert – denn Diskussion führt keineswegs zwingend zur Produktion kollektiv verbindlicher Entscheidungen. Die Redeweise impliziert indes, dass dem fortgesetzten Prozess der öffentlichen Debatte im Modell der liberalen Demokratie eine wesentliche Rolle zukommt. Denn die Selbstbestimmungsfähigkeit moderner Demokratien ist quasi auf sich selbst zurückgeworfen: Die Operationalisierung von Wertbegriffen wird zu einer Funktion sozialer Verständigung. Kommunikative Politikmodelle setzen entsprechend nicht auf den dezisionistischen Akt der Abstimmung, sondern auf *politische Deliberation,* d. h. auf die Auseinandersetzung über Probleme, Ziele und Optionen konkreter Politiken. Damit wird häufig die Hoffnung verbunden, Diskurse seien demokratieförderlich bzw. wären eine Option zur Weiterentwicklung des herkömmlichen Demokratieverständnisses.

Angesichts der Herausbildung einer kooperativen Staatstätigkeit kommt es auch in Deutschland zur Entwicklung eines Variantenreichtums neuer kommunikativer Politikformen.[7] Das Etikett *neu* bezieht sich darauf, dass keine Orientierung mehr an der herkömmlichen Gegenüberstellung von Bürger und Staat erfolgt, sondern stattdessen auf einen Dialog zwischen Politik und Öffentlichkeit gesetzt wird. In diesen *Diskursen*[8] im Sinne *organisierter Kommunikationsprozesse* wird auf eine alternative (d. h. nicht gerichtlich ausgetragene) Konfliktregulierung gesetzt, um

---

6 Nach der bekannten Lincoln-Formel (1863) kann Demokratie charakterisiert werden als „Regierung des Volkes, durch das Volk, für das Volk". Während *„durch* das Volk" die Input-Perspektive (Öffentlichkeit) hervorhebt, fokussiert *„für* das Volk" auf die Output-Perspektive (Wohlfahrtsmaximierung) und *„des* Volkes" auf die Throughput-Perspektive – letztere wird gegenwärtig geltend gemacht als eine Form legitimer Herrschaft, die auf kommunikativen Verfahren beruht.

7 Für einen breiten Überblick vergleiche Feindt 2001; zur Charakterisierung der wichtigsten Grundtypen siehe Martinsen (2006: 31–45).

8 Die Begriffsverwendung erfolgt hier also *nicht* in Anlehnung an die Idee des herrschaftsfreien Diskurses im Sinne von Jürgen Habermas. Vielmehr zielt der Begriff *Diskurs* in diesem Kontext zunächst allgemein auf politische Kommunikationsprozesse, die nicht anarchisch, sondern nach bestimmten Regeln strukturiert ablaufen.

kollektive Entscheidungen in umstrittenen wissens- und technikbasierten Policy-feldern auf eine breitere soziale und kognitive Basis zu stellen (vgl. grundlegend Martinsen 2006). Gemeinsam ist den verschiedenen experimentellen Verfahrens-vorschlägen, dass die kollektiven Willens- und Entscheidungs(findungs)prozesse insbesondere auf deliberativem Wege vorangebracht werden sollen, d.h. mittels der zwei – analytisch unterscheidbaren – Kommunikationsmodi „Argumentieren" und „Verhandeln". Je nach Schwerpunktsetzung der neuen Politikformen spricht man deshalb auch von *Diskursverfahren* (primär auf die Förderung von Verstän-digungsprozessen hin ausgerichtet) und *Verhandlungsverfahren* (zuvorderst auf das Erzielen einer verbindlichen Einigung hin orientiert). Die wichtigsten Grund-typen der neuen politischen Mitwirkungsverfahren sind zum einen Planungszelle, Konsensuskonferenz, diskursive Technikfolgenabschätzung mit dem Akzent auf Argumentation und zum anderen Mediation als Variante des verhandlungsorien-tierten Modells.[9]

Während *Mediation* in sozialwissenschaftlichen Erörterungen ihren Ort im Spektrum der neuen kommunikativen Politikformen erhält (vgl. beispielsweise Fuller 1971; Jansen 1998; Feindt 2001; Grunwald 2002; Martinsen 2006: 36 ff.; Mar-tinsen 2008), wird *Schlichtung* marginalisiert bzw. findet allenfalls in rechtswis-senschaftlichen Arbeiten (gemäßigte) Beachtung. Beide Modelle stellen Formen der Drittbegleitung dar, d.h. es geht um kommunikative Verfahren zur Konflikt-vermittlung zwischen unterschiedlichen Interessengruppen unter Einsatz eines „neutralen" Dritten. Anders als in der Mediation erfolgt die Auswahl des Schlich-ters aufgrund seiner inhaltlichen Expertise für ein bestimmtes Sachgebiet oder seiner besonderen Autorität im betreffenden Umfeld; außerdem nimmt er stärker Einfluss auf das inhaltliche Einigungsergebnis (vgl. Alexander et al. 2005: 8). Die geringere sozialwissenschaftliche Beachtung der Schlichtung als einer kommuni-kativen Politikform im Vergleich zur Mediation lässt sich auf dem Hintergrund der typologischen Einordnung im Kontext der juristischen Streitbeilegungslehre plausibilisieren: Bei Schlichtung wird von einer Abnahme der Entscheidungs-

---

9   Exemplarisch für die argumentationszentrierte Variante gilt das einer breiteren Öffent-lichkeit bekannt gewordene WZB-Verfahren zur partizipativen Technikfolgenabschätzung bei gentechnisch veränderten herbizidresistenten Kulturpflanzen. Das Diskursverfahren wurde im Rahmen einer sozialwissenschaftlichen Begleitforschung von Wissenschaftlern des Wissenschaftszentrums Berlin im Hinblick auf die Frage analysiert, wie sich die interne Verfahrensrationalität durch die diskursiven Spielregeln entfaltet (vgl. Daele 1997). Ein pro-minentes Beispiel für die verhandlungsfokussierte Variante stellt der Einsatz eines Media-tionsverfahrens beim Konflikt um den Ausbau des Frankfurter Flughafens dar. Die hessische Landesregierung setzte Ende der 90er-Jahre frühzeitig darauf, die Konfliktparteien in einen dialogischen Prozess einzubeziehen. Dies geschah nicht zuletzt vor dem Hintergrund der Erfahrungen in den 1970/80er-Jahren, als die bürgerlichen Massenproteste nur durch mas-sive staatliche Gewaltpotentiale befriedet werden konnten (vgl. Geis 2005).

gewalt der Parteien und einer Zunahme der Rechtsbasiertheit ausgegangen (vgl. Alexander et al. 2005: 9). In Deutschland rekurrieren viele Einrichtungen einer gütlichen Streitbeilegung insbesondere im Bereich der Arbeitswelt auf das Schlichtungsmodell. Auch in zahlreichen Bundesländern gibt es spezielle Schlichtungsstellen, die dazu geschaffen wurden, Streitigkeiten in der Bevölkerung auf nicht-gerichtlichem Wege zu regeln. Dabei gilt für die Schlichtung als einem verhandlungsbasierten Kommunikationsverfahren das Prinzip der Nicht-Öffentlichkeit. Der Schlichter hat über den Inhalt der Verhandlung Stillschweigen zu bewahren.[10] In Aushandlungsprozessen soll Nicht-Öffentlichkeit die Flexibilität der Kommunikationspartner erhöhen – denn Öffentlichkeit befördert das Festgelegtsein auf einmal geäußerte Positionen, da ansonsten die Gefahr der Selbstschädigung („Gesichtsverlust") droht. Insofern stellt das – später noch detailliert zu besprechende – Stuttgarter Schlichtungsverfahren in doppelter Hinsicht eine institutionelle Innovation dar: Das Verfahren wurde *öffentlich* übertragen und zur Regulierung einer *politischen* Streitmaterie eingesetzt.

Die Einschätzung der *Demokratiequalität von Diskurs- und Verhandlungsverfahren* unter Politikwissenschaftlern ist uneinheitlich bzw. ambivalent (vgl. hierzu ausführlich Martinsen 2006: 67–87). Befürworter machen demokratische Potentiale in den neuen kommunikativen Formen kooperativer Politik aus – zumindest wenn bestimmte Rahmenbedingungen gegeben sind. Kritiker hingegen beanstanden einerseits, es handle sich auch im Erfolgsfalle nur um eine Form unverbindlicher Verständigung (mangelnde Verbindlichkeit); andererseits lässt sich der Vorwurf vernehmen, es würden quasi „Privatregierungen" installiert, in denen willkürlich ausgewählte Personen(gruppen) ohne demokratisches Mandat versuchen, politische Regelungen zu vereinbaren, für die dann kollektive Geltung beansprucht wird (illegitime Verbindlichkeit). Diese Problematisierung der Anbindung der gesellschaftlichen Kommunikationsprozesse an die politischen Entscheidungsprozesse berührt einen zentralen Aspekt der gesamten Diskussion um Diskurs- und Verhandlungsverfahren (Schnittstellenproblematik). Statt ei-

---

10 So stand es auch im Gesetz zur obligatorischen außergerichtlichen Streitschlichtung (Schlichtungsgesetz – SchlG 2000) des Landes Baden-Württemberg, Abschnitt 3, § 10, Satz 1: „Die Schlichtungsverhandlung ist nicht öffentlich, es sei denn, die Streitschlichtungsperson und die Parteien vereinbaren etwas anderes." Siehe: http://dejure.org/gesetze/SchlG/10.html [20.08.2013].
Das Schlichtungsgesetz aus dem Jahre 2000, das die Zulässigkeit von zivilrechtlichen Klagen in bestimmten Fällen von einem außergerichtlichen Schlichtungsversuch abhängig gemacht hatte, wurde zum 16.04.2013 außer Kraft gesetzt, was allerdings nicht als generelle Absage an Möglichkeiten der alternativen außergerichtlichen Streitbeilegung zu verstehen ist. Der obligatorische Einsatz der Schlichtung konterkarierte vielmehr das Prinzip der *Freiwilligkeit* der Teilnehmer, das als konstitutiv für den Erfolg von verhandlungsbasierten Konfliktlösungsverfahren gelten kann.

ner pauschalisierenden Einschätzung der neuen kommunikativen Politikformen sind konkrete Fallstudien erforderlich, die das alternative Konfliktregulierungsinstrument, den jeweiligen Konflikttypus und den spezifischen Beteiligungsansatz (Stakeholder- bzw. Bürgerbeteiligungsmodell) sowie die gesellschaftlichen Kontextvariablen in die Überlegung einbeziehen.

Obwohl Demokratie zu einem Schlüsselwort politischer Semantik wurde, ist eine Begriffsbestimmung schwierig, da der *Demokratiebegriff* fluide, kontrovers und komplex gebaut ist. Er lässt sich nicht auf ein beschreibbares Set von Verfahren und Institutionen zur Konstituierung einer bestimmten Regierungsform reduzieren. Denn der für das gegenwärtige Selbstverständnis westlicher Staaten zentrale Begriff der Demokratie steht nicht für ein finales Verfassungsereignis, sondern er fungiert als *Tendenzbegriff*, der moderne Verfassungen mit einer inhärenten Dynamik ausstattet. Die demokratische Frage markiert in diesem Sinne eine ständige Neuvermessung der politischen Kräftefelder, die in der Vergangenheit durch die Stufen „Staat" (Frieden), „Verfassungsstaat" (Freiheit), „Rechtsstaat" (Gleichheit) sowie „Sozialstaat" (Gerechtigkeit; Solidarität) gekennzeichnet waren. Derzeit scheint sich eine fünfte Stufe von demokratischen Gewährleistungsforderungen abzuzeichnen, bei der die Frage der „Umwelt- und Lebensrechte" auf der politischen Agenda erscheint (vgl. Guggenberger 1996). Indes wird zunehmend evident, dass sich Politik in modernen Demokratien zugleich mit irritierenden Ansprüchen anderer gesellschaftlicher Teilsysteme konfrontiert sieht und invisibilisieren muss, dass der ehemalige umfassende Steuerungsanspruch in funktional ausdifferenzierten Gesellschaften nicht mehr aufrechtzuerhalten ist (vgl. Stetter 2008) – der „kooperative Staat" stellt nicht zuletzt eine Erscheinungsform dieses Paradoxons politischer Macht dar.

Die gängigen Demokratietheorien (liberale, deliberative, partizipative) fokussieren auf *eine* Zielgröße (System, Vernunft, Partizipation) und verfehlen damit das Erfordernis einer vieldimensionalen Demokratiearchitektur (vgl. Martinsen 2006: 47–65). Reflexion wird immer wieder eingefordert, aber die Entwürfe schwanken „zwischen Utopie und Anpassung" (so bereits Scharpf 1970). Klagen über den gegenwärtigen Zustand der Demokratietheorie sind mittlerweile entsprechend verbreitet (vgl. für viele Buchstein/Jörke 2003). Im historischen Veränderungsprozess beeinflussen sich der normative „Begriff" sowie die „Realität" der Demokratie wechselseitig – und gerade in gesellschaftlichen Perioden des Umbruchs ist häufig umstritten, ob eine empirische Veränderung in demokratischer Hinsicht ein „Defizit" oder eine „neue Qualität" signalisiert. Die Einschätzung hängt nicht zuletzt ab von gesellschaftstheoretischen Grundannahmen und den darauf aufbauenden unterschiedlichen Demokratiekonzepten, die pfadgebundenen Wandlungsproprozessen unterliegen können. Die Dialektik von Sein und Sollen wird durch die Kategorie der Möglichkeit zur Triade erweitert. Ob sich derzeit ein Wandel kollektiver Deutungsmuster von Demokratie vollzieht, kann nur empirisch ermittelt werden.

2.4 Protestkommunikation und Deutungskonflikte

Die Protestforschung ist im Zusammenhang der Betrachtung der Demonstrationen gegen Stuttgart 21 vor allem insofern von Interesse, als die Bestimmung von Funktionen und Wandlungsprozessen der *Protestbewegung* Hinweise darauf liefert, welcher Stellenwert dem Konflikt um den Umbau des Stuttgarter Hauptbahnhofs im demokratischen Verfassungsstaat der Bundesrepublik Deutschland zukommt.

Die in der Literatur bisweilen aufgestellten Behauptungen, die Ökologiebewegung der 70er und 80er-Jahre habe im Zuge von Institutionalisierungs- und Professionalisierungstendenzen gegen Ende des Jahrhunderts an Radikalität eingebüßt, wurden durch empirische Studien widerlegt (vgl. etwa Teune 2008). Vielmehr hängt der Radikalisierungsgrad offenbar stark von den jeweiligen Kontextbedingungen ab. Dabei zeichnet sich eine Ausweitung der Protestthemen ab: Neben den klassischen Naturschutzthemen richtet sich der Einspruch der außerkonfessionellen Akteure häufig auch gegen Infrastrukturprojekte sowie gegen Müllentsorgungskonzepte.

Eine basale Prämisse der Mehrheitsdemokratie bestand in der Annahme einer grundsätzlichen *Revidierbarkeit* von politischen Entscheidungen. Im Zuge beschleunigter Modernisierungsprozesse werden indes zunehmend technikbasierte Großprojekte initiiert, die grundlegende gesellschaftliche Weichenstellungen beinhalten und auf lange Sicht irreversibel erscheinen. „Legitimation durch Verfahren", wie eine berühmte und häufig zitierte Formel von Luhmann (2013: 28) lautet, zielt ab auf eine *„generalisierte Bereitschaft, inhaltlich noch unbestimmte Entscheidungen innerhalb gewisser Toleranzgrenzen hinzunehmen".*

Legitimation im demokratischen Rechtsstaat beruht somit auf einem Vertrauensvorschuss der Bürger, der auf dem Hintergrund wachsender Risiken prekärer wird. Aus der Risikoforschung ist bekannt, dass die Risikobereitschaft größer ist, wenn es sich um eigene Entscheidungen handelt, hingegen eine hochgradige Empfindsamkeit gegenüber von Anderen zugemuteten Gefahren besteht. Die Folgen dieser Differenz zwischen Entscheidern und Betroffenen für die politische Ordnung haben gegenwärtig offenbar eine kritische Schwelle erreicht: Im Jahr 2010 regt sich der Widerstand vielerorts. Landauf, landab formieren sich lokale Bürgerinitiativen und machen gegen Infrastrukturprojekte mobil – seien es geplante Neubauten oder Erweiterungen von Bahnhöfen, Flughäfen, Autobahnen, Tiefseehäfen, Überlandleitungen zur Stromversorgung, Kernkraftwerken oder al-

ternative Energieerzeuger wie Windparks, Biogas- oder Photovoltaikanlagen (vgl.
etwa Vorholz 2010; Brettschneider 2011: 203; Thießen 2012: 9; Kersting/Woyke
2012: 112). Dabei geht es um eine *neue* bundesweit vernetzte Protestbewegung, die
aus der breiten *bürgerlichen Mitte* kommt. Dies ist umso bemerkenswerter, als die
deutsche Protestkultur im Vergleich zu anderen Ländern bis dato weniger stark
ausgeprägt erschien. Die Diskussion von Technik- und Umweltfragen hat sich mit
fortschreitendem Modernisierungsverlauf von den Rändern der Gesellschaft auf
ihren Kern zu bewegt.

Die Zentralthese der *Risikogesellschaft* (Beck 1986) besagt, dass moderne Wissenschaft und Großtechnologien paradoxe Effekte nach sich ziehen. Die sich ausbreitende Einsicht in die grundsätzliche Ambivalenz des technischen Fortschritts
und die wachsende Relevanz sowie Folgenträchtigkeit der Wissenschaft führte zu
einer Veränderung des Status von Experten. Der Experte klassischen Typs be-
wirkte eine *De-Politisierung* von Konflikten, denn er versprach die Bereitstellung
von gesichertem Wissen und trug damit zur Legitimation politischer Entscheidungen bei. Die zunehmende Skepsis gegenüber autoritativen Deutungsangebo-
ten von Experten zur Lösung von komplexen gesellschaftlichen Problemen hat zur
Forderung nach einer *Demokratisierung von Expertise* (vgl. Liberatore/Funtowicz
2003; Martinsen 2010) geführt. Damit wird der Anspruch formuliert, dass der
Umgang mit prekärem (Nicht-)Wissen in entscheidungsnahen Situationen nicht
einem exklusiven Expertenzirkel überlassen bleibt, sondern der *Bürger als Experte*
seiner Lebenswelt seine kontextspezifischen Kenntnisse zur Problemlösung ein-
bringt. Da die Ursachen der gegenwärtigen Protestwellen auf strukturellen Entwicklungsdynamiken in modernen Gesellschaften beruhen, ist davon auszugehen,
dass es sich beim Trend einer expertisebezogenen Demokratisierungsforderung
nicht um eine vorübergehende Modeerscheinung handelt. Vielmehr werden Konflikte um technikbasierte Großprojekte auch künftig als regelungsbedürftiges Element in modernen Demokratien Anerkennung finden.

Diese Einschätzung ist anschlussfähig an die Konzeptualisierung von Protestbewegungen als *temporäre Immunsysteme*, die deutliche Reflexionsdefizite der
modernen Gesellschaft kompensieren (vgl. Hellmann 1996). Als Folge der funktionalen Ausdifferenzierung der Gesellschaft sowie der Kontingenz von Entscheidungen entsteht Protest als eine Art „sekundäres Funktionssystem" (Bonacker
2003: 205), das auf die Ablehnung von Unzumutbarkeiten spezialisiert ist. Das
Ziel von Protestbewegungen liegt in der Erzeugung von Resonanz bei Repräsentanten der gesellschaftlichen Funktionssysteme, insbesondere bei den politischen
Machteliten, auf dem Wege der öffentlichen Verbreitung alternativer Deutungen.
Dabei lässt sich eine *Mediatisierung* des politischen Protests beobachten: Protestaktionen stellen zunehmend auch die Selektions- und Inszenierungslogiken der
Massenmedien in Rechnung, um ihre Chancen zur Durchsetzung bestimmter

Deutungsmuster zu erhöhen. Insbesondere das Netz bietet nicht nur Zugewinne an Definitionsmacht, sondern verändert auch den Charakter der Organisation von Protestpolitik durch die Bereitstellung neuer Informations-, Kommunikations- und Koordinationsmöglichkeiten (vgl. Baringhorst 2009).

Das avisierte Fallbeispiel Stuttgart 21 erscheint als paradigmatischer Fall für Großprojekt-Konflikte – es hat über die Region hinaus zu außerordentlich großer öffentlicher Aufmerksamkeit auch in anderen Teilen der Bundesrepublik geführt. Im Folgenden wird argumentiert, dass *Demokratie* der zentrale Frame ist, mit dem der Konflikt um Stuttgart 21 in den gesellschaftlichen Selbstverständigungsdiskursen versehen wird. Dabei differieren die Deutungen dieses leeren Signifikanten auf jeweils charakteristische Weise. Wenn Demokratie historisch gesehen immer ein Tendenzbegriff war, dann wird der Auslegungskampf hier fortgeführt. Der Streit um den Bahnhof ist in diesem Sinne zugleich als Deutungskonflikt um das angemessene Verständnis von Demokratie zu interpretieren.

3 Der Konflikt um Stuttgart 21: Der Bahnhof und die Demokratie

3.1 Genesis des Konflikts um das Bahnhofsprojekt

Das Label „Stuttgart 21" (kurz „S21") steht für das ambitionierte und kostspielige Projekt der Umwandlung des Kopfbahnhofs der Stadt in einen unterirdischen Durchgangsbahnhof mit Anschluss an die Neubaustrecken Stuttgart-Wendlingen und Wendlingen-Ulm.[11] Als Kristallisationspunkt der Zuspitzung des Konflikts zwischen Befürwortern und Gegnern eines solchen Umbaus des Stuttgarter Hauptbahnhofs firmiert der 30. September 2010 („schwarzer Donnerstag"), als den breiten Demonstrationen gegen das Fällen von altem Baumbestand im Stuttgarter Schlossgarten mit massivem Polizeieinsatz begegnet wurde. Der Konflikt sorgte weit über den regionalen Kontext hinaus wie kaum ein anderes Ereignis in der jüngeren Vergangenheit für Irritationen in der bundesrepublikanischen Öffentlichkeit.

---

11 Stuttgart 21 war ein Pilotprojekt im Rahmen der Bahnhof-21-Planungen der Deutschen Bundesbahn in der zweiten Hälfte der 90er-Jahre zur Erneuerung einiger Bahnhöfe im 21. Jahrhundert mit dem Ziel einer Beschleunigung des Zugverkehrs sowie der Verwendung frei werdender Flächen für die Stadtentwicklung. Einige der Bahnvorhaben, so etwa die Projekte „Frankfurt 21" und „München 21", wurden frühzeitig gestoppt bzw. aufgeschoben.

Die Auseinandersetzung um das Verkehrsprojekt hat eine lange Vorgeschichte, die hier nur in ihren wesentlichen Etappen rekonstruiert werden soll.[12] Nachdem erste Ideen einer Umgestaltung des Stuttgarter Hauptbahnhofs bis ins Jahr 1984 zurückdatieren, gilt 1994 als Geburtsstunde von *Stuttgart 21:* Am 18. April diesen Jahres wurden entsprechende Pläne erstmals vom Bahnchef, Oberbürgermeister sowie Bundes- und Landesverkehrsminister auf einer kurzfristig anberaumten Pressekonferenz der Öffentlichkeit vorgestellt. Sieben Monate später, im Januar 1995, veröffentlichte die Bahn dann eine 18-bändige „S21-Machbarkeitsstudie". Einen entscheidenden Meilenstein in der Rekonstruktion des zeitlichen Ablaufs stellt die „Rahmenvereinbarung" vom November 1995 dar. Damit haben die Stadt und die übrigen Beteiligten eine Grundsatzentscheidung gefällt, die für den weiteren Fortgang des Projekts von entscheidender Bedeutung ist – von Projektbefürwortern, aber auch von gerichtlicher Seite wurde immer wieder auf die Bindungswirkung dieses Grundlagenvertrags hingewiesen. Um im Bild zu bleiben: „der Zug war 1995 abgefahren" (Zielcke 2010a: 28). Kritiker bemängeln insbesondere, dass in dem kurzen Zeitraum, seitdem die Bahnhofsidee das politische Tageslicht erblickt habe, bis zum Abschluss der vertraglichen Verpflichtung durch die gewählten Vertreter der kommunalen Körperschaft eine seriöse Prüfung von konzeptionellen Alternativen gar nicht möglich gewesen sei.

Nachdem die grundlegenden Weichen für das Infrastrukturprojekt gestellt waren, formierte sich alsbald Protest (Gründung der Initiative „Leben in Stuttgart – kein Stuttgart 21"), der auf der Basis einer Unterschriftensammlung im Sommer 1996 in einen Bürgerantrag für einen Bürgerentscheid zu S21 mündete, welcher jedoch vom Stuttgarter Gemeinderat im Folgejahr abgelehnt wurde. 1999 gerieten die Planungen für den Neubau des Bahnknotens Stuttgart aufgrund von Finanzierungsfragen ins Stocken – die Deutsche Bahn verfügte einen kurzfristigen Planungsstopp. Trotz der immer wieder erheblich nach oben korrigierten Planungskosten zeigten die politisch Verantwortlichen eine hohe Bereitschaft, das infrastrukturelle Megaprojekt unter Einsatz staatlicher Mittel weiter zu führen. So war das Land Baden-Württemberg zur Vorfinanzierung eines Streckenabschnitts bereit und die Stadt Stuttgart sagte zu, der Bahn Grundstücke am Stuttgarter Hauptbahnhof abzukaufen, die durch die Bahnhofsumgestaltung künftig städteplanerisch disponibel werden sollten.

Nach der Konkretisierung der Finanzierungspflichten aller Beteiligten war der Weg frei, um im Oktober 2001 das förmliche *Planfeststellungsverfahren* für S21 zu

---

12 Für eine Chronologie der Entwicklung von Stuttgart 21 vergleiche beispielsweise Kersting/ Woyke (2012: 90–97); für eine tabellarische Übersicht siehe Lösch et al. (2011: 185–189); eine ausführliche Schilderung der Meilensteine des Verkehrsprojekts mit Pro- und Contra-Argumenten findet sich in Stuttgart 21 – Pro und Contra (2010).

eröffnen. Im Rahmen dieses Beteiligungsverfahrens sollen Bürger und Bürgerinnen über 10 000 Einwände eingebracht haben. Während Projektbefürworter eine
solche Möglichkeit der Mitsprache als Bürgerbeteiligung werten, verweisen Kritiker darauf, dass in diesem verwaltungsrechtlichen Kontext lediglich Einwände,
die sich auf Detailkorrekturen beziehen, Aussicht auf Erfolg haben konnten – es
bestand allenfalls Raum, das „Wie", nicht aber das „Ob" von S21 zu erörtern. Anfang 2005 wird das Planfeststellungsverfahren abgeschlossen und vom Eisenbahn-
bundesamt als zuständiger Bundesbehörde „grünes Licht" für den Beginn des
Bahnhofneubaus gegeben.

Mit Erteilung der Baugenehmigung verschärft sich die Auseinandersetzung
um das Verkehrsprojekt. Von Projektgegnern werden erste Klagen beim obers-
ten Verwaltungsgericht Baden-Württembergs eingereicht, die jedoch abgewiesen
werden. Ungeachtet des sich breiter formierenden Widerstands nimmt der ba-
den-württembergische Landtag den Antrag zur Realisierung von S21 im Oktober 2006 an. In der Folge sammeln Projektgegner ca. 67 000 Unterschriften, um
ein kommunales Bürgerbegehren gegen S21 zu initiieren, das jedoch 2007 vom
Stuttgarter Gemeinderat (ohne die Stimmen der Grünen) mehrheitlich abschlä-
gig beschieden wird. Die Ablehnung des Antrags auf einen *Bürgerentscheid* wird
von Rechtsgutachtern der Stadt mit formalen Gründen erklärt: Die betreffenden
Grundsatzbeschlüsse hätten für die Genehmigung des Entscheids nicht älter als
6 Wochen sein dürfen – die Rahmenvereinbarung war aber bereits 1995 unter-
zeichnet worden (in der bereits erwähnten Formulierung Zielckes: „der Zug war
1995 abgefahren"). Nachdem im November 2009 auch der Deutsche Bundestag
im Zuge der Verabschiedung seines Haushalts sein offizielles Placet zu S21 gibt
und alle Projektbeteiligten eine finale Finanzierungsvereinbarung unterzeich-
nen, ist die letzte Hürde zur Realisierung des milliardenschweren Megaprojek-
tes genommen. Zeitgleich mobilisieren die Projektgegner zu wöchentlich stattfindenden „Montagsdemonstrationen" mit mehreren tausend Teilnehmern vor dem
Bahnhof und finden auch zunehmend translokal Aufmerksamkeit und Unterstützung. Die verschiedenen S21-kritischen Organisationen und Initiativen vernetzen
sich im „Bündnis gegen Stuttgart 21" (siehe hierzu Lösch et al. 2011: 197) und machen sich für eine Alternative in Form eines modernisierten *Kopfbahnhofs* (kurz
„K21")[13] stark. Im Februar 2010 beginnen die Bauarbeiten für S21 unter anhalten-
dem Protest – Sondierungsgespräche zwischen den Konfliktparteien scheitern.
Am 30. September kommt es schließlich zum eingangs erwähnten Eklat, als die
Bagger anrollen, um Jahrhundert alte Bäume im Stuttgarter Schlossgarten für
das geplante Bahnhofsprojekt zu fällen und die Polizei in Kampfanzügen mit Pfef-

---

13 Die Gegner des Neubauprojekts (Aktionsbündnis Kopfbahnhof 21) betreiben eine eigene
    Homepage unter der Internetadresse http://www.kopfbahnhof-21.de [20. 08. 2013].

ferspray, Tränengas und Wasserwerfern gegen die Demonstranten vorgeht. Am Folgetag gibt es Massenproteste mit geschätzten 60 000 bis 100 000 Teilnehmern. Die von Kurbjuweit (2010) so titulierten „Wutbürger" lösen eine bundesweite öffentliche Debatte aus, in der es um grundsätzliche Fragen der Zukunftsfähigkeit des Landes und die Performanz von Demokratie geht.

3.2 Protest im Wandel und der prekäre Status von Großprojekten in der Demokratie

Den Vorkommnissen im Jahre 2010 in Stuttgart wird in der medialen und politikwissenschaftlichen Diskussion exemplarische Bedeutung zugemessen. Die Konflikte um S21 erscheinen als Spitze eines Eisbergs, der einen Wandel der politischen Kultur in der Bundesrepublik signalisiert. Die Protestforschung macht einen solchen Wandel vor allem an zwei miteinander zusammenhängenden Beobachtungen fest. Zum einen wird eine Veränderung der *Sozialstruktur der Protestierenden* konstatiert: An den Demonstrationen gegen S21 beteiligten sich überdurchschnittlich Gebildete, der Altersschnitt war vergleichsweise hoch, und unter den Protestneulingen befanden sich auch Wähler bürgerlicher Parteien (vgl. die Ergebnisse einer explorativen Studie des Göttinger Instituts für Demokratieforschung 2010).[14] D. h. auch wenn ein Großteil der Protestierenden beim Kampf gegen das Bahnhofsprojekt dem grünen Lager zuzurechnen sind, so befindet sich der Umfrage zufolge darunter ein beachtlicher Anteil von Wechselwählern, die ehemals SPD, CDU oder FDP gewählt und diesen Parteien mittlerweile ihre Stimme entzogen haben bzw. sie künftig bei Landtags- und Bundestagswahlen nicht mehr zu wählen beabsichtigen. In der Selbsteinschätzung verorten sich die Teilnehmer an den Protestaktionen hauptsächlich in der linken Mitte. Nimmt man Befunde zu Stuttgart 21 als Ausdruck einer sich auch andernorts in der Bundesrepublik vollziehenden Transformation der sozialen Zusammensetzung von Bürgerinitiativen und sozialen Bewegungen, dann kann bilanziert werden: Der Protest lässt sich nicht mehr als Epiphänomen einiger radikal Gesinnter diskursiv ausgrenzen – er ist in der Mitte der bürgerlichen Gesellschaft angekommen.

Zum anderen bestätigt der Konflikt um den Stuttgarter Hauptbahnhof die These, dass sich in den liberalen Demokratien in Westeuropa und Nordamerika

---

14 Eine durch das Wissenschaftszentrum Berlin durchgeführte Befragung bestätigte weitgehend diese Ergebnisse: Das Gros der Demonstrierenden rekrutierte sich keinesfalls – wie des Öfteren kolportiert – aus Rentnern. Die Altersstruktur der Befragten verteilte sich vielmehr wie folgt: 60 Prozent sind 40–64 Jahre alt, 7 Prozent jünger als 25 Jahre und 14 Prozent älter als 64 Jahre (vgl. Pressekonferenz WZB 2010: 3).

grundlegende *Veränderungen in der politischen Kultur* feststellen lassen: Während die konventionelle politische Partizipation (insbesondere über Wahlen und Parteimitgliedschaft), die in den ersten Jahrzehnten der Bundesrepublik zentral war, rückläufig ist, gewinnen andere Formen der politischen Aktivität an Bedeutung. Die westlichen Demokratien haben sich zu „Bewegungsgesellschaften" gewandelt, in denen Protest zu einem alltäglichen Mittel der Politik geworden ist (vgl. Hutter/Teune 2012: 9). Nicht zuletzt die massiven Protestaktionen gegen das geplante Stuttgarter Verkehrsprojekt haben die verbreitete Annahme, die Deutschen seien „protestfaul", auch in der Öffentlichkeit ins Wanken gebracht. Offensichtlich hat die von politikwissenschaftlicher Seite konstatierte Herausbildung des sogenannten „kooperativen Staates" sich nicht dahingehend ausgewirkt, dass es zu einer Stillstellung politischer Einmischung gekommen ist: Einspruch gegen infrastrukturelle Modernisierungsprojekte artikuliert sich seit den 70er-/80er-Jahren verstärkt als „Politik der Straße". Stuttgart 21 steht exemplarisch für als krisenhaft rezipierte politische Entwicklungen im Lande. Die öffentliche Wahrnehmung kondensiert in der Formel „das nächste Großprojekt, die nächste Pleite" (Böll et al. 2013: 16).

Es ist kein Zufall, dass geplante *Großprojekte* wie S21 in besonderem Maße dazu führen, gesellschaftliche Konflikte auszulösen, da mit ihnen langfristige infrastrukturelle Weichenstellungen verbunden sind, die sich auch nach einem politischen Machtwechsel kaum wieder rückgängig machen lassen. Dies führt der Stuttgarter Fall besonders deutlich vor Augen, wo selbst der Wechsel auf Landesebene hin zu einem grünen Ministerpräsidenten (2011) bzw. die Wahl eines grünen Oberbürgermeisters im Stuttgarter Rathaus (2012) letztlich nicht in der Lage waren, die infrastrukturelle Pfadentwicklung auszuhebeln. Revidierbarkeit politischer Entscheidungen als wesentliches Kriterium von Demokratie scheint bei technischen Großprojekten an seine Grenze zu stoßen. Der Begriff „Großprojekte" lässt sich definieren als Infrastrukturvorhaben mit überregionaler Relevanz, für die in der Regel spezielle Instrumente der regionalen Entwicklungssteuerung erforderlich sind und „für die sich begünstigte und belastete Menschen unterscheiden lassen" (Thiessen 2012: 10). Die dadurch bedingte Disposition von Großprojekten, bei (zumindest einem Teil von) „Betroffenen" zu kritischen Einwänden zu führen, befördert wiederum mit einer gewissen Logik die Neigung auf Seiten der Projektbetreiber, infrastrukturelle Großvorhaben möglichst entscheidungsverschlossen durchzuziehen. Auch in dieser Hinsicht erscheint Stuttgart 21 typisch für die politischen Entscheidungs(findungs)prozesse, die der Realisierung des Vorhabens vorangegangen sind: „Betrachtet man die Geschichte von ‚Stuttgart 21', so erweist es sich geradezu als Idealtypus eines großen Infrastrukturprojektes, das unter den ‚Machern' von Unternehmen und Exekutive konzipiert, ohne große Auseinandersetzungen durch die zuständigen Parlamente geschleust und dann einer breiten Öffentlichkeit als alternativlos ‚kommuniziert' wird." (Thaa 2013: 3) Entsprechend lautet der Befund einer Umfragestudie bezüglich der Motivation der Teilnehmer an Protesten gegen Stuttgart 21, dass der überwiegende Teil der Befragten „sich übergangen und von den Entscheidungsprozessen ausgeschlossen [fühlt]" (Göttinger Institut für Demokratieforschung 2010: 9).

Die Rhetorik der Alternativlosigkeit, die die Entwicklung von Stuttgart 21 prägt, ist im Kontext technischer Innovationen nicht neu: Sie begleitet die Geschichte des technischen Fortschritts in der Moderne. Bereits in den 6oer-Jahren hatte Helmut Schelsky die Vorstellung vertreten, dass *technische Sachzwänge* die Idee der Demokratie in ihrem klassischen Verständnis aushöhlen: „Die moderne Technik bedarf keiner Legitimität; mit ihr ‚herrscht' man, weil sie funktioniert und solange sie optimal funktioniert. Sie bedarf auch keiner anderen Entscheidungen als der nach technischen Prinzipien" (Schelsky 1995: 456). Beim Konflikt um den Bahnhofsbau wird immer wieder das Argument vorgebracht, die als *Wutbürger* bezeichneten Protestierenden würden die Zukunftsfähigkeit des Landes gefährden, da sie sich aus partikularistisch-egoistischen Antrieben gegen den für den Standort Deutschland notwendigen technischen Wandel zur Wehr setzen würden. So schreibt der Journalist Dirk Kurbjuweit (2010: 26) in einem vielbeachteten Spiegel-Artikel über den neuen Homo Politicus: „Der Wutbürger denkt an sich, nicht an die Zukunft seiner Stadt. Deshalb beginnt sein Protest in dem Moment, da das Bauen beginnt, also die Unannehmlichkeit. Nun schiebt er das beiseite, was Bürgertum immer ausgemacht hat: Verantwortlichkeit, nicht nur das Eigene und das Jetzt im Blick zu haben, sondern auch das Allgemeine und das Morgen. […] Er versteht nicht oder will nicht verstehen, dass ein Sieg der Gegner von Stuttgart 21 jeden anderen Protest in Deutschland beflügelt. […] Deutschland wird erstarren, wenn sich allerorten die Wutbürger durchsetzen."

Das in dieser Einschätzung zum Ausdruck kommende Credo von der Vorherrschaft des wissenschaftlich-technischen Fortschritts und einer daraus folgenden Sachzwanglogik ist allerdings insofern zu problematisieren, als es bei Großprojekten eine sachlich „beste" Lösung nicht geben kann. Denn ein Grundproblem bei solch komplexen Vorhaben stellt die kaum zu bewältigende Informationsflut dar, weshalb eine „rationale sachliche Aufklärung der Vor- und Nachteile von Großprojekten nicht gelingen kann" – aus diesem Grund muss über Großprojekte letztlich *politisch* entschieden werden (Thießen 2012: 11). Der Überzeugung, dass ein Zuwachs an quantitativem Fortschritt auch mehr Wohlstand bedeute, wird mancherorts das Konzept eines *qualitativen Fortschritts* und eines erfüllten Lebens entgegengehalten. In diesem Sinne wirft der Philosoph Richard David Precht (2011: 128) kritische Fragen zur Sinnhaftigkeit von S21 auf: „Mehrt ein mutmaßlicher Zeitgewinn von einer halben Stunde zwischen Ulm und Stuttgart dauerhaft bundesdeutsches Menschenglück? So sehr, dass wir dafür einige

Milliarden für den neuen Stuttgarter Bahnhof und die Streckenführung investieren sollten? [...] Wem wäre nicht aufgefallen, dass nahezu alle Verkehrsverbindungen in Deutschland seit Jahrzehnten schneller geworden sind und trotzdem heute kein Mensch mehr Zeit hat?" Der Autor fordert entsprechend ein Mitbestimmungsrecht der Bürger an der Gestaltung des Fortschritts. Er räumt indes ein, dass dann der Bau langjähriger Großprojekte – wie etwa einst der Kölner Dom mit seiner über 600jährigen Baugeschichte – wohl nicht mehr in Deutschland zu realisieren wären, sondern nur noch in China oder Dubai.

Je stärker in breiten Kreisen der Gesellschaft das Fortschrittsparadigma der Moderne nicht mehr unhinterfragt Geltung zu beanspruchen vermag, desto mehr wird die Verwirklichung von komplexen *Großbauvorhaben in einer Demokratie* problematisch. Offensichtlich gilt: „Die Demokratie ist ein schwieriger Bauherr. Anders gesagt: Eine stolze Republik hat es viel schwerer, sich in ihren Bauten darzustellen als ein autokratisches Regime." (Hacke 2011: 104) Vier diesbezügliche Beobachtungen stützen diese These:[15] *Erstens* ist der Begründungsaufwand sehr hoch, da es in den industrialisierten Gesellschaften des Westens kaum mehr „Tabula-rasa-Situationen" gibt. (Der vorhandene Kopfbahnhof muss dem Neubauprojekt weichen – dies provoziert die Frage: Warum?) *Zweitens* benötigen Bauvorhaben weitsichtige „Planungseliten". (Die Bürger waren kaum in der Lage, selbst alternative Planungskonzepte zu entwickeln – die Mittel für Expertise zur Planung eines Alternativkonzepts wurden von der Politik zu einem Zeitpunkt zur Verfügung gestellt, als die Eigendynamik der Entwicklung von S21 letztlich nicht mehr aufzuhalten war.) *Drittens* werden die Planungen durch den „Faktor Zeit" zusätzlich kompliziert, da diese angesichts der langen Zeithorizonte bis zur Realisierung eines Großvorhabens bei Einhaltung aller Verfahrensvorschriften immer wieder mit sich verändernden technischen und finanziellen Rahmenbedingungen abgeglichen werden müssen. (Die laufend massiv nach oben revidierten Budgetplanungen bildeten einen zentralen Stein des Anstoßes in den Diskussionen um S21.) *Viertens* begünstigen die Rahmenbedingungen in einer „Mediendemokratie" und der ihr eigenen Aufmerksamkeitsökonomie das eruptive Freisetzen von Erregungspotential. (Nachdem S21 im Jahre 2010 in den Medien als Aufmerksamkeitsattraktor entdeckt worden war, nahmen die öffentlich ausgetragenen Debatten häufig stark polemische Züge an.)

Wenn das Prinzip der Demokratie im „Offenhalten der Zukunft für Entscheidungslagen mit neuen Gelegenheiten und neuen Beschränkungen" (Luhmann 2000: 301) besteht, dann wird verständlich, warum Großbauprojekte in Demokratien einen prekären Status haben. Es ist evident, dass Infrastrukturvorhaben Kon-

---

15 In Klammern konkretisiere ich die generalisierenden Beobachtungen von Hacke (2011: 104–105) in Bezug auf unser Fallbeispiel S21.

tingenzräume langfristig reduzieren und die Projektträger in der Regel versuchen, dies zu invisibilisieren, um ihr Vorhaben nicht zu gefährden. Das Unterschlagen von Alternativen in einer öffentlichen Diskussion widerspricht aber wiederum einem essentiellen Anspruch an Entscheidungsfindungsprozesse in einer Demokratie, in der eine Wahl zwischen unterschiedlichen Optionen ermöglicht werden soll. Solchermaßen tritt im Kontext komplexer Großbauvorhaben ein *Paradoxon der Demokratie* zu Tage.

3.3 Deutungsdiskurse zur Frage der demokratischen Legitimität

In der politikwissenschaftlichen Aufarbeitung der Ereignisse um S21 geht das Gros der Beiträge davon aus, dass Stuttgart 21 als Symptom einer *Krise der repräsentativen Demokratie* zu deuten sei (vgl. hierzu Thaa 2013: 8 ff.). In der Ursachendiagnose differieren die Lesarten des Konflikts je nach politiktheoretischer Einschätzung, konkret: je nachdem, ob elitistische, deliberative oder hegemoniale Demokratietheorien der Interpretation zu Grunde gelegt werden. Während die einen ein Zuwenig an politischer Führung und ein Zuviel an politischer Responsivität der politisch Verantwortlichen konstatieren, beklagen andere ein Responsivitätsmanko der politischen Entscheidungsträger gegenüber der Zivilgesellschaft; ein weiterer Ansatz konfrontiert die repräsentative Demokratie mit einer „echten" (radikalen) Demokratie und kritisiert das Fehlen Letzterer. Demgegenüber findet sich indes auch die Einschätzung, von einer Krise der repräsentativen Demokratie könne keine Rede sein – diese müsse aber wieder verstärkt ihrer Aufgabe nachkommen, gesellschaftliche Auseinandersetzungen in politisch austragbare Konflikte zu übersetzen: „Eine Alternative zur Delegitimierung, Rationalisierung und Externalisierung des Konflikts lässt sich jedoch gewinnen, wenn wir politische Repräsentation als Differenzrepräsentation verstehen." (Thaa 2013: 14).

In diesem Beitrag soll zunächst eine Ebene tiefer angesetzt werden: anhand exemplarischer Meinungsäußerungen wird danach gefragt, welche *kollektiven Demokratievorstellungen* in die Debatte um S21 eingebracht werden, um anschließend zu erörtern, inwiefern sich in diesen Auseinandersetzungen eine Weiterentwicklung der Konzeptualisierung des Kampfbegriffs „Demokratie" in der gegenwärtigen bundesrepublikanischen Gesellschaft abzeichnet. Die Frage nach dem adäquaten Verständnis von Demokratie wird von beiden Konfliktparteien im Streit um das Bahnhofsprojekt regelmäßig konkretisiert als Frage nach der *demokratischen Legitimität*.

Auf Seiten der *Befürworter von S21* lautet die Standardargumentation, dass die demokratische Legitimität des Bahnhofsprojekts außer Frage stehe, da es in einem langen Prozess durch alle demokratischen Instanzen bestätigt worden sei.

Beispielhaft hierfür steht folgende Argumentation: „Zwischen dem Grundsatzbeschluss für das Projekt im Jahr 1995 und heute liegen 15 Jahre intensiver Diskussion und Planung. An der Legitimation des Projekts können angesichts zahlreicher parlamentarischer Entscheidungen mit deutlicher Mehrheit auf Ebene von Bund, Land, Region und Stadt keine Zweifel bestehen; [...] Der Kardinalfehler war, nicht alle Bürger frühzeitig und ausreichend über die herausragenden Vorteile von Stuttgart 21 für die Zukunft unseres Landes informiert und für das Projekt begeistert zu haben. [...] Der Protest ist dabei längst über das Projekt hinaus zu einer politisch instrumentalisierten Machtprobe zwischen ‚denen da unten‘ und ‚denen da oben‘ geworden und stellt damit auch die Rolle von uns Parlamentariern als demokratisch gewählten Volksvertretern infrage.“[16] In den massiven Bürgerprotesten wird letztlich ein Angriff auf das System der repräsentativen Demokratie gesehen. Den protestierenden Bürgern wird vorgehalten, die tradierten demokratischen Spielregeln in Frage zu stellen: „Der Wutbürger hat das Gefühl, Mehrheit zu sein und die Lage besser beurteilen zu können als die Politik. Er macht sich zur letzten Instanz und hebelt dabei das ganze System aus.“ (Kurbjuweit 2010: 26)

In diesem Zusammenhang findet kein Werk so häufig Erwähnung durch Politiker und Kommentatoren wie die klassische Studie von Niklas Luhmann (2013) *Legitimation durch Verfahren*. Allerdings wird die titelgebende Formel häufig in technokratisch verkürzter und trivialisierender Weise interpretiert. Befürworter von Stuttgart 21 verweisen auf diese Sentenz, um damit ihre Auffassung der unmittelbaren Relevanz von formalen Verfahren in repräsentativen Demokratien mit wissenschaftlicher Autorität zu validieren. Bisweilen ist aber auch die argumentative Variante anzutreffen, derzufolge eine verfahrenstechnische Legitimität als solche nicht mehr ausreichend sei: „Der alte Satz, nach dem Politik Legitimation durch Verfahren erreicht, ist eben nicht mehr ausreichend. Das sieht man auch hier an Stuttgart 21.“[17] Legitimität über *verfahrenstechnische Legalität* war jedoch Luhmann zufolge noch nie ausreichend: „Die Struktur eines Verfahrens-

---

16   So Dr. Stefan Kaufmann (2010), CDU-Abgeordneter für den Wahlkreis Stuttgart-Süd, in einer Rede zu Stuttgart 21 im Bundestag am 06.10.2010. Die LINKE quittierte die Aussage, es gäbe keine Zweifel an der Legitimität von S21 postwendend mit dem Zwischenruf „Doch!“ Auch der damalige Ministerpräsident Stefan Mappus argumentierte wie sein CDU-Parteikollege und sah durch die Demonstranten die „Frage nach dem Rechtsstaat“ herausgefordert: „Allen muss klar sein, dass Stuttgart 21 demokratisch legitimiert ist und auch realisiert wird.“ (Mappus in: Ruf 2010)

17   Diese Einschätzung wurde vom SPD-Bundesvorsitzenden Sigmar Gabriel nach einer Präsidiumssitzung der SPD in Stuttgart geäußert (zit. n. Bahners 2010). Ähnlich argumentiert auch die CDU-Politikerin und Bürgermeisterin der Landeshauptstadt Susanne Eisenmann (2010: 224): „‚Legitimation durch Verfahren‘ muss ersetzt werden durch ‚Legitimation durch Kommunikation im Verfahren‘.“ Offensichtlich wird hier von einer obrigkeitsstaatlichen In-

systems ist zunächst durch allgemeine, für viele Verfahren geltende Rechtsnormen vorgezeichnet. Diese Normen sind nicht schon die Verfahren selbst, und eine Rechtfertigung durch sie ist nicht schon Legitimation durch Verfahren." (Luhmann 2013: 42) Erst die Schaffung eines gesellschaftlichen *Klimas der Akzeptanz,* in dem die Verfahrensunbeteiligten das Gefühl haben, über die Gründe einer Entscheidung ausreichend informiert worden zu sein, schafft die Voraussetzungen für Legitimität. Offensichtlich ist Stuttgart 21 ein Beispiel für fehlende Legitimation trotz Verfahren. Legitimität im Luhmannschen Sinne ist keine normative, sondern eine empirische Größe. In der Moderne erfolgt eine Ausdifferenzierung von Verfahren: Die politische Entscheidungserzeugung wird verteilt auf die periodisch stattfindenden Wahlen und die fortlaufende Gesetzgebung. Deshalb kann von – am Gesetzgebungsverfahren unbeteiligten – Bürgern auch keine Akzeptanz des Ergebnisses verlangt werden. Vielmehr gilt: „Ein Bürger muss sich nicht sagen lassen, er dürfe gegen eine bestimmte Entscheidung nicht protestieren, weil er ihr als Wähler zugestimmt habe. Solche sachlichen Bindungen stellt die Stimmabgabe nicht her" (Bahners 2010). Kommunikationsfehler in der Vermittlung von Stuttgart 21 an die Bürgerschaft wird seit den Massendemonstrationen quasi von allen Seiten (so auch in der weiter oben zitierten Rede eines CDU-Bundestagsabgeordneten) eingeräumt.

Dass die adäquate Kommunikation eines Großvorhabens auch die frühzeitige Diskussion von Alternativen beinhalten müsse, ist ein Aspekt, der insbesondere durch *Kritiker von S21* immer wieder eingebracht wird. In diesem Sinne erklärte der Grünen-Politiker und spätere Ministerpräsident von Baden-Württemberg, Winfried Kretschmann (2010: 205), „alternativlos" und „unumkehrbar" zu Unwörtern: „Wer ein Wort wie ,alternativlos' verwendet, legt schon die Axt an die Demokratie, denn Demokratie impliziert, dass es immer auch möglich ist, etwas anders zu machen." In seiner Analyse der Geschichte des Stuttgarter Konflikts versucht der Journalist Andreas Zielcke (2010a: 23) aufzuzeigen, dass die Stuttgarter Bürger systematisch an einer Mitwirkung und der *Chance, etwas anders zu machen,* gehindert wurden – Stuttgart 21 leide darum an einem „unheilbaren Mangel": „Die Unterstellung, dem heutigen Konflikt sei ein hinreichender Zeitraum demokratisch offener Entscheidungsfindung vorausgegangen, ist historisch schlicht falsch." Die einzige theoretische Chance einer Einflussnahme für die Bürger Stuttgarts bestand demnach bei den Kommunalwahlen 1994 – nur acht Wochen nachdem das Projekt „Stuttgart 21" erstmals der Öffentlichkeit auf einer Pressekonferenz vorgestellt worden sei. Das Thema habe zu dieser Zeit aber kaum eine Rolle im Wahlkampf gespielt und wäre von den Bürgern noch nicht als re-

---

terpretation von „Legitimation durch Verfahren" ausgegangen, die den Sinn des Luhmannschen Legitimationsverständnisses verfehlt.

levantes Thema realisiert worden. Die Argumentation, dass bereits 1995 mit dem Grundlagenvertrag zu S21 die „Würfel gefallen" waren, erscheint plausibel. Entscheidend ist an dieser Stelle, dass der Eindruck, die verfilzten politischen Machteliten würden die Planungen zu S21 in völlig intransparenter Manier über die Köpfe der beteiligten BürgerInnen hinweg vorantreiben, die zentrale Motivationsbasis für den anschwellenden Protest bildete.

Die „Gemeinwohlargumente" der Protagonisten von Stuttgart 21 (infrastrukturelle und städtebauliche Chancen sowie Schaffung von Arbeitsplätzen) konnten als solche einem relevanten Teil der Bevölkerung offensichtlich nicht vermittelt werden. Der vorgeblichen Ausrichtung der Projektträger am Gemeinwohl wird mit großer *Skepsis* begegnet – in den Worten eines prominenten Aushängeschilds der Protestbewegung: „Es gibt ganz offensichtlich ein Kartell, eine Spätzle-Connection, bestehend aus Banken, Firmen, Verkehrswissenschaft und vor allem aus der Politik." (Sittler 2010: 103) Es handelt sich demnach um einen mit sehr hohen Kosten verbundenen „Bahnhof, den keiner braucht", dessen Realisierung Umweltverträglichkeitszielen zuwiderläuft und der zuvorderst den Partikularinteressen der (politischen) Projektprotagonisten dient. Verantwortlich dafür, dass über einen sehr langen Zeitraum hinweg keine kritische Diskussion des Bahnhofsprojekts in der Öffentlichkeit stattfand, werden – außer den verantwortlichen Politikern – auch die beiden für die Region relevanten *Printmedien* gemacht. Die RedakteurInnen der „Stuttgarter Zeitung" und der „Stuttgarter Nachrichten" hätten durch eine Verlagsrichtlinie einen Maulkorb verpasst bekommen und seien jahrelang gezwungen worden, ausschließlich positiv über Stuttgart 21 zu berichten (vgl. Schorlau 2010b: 15).[18] Damit wären die relevanten Zeitungen vor Ort ihrer Kontrollfunktion in einer Mediendemokratie nicht nachgekommen.

Auch die Kritikerfraktion meldet vor diesem Hintergrund erhebliche *Zweifel an der demokratischen Legitimität* an. Allerdings beziehen sich diese Zweifel hier nicht – wie bei den Befürwortern – auf den Protest gegen den Bahnhof, sondern auf das Bahnhofsprojekt selbst: „Das Volk verlangt Mitsprache und lässt sich nicht mehr mit dem Verweis auf parlamentarische Beschlüsse nach Hause schicken. […] Das Volk und seine parlamentarischen Vertreter verstehen sich nicht mehr", so der grüne Oberbürgermeister von Tübingen Boris Palmer (2010: 44). Zwar mag sich die Rede von „dem" Volk dazu eignen, die fehlende demokratische Legitimität des Bahnhofsprojektes anzuprangern. Allerdings erscheint zweifel-

---

18 Entsprechend lieferte eine Befragung von Demonstranten gegen Stuttgart 21 den Befund, dass die Demonstrierenden nur geringes Vertrauen in die lokalen und regionalen Medien haben. Besonders ausgeprägt war die Skepsis gegenüber der „Stuttgarter Zeitung" und den „Stuttgarter Nachrichten", die jeweils von über 80 Prozent der Befragten als parteiisch eingeschätzt wurden – der Sender SWR schnitt diesbezüglich mit 53 Prozent vergleichsweise besser ab (vgl. Pressekonferenz WZB 2010: 8).

haft, ob der Verweis auf ein fiktives Kollektivsubjekt in modernen repräsentativen Demokratien, wie sie für westliche Gesellschaften charakteristisch sind, das Allheilmittel darstellt, um politische Entscheidungen mit demokratischer Legitimität auszustatten. Befürworter und Kritiker im Streit um Stuttgart 21 erklären jeweils *eine* Seite des spannungsreichen Verhältnisses im demokratischen Rechtsstaat für absolut: *Verfahrenslegalität* versus *Demos*. Damit erscheinen beide Konzeptualisierungen von demokratischer Legitimität unterkomplex für moderne, und das heißt funktional ausdifferenzierte Gesellschaften.

Obwohl im Zuge der Eskalation des Streits um den Neubau des Stuttgarter Bahnhofs der Ruf nach Verstärkung direkter Demokratie erheblichen Aufschwung erfahren hat und der Wunsch nach direktdemokratischen Entscheidungen Umfragen zufolge einen allgemein Trend in der bundesrepublikanischen Bevölkerung beschreibt (vgl. Wagschal 2013: 196), wurde in Stuttgart zunächst ein anderer Weg beschritten, um einen Ausweg aus einer Konfliktsituation mit verhärteten Fronten zu finden: die sogenannte „Fachschlichtung". Zwar wird die Schlichtung bisweilen als Verfahren einer „unmittelbaren Demokratie" (Geißler) präsentiert – es handelt sich indes keineswegs um ein direktdemokratisches Verfahren. Vielmehr lässt sich die Schlichtung als eine mögliche Variante *kommunikativer Demokratie* rubrizieren. Neben Formen repräsentativer und direkter Demokratie sind solche Formen kommunikativer Demokratie zunehmend im Kontext wissenschaftlich-technischer Innovationen zu beobachten. Man könnte auch von diskursiver oder deliberativer Demokratie sprechen – allerdings sind diese Begrifflichkeiten mit einer nicht geringen semantischen Erblast befrachtet. Um die Assoziationen zur normativ ausgerichteten „deliberativen Demokratietheorie" von Jürgen Habermas (1992) zu vermeiden, wird aus begriffsstrategischen Gründen dem Terminus „kommunikative Demokratie" der Vorzug gegeben. Anders als bei Sarcinelli (1990), der insbesondere im Zusammenhang mit konstatierten Veränderungsprozessen der Politik im Medienzeitalter auf dieses Label rekurriert, findet der Begriff hier Anwendung, um die Demokratiechancen von organisierten Kommunikationsprozessen in politischen Konflikten zu adressieren.

3.4   Die Schlichtung zu Stuttgart 21 als Form kommunikativer Demokratie?

Der durch ein prominentes Mitglied der Grünen im Stuttgarter Gemeinderat ins Gespräch gebrachte Vorschlag eines von – dem früheren CDU-Generalsekretär bzw. Bundesminister und Attac-Mitglied – Heiner Geißler moderierten Gesprächsprozesses zwischen Befürwortern und Gegnern von Stuttgart 21 wird am 6. Oktober 2010 vom damaligen Ministerpräsidenten Stefan Mappus (CDU) aufgegriffen und stößt parteiübergreifend auf Zustimmung. In einem nicht-öffentlichen Sondierungsgespräch mit jeweils sieben Vertretern beider Konfliktparteien werden die basalen Konditionen ausgehandelt, welche für die organisierte Kommunikationsveranstaltung gelten sollen, und sodann in einer kleinen Arbeitsgruppe weiter konkretisiert.

Das als *Schlichtung* bezeichnete Moderationsverfahren soll unter dem Leitmotiv „Alle an einen Tisch, alles auf den Tisch" in insgesamt neun Schlichtungsrunden vom 22.10. bis zum 30.11.2010 vor laufenden Kameras stattfinden. Das Öffentlichkeitsprinzip zur Herstellung von Transparenz stellte ein institutionelles Novum dar: Zwar gab es bereits in der Vergangenheit von der Politik organisierte, verhandlungsbasierte Kommunikationsprozesse, allerdings fanden diese Veranstaltungen hinter verschlossenen Türen statt. Die Stuttgarter Schlichtung hingegen, an der Stakeholder beider Konfliktparteien teilnahmen, wurde in voller Länge im Fernsehen (Phoenix, z. T. auch im SWR und Flügel TV) sowie im Internet übertragen, und Stuttgarter Bürger hatten außerdem die Möglichkeit, das Politikevent auf einer Großbildleinwand im Stuttgarter Rathaus zu verfolgen. Beim letzten Sitzungstermin am 30. November erfolgte dann der unter großer medialer Aufmerksamkeit verkündete *Schlichterspruch* Heiner Geißlers (2010).[19] Die Eckpunkte des Schlichterspruchs lassen sich unter zwei Kategorien einordnen: Zum einen beinhalten die Empfehlungen Geißlers sachbezogene Aussagen zum Konfliktanlass (Bauvorhaben), zum anderen aber geht es um grundsätzliche, falltranszendierende politische Einschätzungen und Perspektiven (Demokratiefrage).

Das zentrale Statement bezüglich der *sachbezogenen* Eckpunkte des Schlichterspruchs lautet, dass es „richtig" sei, das Projekt Stuttgart 21 fortzusetzen. Ein Kompromiss erscheine nicht möglich, doch berechtigte Kritikpunkte der S21-Gegner sollen aufgenommen und in ein Konzept „Stuttgart 21 PLUS" integriert werden. Letztlich aber wird mit Blick auf das Sachergebnis die Situation, die zum massenhaften Protest führte, nämlich der Plan, anstelle des bisherigen Kopfbahnhofs einen unterirdischen Neubau zu errichten, nicht revidiert. In der Begründung des Plädoyers für die – wenn auch modifizierte – Fortsetzung des Bahnhofumbaus wird sowohl auf ökonomische als auch auf rechtliche Abwägungen Bezug genommen. Zunächst würden nicht nur die schwer einzuschätzenden, in jedem Fall aber hohen finanziellen Risiken für die Projektträger bei einem Ausstieg aus Stuttgart 21, sondern darüber hinaus auch die unkalkulierbaren Kosten für einen alternativen Kopfbahnhof nahelegen, den bisherigen Entwicklungspfad weiter zu verfolgen. Noch gravierender als die ökonomischen Gründe wiegen Geißler zufolge die rechtlichen Hürden. Im Unterschied zum Projekt „Kopfbahn-

---

19 Die Protokolle der Schlichtungsgespräche sowie weitere Informationen zur Schlichtung sind im Internet dokumentiert unter http://www.schlichtung-s21.de [20.08.2013].

hof 21", für das keine ausreichenden Planungen vorlägen, sei festzuhalten: „Für Stuttgart 21 dagegen gibt es eine Baugenehmigung, und dies ist für die Deutsche Bahn AG gleichbedeutend mit einem Baurecht. Es wäre zwar theoretisch möglich, den Bau des Tiefbahnhofs politisch zu torpedieren, aber die rechtliche Situation scheint mir eindeutig: Der Bau von Stuttgart 21 käme nur dann nicht, wenn die Bahn AG freiwillig darauf verzichten würde. Dazu ist die Bahn nicht bereit, das war zu erwarten." (Geißler 2010: 10) In beiden Hinsichten – sowohl aus ökonomischer als auch aus rechtlicher Warte – scheint demnach die Entwicklung des seit vielen Jahren geplanten Infrastrukturprojekts bereits einen „Point of no Return" überschritten zu haben, der letztlich keine politische Alternative zu den bisherigen Planungen zulässt.

Im Hinblick auf die *falltranszendierenden* Eckpunkte des Schlichterspruchs thematisiert Geißler die (mögliche künftige) Bedeutung des von ihm durchgeführten „Demokratieexperiments" (Geißler 2010: 15). Gleich zu Beginn wird klargestellt, dass es wesentlich auch darum ging, der massiven Vertrauenskrise der Bürger gegenüber der Politik im Allgemeinen sowie in Bezug auf S21 im Besonderen mit innovativen Mitteln zu begegnen: „Wichtiges Ziel der Schlichtung war daher, durch Versachlichung und eine neue Form unmittelbarer Demokratie wieder ein Stück Glaubwürdigkeit und mehr Vertrauen für die Demokratie zurückzugewinnen. Die Schlichtung hat mit dem sachlichen Austausch von Argumenten unter gleichberechtigter Teilnahme von Bürgern aus der Zivilgesellschaft etwas nachgeholt, was schon vor vier oder fünf Jahren hätte stattfinden sollen." (Geißler 2010: 3) Kern des Verfahrens war dabei der sogenannten „Faktencheck" (Geißler 2010: 4), in dem alle Fakten und Argumente beider Seiten dargelegt und gegeneinander abgewogen worden seien, um so eine weitestgehende Transparenz zu gewährleisten. Um künftig Entwicklungen wie bei S21 bei der Planung von Großprojekten zu vermeiden, plädiert Geißler für eine Verstärkung der unmittelbaren Demokratie in Deutschland. Solange eine 1:1-Übertragung des Schweizer Modells auf Deutschland nicht realisierbar sei, biete sich das „Stuttgarter Modell als Prototyp" einer „institutionalisierten Bürgerbeteiligung auf Augenhöhe" (Geißler 2010: 7) an, dem er abschießend eine weite Verbreitung in Deutschland wünscht.

Obwohl die Stuttgarter Schlichtung ein Beteiligungsverfahren ohne rechtliche Bindungswirkung darstellte, wird dennoch unisono konstatiert, dass der Moderationsprozess *folgenreich* war. Zunächst einmal konnte auf diese Weise die Informationslage zum Bahnhofsprojekt in der interessierten Öffentlichkeit verbessert und ein zugespitzter Konflikt befriedet werden. Positiv hervorgehoben wird von Kommentatoren insbesondere die Herstellung maximaler Transparenz, die Versachlichung der Diskussion, die Aufwertung der Bahnhofsgegner zu gleichberechtigten Gesprächspartnern am Runden Tisch sowie die Einbeziehung des zivilgesellschaftlichen Publikums (vgl. etwa Brettschneider 2011; Conradi 2010). Die

Rede ist von einer „Schule der Demokratie" bzw. einem „Testlabor für neue Beteiligungsmöglichkeiten (Kersting/Woyke 2012: 139). Kritische Stimmen verweisen dagegen darauf, dass Status und Abschluss der Schlichtung vorab nicht hinreichend geklärt wurden, eine Symmetrie der Gesprächsteilnehmer nur an der Oberfläche gegeben war und das Verfahren vor allem auch nicht ergebnisoffen stattfand. Das Verfahren hätte deshalb zuvorderst der nachholenden Akzeptanzbeschaffung gedient und sei entsprechend als „postdemokratisches Lehrstück" zu qualifizieren (vgl. Zielcke 2010b). Nicht zu Unrecht ist bemerkt worden, das Erstaunlichste am Schlichterspruch seien die ökonomischen und rechtlichen Begründungen, warum S21 fortgesetzt werden solle und der Verweis darauf, dass das Projekt politisch und planerisch einen abgesicherten Status habe, denn: „All dies war vor dem Schlichtungsverfahren hinlänglich bekannt. Das Verfahren hat dem nichts Wesentliches hinzugefügt." (Rucht 2011: 3; vgl. auch Rucht 2012: 350 f.)

Das Schlichtungsverfahren hat somit im Ergebnis keine entscheidungsrelevanten Neuerkenntnisse zur Sache generiert, und der Schlichterspruch präsentierte die Pfadgebundenheit der Entwicklung des Bahnhofsprojekts als unumkehrbar, nicht zuletzt mit Verweis auf die ansonsten drohende Kollision mit Logiken anderer gesellschaftlicher Teilsysteme (Ökonomie, Recht). Und dennoch erwies sich das Moderationsverfahren offenbar als geeignet, den gesellschaftlichen Konflikt um den Bahnhof weitgehend zu befrieden. Repräsentative sozialwissenschaftliche Umfragen belegen, dass das Schlichtungsverfahren zu einem *Meinungsumschwung* in der Bevölkerung zugunsten des Projekts „Stuttgart 21" geführt hat – und zwar sowohl in der Landeshauptstadt als auch in Baden-Württemberg sowie in Deutschland insgesamt (vgl. hierzu Brettschneider 2011: 211 ff.).

Wenn dem so ist, worin besteht dann die eigentliche *Leistung* der Schlichtung zu Stuttgart 21? Oder anders gefragt: Welche sozialen Mechanismen haben dazu geführt, dass der jahrelang heftig umstrittene Bahnhofsneubau in einer breiten Öffentlichkeit nun offenbar als demokratisch legitimiert gilt?

Die *These* lautet, dass die Schlichtung als eine moderne Form kommunikativen Politikstils neue Legitimitätsressourcen bereitzustellen vermochte – diese Leistung ist zurückzuführen auf ihren Charakter als einem sozialen Verfahren, das generelle Anerkennung findet. Die Generalisierung des fraglosen Akzeptierens von inhaltlich beliebigen Entscheidungen erscheint als typisches Kennzeichen des modernen politischen Systems, das durch Verfahren als sozialem Mechanismus der Stabilisierung gerade nicht auf inhaltlichen Konsens bei den jeweiligen Entscheidungen angewiesen ist (vgl. Luhmann 2013). Fokussiert wird beim Verfahren nicht auf die offiziell deklarierte Funktion, richtige Entscheidungen zu treffen. Vielmehr geht es um die latente Nebenfunktion von Verfahren: der Legitimierung politischer Entscheidungsträger. Damit eine solche Normbefolgung unabhängig von persönlichen Motiven erreicht werden kann, müssen bestimmte Verfahrenserfordernisse gewährleistet sein, die ein soziales Klima der Akzeptanz schaffen. Im ersten Anlauf, auf dem parlamentarischen Verfahrensweg über die demokratisch gewählten Volksvertreter, war es offenbar nicht gelungen, die Verfahrensunbeteiligten auf dem langjährigen Planungsprozess zur Umgestaltung des Bahnhofs „mitzunehmen". Nimmt man Stuttgart 21 als paradigmatisch für Auseinandersetzungen im Kontext wissenschaftlich-technischer Innovation, so deuten sich hier *Grenzen der etablierten Konfliktlösungsverfahren* in repräsentativen Demokratien an.

Neue kommunikative Politikmodelle wie die Schlichtung lassen sich vor diesem Hintergrund als alternative (d. h. außergerichtliche) Streitschlichtungsverfahren verstehen, die die klassischen rechtsförmigen Verfahren in hochbrisanten Materien *ergänzen*. Wesentliches Kennzeichen dieser meist politisch initiierten Veranstaltungen ist, dass die Meinungsbildungsprozesse nicht quasi „naturwüchsig" ablaufen. Vielmehr handelt es sich um eine spezifische Form sozialer Interaktion, in der die Kommunikationsprozesse durch Regeln organisiert werden (vgl. ausführlich Martinsen 2006: 31 ff.). So sind auch für den von Geißler moderierten Schlichtungsprozess zwischen den Beteiligten *Spielregeln* ausgehandelt worden, die sich mit folgenden Stichworten charakterisieren lassen: Parität, Dialog „auf Augenhöhe", Öffentlichkeit und Transparenz, fixe Dauer, Faktenschlichtung – zudem ist eine Form der „Friedenspflicht" während der Dauer der Gespräche vereinbart worden (vgl. Frick 2011: 20). Kritische Nachfragen und Einwände Geißlers lassen außerdem erkennen, dass er als Schlichter besonderen Wert auf Laienverständlichkeit der Redebeiträge legt und auf einer Trennung von Fakten und Wertungen insistiert. Das Konfliktfeld ist durch die Regeln entsprechend organisational strukturiert.[20] Als Framing des Konfliktsettings fungiert der Abgleich von „Fakten" – hiermit wird präjudiziert, welche inhaltlichen und verfahrensbezogenen Vorschläge an die Ausgangssetzungen des Diskurses anschlussfähig sind und welche als illegitim ausgeschlossen werden können. Die weiteren diskursiven Mechanismen wirken wie prozedurale Filterverfahren: Sie „reinigen" die Diskussionsprozesse von überschießenden Kommunikationssequenzen, welche nicht mit der vorgegebenen Verfahrensrationalität kompatibel sind. Beispielsweise würden Einwände, die auf eine Problematisierung des gängigen Fortschrittsbegriffs abzielen und die Frage nach dem guten Leben aufwerfen, in diesem diskursiven Rahmen als „deplatziert" wahrgenommen. Die Interaktionsform des Verfahrens[21] dient

---

20   Eine ausführliche Beschreibung der Wirkweise von sozialen Legitimationsmechanismen in kommunikativen Politikverfahren mit Bezug auf das umstrittene wissenschaftlich-technisch basierte Politikfeld „Biomedizin" findet sich in Martinsen (2011: 44 ff.) sowie Martinsen (2014).

21   Luhmann (2013) hat zur Plausibilisierung seiner These von der „Legitimation durch Verfahren" in seiner 1969 erschienenen Studie exemplarisch Verfahren aus verschiedenen

auch im Falle deliberativer Politikforen insbesondere der *Konfliktkanalisierung* und somit „der Schwächung und Zermürbung der Beteiligten, der Umformung und Neutralisierung ihrer Motive im Laufe einer Geschichte, in der Darstellungen und Engagements in Darstellungen sich unter Eliminierung von Alternativen ändern" (Luhmann 2013: 4).

Das *Schlichtungsverfahren* lässt sich somit *als soziales System spezifischer Art* konzeptualisieren: Mittels Framing und Prozeduralisierung erzeugt das Verfahren seine eigene Geschichte und selektiert sukzessive alternative Möglichkeiten einer Konfliktlösung – bis die quasi selbstläufige Diskursdynamik auf eine Entscheidung zusteuert, die für die Betreffenden wenig überraschend ist und im Regelfall mit Akzeptanz rechnen darf. Soziale Lernprozesse vollziehen sich dabei im Erfolgsfall nicht nur bei den Teilnehmern der Schlichtung, sondern vor allem auch *in den Augen Dritter,* welche das Verfahren beobachten. Im Fall von Stuttgart 21 fand eine im Ergebnis normative Umstrukturierung von Erwartungen auch auf Seiten des Publikums statt. Dies ist umso bemerkenswerter, wenn man bedenkt, dass die Schlichtung zu Stuttgart 21 erst ca. 15 Jahre nach der Verabschiedung der vertraglich bindenden Grundsatzentscheidungen inszeniert wurde. Voraussetzung war, dass die Konfliktparteien die Bereitschaft zeigten, sich auf das Verfahren einzulassen[22] und der Schlichter es offenbar verstand, die Fiktion von Neutralität und Verfahrensoffenheit[23] von Anfang bis Ende wirksam aufrecht zu erhalten.

Zwar mag der Konflikt wie auch im Fall von Stuttgart 21 nach dem organisierten Kommunikationsverfahren weiter schwelen. Das Entscheidende aber ist, dass der eventuell anhaltende *Protest* nun in den Augen des Publikums *de-legitimiert* erscheint und sozial isoliert werden kann. Das Schlichtungsverfahren hat erst den politischen Boden vorbereitet für das Ergebnis der sogenannten „Volksabstimmung" am 27. November 2011: Einem Ausstieg des Landes Baden-Württemberg

---

Bereichen staatlicher Aktivität untersucht: Gesetzgebungs-, Wahl-, Verwaltungs- und Gerichtsverfahren, wobei den verschiedenen Verfahrenstypen jeweils spezifische Leistungsprofile zugeordnet werden.

22   Die Protestgruppe der „Parkschützer" hatte sich hingegen dem Schlichtungsverfahren verweigert. Dies ist insofern auch eine riskante Strategie, da es in den Augen Außenstehender suspekt erscheint, wenn man sich der Aufforderung entzieht, die „Fakten" auf den Tisch zu legen.

23   Die von der grünen Stadträtin Gisela Erler im Jahre 2012 initiierte Bürger-Jury, welche die Planung des ICE-Fernbahnhofs und der Bahnstrecken auf der Filderhochfläche im Süden Stuttgarts diskutieren sollte, wurde von den BürgerInnen hingegen als nicht verfahrensoffen eingeschätzt. Der sogenannte „Filder-Dialog" kam offensichtlich nur unter größeren Anstrengungen überhaupt zustande, weil „sich nur wenige Bürger an einer Sache beteiligen wollten, bei der es nichts zu entscheiden gibt" (Soldt 2012).

aus der Finanzierung des Projekts wurde dabei eine Absage erteilt.[24] Die Gruppe der Parkschützer, die sich gegen eine Teilnahme am Schlichtungsverfahren entschieden hatte und auch nach dem von oben initiierten Referendum an ihrem Widerstand festhält, machte die Erfahrung der legitimierenden Wirkung von institutionalisierten Verfahren, wie aus ihrer öffentlichen Erklärung zur Fortführung des Widerstands gegen Stuttgart 21 hervorgeht. Denn obwohl sie dasselbe tut wie seit Jahren, nämlich Widerstand leistet, und sich nach ihrer Einschätzung grundsätzlich „das Projekt Stuttgart 21 in der Sache nicht verbessert hat", sieht sie sich in der Öffentlichkeit als „radikale Restminderheit" diffamiert, die selbst vom grünen Ministerpräsidenten (und ehemaligen S21-Kritiker) Winfried Kretschmann als „Fanatiker" tituliert wird (Stuttgarter Erklärung 2011: 2). Das Großprojekt Stuttgart 21 gilt zwischenzeitlich – anders als noch vor Schlichtung und Plebiszit – in der allgemeinen öffentlichen Wahrnehmung als demokratisch legitimiert.

4   Perspektiven einer komplexen Demokratieordnung

Demokratie ist in der Spätmoderne nicht nur normatives Postulat, sondern auch funktionales Erfordernis, da diese Herrschaftsform am ehesten geeignet erscheint, um das Problem sozialer Komplexität zu meistern – und zwar indem sie die *Zukunft offen hält* für neue Entscheidungen unter gewandelten Rahmenbedingungen. Es zeigt sich jedoch, dass das Offenhalten von Optionen bei politischen Entscheidungen in brisanten Konfliktfeldern – wie besonders bei langfristig nicht reversibel zu machenden Infrastrukturprojekten – via herkömmlicher parlamentarischer Verfahren zur Erzeugung von demokratischer Legitimität an Grenzen stößt.

Volksentscheide können durchaus eine vitalisierende Korrektivwirkung in repräsentativen Demokratien entfalten, doch sind auch direktdemokratische Instrumente kein politisches Allheilmittel. Zwar vermag der tradierte – von konservativer Seite regelmäßig eingebrachte – Massenvorbehalt der Demokratie, demzufolge das Volk kognitiv nicht in der Lage sei, komplexe Sachverhalte angemessen zu beurteilen, nicht überzeugen: Bei Plebisziten zu Großvorhaben geht es zuvorderst um Grundsatzentscheidungen über die Verwendung öffentlicher Gelder. Jenseits dessen hat jedoch die neuere Forschung zur *Direktdemokratie* auf verschiedene unintendierte Nebenwirkungen von Volksentscheiden hingewiesen: So ist direktdemokratischen Verfahren *erstens* offensichtlich ein „Status-quo-Bias" inhärent (vgl. Wagschal 2013: 199 f.). Dass sich die Neigung zum Strukturkonservatismus beim Referendum zu Stuttgart 21 indes nicht dahingehend auswirkte, dass im Er-

---

24 Ein projektbezogener Bürgerentscheid zum Gegenstand „unterirdischer Tiefbahnhof" war nicht möglich, da die Bundesbahn Projektträger war.

gebnis für einen Ausstieg des Landes aus der Finanzierung des Bahnhofumbaus abgestimmt wurde, dürfte mit hoher Wahrscheinlichkeit wesentlich auf das zuvor durchgeführte Schlichtungsverfahren zurückzuführen sein, das einen hinreichenden Stimmungsumschwung in der Bevölkerung angestoßen hatte. *Zweitens* wird der Mehrwert plebiszitärer gegenüber parlamentarischen Entscheidungsverfahren insofern fraglich, als eine Untersuchung der regionalen Varianz der Abstimmungsergebnisse des Stuttgarter Referendums erkennen lässt, dass parteipolitischen und nutzenmaximierenden Faktoren ein entscheidender Stellenwert zukommt (vgl. Schäfer et al. 2012). Plebiszite könnten demnach auch Infrastrukturprojekte in bevölkerungsarmen Regionen gefährden. *Drittens* erscheinen direktdemokratische Erwartungen durch mehr Basisdemokratie der sich ausbreitenden Politikverdrossenheit begegnen zu können als trügerisch. Denn paradoxerweise führen Volksentscheide offenbar gerade zu einer sozialen Selektion, da die Interessen „des unteren Drittels unserer Gesellschaft", das sich überproportional gering beteiligt, noch weniger repräsentiert werden als in der repräsentativen Demokratie (vgl. Merkel 2011: 13). Darüber hinaus ergeben sich grundsätzliche Probleme, wie am Fallbeispiel Stuttgart 21 schnell einsichtig wird: Wie soll der Kreis der Abstimmungsberechtigten zugeschnitten werden – in welcher Weise betrifft das Bahnhofsvorhaben die Hauptstadt, die Region, das Land Baden-Württemberg oder gar die gesamte Bundesrepublik? Letzteres wird nahe gelegt, wenn man den Stellenwert des Projekts für die Entwicklung des Schienenverkehrs im Lande hinterfragt und auf die gesamtstaatliche Mittelallokation der Verkehrswegeprojekte fokussiert.[25] Auch der unvermittelte Rückgriff auf direktdemokratische Verfahren erscheint somit nicht in jedem Fall als das probate Mittel, um Probleme der demokratischen Legitimität in prekären Konfliktfällen angemessen zu bearbeiten.

Die Frage, auf welche Weise in demokratischen Gesellschaften künftig über große Infrastrukturprojekte legitim entschieden werden kann, erscheint deshalb von erhöhter Dringlichkeit, wie der eskalierte Streit um das Großprojekt „Stuttgart 21" exemplarisch verdeutlicht hat. Im Konflikt um den Neubau des Stuttgarter Hauptbahnhofs finden sich bei den Konfliktparteien *unterschiedliche Deutungsdiskurse* zur Frage der demokratischen Legitimität, die jeweils einen Aspekt des spannungsreichen Verhältnisses von „Verfassungsprinzip" und „Demokratieprinzip" im demokratischen Rechtsstaat akzentuieren und die mit einer Präferenz für repräsentative bzw. direkte Demokratie konvenieren. Darüber hinaus haben sich aber in den letzten Jahren Formen einer kommunikativen Demokratie – wie bei-

---

25 So lässt sich auch gegen Stuttgart 21 argumentieren, indem man dafür plädiert, alternative Bahnprojekte in Deutschland mit größerer positiver Netzwirkung zu priorisieren, „mit denen eine Entmischung des Güterverkehrs und des ICE-Verkehrs möglich wird" (Kopper 2011: 52).

spielsweise die Schlichtung – entwickelt. Diese bieten ein diskursives Forum für die Bildung von *Konsenskonstrukten* (systemtheoretisch gesprochen: ermöglichen strukturelle Kopplungen), die für die Deutungsdiskurse beider Konfliktparteien anschlussfähig sein können. Wie Umfragen belegen, findet das Schlichtungsverfahren in Stuttgart 21 quer durch die Bevölkerung eine hohe Zustimmung – sein künftiger Einsatz als Demokratie-Element wird von vielen BürgerInnen deutschlandweit positiv beurteilt (vgl. Brettschneider 2011: 216). Dabei ist der verspätete Einsatz dieses Politikinstruments – d. h. nachdem die Weichen stellenden institutionellen Entscheidungen bereits lange vorher gefallen waren – aus demokratietheoretischer Warte heraus als höchst fragwürdig zu beurteilen: Die Schlichtung zu Stuttgart 21 war kein *„Demokratieexperiment"*! Allerdings könnte die innovative Form der Institutionalisierung einer Fachschlichtung, nämlich die größtmögliche Realisierung des Öffentlichkeitsprinzips, wegweisend für künftige Demokratisierungsperspektiven sein. Dies lässt es gerechtfertigt erscheinen, zumindest von einem „Demokratie*experiment"* zu sprechen.

Stuttgart 21 war der Katalysator für eine (erneute) Konjunktur der Diskussion um mehr *Bürgerbeteiligung bei Infrastrukturprojekten.*[26] Inwieweit die Politisierung von Großvorhaben auch nachhaltige Wirkungen im Sinne von institutionellen Strukturveränderungen zeigt, wird sich erst mittelfristig ermessen lassen. Dabei ist unstrittig, dass ein kommunikatives Beteiligungsverfahren künftig – anders als im Stuttgarter Fall – *am Anfang* eines politischen Entscheidungs(findungs)prozesses stehen müsste, um tatsächlich Chancen auf eine Erhöhung von Demokratisierung zu beinhalten. Ob die neuen kommunikativen Beteiligungsansätze tatsächlich die Demokratiequalität verbessern oder aber ihrerseits problematische Folgen für die demokratische Teilhabe beinhalten, kann nicht pauschal entschieden werden. Es gibt *keinen zwingenden Konnex* zwischen neuen kommunikativen Politikformen und Demokratiequalität – weder im positiven noch im negativen Sinne. Angesichts der großen Formenvielfalt von alternativen Konfliktlösungsverfahren, deren Varianten zudem z. T. auf ganz unterschiedlichen Beteiligungsmodellen aufbauen, muss eine demokratiebezogene Beurteilung jeweils fallbezogen und differenziert erfolgen (vgl. hierzu Martinsen 2006: 67–87).

---

26   Bereits im Februar 2011 fand im Auftrag der Landesregierung Baden-Württemberg in Stuttgart ein „Expertentag über Bürgerbeteiligung und Akzeptanz öffentlicher Großprojekte" unter der Leitung von Professor Ortwin Renn (DIALOGIK) statt, deren deklariertes Ziel es war, „Lehren aus Stuttgart 21 zu ziehen". Im Abschlussbericht wird ein ganzes Bündel möglicher Reformoptionen aufgezählt, wobei kommunikative Politikverfahren (Mediation, Schlichtung, Runde Tische, Konsensuskonferenz, Bürgerforen, Zukunftswerkstatt etc.) einen breiten Raum einnehmen, in: http://www.dialogik-expert.de/de/forschung/beteiligung.htm [20. 8. 2013].

Erwartungen, dass in politisch angestoßenen Kommunikationsforen bei Modernisierungskonflikten ein inhaltlicher Konsens durch das Obsiegen „guter Argumente" erzielt werden kann, erscheinen allerdings wenig wahrscheinlich. Selbst eine im Vorfeld eines geplanten Verkehrsprojektes stattfindende Schlichtung wäre kaum in der Lage, Legitimationsbeschaffung durch „diskursiv einzulösende Wahrheitsbezüge" (so der Anspruch von Rucht 2012: 357) herzustellen und damit eine für alle Seiten überzeugende Lösung zu generieren. Die alternativen Konfliktlösungsverfahren bieten allenfalls die Möglichkeit, Konsensfiktionen zu kreieren, auf die jede Konfliktpartei selektiv zugreifen und so den „Ball im Spiel halten" kann. Soziale Lernprozesse, die in den organisierten Kommunikationsforen angestoßen werden, erfahren außerhalb des Verfahrens eine Kontextualisierung unter politisch-strategischen Gesichtspunkten und stoßen zudem auf die kollidierenden Rationalitätslogiken anderer gesellschaftlicher Funktionssysteme – so geht es etwa der Wirtschaft nicht um demokratische Legitimationsgewinne, sondern um Profitmaximierung. Zwar kann in einem politischen Kommunikationsverfahren ein *demokratischer Mehrwert* erzielt werden, aber der demokratiebezogene Erfolg ist kein Selbstläufer, sondern vielmehr *voraussetzungsreich* und beginnt mit der Rekrutierung der Teilnehmer sowie der Aushandlung der konkreten Rahmenbedingungen.

Demokratie in der Spätmoderne stellt ein mehrdimensionales Phänomen dar. Dies entspricht einem funktionalen Erfordernis, da demokratische Politik in ausdifferenzierten Gesellschaften einen gestiegenen Bedarf an reflexiven Strukturen erfordert. Die bisherigen Konzeptualisierungen als repräsentative Demokratie bzw. direktdemokratische Demokratie werden nicht abgelöst, sondern bestenfalls ergänzt durch sich gegenwärtig herausbildende Formen einer kommunikativen Demokratie. Die sich aus einer solch *komplexen Demokratieordnung* ergebende Schnittstellenproblematik wird künftig für politikwissenschaftliche Forschung im Allgemeinen und die Demokratietheorie im Besonderen eine Herausforderung darstellen.

Die alternativen Konfliktregulierungsinstrumente, die in der Regel nicht mit rechtlicher Verbindlichkeit ausgestattet sind,[27] könnten vorzugsweise in besonders exponierten wissenschafts- und technikbasierten Konfliktfeldern exemplarisch eingesetzt werden. In hochkomplexen Demokratien kommt Dissensen und der Auseinandersetzung um die Auslegung von Demokratie eine essentiell kon-

---

27 Auch wenn eine rechtliche Bindungswirkung der durch kommunikative Politikverfahren erzielten Ergebnisse nicht gegeben (und vermutlich auch nicht sinnvoll) ist, so sind doch Perspektiven denkbar, die eine stärkere Berücksichtigung der Voten strukturell befördern könnten. In diesem Sinne wäre es etwa möglich, bei Mediationsverfahren vertraglich gewisse Eckpunkte mit dem Vorhabenträger abzusichern – anscheinend wurde dieser Weg im Vorfeld des Ausbaus des Wiener Flughafens erfolgreich beschritten (vgl. Groß 2011: 513).

struktive Funktion zu. Insofern geht es nicht um die Beilegung des Streits, sondern um die Ermöglichung der fortlaufenden Austragung unterschiedlicher Demokratiedeutungen – hierfür können alternative Konfliktregulierungsinstrumente zugleich ein kommunikatives Forum bieten, das Anschlussfähigkeit für divergierende Perspektiven bietet. Mit Blick auf diese *Dynamisierung* des Demokratiebegriffs sind Ordnungsbildung und -entgrenzung von Demokratie zwei Seiten einer Medaille.

Literatur

Alexander, Nadja/Ade, Juliane/Obrisch, Constantin, 2005: Mediation, Schlichtung, Verhandlungsmanagement: Formen konsensualer Streitbeilegung, Münster: Alpmann und Schmidt.

Bahners, Patrick, 2010: Was heißt Legitimation durch Verfahren?, in: Frankfurter Allgemeine, 20.10.2010, in: http://www.faz.net/aktuell/feuilleton/stuttgart-21-was-heisst-legitimation-durch-verfahren-11054317.html [20.8.2013].

Baringhorst, Sigrid, 2009: Politischer Protest im Netz – Möglichkeiten und Grenzen der Mobilisierung transnationaler Öffentlichkeit im Zeichen digitaler Kommunikation, in: Frank Marcinkowski/Barbara Pfetsch (Hrsg.), Politik in der Mediendemokratie, Wiesbaden: VS, 609–634.

Barker, Ernest, 1948: Reflections on Government, Oxford: Oxford University Press.

Beck, Ulrich, 1986: Risikogesellschaft. Auf dem Weg in eine andere Moderne, Frankfurt a.M.: Suhrkamp.

Becker, Michael/Zimmerling, Ruth, 2006: Einleitung, in: Michael Becker/Ruth Zimmerling (Hrsg.), Politik und Recht, Wiesbaden: VS, 9–29.

Benz, Arthur, 2006: Selbstbindung des Souveräns: Der Staat als Rechtsordnung, in: Michael Becker/Ruth Zimmerling (Hrsg.), Politik und Recht, Wiesbaden: VS, 143–163.

Benz, Arthur/Dose, Nico (Hrsg.), 2010: Governance – Regieren in komplexen Regelsystemen. Eine Einführung, 2. Aufl., Wiesbaden: VS.

Böckenförde, Ernst-Wolfgang, 2006: Recht, Staat, Freiheit. Studien zur Rechtsphilosophie, Staatstheorie und Verfassungsgeschichte, erw. Ausgabe, Frankfurt a.M.: Suhrkamp.

Böll, Sven/Hornig, Frank/Kaiser, Simone, 2013: Rette sich, wer kann, in: Der Spiegel, Nr. 7, 09.02.2013, 16–17.

Bonacker, Thorsten, 2003: Die Ironie des Protests. Zur Rationalität von Protestbewegungen, in: Thorsten Bonacker/André Brodocz/Thomas Noetzel (Hrsg.), Die Ironie der Politik. Über die Konstruktion politischer Wirklichkeiten, Frankfurt a.M./New York: Campus, 195–212.

Bonacker, Thorsten/Brodocz, André, 2001: Im Namen der Menschenrechte. Zur symbolischen Integration der internationalen Gemeinschaft durch Normen, in: Zeitschrift für Internationale Beziehungen, Jg. 8., H. 2, 179–208.

Brettschneider, Frank, 2011: Die Schlichtung zu „Stuttgart 21": Ein Prototyp für Bürgerbeteiligung bei Großprojekten?, in: Forum Stadt. Vierteljahresschrift für Stadtgeschichte, Stadtsoziologie, Denkmalpflege und Stadtentwicklung, H. 3, 203–218.

Brodocz, André, 2003: Das Ende der politischen Theorie? Über die Rechtfertigung der Demokratie und die Ironie ihrer Unmöglichkeit, in: Thorsten Bonacker/André Brodocz/Thomas Noetzel (Hrsg.), Die Ironie der Politik. Über die Konstruktion politischer Wirklichkeiten, Frankfurt a. M./New York: Campus, 52–64.

Brodocz, André, 2004: Die symbolische Dimension konstitutioneller Institutionen. Über kulturwissenschaftliche Ansätze in der Verfassungstheorie, in: Birgit Schwelling (Hrsg.), Politikwissenschaft als Kulturwissenschaft. Theorien, Methoden, Problemstellungen, Wiesbaden: VS, 131–150.

Buchstein, Hubertus/Jörke, Dirk, 2003: Das Unbehagen an der Demokratietheorie, in: Leviathan, Jg. 31, 470–496.

Conradi, Elisabeth, 2010: Zivilgesellschaft und Demokratie. Die Bedeutung der Öffentlichkeit im Konflikt um das Infrastrukturprojekt „Stuttgart 21", in: Zeitschrift für Politische Theorie Jg. 1, H. 2, 221–232.

Crouch, Colin, 2008: Postdemokratie. Aus dem Englischen von Nikolaus Gramm, Frankfurt a. M.: Suhrkamp.

Daele, Wolfgang van den, 1997: Risikodiskussionen am „Runden Tisch". Partizipative Technikfolgenabschätzung zu gentechnisch erzeugten herbizidresistenten Pflanzen, in: Renate Martinsen (Hrsg.), Politik und Biotechnologie. Die Zumutung der Zukunft, Baden-Baden: Nomos, 281–301.

Daele, Wolfgang von/Neidhardt, Friedhelm, 1996: „Regierung durch Diskussion" – Über Versuche, mit Argumenten Politik zu machen, in: dies., Kommunikation und Entscheidung. Politische Funktionen öffentlicher Meinungsbildung und diskursiver Verfahren (WZB-Jahrbuch 1996), Berlin: sigma, 9–50.

Eisenmann, Susanne, 2010: Die Zukunft Stuttgarts, in: Schorlau 2010a, 224–226.

Enzmann, Birgit, 2009: Der demokratische Verfassungsstaat. Zwischen Legitimationskonflikt und Deutungsoffenheit, Wiesbaden: VS.

Feindt, Peter Henning, 2001: Neue Formen der politischen Beteiligung, in: Ansgar Klein/Ruud Koopmans/Heiko Geiling (Hrsg.), Globalisierung, Partizipation, Protest, Opladen: Leske + Budrich, 255–274.

Frick, Lothar, 2011: Vorbild für eine neue Form des Dialogs? Die Schlichtung zu Stuttgart 21: Eskalation und Deeskalation eines Konflikts, in: Die politische Meinung, Jg. 56, Nr. 498, 19–23.

Fuller, Lon, 1971: Mediation. Its forms and functions, in: Southern California Law Review, Jg. 44, 305–339.

Geis, Anna, 2005: Regieren mit Mediation. Das Beteiligungsverfahren zur zukünftigen Entwicklung des Frankfurter Flughafens, Wiesbaden: VS.

Geißler, Heiner, 2010: Schlichtung Stuttgart 21 PLUS, 30.11.2010, in: http://www. schlichtung-s21.de/39.html [20.8.2013].

Göttinger Institut für Demokratieforschung, 2010: Neue Dimensionen des Protests? Ergebnisse einer explorativen Studie zu den Protesten gegen Stuttgart 21, Göttingen, in: http://www.demokratie-goettingen.de/content/uploads/2010/11/Neue-Dimensionen-des-Protests.pdf [20. 8. 2013].

Groß, Thomas, 2011: Stuttgart 21: Folgerungen für Demokratie und Verwaltungsverfahren, in: Die Öffentliche Verwaltung, Jg. 64, H. 13, 510–515.

Grundgesetz, 1988: Das Grundgesetz für die Bundesrepublik Deutschland, erläutert von Karl Seifert et al., Baden-Baden: Nomos.

Grunwald, Armin, 2002: Technikfolgenabschätzung – eine Einführung, Berlin: sigma.

Guéhenno, Jean-Marie, 1994: Das Ende der Demokratie, München u. a.: Artemis und Winkler.

Guggenberger, Bernd, 1996: Demokratie/Demokratietheorie, in: Dieter Nohlen (Hrsg.), Wörterbuch Staat und Politik, 4. Aufl., München/Zürich: Piper, 80–90.

Habermas, Jürgen, 1992: Faktizität und Geltung, Frankfurt a. M.: Suhrkamp.

Hacke, Jens, 2011: Stuttgart 21: Das lange Leben des technischen Staates, in: Blätter für deutsche und internationale Politik, Jg. 56, H. 3, 97–106.

Hellmann, Kai Uwe, 1996: Einleitung, in: Niklas Luhmann, Protest. Systemtheorie und soziale Bewegungen. Hrsg. u. eingel. v. Kai-Uwe Hellmann, Frankfurt a. M.: Suhrkamp, 7–45.

Hesse, Konrad, 1999: Grundzüge des Verfassungsrechts der Bundesrepublik Deutschland, Neudr. der 20. Aufl., Heidelberg: Müller.

Hobbes, Thomas, 2008 [1651]: Leviathan oder Stoff, Form und Gewalt eines kirchlichen und bürgerlichen Staates, hrsg. u. eingel. v. Iring Fetscher, Frankfurt a. M.: Suhrkamp.

Höffe, Otfried, 2009: Ist die Demokratie zukunftsfähig? Über moderne Politik, München: Beck.

Horn Hans-Detlef, 2009: Erosion demokratischer Öffentlichkeit?, in: Erosion von Verfassungsvoraussetzungen. Veröffentlichungen der Vereinigung Deutscher Staatsrechtslehrer, Bd. 68 (Redaktion Christoph Engel), Berlin: De Gruyter Recht, 413–449.

Hutter, Swen/Teune, Simon, 2012: Politik auf der Straße: Deutschlands Protestprofil im Wandel, in: Aus Politik und Zeitgeschichte, Jg. 62., H. 25-26, 9–17.

Jansen, Dorothea, 1998: Mediationsverfahren in der Umweltpolitik, in: Politische Vierteljahresschrift, H. 2, 274–297.

Kaufmann, Stefan, 2010: An der Legitimation von Stuttgart 21 können keine Zweifel bestehen. Rede zu Stuttgart 21, in: https://www.cducsu.de/themen/bahn/der-legitimation-von-stuttgart-21-koennen-keine-zweifel-bestehen [20. 8. 2013].

Kersting, Norbert/Woyke, Wichard, 2012: Vom Musterwähler zum Wutbürger? Politische Beteiligung im Wandel, Aschendorff: Münster.

Kopper, Christopher, 2011: Lehren aus Stuttgart 21: Welche Zukunft hat der Neubau von Schienenstrecken?, in: Wirtschaftsdienst, Jg. 91, H. 1, 49–52.

Kretschmann, Winfried, 2010: Politik hat es immer und überall mit der Aufhellung und Zerstreuung von Vorurteilen zu tun, in: Schorlau 2010a, 203–208.

Kurbjuweit, Dirk, 2010: Der Wutbürger. Stuttgart 21 und die Sarrazin-Debatte. Warum die Deutschen soviel protestieren, in: Der Spiegel, Nr. 41, 11. 10. 2010, 26–27.

Laclau, Ernesto, 1994: Why do Empty Signifiers Matter to Politics?, in: Jeffrey Weeks (Hrsg.), The lesser evil and the greater good: the theory and politics of social diversity, London: Rivers Oram Press et al., 167–178.

Liberatore, Angela/Funtowicz, Silvio, 2003: „Democratising expertise", „expertising democracy": what does this mean, and why bother?, Science and Public Policy, Jg. 30, 146–150.

Lösch, Volker/Stocker, Gangolf/Leidig, Sabine/Wolf, Winfried (Hrsg.), 2011: Stuttgart 21 – oder: Wem gehört die Stadt, Köln: Papyrossa.

Luhmann, Niklas, 1984: Staat und Politik. Zur Semantik der Selbstbeschreibung politischer Systeme, in: Udo Bermbach (Hrsg.), Politische Theoriengeschichte. Probleme einer Teildisziplin der Politischen Wissenschaft, Opladen: Westdeutscher, 99–125.

Luhmann, Niklas, 2000: Die Politik der Gesellschaft, hrsg. v. André Kieserling, 5. Aufl., Frankfurt a. M.: Suhrkamp.

Luhmann, Niklas, 2013 [1969]: Legitimation durch Verfahren, Frankfurt a. M.: Suhrkamp.

Martinsen, Renate, 2006: Demokratie und Diskurs. Organisierte Kommunikationsprozesse in der Wissensgesellschaft, Baden-Baden: Nomos.

Martinsen, Renate, 2008: New Modes of Governance: Opportunities and Limitations of Creating Legitimacy by Deliberative Politics in a Globalizing World, in: Rüdiger Schmitt-Beck/Tobias Debiel/Karl-Rudolf Korte (Hrsg.), Governance and Legitimacy in a Globalizing World, Baden-Baden: Nomos, 9–30.

Martinsen, Renate, 2010: Politik: Demokratisierung von Expertise, in: Anina Engelhardt/Laura Kajetzke (Hrsg.), Handbuch Wissensgesellschaft. Theorien, Themen und Probleme, Bielefeld: transcript, 113–126.

Martinsen, Renate, 2011: Der Mensch als sein eigenes Experiment? Bioethik im liberalen Staat als Herausforderung für die politische Theorie, in: Clemens Kauffmann/Hans-Jörg Sigwart (Hrsg.), Biopolitik im liberalen Staat, Baden-Baden: Nomos, 27–52.

Martinsen, Renate, 2014: Politische Legitimationsmechanismen in der Biomedizin. Diskursverfahren mit Ethikbezug als funktionale Legitimationsressource für die Biopolitik, in: Marion Albers (Hrsg.), Bioethik – Biorecht – Biopolitik: eine Kontextualisierung, Baden-Baden: Nomos (i. E.).

Merkel, Wolfgang, 2011: Entmachten Volksentscheide das Volk? Anmerkungen zu einem demokratischen Paradox, in: WZB-Mitteilungen, H. 131, 10–13.

Offe, Claus, 2003: Reformbedarf und Reformoptionen der Demokratie, in: ders. (Hrsg.), Demokratisierung der Demokratie: Diagnosen und Reformvorschläge, Frankfurt a. M.: Campus, 9–24.

Palmer, Boris, 2010: Wahlkampf gegen das Volk, in: Schorlau 2010a, 41–45.

Precht, Richard David, 2011: Immer mehr ist immer weniger. Wer bestimmt eigentlich über den Fortschritt?, in: Der Spiegel, Nr. 5, 31. 01. 2011, 128–129.

Pressekonferenz WZB, 2010: Pressekonferenz 27. 10. 2010, Wissenschaftszentrum Berlin für Sozialforschung. Befragung von Demonstranten gegen Stuttgart 21 am 18. 10. 2010 (Dieter Rucht, Britta Baumgarten, Simon Teune, Wolfgang Stup-

pert), in: http://www.wzb.eu/sites/default/files/personen/schneider.kerstin.468/
s21_kurzbericht_2.pdf [20. 8. 2013].

Ritter, Ernst-Hasso, 1979: Der kooperative Staat, in: Archiv des öffentlichen Rechts,
Jg. 104, 389–413.

Rucht, Dieter, 2011: Der Geißlersche Schlichtungsprozess: Legitimation durch Verfahren oder Neutralisierung von Kritik?, in: http://www.kopfbahnhof-21.de/index.
php?id=691 [20. 8. 2013].

Rucht, Dieter, 2012: Akzeptanzbeschaffung als Legitimationsersatz: Der Fall Stuttgart
21, in: Anna Geis/Frank Nullmeier/Christopher Daase (Hrsg.), Der Aufstieg der
Legitimitätspolitik. Rechtfertigung und Kritik politisch-ökonomischer Ordnungen, Leviathan Sonderband 27, 339–358.

Ruf, Reiner, 2010: Interview mit Stefan Mappus: „Stuttgart 21 ist demokratisch legitimiert", Stuttgarter Zeitung, in: http://www.stuttgarter-zeitung.de/inhalt.inter-
view-mit-stefan-mappus-s-21-ist-demokratisch-legitimiert.72213397-d900-
433c-9a60-8f5a4a9d1cd6.html [20. 8. 2013].

Sarcinelli, Ulrich, 1990: Auf dem Weg in eine kommunikative Demokratie? Demokratische Streitkultur als Element politischer Kultur, in: ders. (Hrsg.), Demokratische Streitkultur: Theoretische Grundpositionen und Handlungsalternativen in
Politikfeldern, Opladen: Westdeutscher, 29–51.

Schäfer, Ansgar/Adam, Christian/Schlichenmaier, Michael, 2012: Das Plebiszit über
das Bahnhofsprojekt „Stuttgart 21". Eine Analyse der Abstimmungsergebnisse
in den Stadt- und Landkreisen Baden-Württembergs, in: Zeitschrift für Politikwissenschaft, Jg. 22, H. 2, 187–213.

Scharpf, Fritz W., 1970: Demokratietheorie zwischen Utopie und Anpassung, Konstanz: Universitätsverlag Konstanz.

Scharpf, Fritz W., 1992: Die Handlungsfähigkeit des Staates am Ende des Zwanzigsten
Jahrhunderts, in: Beate Kohler-Koch (Hrsg.), Staat und Demokratie in Europa.
18. Wissenschaftlicher Kongress der Deutschen Vereinigung für Politische Wissenschaft, Opladen: Leske + Budrich, 93–115.

Schelsky, Helmut, 1965: Der Mensch in der wissenschaftlichen Zivilisation, in: ders.,
Auf der Suche nach Wirklichkeit. Gesammelte Aufsätze, Düsseldorf/Köln: Die-
derichs, 439–480.

Schmidt, Rainer, 2005: Sichtbares Recht und unsichtbare Politik. Zur Auseinandersetzung zwischen staatsrechtlichem Positivismus und Verfassungspolitologie,
in: André Brodocz/Christoph Oliver Mayer/Rene Pfeilschifter/Beatrix Weber
(Hrsg.), Institutionelle Macht. Genese – Verstetigung – Verlust, Köln/Weimar/
Wien: Böhlau, 213–229.

Schneider, Volker, 1999: Möglichkeiten und Grenzen der Demokratisierung von Netzwerken in der Politik, in: Jörg Sydow/Arnold Windeler (Hrsg.), Steuerung von
Netzwerken. Konzepte und Praktiken, Opladen: Westdeutscher, 327–346.

Schorlau, Wolfgang (Hrsg.), 2010a: Stuttgart 21. Die Argumente, Köln: Kiepenheuer &
Witsch.

Schorlau, Wolfgang, 2010b: Vorbemerkung, in: ders. 2010a, 9–19.

Sittler, Walter, 2010: Der Bahnhof, den keiner braucht, in: Schorlau 2010a, 102–106.

Soldt, Rüdiger, 2012: Stuttgart 21 – Die ewige Baustelle, in: Frankfurter Allgemeine Zeitung, 13. 07. 2012, in: http://www.faz.net/aktuell/politik/inland/stuttgart-21-die-ewige-baustelle-11819765.html [20. 8. 2013].

Stetter, Stephan, 2008: Entgrenzung in der Weltgesellschaft. Eine Bedrohung für die Demokratie?, in: André Brodocz/Marcus Llanque/Gary S. Schaal (Hrsg.), Bedrohungen der Demokratie, Wiesbaden: VS, 99–118.

Stuttgart 21 – Pro und Contra, 2010: Fakten zu einem besonders umstrittenen Bauprojekt unserer Zeit (Copyright: Melanie Liebnitzky), Norderstedt: Books on Demand.

Stuttgarter Erklärung, 2011: Stuttgarter Erklärung zur Fortführung des Widerstands gegen Stuttgart 21, in: http://infooffensive.de/wp-content/uploads/SE-Langfassung_A4_Web.pdf [20. 8. 2013].

Teune, Simon, 2008: „Gibt es so etwas überhaupt noch?" – Zur Forschung über soziale Bewegungen und Protest, in: Politische Vierteljahresschrift, Jg. 49, H. 3, 528–547.

Thaa, Winfried, 2013: „Stuttgart 21" – Krise oder Repolitisierung der repräsentativen Demokratie?, in: Politische Vierteljahresschrift, Jg. 54, H. 1, 1–20.

Thießen, Friedrich, 2012: Einleitung/Zusammenfassung, in: ders. (Hrsg.), Grenzen der Demokratie. Die gesellschaftliche Auseinandersetzung bei Großprojekten, Wiesbaden: Springer VS, 9–22.

Vorholz, Fritz, 2010: Von wegen nur dagegen. Ob in Stuttgart oder Berlin: Bürger kämpfen gegen neue Schienen, Hochspannungsmasten und Kraftwerke. Sie haben oft gute Gründe, in: Die Zeit, Nr. 49, 02.12.2010, 23–24.

Vorländer, Hans, 2006: Die Verfassung als symbolische Ordnung. Perspektiven einer kulturwissenschaftlich-institutionalistischen Verfassungstheorie, in: Michael Becker/Ruth Zimmerling (Hrsg.), Politik und Recht, Wiesbaden: VS, 229–249.

Wagschal, Uwe, 2013: Die Volksabstimmung zu Stuttgart 21 – ein direktdemokratisches Lehrstück?, in: ders./Ulrich Eith/Michael Wehner (Hrsg.), Der historische Machtwechsel: Grün-Rot in Baden-Württemberg, Baden-Baden: Nomos: 181–206.

Wiesenthal, Helmut, 2000: Globalisierung. Soziologische und politikwissenschaftliche Koordinaten im neuartigen Terrain, in: Hauke Brunkhorst/Matthias Kettner (Hrsg.), Globalisierung und Demokratie. Wirtschaft, Recht, Medien, Frankfurt a. M.: Suhrkamp, 21–52.

Zielcke, Andreas, 2010a: Geistige Kessellage, in: Schorlau 2010a, 23–29.

Zielcke, Andreas, 2010b: Stuttgart 21: Schlichtung und Wahrheit, in: Süddeutsche Zeitung, 03. 12. 2010, in: http://www.sueddeutsche.de/kultur/2.220/heiner-geissler-und-stuttgart-die-lizenz-zur-vollstreckung-1.1031587 [20. 8. 2013].

Postliberalismus
Zum Wandel liberaler Gesellschaften und demokratischer Politik

Ludger Heidbrink

Zusammenfassung Der politische und ökonomische Liberalismus, der die Verfassung westlicher Demokratien über zweihundert Jahre geprägt hat, scheint an eine Reihe von Grenzen geraten zu sein. Verschiedene Krisensymptome der liberalen Gesellschaftsverfassung legen den Übergang zu einem veränderten – postliberalen – Verständnis westlicher Gesellschaften nahe. Der Beitrag beschäftigt sich mit der Frage, inwieweit der Begriff des Postliberalismus in der Lage ist, eine adäquatere Beschreibung der strukturellen und materiellen Besonderheiten des gesellschaftlichen Wandels zu liefern, als dies mit dem herkömmlichen Begriff des Liberalismus möglich ist. Zu diesem Zweck erfolgt zuerst eine detaillierte Beschreibung der postliberalen Situation der Gegenwart sowie eine Erläuterung des Begriffs des Postliberalismus. Sodann wird es darum gehen, welche methodischen und thematischen Herausforderungen sich aus der postliberalen Verfassung von Gesellschaften für die politische Philosophie ergeben. Abschließend werden einige zentrale Forschungsperspektiven behandelt.

1   An den Grenzen des Liberalismus?

Der politische und ökonomische Liberalismus, der die Verfassung westlicher Demokratien über zweihundert Jahre geprägt hat, scheint an eine Reihe von Grenzen geraten zu sein. Der beschleunigte Verbrauch natürlicher Ressourcen, wiederkehrende Wirtschafts- und Finanzmarktkrisen und der Strukturwandel demokratischer Politik lassen sich als Symptome einer Krise der liberalen Gesellschaftsverfassung verstehen, die den Übergang zu einem veränderten – postliberalen – Verständnis westlicher Gesellschaften nahelegt. Dieser Übergang setzt voraus, dass der Begriff des Postliberalismus besser in der Lage ist, die strukturellen und materiellen Besonderheiten des gesellschaftlichen Wandels zu erfassen, als dies mit dem herkömmlichen Begriff des Liberalismus möglich ist.

Dieser Beitrag beschäftigt sich mit der Frage, inwieweit der Begriff des Postliberalismus eine adäquatere Gesellschaftsbeschreibung ermöglicht. Damit ist noch nichts darüber gesagt, ob die Idee des Liberalismus selbst hinfällig geworden ist. Die reale Verfassung von Gesellschaften stellt etwas anderes dar als ihre ideelle Grundlage. Die Rede vom Postliberalismus lässt offen, ob die Idee des Liberalismus oder die liberal verfassten Gesellschaften an eine Grenze geraten sind. Um dies deutlich zu machen, werde ich mich zuerst mit der postliberalen Situation der Gegenwart befassen und in dem Zusammenhang den Begriff des Postliberalismus erläutern (2). Dann werde ich auf die Frage eingehen, welche methodischen und thematischen Herausforderungen sich aus der postliberalen Verfassung von Gesellschaften für die politische Philosophie ergeben (3). Abschließend werde ich einige zentrale Forschungsperspektiven behandeln, die daraus für die Zukunft der Demokratie resultieren (4).

2 Zur postliberalen Situation

Der Begriff des Postliberalismus ist in der deutschen Debatten- und Wissenschaftslandschaft bislang so gut wie inexistent. Anders sieht es im internationalen Raum aus. Hier lassen sich ganz unterschiedliche Verwendungsweisen und Bedeutungsfelder von *Postliberalism* oder *post-liberal* ausmachen. Hierzu zählt zuerst die Rede vom „postliberalen Zeitalter" in den Geschichtswissenschaften, das – etwa bei James Sheehan – die nachliberale Vorkriegsepoche von 1890 bis 1914 umfasst (vgl. Sheehan 1978). Dann besitzt der Begriff in der evangelischen Theologie bei George Lindbeck, Hans Frei und Stanley Hauerwas eine zentrale Bedeutung, wo er sich auf die soziokulturelle Rolle der christlichen Religion und eine posthermeneutische linguistische Bibelkritik bezieht (siehe dazu Lindbeck 1984; Jones/Stewart 2006; Heather 2008). Zudem taucht der Ausdruck im Kontext der Entwicklungspolitik auf und beschreibt dort vor allem postkoloniale Demokratisierungsprozesse in Lateinamerika (vgl. Yashar 2005). Darüber hinaus ist im Rahmen globaler Friedenspolitik von einem postliberalen *Statebuilding* die Rede, das durch Interventionen in die zivilgesellschaftlichen Institutionen nicht-westlicher Staaten charakterisiert ist (vgl. Chandler 2012). Außerdem wird der Begriff für reaktionäre und rechtsgerichtete politische Strömungen in Europa verwendet, die durch antiliberale Grundhaltungen und Ideologien gekennzeichnet sind (siehe etwa Payk 2012). Und schließlich findet sich der Begriff in politikwissenschaftlichen und sozialphilosophischen Publikationen wieder, die sich – wie etwa Philippe Schmitter und Colin Crouch – mit dem Übergang zu einer postdemokratischen Interessen- und Machtpolitik befassen (vgl. Schmitter 1994; Crouch 2008) oder – wie Geoffrey Vickers und John Gray – den Niedergang des politischen Liberalismus mit seinen Leitidealen des Individualismus, Rationalismus und Egalitarismus diagnostizieren (vgl. Gray 1993; Blunden 1994).

Es ist schwierig, in diesen unterschiedlichen Verwendungsweisen eine zentrale Bedeutung dessen auszumachen, was Postliberalismus genau heißen soll. Es ergeht einem ähnlich wie mit allen Post-Begriffen – vom Posthistoire über die Postmoderne bis zum Posthumanismus –, bei denen eher klar wird, was nicht mehr gemeint ist, als dass deutlich wird, was stattdessen gemeint werden soll.

Ich möchte mich mit dem Postliberalismus im Folgenden in zweifacher Hinsicht befassen: Zum einen lässt sich der Postliberalismus als eine *Zeitdiagnose* verstehen, die sich auf eine Reihe gesellschaftlicher Veränderungen bezieht, die auf gravierende Grenzen des herkömmlichen Liberalismus verweisen. Und zum anderen kann der Begriff des Postliberalismus als ein *heuristisches Konstrukt* verwendet werden, mit dessen Hilfe sich eine veränderte – nachliberale – Beschreibung gesellschaftlicher und demokratischer Wandlungsprozesse leisten lässt, die für die politische Philosophie von besonderer Relevanz sind.

Nachdem, was ich anfänglich beschrieben habe, liegt es erst einmal nahe, den zeitdiagnostischen Begriff des Postliberalismus im Sinne einer *Krisendiagnose* zu verstehen. Die postliberale Situation am Anfang des 21. Jahrhunderts ist durch eine Reihe gravierender Probleme gekennzeichnet, die Symptome einer Erschöpfung des ökonomischen und politischen Liberalismus westlicher Prägung zu sein scheinen. Zu diesen Problemen gehören nicht nur *objektive Faktoren* wie die Krise des Bankensystems, die Volatilität der Finanzmärkte oder die Haushaltsdefizite in der Europäischen Union. Weltweit leben weiterhin über eine Milliarde Menschen unterhalb der Armutsgrenze, nimmt der Abstand zwischen reicheren und ärmeren Schichten zu, während ein globales Bevölkerungs- und Wohlstandswachstum, das mit einem rapide steigenden Ressourcenverbrauch einher geht, die klimapolitischen Bemühungen zur Eindämmung der Erderwärmung zunehmend schwieriger macht.[1]

Neben diesen objektiven Faktoren gibt es auch *subjektive Faktoren,* die auf eine wachsende Unzufriedenheit mit dem liberalen Gesellschaftsmodell hinweisen. So haben unter den Bürgern Europas die Ablehnung der repräsentativen Demokratie und die Politikverdrossenheit zugenommen. Allein in Westeuropa ist die Wahlbeteiligung zwischen 1975 und 2012 von 82 auf 72 Prozent gesunken, in Osteuropa zwischen 1991 und 2012 sogar von 72 auf 55 Prozent (vgl. Merkel 2013: 7). Zudem ist die Quote der Deutschen, die kein Vertrauen mehr zur Marktwirtschaft haben, zwischen 2003 und 2012 von 32 auf 43 Prozent gestiegen (John Stuart Mill Institut für Freiheitsforschung 2012: 7). Hinzu kommen zahlreiche sozialpathologische

---

1   So liegen die Treibhausgas-Emissionen inzwischen partiell bei einer Dichte über 400 ppm (vgl. Nestler 2013: 21).

Symptome. Nach neueren Schätzungen leiden etwa vier Millionen Deutsche unter behandlungsbedürftigen Depressionen (Bundesministerium für Bildung und Forschung 2007: 3). Die Fehlzeiten am Arbeitsplatz aufgrund seelischer Erkrankungen in Gestalt von Burnout, Stress, Erschöpfung und Sucht sind seit 1994 um mehr als achtzig Prozent gewachsen (Dettmer/Tietz 2011: 60). Inzwischen werden rund 5,2 Milliarden Euro für Antidepressiva ausgegeben, während sich die Kosten für Prävention und Gesundheitsschutz in Betrieben auf etwa 4,7 Milliarden Euro in 2010 summiert haben (Dettmer/Tietz 2011: 66).

Subjektiv wahrgenommene Phänomene der Beschleunigung, der Überlastung, der Komplexität und des Wettbewerbs haben im Verbund mit Wirtschafts-, Umwelt- und Sicherheitsrisiken zu einem weit verbreiteten *Unbehagen am Liberalismus* geführt. Der französische Soziologe Alain Ehrenberg führt diese Entwicklung auf das westliche „Leiden am Ideal" (Ehrenberg 2011: 26; siehe auch ders. 2004) der Autonomie und Selbstverantwortung zurück, dem immer weniger Bürger in ihrer Lebensführung entsprechen können, während der englische Philosoph Raymond Geuss das Unbehagen in der „Abstraktheit, Lebensferne, Zerstörung tradierter Werte und intakter Gemeinschaften sowie einem Mangel an eigener sinngebender Kraft" (Geuss 2001: 499) des Liberalismus begründet sieht.

Folgt man diesen Diagnosen, dann ist der ökonomische und politische Liberalismus, so wie er sich ab dem 18. Jahrhundert mit Adam Smith und John Stuart Mill herausgebildet und im 20. Jahrhundert bis zu so unterschiedlichen Autoren wie Friedrich August von Hayek und John Rawls weiterentwickelt hat und dessen wesentliche Kennzeichen der Individualismus, Universalismus, Egalitarismus und Meliorismus sind (vgl. Gray 1993: 286), heute durch *zwei inhärente Grenzen* gekennzeichnet:

Die erste Grenze besteht in dem, was man die *Verknappung konstitutiver Ressourcen* nennen könnte. Dabei handelt es sich um Ressourcen, die für die funktionale Aufrechterhaltung des liberalen Systems notwendig sind. Hierunter fallen nicht nur lebensnotwendige physische Ressourcen in Gestalt von Energievorräten, ertragreichen Land- und Bodenflächen, einer intakten Biosphäre und Umwelt, sondern auch ökonomische Ressourcen in Form funktionierender Marktprozesse, einer stabilen Finanz- und Geldwirtschaft sowie nachhaltiger Wachstumsstrukturen. Zu den konstitutiven Ressourcen des Liberalismus gehören darüber hinaus politische und soziale Güter, die für die gesellschaftliche Ordnungsbildung erforderlich sind. Hierzu zählen nicht nur die Zustimmung zum demokratischen Parlamentarismus, die bürgerpolitische Wahlbeteiligung und ein grundsätzliches Vertrauen in die politischen und staatlichen Institutionen, sondern auch ein weltanschaulicher Pluralismus, die Toleranz fremder Lebensweisen, die Fähigkeit zur vernünftigen Selbstbestimmung, ein moralisches Normenbewusstsein und die Bereitschaft zur rationalen Konsensbildung.

Während die erste Grenze in der Verknappung konstitutiver Güter besteht, ist die zweite Grenze durch die *Konfrontation mit externen Heteronomien* gekennzeichnet, die im Widerspruch zum liberalen Ideal der Freiheit und Autonomie stehen. Unter externen Heteronomien sind äußere Zwänge und Dynamiken zu verstehen, die mit einer Verringerung von Kontrolle und Einflussmöglichkeiten einhergehen und zu einer individuell wahrgenommenen Einschränkung von Handlungsräumen führen. Hierzu gehören nicht nur lebensweltliche Prozesse der Ökonomisierung und Kommerzialisierung, des Wettbewerbs und der Konkurrenz, die eine kompetitive und erfolgsorientierte Lebensführung nach sich ziehen und den Zwang zur beruflichen Flexibilität und Mobilität erhöhen (vgl. Bröckling 2007). Durch die Privatisierung und den Abbau öffentlicher wohlfahrtstaatlicher Leistungen ist zudem die Anforderung für die Bürger gewachsen, sich in eigener Verantwortung um ihre soziale, gesundheitliche und altersbedingte Grundversorgung zu kümmern. Darüber hinaus sehen sich die Individuen mit beschleunigten lebensweltlichen Veränderungsprozessen und einem multioptionalen Wahlangebot an Konsumgütern und Daseinskonzepten konfrontiert, die den Eindruck der Beliebigkeit hervorrufen und von vielen Menschen als mentale Überforderung erfahren werden, während zugleich die Chancen der Einflussnahme und Veränderbarkeit der gesellschaftlichen Strukturen aus der Perspektive der gesellschaftlichen Akteure abzunehmen scheinen (vgl. Heidbrink 2007: 193 ff.).

Der gegenwärtige Spätliberalismus ist somit aus Sicht zahlreicher Gesellschaftsdiagnosen durch eine Verknappung objektiv notwendiger Ressourcen und eine Einschränkung subjektiver Freiräume und Einflussmöglichkeiten gekennzeichnet. Allerdings sind diese Diagnosen alles andere als eindeutig. Gegen die angeblich wachsende Politikverdrossenheit und die postdemokratische Apathie und Machtlosigkeit der Bürger sprechen neue Formen des zivilgesellschaftlichen Engagements und politischer Partizipation. Gegen den Schwund an Gemeinsinn und die Erosion moralischer Grundlagen sprechen die Fähigkeit zur Wertesynthese des Individuums und eine pragmatische Alltagsmoral.[2] Gegen die Diagnose der psychischen Überlastung und der Erschöpfung des liberalen Selbst lassen sich Befunde der persönlichen Zufriedenheit mit und der beruflichen Befürwortung von flexiblen und mobilen Lebensverhältnissen ins Feld führen.[3] Auch gegen die Kritik an der Ökonomisierung der Lebensführung, dem Diktat des unternehmerischen Selbst und dem Zwang zur Sozialdisziplinierung lässt sich zeigen, dass Bindungslosigkeit und Geselligkeit, Rationalisierung und Emotionalisierung keinen

---

2 Zur Wertesynthese vergleiche Klages (2002, 2006); zur pragmatischen Alltagsmoral siehe Albert et al. (2010).
3 Zu einer differenzierten Auseinandersetzung mit den Konsequenzen dynamisierter und flexibilisierter Arbeitsverhältnisse vergleiche Korunka/Kubicek (2013: 22 ff.).

unversöhnlichen Gegensatz bilden, sondern sich vielmehr wechselseitig bedingen können – eine Entwicklung, die Eva Illouz in ihren soziologischen Untersuchungen zum „emotionalen Kapitalismus" (Illouz 2011: 105 ff.) nachgezeichnet hat. Die gegenwärtige Situation ist somit höchst ambivalent. Auch wenn es valide Indikatoren für die Belastung des Erdsystems durch einen wachsenden Ressourcenverbrauch und die Wahrscheinlichkeit von Zukunftsrisiken aufgrund der Komplexitätssteigerung globaler Entwicklungen und nationalstaatlicher Steuerungsgrenzen gibt, ist es schwierig, eine generelle Krisenverfassung spätliberaler Gesellschaften zu konstatieren. Es existieren weder eindeutige Indizien für eine zunehmende „Kolonialisierung der Lebenswelt" (Habermas 1985: 522) durch eigendynamische Systemprozesse noch empirisch belastbare Belege für einen grundlegenden Wandel der Demokratie und die Dysfunktionalität des Liberalismus in Gestalt wachsender Entfremdung und Ungerechtigkeit, die für eine normativ gehaltvolle Kapitalismus- und Globalisierungskritik taugen würden (siehe dazu die Beiträge in Jaeggi/Wesche 2009; Dörre et al. 2009).

Auch wenn es unbefriedigend sein mag, besteht das Hauptkennzeichen der gegenwärtigen gesellschaftlichen Verfassung in ihrer *Uneindeutigkeit.* Die postliberale Situation ist dadurch gekennzeichnet, dass der moderne ökonomische und politische Liberalismus an Grenzen stößt, bei denen es unklar ist, ob sie primär in der Theorie des Liberalismus oder im beschleunigten Wandel der gesellschaftlichen Verhältnisse liegen. Ich möchte den Begriff des *Postliberalismus* deshalb als Ausdruck für eine gesellschaftliche Verfassung benutzen, in der zentrale theoretische Grundannahmen des Liberalismus nicht mehr mit der gesellschaftlichen Realität übereinstimmen, ohne dass daraus eine generelle Verabschiedung des Liberalismus folgen muss.

Es bleibt somit offen, ob die ideellen Grundlagen des ökonomischen und politischen Liberalismus verworfen werden müssen oder ob sich Detailkorrekturen und partielle Therapien entwickeln lassen. Die Diagnose des Postliberalismus kann gleichermaßen im Sinne einer internen (und moderaten) Weiterentwicklung des Liberalismus wie einer externen (und fundamentalen) Kritik des Liberalismus verstanden werden.

3   Zur politischen Philosophie des Postliberalismus

Die bisherigen Darlegungen sollten deutlich machen, dass es sowohl objektive als auch subjektive Indikatoren gibt, die – wenn auch nicht eindeutig – auf gravierende Grenzen des ökonomischen und politischen Liberalismus hinweisen. Ich möchte nun darauf eingehen, wie sich diese Grenzen mit den Mitteln der politischen Philosophie genauer untersuchen lassen. Damit komme ich nicht nur von diagnostischen Analysen zu therapeutischen Vorschlägen, sondern auch von inhaltlichen zu methodischen Fragen, die sich auf die wissenschaftliche und praktische Rolle der politischen Philosophie beziehen.

Die Aufgabe der politischen Philosophie besteht nicht primär darin, normative Konzepte für eine ideale Gesellschaft zu entwickeln, sondern vielmehr eine angemessene Beschreibung ihrer faktischen Verfassung zu liefern. Es geht darum, wie der amerikanische Wissenschaftsphilosoph Arthur Fine es ausgedrückt hat, an Stelle des absoluten Blicks von nirgendwo (vgl. Nagel 1992) mit dem „Blick von niemand im besonderen" eine Objektivierung subjektiver Sachverhalte und Erfahrungen zu leisten, die zu einer wissenschaftlichen „Verfeinerung des Alltagsdenkens" (Fine 2000: 77) führt. Für die politische Philosophie ist deshalb die subjektive Wahrnehmung sozio-ökonomischer Wandlungsprozesse genauso wichtig wie deren empirische Analyse. Individuelle Erfahrungswerte wie Unzufriedenheit oder Überlastung müssen in die politische Philosophie einfließen, um eine valide Beschreibung der gesellschaftlichen Verfassung entwickeln und auf Fehlverläufe mit korrektiven Vorschlägen reagieren zu können (vgl. Heidbrink 1994: 244 ff., 262 ff.; 2004).

Das korrektive Verfahren unterscheidet sich von der normativen Kritik dadurch, dass es von einem *heuristischen Verständnis* der gesellschaftlichen Realität ausgeht, das noch nicht durch eine positive oder negative Bewertung dieser Realität geprägt ist. Charles Taylor hat in einem Beitrag zur Debatte zwischen Liberalismus und Kommunitarismus zwischen einer „ontologischen Position", die sich auf zentrale formale Faktoren des sozialen Lebens richtet, und einer Position der „Parteinahme" unterschieden, die sich auf den normativen moralischen oder politischen Standpunkt bezieht (vgl. Taylor 1993: 104 f.). In diesem Sinne beruht die heuristische Methode auf einer *sozialontologischen Analyse* der gesellschaftlichen Verfassung, die eine notwendige Basis für korrektive Konzepte und evaluative Bewertungen darstellt.

Aus der Perspektive einer sozialontologischen Heuristik, die als deskriptive Bestandsaufnahme die erforderliche Grundlage für eine normative Parteinahme bildet, lässt sich eine Reihe von Herausforderungen und Themen nennen, die für das Phänomen des Postliberalismus zentral sind. Vor dem Hintergrund der eingangs behandelten Diagnosen der Verknappung konstitutiver Ressourcen und der Konfrontation mit externen Heteronomien sind es vor allem drei thematische Felder, die für eine weiterführende politische Philosophie des Postliberalismus relevant sind:

Zum ersten handelt es sich um das Feld der *individuellen Selbstbindung*. Im Unterschied zur liberalen Theorie des rationalen und moralischen Individuums, das zur diskursiven Reflexion seiner Lebensumstände in der Lage ist, ist das postliberale Subjekt, wie es die amerikanische Rechtswissenschaftlerin Julie Cohen

ausgedrückt hat, eingebettet in „networks of relationships, practices, and beliefs",
die zu einer heterogenen und kontingenten Strategie der Daseinsorganisation führen: „In particular, the everyday practice of situated subjects does not conform to
the idealized theoretical models preferred by liberal legal theorists, which revolve
around the excercise of expressive or market liberty; it is messy, heterogenous,
and tactical" (Cohen 2013: 1910). Während im Liberalismus das aufgeklärte Eigen-
interesse des Individuums und seine Fähigkeit zur rationalen Rechtfertigung
von Gründen im Vordergrund steht, ist im Postliberalismus das Subjekt durch
das gekennzeichnet, was die Ökonomen Herbert Simon und Reinhard Selten als
„bounded rationality" bezeichnet haben (vgl. Simon 1955; Selten 1990). Zahlreiche
empirische Forschungen, insbesondere aus den Verhaltenswissenschaften, weisen
auf eine begrenzte kognitive Verarbeitungskapazität des Menschen und die Beeinflussung seiner Handlungsentscheidungen durch kontextuelle Einflüsse hin. Sie
legen es nahe, nach konzeptuellen Alternativen zum liberalen Leitbild des rationalen Akteurs zu suchen und moralisches Handeln nicht primär auf diskursive
und universalisierbare Gründe, sondern auf die Fähigkeit zur intelligenten Selbstbindung in konkreten Situationen und unter kognitiv ungewissen Umständen zurückzuführen (dazu schon Offe 1989).

Solche Verfahren der Selbstbindung sind vor allem dort wichtig, wo erforderliche Informationen, Motivationen und Orientierungen fehlen und normative
Ressourcen knapp sind. Wie John Elster unter Verwendung der literarischen Me-
tapher der sauren Trauben gezeigt hat, kann es unter Bedingungen normativer
Unsicherheit und mangelnden Regelwissens vernünftig sein, auf habitualisierte
und tradierte Verhaltensweisen (z. B. auf altruistische Einstellungen) zurückzugreifen und durch die situative Anpassung von Präferenzen die Einschränkung
individueller Bedürfnisbefriedigung zu erleichtern (vgl. Elster 1987: 67 ff., 211 ff.).
Soziale Praktiken der individuellen Selbstbindung in Gestalt von kollektiven Verhaltensweisen oder der habituellen Adaption von Präferenzen an veränderte Um-
weltbedingungen können den *lack of moral sense* in postliberalen Gesellschaften
kompensieren und dafür sorgen, dass sich Individuen auch dann gemeinwohlver-
träglich verhalten, wenn keine genuin ethischen Handlungsgründe vorliegen bzw.
wenn diese keine ausreichende deontologische Handlungskraft entfalten (vgl. am
Beispiel der Konsumentenethik Barnett et al. 2005).

Das zweite postliberale Feld besteht in der *institutionellen Gestaltung* von
Handlungsprozessen. Wenn man so will, treten damit den sauren Trauben von
John Elster die bitteren Zitronen von George Akerlof zur Seite, der in seinem bekannten Aufsatz über „The Market for Lemons" am Beispiel des Gebrauchtwagen-
handels gezeigt hat, dass Märkte auf nicht-marktliche Institutionen angewiesen
sind, die Vertrauen durch Garantien, Lizenzen oder Marken gewährleisten, so
dass markttypische Informations- und Wissensasymmetrien reduziert werden

(vgl. Akerlof 1970: 499 f.). Ebenso wie Märkte auf nicht-marktliche Institutionen der Beobachtung und Kommunikation angewiesen sind, ist die politische Organisation moderner Gesellschaften auf nicht-politische Institutionen der Gestaltung angewiesen, die Handlungsorientierungen zur Verfügung stellen und die individuelle Bereitschaft zur Selbstbindung unterstützen.

Im Unterschied zu liberalen Gesellschaften, die auf der Institutionalisierung von Sittlichkeit und Moral beruhen, gründen postliberale Gesellschaften primär auf der Institutionalisierung von Wissen, Regeln und Konventionen. Das Kennzeichen des Postliberalismus sind *regulative Institutionen,* die den gesellschaftlichen Verkehr über explizite Verhaltensregeln, Handlungsroutinen und implizite Wissensbestände organisieren. In postliberal verfassten Gesellschaften tritt an die Stelle öffentlicher Diskursverfahren über die normativen Grundlagen politischer Institutionen eine „Ethik der Regeln" (Ladeur 2007), die zur kollektiven Selbstverpflichtung von Akteuren auf demokratische Grundprinzipien beitragen. Institutionen entlasten Akteure nicht nur von komplexen Entscheidungsprozessen, sondern erzeugen Anreize bzw. Anstöße zu ihrer Befolgung.

Nimmt man die Unterscheidung von Douglass North zwischen formgebundenen Institutionen in Gestalt von Verträgen und rechtlichen Regeln sowie formlosen Institutionen in der Gestalt von Konventionen und kulturellen Normen auf (vgl. North 1992: 43 ff.), besteht die wesentliche Herausforderung im Postliberalismus darin, die formellen gesellschaftlichen Institutionen durch informelle Institutionen zu unterstützen und abzusichern. Öffentlich wirksame Einrichtungen und Verfahren wie demokratische Wahlen und Bürgerpartizipation, aber auch Marktprozesse, Vorsorgeinvestitionen und Konsumentscheidungen müssen in der Weise gestaltet werden, dass die beteiligten Akteure sich aufgrund impliziter Normen- und Wissensbestände so entscheiden können, dass gemeinwohlverträgliche Resultate entstehen.

Cass Sunstein und Richard Thaler haben in ihrem Buch „Nudge" gezeigt, wie durch die Gestaltung institutioneller Entscheidungsarchitekturen, etwa im Fall der Betriebsrente oder der Organspende, private und öffentliche Interessen in eine prozedurale Übereinstimmung gebracht werden können (vgl. Thaler/Sunstein 2008). Der libertäre Paternalismus stellt – bei allen demokratischen und legitimatorischen Problemen, die er mit sich bringt (vgl. Rebonato 2012) – eine mögliche verfahrenstechnische Grundlage für die Gestaltung von Institutionen dar, denen ein kollektives sittliches Fundament fehlt und die sich nur begrenzt durch einen „übergreifenden Konsens" (Rawls 1998: 219 ff.) stabilisieren und steuern lassen.

Das dritte postliberale Feld besteht in der *systemischen Steuerung.* John Gray hat in seiner Kritik an John Rawls darauf hingewiesen, dass postliberale Gesellschaften nicht primär auf der Rationalität des Konsenses, sondern auf Praktiken der Koexistenz fußen, die durch einen „modus vivendi" inkommensurabler Lebensformen organisiert werden müssen (vgl. Gray 2000: 5 ff.). Nimmt man diese Analyse auf, besteht eine wesentliche politische Steuerungsleistung darin, Raum für den Konflikt unvereinbarer Werte, Normen und Planungen zu schaffen. Damit ist etwas anderes als eine Politik der Differenz gemeint, die durch eine Kultur der Toleranz die Vielfalt und Anerkennung unterschiedlicher Lebensweisen fördert. Es geht vielmehr darum, politische Steuerungsformen zu schaffen, die sich auf die systemischen Differenzen funktional ausdifferenzierter Gesellschaften richten. Postliberale Gesellschaften sind nicht nur durch einen Konflikt von Lebensformen gekennzeichnet, sondern durch eine Kollision systemischer Prozesse selbst, die unterschiedlichen Rationalitäten und Eigenlogiken folgen.[4]

In einem Beitrag über die „Transformationen demokratischer Staatlichkeit" hat Frank Nullmeier kürzlich gezeigt, dass der „Dezentrierung der Demokratie" durch die Zunahme neuer politischer Beteiligungsformen (direkte Demokratie, Bürgerforen, E-Governance) auf der nationalen Ebene eine „Zentralisierung" politischer Entscheidungsverfahren in nicht demokratischen Institutionen auf der supranationalen Ebene (wie der EZB oder dem EuGH) entspricht (vgl. Nullmeier 2013). In den OECD-Ländern dominiert ein komplexes Mehrebenensystem aus intergouvernementalen Prozessen und nicht mehrheitlich legitimierten Institutionen (wie Verfassungsgerichten, Zentralbanken oder Regulierungsbehörden), das mit einer nationalstaatlichen Fragmentierung der Politik einhergeht. Diese gegenläufige Entwicklung von Dezentrierung und Zentralisierung demokratischer Politik ist Ausdruck einer generellen Überlagerung differenter Rationalitäts- und Handlungslogiken, die veränderter systemischer Steuerungsverfahren bedürfen.

Während die politischen Steuerungsverfahren im Liberalismus auf dem Prinzip der Ordnungsverantwortung beruhten, das durch die Verbindung von kollektiven Rahmenregeln mit individuellen Spielzügen für eine Ausbalancierung pluralistischer Interessen sorgte, ist der Postliberalismus auf Verfahren der *Systemverantwortung* angewiesen. Die Systemverantwortung richtet sich im Unterschied zur Ordnungsverantwortung auf die funktionale Eigendynamik von Systemprozessen und versucht, diese durch eine Politik der Kontextsteuerung und der Co-Governance zwischen öffentlichen und privaten Akteuren in eine gemeinwohlverträgliche Richtung zu lenken (vgl. Heidbrink 2012). Das Paradigma des Postliberalismus ist nicht mehr der regulierende, sondern der *gestaltende Staat,* der durch kluge Anreizarrangements, das subsidiäre Design von Institutionen und die Förderung von Kollaborationen zu einer Reduzierung systemrelevanter Risiken beiträgt. Im Unterschied zur liberalen Politik der Ordnungsbildung, die durch die Herstellung eines gesellschaftlichen Konsenses gewährleistet wurde, be-

---

4   In diese Richtung zielen die Analysen des amerikanischen Systemtheoretikers Geoffrey Vickers; siehe dazu Blunden (1994: 13 ff.).

steht das vorrangige Ziel postliberaler Politik in der Vermeidung von genuinen Systemdefekten, die eine Gefährdung der gesellschaftlichen Funktionsbedingungen zur Folge haben.

4 Zukunftsperspektiven postliberaler Demokratien

Der politische und ökonomische Liberalismus – so lautet das bisherige Fazit – ist durch die Verknappung von Ressourcen und die Konfrontation mit Heteronomien an eine Grenze geraten, die eine veränderte sozialontologische Heuristik erforderlich macht. Versteht man unter dem Liberalismus ein Gesellschaftsmodell, das auf den Normen der individuellen Freiheit, der sozialen Gleichheit, der persönlichen Sicherheit und der demokratischen Politik beruht (vgl. Holmes 1995: 22), dann lässt sich mit einer gewissen Berechtigung von dem Eintritt der westlichen Gesellschaften in ein postliberales Stadium sprechen. Im Unterschied zu liberalen sind postliberale Gesellschaften durch eine Beschränkung individueller Freiheit, die Abnahme sozialer Gleichheit, die Zunahme persönlicher Unsicherheit und die Fragmentierung demokratischer Politik gekennzeichnet. Aufgrund dieser Entwicklungen gewinnen in postliberalen Gesellschaften, wie gezeigt wurde, praktische Verfahren der *individuellen Selbstbindung,* der *institutionellen Gestaltung* und der *systemischen Steuerung* an Bedeutung. Welche Perspektiven sich für die zukünftige Entwicklung postliberaler Demokratien ergeben, soll abschließend an drei Punkten deutlich gemacht werden:

(1) Postliberale Demokratien sind mit offensichtlichen Phänomenen des Diskurs-, Regel- und Marktversagens konfrontiert, die veränderte normative Substitute und institutionelle Organisationsverfahren erfordern (vgl. Morner 2010). Ein möglicher Weg in diese Richtung ist die oben thematisierte Umstellung von Ethik auf Selbstbindung. Dieser Weg erfordert eine Stärkung *individueller Selbstkontrolle.* Individuelle Selbstkontrolle beruht zum einen auf der Fähigkeit zur Selbstbindung durch adaptive Normenbildung, zum anderen auf entgegenkommenden Handlungsstrukturen. Rationalität und Normativität werden damit zu einer Frage *sozialer Praktiken,* die durch implizite Wissens- und Normenbestände explizite Verhaltensregeln zur Verfügung stellen und individuelle Bindungsbereitschaften fördern.[5] Die Herausforderungen für postliberale Demokratien bestehen darin, für die notwendigen Ressourcen und Rahmenbedingungen individueller Selbstkontrolle zu sorgen, die vom personalen Habitus und sozialen Tugenden über Alltagsroutinen, Gewohnheiten und Konventionen bis zu kollektiven Entscheidungs- und Kooperationsprozessen reichen.

---

5 Vergleiche zur impliziten Normativität sozialer Praktiken Brandom (2000: 56 ff., 116 ff.).

(2) Postliberalen Demokratien liegt die Idee der *gestalteten Freiheit* zugrunde, durch die gesellschaftliche Akteure darin unterstützt werden, die Ziele zu verfolgen, die in ihrem eigenen Interesse liegen, ohne Gebote der sozialen Koexistenz zu verletzen. In Zukunft wird es vor allem um die Frage gehen, wie sich durch die förderliche Gestaltung von formellen und informellen Institutionen Konflikte zwischen unvereinbaren Lebensformen entschärfen und Differenzen über gesellschaftliche Planungsprozesse möglichst friktionsfrei organisieren lassen. Während im Liberalismus Freiheitskonflikte durch Verfahren der prozeduralen Deliberation und der bürgergesellschaftlichen Partizipation geregelt wurden, tritt in postliberalen Demokratien die subsidiäre Entscheidungs- und Wahlarchitektur von Institutionen in den Vordergrund. Die zentralen Herausforderungen lauten: Wie können soziale und politische Institutionen so gestaltet werden, dass sie durch ihr „Design" – ihre *choice architecture* – den Bürgern dabei helfen können, den Pflichten der Selbstfürsorge, der Sozial- und Umweltverträglichkeit nachzukommen, ohne dass ihre Freiheitsrechte verletzt werden? Auf welcher *Legitimitäts- und Machtgrundlage* lassen sich Eingriffe in die Entscheidungs- und Handlungsfreiräume der Bürger rechtfertigen? Welches *politische Selbstverständnis* und welche *Verfahren der Mitgestaltung* sind erforderlich, damit die Institutionalisierung der Selbstkontrolle demokratisch legitimierbar bleibt und neue Heteronomien und Zwänge (z. B. das Risiko des *nanny state*) vermieden werden? (vgl. Heidbrink 2013; Heidbrink/Reidel 2011)

(3) Der Übergang von einer liberalen Gesellschaftsverfassung zu einer *postliberalen Gesellschaftsgestaltung* ist kein Allheilmittel auf dem Weg in eine stabile demokratische Zukunft. Er beruht auf der heuristischen Annahme, dass eine Transformation politischer und sozialer Steuerungsformen erforderlich ist, um einen Wandel mentaler Infrastrukturen herbeizuführen, die gesellschaftliche Reformprozesse bislang mehr behindern als befördern. Die Zukunft der postliberalen Demokratien hängt deshalb auch von den *staatlichen Steuerungsinstrumenten* ab, die nötig sind, um dem Abbau konstitutiver Ressourcen und der Zunahme an Heteronomien entgegenzuwirken. Oder etwas altmodischer formuliert: Auch die postliberale Demokratie muss eine Antwort auf die Frage finden, welche Art der Regierung notwendig ist, um ein gutes Leben in einer gerechten Gesellschaft führen zu können.[6]

Die Untersuchung dieses Feldes zielt angesichts wiederkehrender systemischer Krisen nicht nur auf die veränderte Rolle der *Gesellschaftskritik,* die sich auf die Ambivalenzen des globalen Kapitalismus und der Marktgesellschaft einlassen

---

6   Diese Frage bezieht sich auch auf die Voraussetzungen der *Good Society,* so wie sie bereits 1936 von Walter Lippmann (vgl. Lippmann 1945) thematisiert wurden. Siehe dazu auch Foucault (2004: 188 ff.) sowie Bellah et al. (1991).

muss, um normativ und empirisch angemessene Änderungsvorschläge entwickeln zu können (vgl. Jaeggi 2013). Die Frage nach den angemessen Steuerungsmitteln richtet sich auch auf die veränderte *Praxis der Politik,* die durch neue Formen der Kooperation zwischen öffentlichen und privaten Sektoren, durch aktuelle Phänomene der partizipatorischen Demokratie (Bürgerplattformen, Zukunftsforen) und der kollaborativen Ökonomie *(shared economy)* sowie die Zunahme nachhaltiger Lebensformen gekennzeichnet ist, in denen immer mehr Menschen den Ausstieg aus der Fortschritts- und Wachstumsgesellschaft erproben.

In diesem Sinne steht der Begriff des Postliberalismus weder für einen erneuten Antiliberalismus noch einen fortgesetzten Neoliberalismus, sondern für einen Liberalismus im Übergang, der sich herkömmlichen ideologischen Zuordnungen und überholten Links- und Rechtsschemata entzieht. Der Postliberalismus teilt mit dem Liberalismus die Ideale der Freiheit und Verantwortung, bindet sie aber an die menschliche Praxis der individuellen Selbstbeschränkung und sozialen Existenz unter demokratischen Vorzeichen zurück.

Die hier beschriebene Entwicklung ruft Erinnerungen an eine Auseinandersetzung wach, die vor mehr als achtzig Jahren geführt wurde. In seiner Kritik des „Begriff des Politischen" von Carl Schmitt hatte Leo Strauss den Liberalismus damals als „Negation des Politischen" charakterisiert und zugleich Schmitt vorgeworfen, dass er mit seiner Lehre vom souveränen Staat im „Horizont des Liberalismus" verbleibe (vgl. Strauss 2013: 97–125, insb. 100, 125). Schmitt sei es nicht gelungen, das Politische auf die „Ordnung der menschlichen Dinge" (Schmitt 1979: 95) zurückzuführen, da seine Unterscheidung von Freund und Feind als Grundlage aller Politik der „Systematik liberalen Denkens" (Schmitt 1979: 70) verhaftet bleibe und die Frage nach dem Ernst und der Richtigkeit des Lebens damit nicht beantwortet werde.[7]

Der Postliberalismus nimmt diese Frage auf, er beantwortet sie aber nicht wie Strauss im Rückgang auf die Natur des Menschen, sondern auf seine gesellschaftliche und politische Lebensform. Der Postliberalismus steht für die Wiederkehr des Politischen unter den Bedingungen sozialer Existenz und demokratischer Selbstregierung. Er knüpft an die Tradition des politischen Existenzialismus an, macht aber zum Ausgangspunkt nicht die überzeitliche „Ordnung der menschlichen Dinge", so wie sie im Zentrum des Antiliberalismus von Schmitt und Strauss stand, sondern die *menschliche Ordnung der Dinge,* die in einer wachsenden Verknappung und Begrenztheit lebensnotwendiger Ressourcen besteht.

---

7 Vergleiche Strauss' „Anmerkungen", wo er vom „Ernst des menschlichen Lebens" (Strauss 2013: 119) und der „Frage nach dem Richtigen" (Strauss 2013: 124) spricht.

Literatur

Akerlof, George, 1970: The Market for Lemons. Quality Uncertainty and the Market Mechanism, in: Quarterly Journal of Economics, Jg. 84, H. 3, 488–500.

Albert, Mathias/Hurrelmann, Klaus/Quenzel, Gudrun, 2010: 16. Shell Jugendstudie. Jugend 2010, Frankfurt a. M.: Fischer Taschenbuch Verlag.

Barnett, Clive/Cafaro, Philip/Newholm, Terry, 2005: Philosophy and Ethical Consumption, in: Rob Harrison/Terry Newholm/Deirdre Shaw (Eds.), The Ethical Consumer, London: Sage, 11–24.

Bellah, Robert/Madsen, Richard/Tipton, Steve/Sullivan, William/Swidler, Ann, 1991: The Good Society, New York: Vintage Books.

Blunden, Margaret, 1994: Vickers and Postliberalism, in: American Behavioral Scientist, Jg. 38, H. 11, 11–25.

Brandom, Robert, 2000: Expressive Vernunft. Begründung, Repräsentation und diskursive Festlegung, Frankfurt a. M.: Suhrkamp.

Bröckling, Ulrich, 2007: Das unternehmerische Selbst. Soziologie einer Subjektivierungsform, Frankfurt a. M.: Suhrkamp.

Bundesministerium für Bildung und Forschung, 2007: „Es ist, als ob die Seele unwohl wäre …". Depression – Wege aus der Schwermut. Forscher bringen Licht in die Lebensfinsternis, Berlin, in: http://www.dlr.de/pt/PortalData/45/Resources/dokumente/gesundheitsforschung/Depression_2007.pdf [29.12.2013].

Chandler, David, 2012: International Statebuilding and Agency. The Rise of Society-Based-Approaches to Intervention, in: Spectrum Journal of Global Studies, Jg. 5, H. 1, 1–20.

Cohen, Julie E., 2013: What Privacy is for, in: Harvard Law Review, Jg. 126, H. 7, 1904–1933.

Crouch, Colin, 2008: Postdemokratie, Frankfurt a. M.: Suhrkamp.

Dettmer, Markus/Tietz, Janko, 2011: Jetzt mal langsam!, in: Der Spiegel, Jg. 2011, H. 30, 58–68.

Dörre, Klaus/Lessenich, Stephan/Hartmut Rosa, 2009: Soziologie, Kapitalismus, Kritik. Eine Debatte, Frankfurt a. M.: Suhrkamp.

Ehrenberg, Alain, 2004: Das erschöpfte Selbst. Depression und Gesellschaft in der Gegenwart, Frankfurt a. M./New York: Campus Verlag.

Ehrenberg, Alain, 2011: Das Unbehagen in der Gesellschaft, Frankfurt a. M.: Suhrkamp.

Elster, Jon, 1987: Subversion der Rationalität, Frankfurt a. M.: Suhrkamp.

Fine, Arthur, 2000: Der Blickpunkt von niemand im besonderen, in: Mike Sandbothe (Hrsg.), Die Renaissance des Pragmatismus. Aktuelle Verflechtungen zwischen analytischer und kontinentaler Philosophie, Weilerswist: Velbrück, 59–77.

Foucault, Michel, 2004: Geschichte der Gouvernementalität II. Die Geburt der Biopolitik, Frankfurt a. M.: Suhrkamp.

Geuss, Raymond, 2001: Das Unbehagen am Liberalismus, in: Deutsche Zeitschrift für Philosophie, Jg. 49, H. 4, 499–516.

Gray, John, 1993: Post-Liberalism. Studies in Political Thought, New York/London: Routledge Chapman & Hall.

Gray, John, 2000: Two Faces of Liberalism, New York: New Press.

Habermas, Jürgen, 1985: Theorie des kommunikativen Handelns, Bd. 2: Zur Kritik der funktionalistischen Vernunft, Frankfurt a. M.: Suhrkamp.

Heather, Noel, 2008: Critical Postliberalism. Lindbeck's cultural-linguistic system and the socially extrasystemic, in: Scottish Journal of Theology, Jg. 61, H. 4, 462–476.

Heidbrink, Ludger, 1994: Melancholie und Moderne. Zur Kritik der historischen Verzweiflung, München: Fink Wilhelm.

Heidbrink, Ludger, 2004: Die Grenzen kritischer Negativität. Perspektiven reflexiver Dialektik im Anschluß an Adorno, in: Wolfram Ette/Günter Figal/Richard Klein/Günter Peters (Hrsg.), Adorno im Widerstreit. Zur Präsenz seines Denkens, Freiburg/München: Verlag Karl Alber, 98–120.

Heidbrink, Ludger, 2007: Handeln in der Ungewissheit. Paradoxien der Verantwortung, Berlin: Kulturverlag Kadmos.

Heidbrink, Ludger, 2012: Unternehmen als politische Akteure. Eine Ortsbestimmung zwischen Ordnungsverantwortung und Systemverantwortung, in: ORDO. Jahrbuch für die Ordnung von Wirtschaft und Gesellschaft, Bd. 63, Stuttgart: Lucius & Lucius, 203–231.

Heidbrink, Ludger, 2013: Leben nach dem Fortschritt. Zur nachhaltigen Gestaltung der Zukunft, in: Ulf Kilian (Hrsg.), Leben/Gestalten in Zeiten endloser Krisen, Berlin: Jovis, 24–35.

Heidbrink, Ludger/Reidel, Johannes, 2011: Nachhaltiger Konsum durch politische Selbstbindung. Warum Verbraucher stärker an der Gestaltung von Entscheidungsumwelten mitwirken sollten, in: Gaia, Jg. 20, H. 3, 152–156.

Holmes, Stephen, 1995: Die Anatomie des Antiliberalismus, Hamburg: Rotbuch.

Illouz, Eva, 2011: Die Errettung der modernen Seele. Therapien, Gefühle und die Kultur der Selbsthilfe, Frankfurt a. M.: Suhrkamp.

Jaeggi, Rahel, 2013: Was (wenn überhaupt) ist falsch am Kapitalismus? Drei Wege der Kapitalismuskritik, Working Paper 01/2013 der DFG KollegforscherInnengruppe Postwachstumsgesellschaften, Jena.

Jaeggi, Rahel/Wesche, Tilo (Hrsg.), 2009: Was ist Kritik? Frankfurt a. M.: Suhrkamp.

John Stuart Mill Institut für Freiheitsforschung, 2012: Wie halten es die Deutschen mit der Freiheit?, Heidelberg, in: http://www.ifd-allensbach.de/uploads/tx_studies/7691_Freiheitsindex.pdf [29.12.2013].

Jones, Robert P./Stewart, Melissa C., 2006: The Unintended Consequences of Dixieland Postliberalism, in: CrossCurrents, Jg. 56, H. 4, 506–521.

Klages, Helmut, 2002: Der blockierte Mensch. Zukunftsaufgaben gesellschaftlicher und organisatorischer Gestaltung, Frankfurt a. M./New York: Campus Verlag.

Klages, Helmut 2006: Eigenverantwortung als zivilgesellschaftliche Ressource, in: Ludger Heidbrink/Alfred Hirsch (Hrsg.), Verantwortung in der Zivilgesellschaft. Zur Konjunktur eines widersprüchlichen Prinzips, Frankfurt a. M./New York: Campus Verlag, 109–126.

Korunka, Christian/Kubicek, Bettina, 2013: Beschleunigung im Arbeitsleben – neue Anforderungen und deren Folgen, in: Bundesanstalt für Arbeitsschutz und Arbeitsmedizin/Gisa Junghanns/Martina Morschhäuser (Hrsg.), Immer schneller, immer mehr. Psychische Belastung bei Wissens- und Dienstleistungsarbeit, Wiesbaden: Springer VS.

Ladeur, Karl-Heinz, 2007: Verantwortung für Institutionen – zu einer „Ethik der Regeln", in: Ludger Heidbrink/Alfred Hirsch (Hrsg.), Staat ohne Verantwortung? Zum Wandel der Aufgaben von Staat und Politik, Frankfurt a. M./New York: Campus Verlag, S. 391–414.

Lindbeck, George A., 1984: The Nature of Doctrine. Religion and Theology in a Postliberal Age, Philadelphia: Westminster John Knox Press.

Lippmann, Walter, 1945: Die Gesellschaft freier Menschen, Bern: Francke.

Merkel, Wolfgang, 2013: Krise? Krise!, in: Frankfurter Allgemeine Zeitung, 06. 05. 2013, S. 7.

Morner, Michèle, 2010: Funktionsbedingungen für Regeln und Diskurs zur Beeinflussung von moralischem Handeln. Implikationen organisatorischer Steuerung für Unternehmens- und Wirtschaftsethik, in: Jahrbuch für Recht und Ethik, Jg. 18, 335–348.

Nagel, Thomas, 1992: Der Blick von nirgendwo, Frankfurt a. M.: Suhrkamp.

Nestler, Ralf, 2013: Treibhausgas auf Rekordhoch, in: Der Tagesspiegel, 14. 05. 2013, S. 20.

North, Douglass C., 1992: Institutionen, institutioneller Wandel und Wirtschaftsleistung, Tübingen: Mohr Siebeck.

Nullmeier, Frank, 2013: Transformationen demokratischer Staatlichkeit, in: Forschungsjournal Soziale Bewegungen, Jg. 26, H. 1, 32–41.

Offe, Claus, 1989: Fessel und Bremse. Moralische und institutionelle Aspekte „intelligenter Selbstbeschränkung", in: Axel Honneth/Thomas McCarthy/Claus Offe/Albrecht Wellmer (Hrsg.), Zwischenbetrachtungen. Im Prozeß der Aufklärung. Jürgen Habermas zum 60. Geburtstag, Frankfurt a. M.: Suhrkamp, 739–774.

Payk, Marcus M., 2012: A Post-Liberal Order? Hans Zehrer and Conservative Consensus Building in 1950s West Germany, in: Modern Intellectual History, Jg. 9, H. 3, 681–698.

Rawls, John, 1998: Politischer Liberalismus, Frankfurt a. M.: Suhrkamp.

Rebonato, Riccardo, 2012: Taking Liberties. A Critical Examination of Libertarian Paternalism, Basingstoke/New York: Palgrave Macmillan.

Schmitt, Carl, 1979: Der Begriff des Politischen. Text von 1932 mit einem Vorwort und drei Corollarien, Berlin: Duncker & Humblot.

Schmitter, Philippe C., 1994: Interest, Associations and Intermediation in a Reformed Post-Liberal Democracy, in: Wolfgang Streeck (Hrsg.), Staat und Verbände, Politische Vierteljahresschrift, Sonderheft 25, Wiesbaden: VS, 160–171.

Selten, Reinhard, 1990: Bounded Rationality, in: Journal of Institutional and Theoretical Economics, Jg. 146, 649–658.

Sheehan, James, 1978: Deutscher Liberalismus im postliberalen Zeitalter 1890–1914, in: Geschichte und Gesellschaft, Jg. 4, H. 1, 29–48.

Simon, Herbert, 1955: A Behavioural Model of Rational Choice, in: Quarterly Journal of Economics, Jg. 69, H. 1, 99–118.

Strauss, Leo, 2013: Anmerkungen zu Carl Schmitt, Der Begriff des Politischen, in: Heinrich Meier, Carl Schmitt, Leo Strauss und der Begriff des Politischen, 3. Aufl., Stuttgart: J. B. Metzler, 97–126.

Taylor, Charles, 1993: Aneinander vorbei: Die Debatte zwischen Liberalismus und Kommunitarismus, in: Axel Honneth (Hrsg.), Kommunitarismus. Eine Debatte über die moralischen Grundlagen moderner Gesellschaften, Frankfurt a. M./ New York: Campus Verlag, 103–130.

Thaler, Richard H./Sunstein, Cass R., 2008: Nudge. Improving Decisions About Health, Wealth and Happiness, London: Penguin Books.

Yashar, Deborah J., 2005: Contested Citizenship in Latin America. The Rise of Indigenous Movements and the Postliberal Challenge, New York: Cambridge University Press.

Das Abenteuer der Demokratie
Ungewissheit als demokratietheoretische Herausforderung

Oliver Flügel-Martinsen

Zusammenfassung Auf den ersten Blick scheint die Demokratietheorie der Gegenwart mit der Unterscheidung zwischen normativer und empirischer Demokratietheorie eine sinnvolle Aufteilung der grundlegenden Möglichkeiten demokratietheoretischen Denkens zu erfahren. Diese Aufteilung übersieht aber eine dritte kritische Variante, der es weder um eine bloße Beobachtung dessen, was der Fall ist, geht, noch um die Begründung eines normativen Demokratiemodells, sondern vielmehr um die normativ folgenreiche kritische Befragung bestehender Demokratie- und Institutionenverständnisse. Für eine solche Annäherung an das Demokratiedenken sind die Überlegungen Claude Leforts wesentlich. Lefort versteht das demokratische Zeitalter als eines der dauerhaften Ungewissheit und vertritt deshalb als einer der ersten die für gegenwärtige kritische Annäherungen an die Demokratie wichtige These, dass Demokratie als ein Abenteuer begriffen werden muss, das sich in Form einer demokratischen Selbstbefragungspraxis vollzieht, die stets aufs Neue die demokratische Dekonstruktion und Rekonstitution gesellschaftlicher Ordnung ermöglicht.

1 Einleitung: Eine verdrängte demokratietheoretische Alternative

Betrachtet man die Diskurse der normativen Demokratietheorie, dann entsteht auf den ersten Blick der Eindruck, dass normative Demokratietheorie bedeutet, bestimmte Verständnisse von Demokratie konzeptionell abzusichern, sie gegen Einwände zu schützen und so Demokratiemodelle zu begründen. Dieser Variante von Demokratietheorie, der es in erster Linie um die Begründung und Rechtfertigung eines bestimmten Demokratiemodells geht, dürfte in der Tat die Mehrzahl an normativen Demokratietheorien in der politischen Theorie und Philosophie zuzurechnen sein. Seine geradezu idealtypische Ausprägung findet dieses Verständnis von Demokratietheorie in einem Modell wie Habermas' Vorschlag einer deliberativen Demokratie. Das Muster der Argumentation lässt sich, ohne hier auf Details einzugehen, die für die prinzipielle Struktur der Argumentation nicht wesentlich sind, folgendermaßen umreißen (Habermas 1992, 1996): Ausgehend von bestimmten normativen Kernannahmen – bei Habermas handelt es sich dabei um ein normatives Modell der intersubjektiven Verständigung (vgl. Habermas 1992: Kap. 3) – werden bestimmte demokratietheoretische Rahmenannahmen zum demokratischen Verfahren formuliert. Diese werden dann kritisch gegen andere Modelle, deren Widersprüchen und Ausblendungen nachgegangen wird, abgegrenzt und im Zuge dessen zu einem überlegenen Demokratiemodell gebündelt (vgl. Habermas 1996). Wesentlich ist hier ein bestimmtes Verständnis des Verhältnisses der Demokratietheorie zu ihrem Gegenstand, das bei Habermas sicherlich sehr deutlich ausgeprägt ist, das aber auch für den Mehrheitsstrom der normativen Demokratietheorie der Gegenwart wesentlich sein dürfte: Der Demokratietheorie geht es zuvorderst um die Begründung eines Demokratiemodells. Demokratietheorie meint so verstanden in erster Linie: Demokratiebegründung. In Abgrenzung zu empirischen Demokratietheorien scheint dieser Zug gerade selbstverständlich, ja beinahe banal zu sein: Während empirische Demokratietheorien konzeptionell sparsam zu untersuchen trachten, was im empirischen Vollzug demokratischen Regierens der Fall ist, scheinen normative Demokratietheorien die logische Gegenposition zu beziehen, indem sie Modelle begründen, auf deren Grundlage sich sagen lässt, was der Fall sein sollte, wenn im Ernst von Demokratie die Rede sein soll. Man könnte geradezu versucht sein anzunehmen, dass der logische Möglichkeitsraum theoretischer Annäherungen an die Demokratietheorie damit eine sinnvolle Einteilung erfährt: Entweder wird analytisch nachvollzogen, was in den unterschiedlichen Regierungssystemen jeweils unter Demokratie verstanden wird, und dann empfiehlt es sich, normativ möglichst sparsam zu verfahren, um die empirische Erkundung nicht zu verzerren, oder es geht in Abgrenzung zu einem solch dünnen Demokratiedenken eher darum, normative Modelle zu entwickeln, auf deren Grundlage sich Kriterien zur Beurteilung der demokratischen Qualität sich selbst als demokratisch bezeichnender Verfahren entwickeln lassen. Beides lässt sich natürlich auch kombinieren.

Aber dennoch übersieht eine solche zwiefältige Unterscheidung zwischen empirischer und normativer Demokratietheorie, in deren Folge der normativen Demokratietheorie die gemeinsame Strategie der Begründung von Demokratiemodellen unterstellt wird, einen wenngleich minoritären, so doch gleichwohl sehr wichtigen Strang der normativen, kritischen Demokratietheorie. Normativ ist dieser Strang, um den es im Folgenden gehen wird, freilich nur insofern, als er ein emanzipatorisch-kritisches Interesse aufweist (vgl. hierzu Flügel-Martinsen 2010). Solche Annäherungen an die Demokratie können zweifelsohne dann normativ

genannt werden, wenn man hervorheben möchte, dass es diesen Demokratietheorien nicht um eine bloße Beschreibung dessen, was der Fall ist, geht, sondern immer auch um den Aufweis der Möglichkeit einer kritischen Veränderbarkeit des empirisch Konstatierbaren. Normativ kann hier nicht präskriptiv heißen,
denn es geht gerade nicht darum, eine bestimmte Form als alternativlos zu begründen. Vielleicht wäre es klarer, von normativ interessiert oder normativ folgenreich zu sprechen: Denn dieses Demokratiedenken begnügt sich gerade nicht
mit einer Bestandsaufnahme dessen, was der Fall ist und hat insofern keinen rein
analytisch-konstativen Sinn. Im Zentrum dieses alternativen Strangs demokratietheoretischen Denkens, dem beispielsweise Claude Lefort (1986a), Jacques Derrida (1994), Jean-Luc Nancy (2008) und Jacques Rancière (2005) zugerechnet
werden können, steht aber auch keineswegs der Versuch, ein bestimmtes Demokratiemodell zu begründen, sondern es geht darum, eine emanzipatorische Kraft
demokratischer Aktivitäten zu erkunden. Jacques Rancière hat aus dem Geist eines solchen Demokratiedenkens in seinem Buch über das Unvernehmen eine radikale Generalabrechnung mit der politischen Philosophie des Abendlandes an-
geregt: Nach seinem Eindruck sucht ein politisches Denken, das Politik auf den
Begriff zu bringen trachtet, mit Politik Schluss zu machen (Rancière 2002: 8). Politik ist aus seiner Perspektive mit einer Demokratie deckungsgleich, die sich nicht
ein für alle Mal begründen lässt, sondern die dazu angetan ist, allen bestehenden
Ordnungen und ihren Begründungen skeptisch zu begegnen und sie im Zweifels-
fall befragend aufzubrechen. Wer Demokratie demgegenüber begründungstheo-
retisch mit einem festen normativen Fundament zu versehen sucht, der verfehlt
nicht nur ihren emanzipatorischen Kern, sondern der macht mit ihr Schluss (vgl.
Rancière 2002: 105–131). Demokratie ist aus einer solchen Perspektive eine Unternehmung, die von ihrem subversiven Kern zehrt, um den es genau dann geschehen ist, wenn sie in eine vermeintlich wohlbegründete Rahmung gepresst wird.
Etienne Balibar (2012: 243) hat das die notwendige Kraft zum Aufstand genannt,
die der demokratischen Staatsbürgerschaft innewohnen muss. Sein Diktum lautet
darum: *„Die demokratische Staatsbürgerschaft ist also konfliktgeladen oder sie ist
nicht"* (Balibar 2012: 236, Herv. i. O.).

Demokratie wird in der Perspektive eines solchen Denkens als ein besonderer politischer Konstitutionsmodus in den Blick gerückt. Demokratie, so ließe
sich sagen, wird verstanden als ein elementarer Modus der Selbstkonstitution von
Gesellschaften. Diese Überlegungen zur Demokratie und den Herausforderungen, die sich mit ihnen verbinden, gehen vor allem auf Claude Lefort zurück – einen heute sicherlich nicht mehr unbekannten, aber in der Reichweite seiner Argumente nach meinem Dafürhalten immer noch zu wenig beachteten Autor. Es
wird im Folgenden darum gehen, die zentralen Elemente dieses radikalen Demokratiedenkens Leforts kritisch zu rekonstruieren, um so zugleich einen Beitrag

zur jüngeren Ideengeschichte dieses alternativen Pfades der Demokratietheorie zu leisten und um seine Fruchtbarkeit für das Demokratiedenken der Gegenwart zu prüfen.

Claude Lefort hat unter Rekurs auf Tocquevilles Überlegungen zur Demokratie eine Lesart der Demokratie entwickelt, die in dieser in erster Linie ein Abenteuer ausmacht. Mit der Metaphorik der Abenteuerlichkeit der Demokratie verbinden sich bei Lefort zwei Thesen zur Demokratie, die weitreichende Folgen sowohl für die Demokratietheorie als auch für die demokratische Praxis haben: Einerseits dementiert Lefort grundsätzlich die Möglichkeit, die Demokratie und ihre Institutionen auf den Begriff zu bringen. Damit wird in gewisser Weise sowohl die Vorgehensweise der empirischen als auch die der normativen Demokratietheorie grundlegend kontestiert: Demokratie erscheint so weder als etwas, das sich als Forschungskategorie operationalisieren, noch als etwas, das sich als normatives Modell begründen ließe. Der Demokratie wohnt Lefort zufolge nämlich eine nicht zähmbare Unbändigkeit inne. Diese These verweist andererseits konzeptuell darauf, dass das demokratische Zeitalter nach Leforts Eindruck eines der umfassenden Ungewissheit ist. Beide Thesen kulminieren schließlich in seinem Postulat, dass die Demokratie als eine Form der sozialen und politischen Selbstkonstitution verstanden werden muss, die sich weder konzeptionell noch institutionell fixieren lässt. Leforts Überlegungen, die Gegenstücke in bestimmten Schichten des demokratietheoretischen Denkens von Jacques Derrida (1994), Jean-Luc Nancy (2008), Jacques Rancière (2002, 2005) und Étienne Balibar (2012) finden, stellen eine bislang nicht abgegoltene Herausforderung für die demokratietheoretische Annäherung an das Konzept und die Praxis der Demokratie dar: Angesichts der grundlegenden und unauflösbaren Ungewissheit kann die Aufgabe der politiktheoretischen Behandlung der Demokratie nicht, wie derzeit vielfach der Fall, in Versuchen der Begründung von Demokratiemodellen bestehen. Statt gleichsam ingenieurwissenschaftlich Demokratiekonzeptionen zu entwerfen und zu begründen, besteht die Herausforderung vielmehr in einer rückhaltlosen Beobachtung, Reflexion und Befragung des gesellschaftskonstitutiven Charakters einer demokratischen Selbstregierung, die die Züge eines Abenteuers nicht völlig abzustreifen vermag. Mit diesen Stichworten sind die Themen markiert, um die es im Folgenden gehen wird. Die mit ihnen verbundenen Thesen, die das übliche Demokratiedenken gründlich gegen den Strich bürsten, bedürfen freilich erst einer Plausibilisierung. Ich will in zwei Schritten vorgehen. Zuerst werde ich kurz an Leforts Tocqueville-Lektüre erinnern, in deren Zuge Lefort seine These vom Abenteuer der Demokratie entwickelt hat (2). Danach geht es darum, die Konturen und die demokratietheoretischen Folgen von Leforts Demokratiedenken anhand dreier Topoi genauer herauszuarbeiten (3): dem bereits genannten Abenteuer der Demokratie, den Herausforderungen der Ungewissheit, die den diagnostischen Ausgangspunkt von Leforts Demokratietheorie bilden, und dem Postulat der Offenheit, das den konzeptionellen und in gewisser Weise auch normativen Fluchtpunkt bildet.

2 Leforts Tocqueville-Deutung und die These vom Abenteuer der Demokratie

Der Demokratietheoretiker Tocqueville gehört bekanntlich neben John Stuart Mill zur Gruppe derjenigen, die einen ambivalenten Blick auf die Demokratie werfen und in ihr nicht einfach einen emanzipatorischen Segen, sondern auch ein freiheitstheoretisches Unheil identifizieren. Mill hat seine Zweifel an der Idee der demokratischen Selbstregierung in einer berühmten Formulierung auf den Punkt gebracht, die der demokratischen Selbstregierung eine individualfreiheitliche Gegenvorstellung der personalen Selbstregierung kontrastiert und die in der Demokratie eine Gefahr für sie ausmacht: „[T]he ,self-government' spoken of is not the government of each by himself, but of each by all the rest" (Mill 1998 [1859]: 8). Die republikanische Freiheitsidee, die der Vorstellung demokratischen Selbstregierens als eine Verwirklichung von Selbstbestimmung zugrunde liegt, ist Mill, wie sich in dem zitierten Passus zeigt, aus einer individualfreiheitlichen Perspektive suspekt. Die von Mill angesprochene Spannung zwischen liberalem und republikanischem Freiheitsverständnis zeigt sich schon ideengeschichtlich in den alternativen Wegen aus der kontraktualistischen Ausgangssituation bei Locke auf der einen und bei Rousseau auf der anderen Seite: Da es Locke vor allem um die Sicherung von individuellen Freiheitsrechten geht, legt er den Akzent in seiner Erläuterung des Gesellschaftszustandes auf die grundrechtliche Dimension der individuellen Rechtssicherung (Locke 1952 [1690]: Kap. 9) und wird so zum Begründer des modernen Liberalismus. Die Kernformulierung der Staatszielbestimmung bei Locke verweist dementsprechend darauf, dass die Menschen auf die Alleinverfügung der Rechte im Naturzustand nur deshalb verzichten, weil ihre Grundrechte im Gesellschaftszustand besser geschützt werden können: „But though men when they enter into society give up the equality, liberty, and executive power they had in the state of nature into the hands of the society, to be so far disposed of by the legislative as the good of the society shall require, yet it being only with an intention in every one the better to preserve himself, his liberty and property […]" (Locke 1952 [1690]: 73). Rousseau hingegen, dem es ebenfalls um Freiheitssicherung geht, hat in einem viel höheren Maße die politischen Mitgestaltungsrechte vor Augen. Das Credo des *Contrat social* besteht darum im berühmten Postulat der Autoren- und Adressatengleichheit „Le Peuple soumis aux loix en doit être l'auteur […]" (Rousseau 1996 [1762]: 380).

Einige Dekaden vor dem Erscheinen von Mills *On Liberty* (1859) hat Tocqueville 1835 als eines der politiktheoretisch und soziologisch gleichermaßen reichhaltigen Ergebnisse seiner Reise in die Vereinigten Staaten von Amerika die nämliche Gefahr einer *tyrannie de la majorité* festgehalten (Tocqueville 2007 [1835]: 369–389). Wie später Mill so hat auch Tocqueville diese Gefahr in einem unmittelbaren begrifflichen Zusammenhang mit dem Wesen der politischen Freiheit als Selbstregierung interpretiert. Das machen bereits die ersten Sätze des Kapitels, in dem er diese Überlegungen entfaltet, unmissverständlich deutlich: „Die unumschränkte Herrschaft der Mehrheit liegt im Wesen der Demokratie; denn in der Demokratie kann sich außerhalb der Mehrheit nichts behaupten" (Tocqueville 1997 [1835]: 139).[1] Wenn aber die absolute Herrschaft der Mehrheit im Wesen der Demokratie liegt und ihr nichts zu widerstehen vermag, dann ist es die demokratische Regierungsform selbst, die eine Gefahr für die individuelle Freiheit darstellt.

Folgt man der Tocqueville-Lektüre Leforts und der Theorie der Freiheit, die er in Auseinandersetzung mit Tocqueville entwickelt, dann lassen sich andere als demokratieskeptische Konsequenzen ziehen. Nicht verworfen wird die Demokratie, aber es wird auf die Notwendigkeit hingewiesen, dass ihren Gefahren nur durch eine praktische Einübung begegnet werden kann und sich diese nicht im Vorhinein konzeptionell ausschließen lassen. Dabei wird allerdings auch deutlich werden, dass der Demokratie, soll sie ernsthaft diesen Namen verdienen, etwas Unbändiges konstitutiv anhaftet. Die Freiheit der demokratischen Selbstregierung ist, wie Lefort Tocqueville aufgreifend festhält, eine *liberté dangereuse,* eine gefährliche Freiheit (Lefort 1986c: 220).[2] Gefährlich erschien die kollektive Freiheit des Selbstregierens, wie wir gesehen haben, bei Tocqueville und auch bei Mill vor allem durch die ihr innewohnende Bedrohung der individuellen Freiheit. Neu sind bei Lefort hingegen zwei Aspekte, die das Bild grundlegend verändern und die sich Lefort für eine eigene Demokratietheorie zurechtrückt: Tocqueville entwerfe nämlich, so Lefort, eine Theorie der Freiheit jenseits von Harmonieaspirationen. Das demokratische Abenteuer kann nicht stillgestellt werden durch eine Festlegung des Verhältnisses von individueller und politischer Freiheit. Demokratie lässt sich generell nicht institutionell fixieren. Die Beobachtung Leforts ist folgenreich für das Unternehmen der Demokratietheorie insgesamt: Lefort behauptet nämlich im Zuge seiner Tocqueville-Exegese im Grunde nichts Geringeres als dass es geradezu unmöglich ist, Demokratie so auf den Begriff zu bringen, dass die ihr konstitutiv innewohnenden Spannungen *a limine* ausbalanciert werden.

---

1   Frz.: Tocqueville 2007 : 369: „Il est de l'essence même des gouvernements démocratiques que l'empire de la majorité y soit absolu; car en dehors de la majorité, dans les démocraties, il n'y a rien qui résiste."

2   Vgl. zu Leforts Tocqueville-Interpretation auch Lefort 1986d: 237–271.

Versuche der Begründung ausgewogener Demokratiemodelle müssen so aus prinzipiellen Gründen als bloße Chimäre erscheinen: Demokratie, so hält Lefort zunächst diagnostisch und später mit emanzipatorischer Emphase fest, sperrt sich der begrifflichen und institutionellen Einhegung. Im Lichte der späteren Überlegungen Rancières, auf die wir oben kurz hingewiesen haben, ließe sich sagen, dass immer dann, wenn Demokratie auf begründungstheoretischen Wegen die Ambivalenzen genommen werden sollen, das Kind mit dem Bade ausgeschüttet wird, weil es dann sogleich um die Demokratie selbst geschehen ist, die spannungsfrei nicht zu haben ist.

Lefort nimmt darum keine begriffliche oder institutionelle Einhegungsstrategie in den Blick, sondern verschiebt den Akzent hin zu einem Exerzitium der demokratischen Freiheit. Im Anschluss an die bloße Diagnose des nichtharmonischen Verhältnisses werden die Beobachtungen deshalb ausgebaut zu einer Theorie des freiheitlichen Umgangs mit der gefährlichen Freiheit. In Tocquevilles Worten, auf die sich Lefort stützt, lautet die Überlegung folgendermaßen: „Indem sie die gefährliche Freiheit ausüben, erlernen die Amerikaner demnach die Kunst, die Gefahren der Freiheit kleiner werden zu lassen." (Lefort 1986c: 220, eigene Übersetzung, OFM)[3]. Durch den Gebrauch der gefährlichen Freiheit soll die Kunst, diese Gefahren kleiner werden zu lassen, erlernt werden können. Eine vollständige institutionelle Harmonisierung muss als Ziel aber aufgegeben werden. Die Gefahren lassen sich zumindest mindern – doch mit anderen als rein theoretischen Mitteln. In dem Satz Tocquevilles ist die Rede von einer Praxis der Ausübung von Freiheit, in der die politisch Handelnden den Umgang mit ihr und ihren Gefahren lernen können. Das demokratische Abenteuer ist zwar nicht endgültig zu meistern, wohl aber kann der Umgang mit ihm erlernt werden. Das lässt sich aber nicht verordnen, sondern nur erproben oder vielleicht eher: einüben.

An dieser Stelle werden wir mit großem Nachdruck auf die zentrale Stellung der Ungewissheit in Leforts Demokratiedenken gestoßen. In Begriffen der Ungewissheit gefasst lässt sich sagen, dass eine grundlegende Ungewissheit bestehen bleibt, die nicht ausgeräumt werden kann und die Lefort ins Zentrum seiner Vorstellung von Demokratie als Selbstkonstitutionsmodus rückt. Lefort geht es, wie sich sogleich noch genauer zeigen wird, keineswegs darum, die Ungewissheit zu bewältigen – dies erscheint ihm erstens unmöglich, zweitens zehrt der normative Eigensinn der Demokratie gerade von der ihr inhärenten Ungewissheit und drittens schließlich ist Demokratie auf besondere Weise dazu geeignet, mit Ungewissheit umzugehen. Sie ist gewissermaßen ein Modus des Umgangs mit Ungewissheit, der Ungewissheit nicht zu überwinden, sondern mit ihr zu leben ermöglicht.

---

3 Frz.: „C'est donc en jouissant d'une liberté dangereuse que les Américains apprennent l'art de rendre les périls de la liberté moins grands."

An der konstitutiven Bedeutung der Ungewissheit lässt Lefort keinen Zweifel. Das demokratische Zeitalter ist, wie er im Anschluss an Tocqueville und an Überlegungen seines Lehrers Maurice Merleau-Ponty zur Struktur einer modernen Weise des Philosophierens festhält, ein Zeitalter jenseits der Gewissheit: „[D]ie moderne Gesellschaft und das moderne Individuum instituieren sich in der Bewährungsprobe einer Auflösung der letzten Orientierungspunkte der Gewissheit" Lefort 1986c: 233, eigene Übersetzung, OFM)[4]. Jenseits der Gewissheit konstituieren sich die moderne Gesellschaft und das moderne Individuum. Das demokratische Abenteuer der Freiheit ereignet sich im Kontext eines anderen Wissens *(savoir)* und einer neuen Idee der Wahrheit *(nouvelle idée de la vérité)*. Lefort lässt sich hier sogar so verstehen, dass die Ideen einer festen Wahrheit und eines abgeschlossenen Wissens selbst vordemokratische sind. Damit berühren sich die diagnostische und die emphatisch-emanzipatorische Dimension seines Demokratiedenkens: Dass das demokratische Zeitalter eines der Ungewissheit und Unsicherheit ist, verweist zum einen auf eine epistemische Diagnose, die besagt, dass sich Gewissheit unter Bedingungen der Moderne schlicht nicht erreichen lässt. Diese Diagnose hat aber zum anderen auch normative, demokratietheoretisch wichtige Konsequenzen: Wenn sich Gewissheit nicht herstellen lässt, dann nehmen Versuche, Gewissheit zu erlangen, unvermeidlich gewaltsame Formen an. Darum sind Totalitarismus und Autoritarismus gleichsam die Schattenseiten des demokratischen Zeitalters, weil sie kardinale Formen der gewaltsamen Herstellung von Gewissheit dort darstellen, wo sie sich gerade nicht herstellen lässt.

In Leforts Denken der Demokratie im Zeichen der Ungewissheit ist die Bezugnahme auf eine zentrale These von Merleau-Pontys Spätwerk *Le visible et l'invisible* unverkennbar: Wie Merleau-Ponty (1964: 134) darauf insistiert, dass die Philosophie eine Fragehaltung bewahrt, die die Welt und die Dinge befragt, so weist Lefort auf, dass die moderne demokratische Gesellschaft im Ganzen sich selbst fortwährend befragt und dass in diesem ihrem Befragen die Praxis der Freiheit besteht, in der das Wechselspiel zwischen individueller und politischer Freiheit stattfindet. Denn in der demokratischen Freiheitspraxis werden die Fundamente der Macht, des Rechts und des Wissens *(connaissance)* dauerhaft in Frage gestellt (Lefort 1986c: 233) – darin selbst schließlich liegt die eigentliche demokratische Freiheit der gesellschaftlichen Selbstkonstitution. So grundsätzlich Leforts Demokratietheorie damit in philosophischer Hinsicht ansetzt, so anti-fundamentalistisch verfährt sie dabei zugleich: Leforts Demokratiedenken ist schließlich gerade dem Versuch geschuldet, der Ungewissheit der Moderne gerecht zu werden. Dafür ist das demokratische Abenteuer deshalb so geeignet, weil es kein Funda-

---

4   Frz. „[L]a société moderne et l'individu moderne s'instituent à l'épreuve d'une dissolution des repères derniers de la certitude."

ment aufweist, aus dem sich ein bestimmtes Institutionengefüge begründen ließe. Die Freiheit des Abenteuers der Demokratie ist eine, die sich stets neu bewähren muss und über deren Konturen ein unvermeidlicher und unendlicher Streit herrscht.

3 Das Abenteuer der Demokratie, die Herausforderungen der Ungewissheit und das Gebot der Offenheit

Versuchen wir nun, nachdem wir uns die antifundamentalistische Fundamentalität der Lefortschen Demokratietheorie vor Augen geführt haben, das Zusammenspiel der verschiedenen Elemente in Leforts Untersuchung des Abenteuers der Demokratie systematisch genauer zu erkunden. In Leforts Demokratiedenken ist die Bedeutung der Differenz, einer Differenz, die das demokratische Abenteuer antreibt, wesentlich. In seinen Schriften hat er immer wieder versucht, einen Zivilrepublikanismus zu denken, der sich konzeptuell nicht auf Einheit, sondern auf Differenz stützt (vgl. Lefort 1986a, 1992a; vgl. auch Gaus 2004). Das ist in der Geschichte republikanischen Denkens ein abweichender Pfad, der allerdings, wie wir sogleich sehen werden, auf wichtige Spuren in der Ideengeschichte zurückgeht und der zudem in Republikanismus-Diskursen jüngeren Datums aus Gründen, die auch für Lefort wesentlich sind, zunehmend Aufmerksamkeit erfährt. Zu denken ist hier etwa an James Tullys Plädoyer für einen radikal pluralistischen Republikanismus, der ihm das einzig probate Mittel zu sein scheint, die Herausforderung des radikalen Pluralismus unserer Gegenwartsgesellschaften normativ angemessen aufzunehmen (vgl. Tully 1995: 196 ff.).

Den Republikanismus der Differenz versteht Lefort, wie angedeutet, nicht als eine *creatio ex nihilo,* sondern er entnimmt wesentliche Motive aus den republikanischen Überlegungen, die Machiavelli (1966 [1531]) vor allem in den *Discorsi* anstellt.[5] Machiavelli anhand der *Discorsi* auch republikanisch zu lesen, stellt dabei nicht die eigentliche demokratietheoretische Anregung dar; insbesondere die jüngere Forschung hat nachdrücklich auf Machiavellis republikanische Ideen hingewiesen und sie als das eigentliche Zentrum seines Denkens herauszustellen versucht (vgl. Skinner 2002, Münkler 1995). Interessant an Leforts Machiavelli-Lesart ist vielmehr der Umstand, dass Lefort dessen Republikanismus als einen fruchtbaren Sonderweg in der republikanischen Denktradition begreift und in ihm ein großes Anschlusspotential für eine zivilrepublikanische Deutung der Demokratie ausmacht. Nach Leforts Überzeugung hat Machiavelli nämlich anhand seiner Re-

---

5 Vgl. zur angesprochenen Deutung Lefort 1992b.

flexion der Geschichte Roms die Bedeutung der Uneinigkeit – Lefort spricht sogar von der Tugend der Uneinigkeit („vertu de la discorde", Lefort 1992b: 144) – für die Praxis republikanischer Freiheit herausgearbeitet und damit gezeigt, dass der Republikanismus den Konflikt nicht in der Idee der Einheit still stellen sollte, sondern im Konflikt im Gegenteil der Garant und der Motor der republikanischen Freiheit zu sehen ist (Lefort 1992b: 145). In ihm nämlich wird die grundsätzliche Teilung zwischen denen, die herrschen, und jenen, die beherrscht werden (Lefort 1986b; Lefort/Gauchet 1990), jeweils neu ausgehandelt und damit konstituiert sich im Konflikt nicht nur das Politische (Flügel u.a. 2004), sondern durch ihn und die ständigen Pendelbewegungen, die er ermöglicht, wird auch eine zivilrepublikanische, demokratische Freiheitspraxis erst möglich. Durch das Austragen des Konflikts kann, wie es in der berühmten Formulierung Leforts heißt, der Ort der Macht leer bleiben (Lefort 1986b: 28). Bei Überlegungen wie diesen sind wiederum die Einflüsse von Merleau-Pontys Vorstellung einer Philosophie der unausgesetzten Befragungen unübersehbar (Merleau-Ponty 1964: 134). Im Grunde lässt sich Leforts zivilrepublikanisches Demokratiedenken als eine politiktheoretische Übersetzung von Merleau-Pontys These, dass die Philosophie im strengen Sinne eine Frage bleibt – „elle [la Philosophie] reste question" (Merleau-Ponty 1964: 134) heißt es in *Le visible et l'invisible* – verstehen. Leforts politisches Denken teilt dabei Merleau-Pontys Präsupposition, dass die philosophische Reflexion deshalb eine stete *interrogation* bleiben muss, weil wir selbst uns selbst eine offene Frage bleiben müssen: „nous-mêmes sommes une seule question continuée" (Merleau-Ponty 1964: 138).

Bei Lefort wird die Offenheit in Form der Ungewissheit geradezu zum grundlegenden demokratietheoretischen und politikphilosophischen Motiv: Sein ehrgeiziges Projekt einer Neugründung der politischen Philosophie (Lefort 1986b: 17) nimmt seinen Ausgangspunkt an der Forderung nach einem Bruch mit dem auf Gewissheit versessenen szientistischen Verständnis politischen Denkens wie es für die professionalisierte Politikwissenschaft und die politische Soziologie kennzeichnend ist – weshalb sich Lefort (1986b: 19) nachdrücklich von diesen beiden Perspektiven, der politikwissenschaftlichen wie der politisch-soziologischen, abgrenzt. Der Bruch mit ihnen ist, wie Lefort (1986b: 20) unterstreicht, vor allem auch ein Bruch mit der allgemeinen wissenschaftlichen Perspektive, die das Politische mit einer sachlich-neutralen Fiktion zu einem wissenschaftlichen Gegenstand werden lässt und so verhindert, den Prozess der Institution der Gesellschaft zu denken. Das Politische, insbesondere das Politische im demokratischen Zeitalter, ist aber nicht als ein mit Gewissheit bestimmbares Objekt zu erfassen. Vielmehr ist die Demokratie eine politische Praxis jenseits der Gewissheit, mit der eine ganze Reihe an Unbestimmtheiten einhergeht: Unbestimmt und ungewiss bleiben in der Demokratie die Gründe der Macht und auch die des Wissens selbst (Lefort 1986b: 30). Ja, der eigentümliche Zug der Demokratie liegt aus Leforts Perspektive gerade darin, dass sie eine offene Weise des Umgangs mit Fragen ermöglicht, auf die sich keine gewisse Antwort geben lässt. Wenn die *sciences politiques* die Kategorien des Politischen und des Demokratischen hingegen wie wissenschaftliche Objekte behandeln, unterschlagen sie diesen wesentlich offenen Charakter. Lefort betont demgegenüber, wie sich an seiner Auseinandersetzung mit Tocquevilles Demokratiedenken gezeigt hat, den offenen Charakter der Demokratie, der sie zu einem demokratischen Abenteuer macht (Lefort 1986c: 220). Die Demokratie lässt sich nicht gleichsam ingenieurwissenschaftlich behandeln, indem sie klar umrissen wird und ihre Institutionen eine feste Begründung erhalten. Das moderne Zeitalter, das auch das Zeitalter der Demokratie ist, muss vielmehr als eines verstanden werden, in dem alle Gründe und Gewissheiten in Frage gestellt werden. Der eigentliche Zug der Demokratie, der aus dem Blick gerät, wenn man sie wie ein wissenschaftliches Objekt behandelt, besteht darin, eine Weise des Umgangs mit der Ungewissheit zu sein. Dabei bleibt sie unweigerlich ein Abenteuer und deshalb ist in ihrem Herzen eine Konflikthaftigkeit angelegt, die sich nicht still stellen lässt. Um das verstehen zu können, ist aber, wie uns Lefort nahelegt, die Einnahme einer bestimmten theoretischen Perspektive unabdingbar, die sich, wie wir sehen konnten, wesentlich vom verwissenschaftlichten, objektivierenden Blick auf die Politik unterscheidet. Die Politik der Wissenschaftler ist keine Politik und schon gar keine demokratische Politik, blendet sie doch gerade den sich fortwährend verschiebenden Charakter aus, der für die demokratische Politik, die sich stets für die Befragung durch das Politische offenhält, wesentlich ist. Die Politik der Wissenschaftler ist also nicht zuletzt deshalb keine Politik, weil sie politische Institutionen, Normen usf. zu begründen sucht, obwohl doch Politik gerade der Streit um diese Institutionen, ihre Normen und die Einrichtung der Gesellschaft ist. Will die Wissenschaft von der Politik sich auf der Höhe des demokratischen Zeitalters bewegen, dann muss sie gleichsam ihre fundamentalistischen, auf objektiv fixierbare Wahrheiten konzentrierten Erbteile aus der Geschichte der abendländischen *ratio* abstreifen und sich auf eine fluidere Betrachtungsweise einlassen, muss also lernen, ohne Halteflöcke der Gewissheit auszukommen.

Lefort kann damit als einer der Begründer jener vor allem aus dem französischsprachigen Raum kommenden Denktradition verstanden werden, die die aufbrechenden, öffnenden und befragenden Dimensionen der Demokratie akzentuiert und die Demokratie dabei als einen streitenden und streitbaren Modus der Einrichtung unserer Welt versteht. Jacques Derridas Idee einer *démocratie à venir* (Derrida 1994), einer offenen, stets im Kommen bleibenden Demokratie gehört ebenso zu diesem Diskurs wie Jacques Rancières Betonung der an-archischen, also grundlosen Dimensionen der Demokratie und der demokratischen

Erhebung durch politische Subjektivationen, mit deren Hilfe anteillose Gruppen (Proletarier, Frauen, Migranten) eine Neuverhandlung der bestehenden Verteilungsordnung einfordern (Rancière 2002). Miguel Abensour hat in diesem Zusammenhang in jüngerer Zeit, unter Rückgriff auf eine hier und da bei Lefort selbst auftauchende Formulierung, vorgeschlagen, Leforts Demokratietheorie als eine der wilden Demokratie zu verstehen (Abensour 2012: 227 ff.). Diese wilde Demokratie versteht Abensour als eine positive Aporie in Leforts Denken: „Eine positive Aporie könnte man sagen, denn wenn die ‚wilde Demokratie' der Begriff ist, den Lefort mehrfach wählt, dann geschieht dies in der Absicht, die Definitionen, die danach streben, die Demokratie auf eine institutionelle Formel, auf ein politisches System oder auf einen Komplex von Verfahrensweisen und Regeln zu reduzieren, besser verabschieden zu können" (Abensour 2012: 235). Präziser lässt sich Leforts demokratietheoretischer Einwand gegen die szientifische und ingenieurwissenschaftliche Demokratietheorie kaum auf den Punkt bringen.

Allerdings unterscheidet sich Leforts Demokratiedenken in einer entscheidenden Hinsicht von einer Unternehmung wie derjenigen Abensours, der sich in einer radikalen Geste dazu aufschwingt, aus den unbändigen Dimensionen der Demokratie eine grundsätzlich anti-etatistische und anti-institutionelle Bewegung der Demokratie abzuleiten. Wie sich aber an Leforts Machiavelli-Lektüren zeigt, übersieht er keineswegs, dass jede politische Gemeinschaft eines bestimmten Maßes an Eintracht (*concorde*) bedarf (Lefort 1992b: 167). Lefort jubelt also keineswegs blindlings den subversiven Dimensionen des Politischen zu. Wohl aber weist er mit Nachdruck darauf hin, dass Demokratie ohne Streit nicht zu haben ist. Sie ist ein Streit über die Einrichtung von Gesellschaften. Deshalb kann der Verweis auf die Bedeutung der Eintracht auch keineswegs als Aufforderung zur Auflösung des Konflikts verstanden werden, denn erst das Zusammenspiel von Eintracht und Konflikt begründet die demokratisch-republikanische Freiheit. Es gilt demnach, wie sich abschließend festhalten lässt, erstens um das Politische und die Demokratie überhaupt verstehen zu können und zweitens um die Normativität und die Struktur der republikanischen Freiheitsidee denken zu können, der Nichtübereinstimmung ihre Rolle im demokratietheoretischen Diskurs zurückzugeben. Dies ist die untilgbar praktische Dimension jeden ernsthaften Versuchs, Demokratie zu denken, denn genau darin, sich in das Abenteuer der Demokratie immer wieder einzuüben, liegen zugleich der Sinn und die Herausforderung der Demokratie.

4 Schluss: Demokratie als kritische Konstitution von Gesellschaft

Nach unserer Erkundung von Leforts Überlegungen zum Abenteuer der Demokratie lässt sich sein Beitrag zur kritischen politischen Theorie der Gegenwart benennen. Lefort hat in die Demokratietheorie eine wesentliche Änderung des Blickwinkels hineingetragen, die heute, wenngleich vielfach ohne expliziten Rekurs auf seine Schriften, in den kritischen Strömungen der politischen Philosophie eine tragende Rolle spielt. Was Lefort an der Demokratie ganz entschieden in den Blick rückt, ist der ihr eigentümliche Umstand, eine kritische Form der Konstitution von Gesellschaft und Gesellschaftsordnung zu sein. Diese Fragen nach der Konstitution werden gegenwärtig in zwei aufeinander zulaufenden Richtungen verfolgt: Auf der einen Seite ist hier an Judith Butlers (2001: Kap. 3) – im Anschluss an Michel Foucault (2001) betriebene – Forschungen zur Konstitution von Subjektivität zu denken und auf der anderen Seite an Jacques Rancières Überlegungen zur demokratischen Konstitution von Welt (vgl. Rancière 2002).[6] Während Foucault und später Butler in erster Linie daran interessiert sind, wie Subjekte in Machtprozessen hervorgebracht werden, geht es in Rancières politischer Philosophie um die auch bei Lefort so prominente Frage, wie im demokratischen Konflikt soziale Sinnordnungen aufgebrochen und rekonstituiert werden können – diese letztgenannte Frage ist allerdings auch in Butlers Untersuchungen dann stets gegenwärtig, wenn sie die Möglichkeit der Bedeutungsverschiebung und damit verbundenen Resignifizierungen von Normen und Legitimationsmustern erkundet: „Die Resignifizierung des Sprechens erfordert, daß wir neue Kontexte eröffnen, auf Weisen sprechen, die noch niemals legitimiert wurden, und damit neue und zukünftige Formen der Legitimation hervorbringen" (Butler 1998: 65).

Diese jüngeren Diskurse einer kritischen politischen Philosophie lesen sich im Grunde wie Erläuterungen bzw. Fortführungen der von Lefort eröffneten demokratietheoretischen Denkbahn. Die Aufgabe der Demokratietheorie besteht demzufolge ebenso wenig darin, ein Modell der Demokratie zu begründen, wie es das Ziel der politischen Philosophie und Theorie insgesamt sein kann, normative Fundamente zu legen, sondern im Gegenteil gerade darin, unnachgiebig auf die Notwendigkeit einer kritischen Befragung gegebener institutioneller Ordnungen hinzuweisen. Demokratie ist, wie wir nunmehr mit Lefort festhalten können, zu verstehen als eine emanzipatorische Unternehmung, deren Befragungen institutionelle Ordnungen nicht nur aufbrechen, sondern gewissermaßen umschreiben und so auf demokratisch streitbarem Wege Gesellschaft instituieren.

---

6   Vgl. hierzu auch meine Auseinandersetzung mit Foucault, Butler und Rancière: Flügel-Martinsen 2013.

Literatur

Abensour, Miguel, 2012: Nachtrag: „Wilde Demokratie" und das „Prinzip der Anarchie", in: Ders., Demokratie gegen den Staat, Berlin: Suhrkamp, 227–269.

Balibar, Étienne, 2012: Gleichfreiheit, Berlin: Suhrkamp.

Butler, Judith, 1998: Hass spricht, Berlin: Berlin Verlag.

Butler, Judith, 2001: Psyche der Macht, Frankfurt a. M.: Suhrkamp.

Derrida, Jacques, 1994: Politiques de l'amitié, Paris: Galilée.

Flügel, Oliver/Heil, Reinhard/Hetzel, Andreas, 2004: Die Rückkehr des Politischen, in: Dies. (Hrsg.), Die Rückkehr des Politischen. Demokratietheorien heute, Darmstadt: Wissenschaftliche Buchgesellschaft, 7–16.

Flügel-Martinsen, Oliver, 2010: Die Normativität von Kritik. Ein Minimalmodell, in: Zeitschrift für Politische Theorie, Jg. 1, H. 2, 139–154.

Flügel-Martinsen, Oliver, 2013: Subjektivation: Zwischen Unterwerfung und Handlungsmacht, in: André Brodocz/Stefanie Hammer (Hrsg.), Variationen der Macht, Baden-Baden: Nomos, 95–109.

Foucault, Michel, 2001: Le sujet et le pouvoir, in: Dits et écrits II, 1976–1988, Paris: Gallimard, 1041–1062.

Gaus, Daniel, 2004: Demokratie zwischen Konflikt und Konsens, in: Oliver Flügel/Reinhard Heil/Andreas Hetzel (Hrsg.), Die Rückkehr des Politischen. Demokratietheorien heute, Darmstadt: Wissenschaftliche Buchgesellschaft, 65–86.

Habermas, Jürgen, 1992: Faktizität und Geltung. Beiträge zur Diskurstheorie des Rechts und des demokratischen Rechtsstaats, Frankfurt a. M.: Suhrkamp.

Habermas, Jürgen, 1996: Drei normative Modelle der Demokratie, in: Ders., Die Einbeziehung des Anderen. Studien zur politischen Theorie, Frankfurt a. M.: Suhrkamp, 277–292.

Lefort, Claude, 1986a: Essais sur le politique, Paris: Seuil.

Lefort, Claude, 1986b: La question de la démocratie, in: Ders. 1986a, 17–32.

Lefort, Claude, 1986c: Réversibilité: liberté politique et liberté de l'individu, in: Ders. 1986a, 215–236.

Lefort, Claude, 1986d: De l'égalité à la liberté, in: Ders., 1986a, 237–271.

Lefort, Claude, 1992a: Écrire. À l'épreuve du politique, Paris: Calmann-Lévy.

Lefort, Claude, 1992b: Machiavel et la verità effetuale, in: Ders. 1992a, 141–179.

Lefort, Claude/Gauchet, Marcel, 1990: Über die Demokratie: Das Politische und die Instituierung des Gesellschaftlichen, in: Ulrich Rödel (Hrsg.), Autonome Gesellschaft und libertäre Demokratie, Frankfurt a. M.: Suhrkamp, 89–122.

Locke, John 1952 [1690]: The Second Treatise of Government, New York, NY: The Liberal Arts Press.

Machiavelli, Niccolo, 1966 [1531]: Discorsi, Stuttgart: Kröner.

Merleau-Ponty, Maurice, 1964: Le visible et l'invisible, Paris: Gallimard.

Mill, John Stuart, 1998 [1859]: On Liberty, in: Ders., On Liberty and Other Essays, Oxford: Oxford University Press, 5–135.

Münkler, Herfried, 1995: Machiavelli. Die Begründung des politischen Denkens der Neuzeit aus der Krise der Republik Florenz, Frankfurt a. M.: Fischer.

Nancy, Jean-Luc, 2008: Vérité de la démocratie, Paris: Galilée.

Rancière, Jacques, 2002: Das Unvernehmen. Politik und Philosophie, Frankfurt a. M.: Suhrkamp.

Rancière, Jacques, 2005: La haine de la démocratie, Paris: La fabrique.

Rousseau, Jean-Jacques, 1996 [1762]: Du contrat social, in: Ders., Oeuvres complètes, Bd. III, Paris: Gallimard (Bibliothèque de la Pleiade), 349–470.

Skinner, Quentin, 2002: Skinner, Machiavelli on virtù and the Maintenance of Liberty, in: Ders., Visions of Politics II. Renaissance Virtues, Cambridge: Cambridge University Press, 160–185.

Tocqueville, Alexis de, 2007 [1835]: De la démocratie en Amérique I, Paris: Gallimard (dt. Ders., 1997: Über die Demokratie in Amerika, Stuttgart: Reclam).

Tully, James, 1995: Strange Multiplicity, Cambridge: Cambridge University Press.

Teil II
(Demokratische) Ordnungsbildung in der Weltgesellschaft

Ordnungsbildung und Entgrenzung in der Weltgesellschaft
Internationale Politik zwischen Fragmentierung und Demokratisierung

Stephan Stetter

Zusammenfassung Der Beitrag untersucht Grundstrukturen von Ordnungsbildung und Entgrenzung im weltpolitischen System. Hierzu werden zentrale Theorien globaler politischer Ordnungsbildung in den Internationalen Beziehungen (vor allem das Konzept der Primärinstitutionen in der Englischen Schule) mit historisch inspirierten Theorien gesellschaftlicher Ordnung der Soziologie verbunden. Der Beitrag argumentiert, dass globale politische Ordnung wesentlich durch weltgesellschaftliche „Irritationen", vor allem funktionale Differenzierung und das Inklusionspostulat mit Blick auf die moderne Idee des Individuums, geprägt ist. Der Beitrag diskutiert, inwieweit hierdurch Integration und Fragmentierung in der globalen Politik geprägt werden und was die Chancen für eine globale Entgrenzung von Demokratie sind.

1   IB-Theorien und die Ordnungsstruktur globaler Politik

Eine bisweilen etwas selbstbezogen anmutende Theorieverliebtheit kann der Disziplin der Internationalen Beziehungen (IB) ohne Gefahr, dass eine Unterlassungsklage ins Haus geflattert kommt, unterstellt werden. Und diese Neigung ist, so lange sie dosiert bleibt, auch durchaus förderlich für das disziplinäre Sein und (Selbst-)Bewusstsein. Denn über globale Politik tauscht man sich im Fach nicht rein deskriptiv, sondern zumeist auf Grundlage sogenannter „IB-Theorien" aus (siehe Hellmann et al. 2003; Schieder/Spindler 2010), die dann mit Blick auf die Evolution dieser innerdisziplinären Theoriebildung und hiermit einhergehender „Debatten" (Lapid 1989) in eine Genealogie überführt und als Theoriekanon in der Lehre vermittelt werden können. Dies ist auch in Maßen gut so. Denn durch die Selbstvergewisserung über die epistemologischen und ontologischen Grundlagen des Faches wird – der Vergleich zur Soziologie drängt sich auf – einerseits die Identität der Disziplin gewahrt, andererseits ein Auseinanderdriften in Bindestrich-IBen erschwert (vgl. Bonß 2013; Zürn 2013). Angesichts dessen mag es verwundern, dass einer der führenden Vertreter des Faches aber gerade darüber klagt, dass „few scholars have thought about the constitution of international society" (Onuf 2002: 228).

Wollen die sogenannten „IB-Theorien" nicht gerade darüber eine Aussage treffen, wie die internationale Gesellschaft – sprich die internationalen Beziehungen des westfälischen beziehungsweise des post-westfälischen Systems – strukturiert und geordnet sind? Kommt es auf die innere Verfasstheit von Staaten an, wie liberale Theorien behaupten? Dominieren Selbstinteresse und -behauptung von Akteuren in einem anarchischen globalen System, wie es realistische Theorien vermuten? Oder gilt doch das „institutions matter" respektive das „norms matter" institutionalistischer beziehungsweise sozialkonstruktivistischer Provenienz, also derjenigen Theorien, die internationalen Institutionen und Normen einen transformativen Charakter zuschreiben?

In der Tat ist es ein zentrales Anliegen von IB-Theorien zu erklären und zu verstehen, welche Akteure, Institutionen und Normen tragend für die internationale Gesellschaft sind und warum sie dies sind. Und mit Blick hierauf haben sich in den IB in den vergangenen 100 Jahren Theorien herausgebildet, die hierauf Antworten zu geben versuchen. Dessen ungeachtet und jenseits der allgemeinen Rede von einem anarchisch-westfälischen oder einem post-westfälischen System sagen IB-Theorien, wie Onuf zu Recht beobachtet, aber von einigen Ausnahmen abgesehen oft erstaunlich wenig über die der internationalen Politik zu Grunde liegende Ordnungsstruktur globaler Politik aus. Der vorliegende Beitrag baut auf dieser Beobachtung auf. Denn so bemerkenswert IB-Theorien in der Dechiffrierung von Akteurskonstellationen einerseits und Institutionen- und Normgenese andererseits sein mögen, konzentrieren sich weite Teile der Disziplin oft auf sehr kleinteilige Forschungsfragen, ohne dabei das „theoretische Ganze" ausreichend zu berücksichtigen (vgl. Mearsheimer/Walt 2013). Hierdurch weiten sich also theoretische Leerstellen mit Blick auf grundlegende Fragen zu der politischen Ordnung, in deren Kontext sich diese Akteure, Institutionen und Normen erst konstituieren (so schon Manning 1975; Hoffmann 1977). Ich argumentiere im vorliegenden Beitrag, dass ein Grund für diese theoretischen Leerstellen darin zu suchen ist, dass viele IB-Theorien dazu tendieren, umfassendere gesellschaftliche Kontextbedingungen der globalen politischen Ordnung aus der Theoriebildung zu exkludieren, was auch die geringe Reichweite von IB-Theorien in andere sozialwissenschaftliche Disziplinen (vgl. Buzan/Little 2001) erklären mag. Diese Kontextbedingungen sind, wie ich in den Kapiteln 2 und 3 ausführlicher darstellen werde, zum einen die Einbettung globaler politischer Ordnungsbildung in allgemeine soziale, sprich weltgesellschaftliche Strukturmuster, zum anderen die historische Genese und Evolution dieser internationalen politischen Ordnung seit Beginn der *globalen Moderne*. Hieran anknüpfend zeige ich auf, wie sich Theoriebildung in den

IB mit einer solchen historisch interessierten *Soziologie der Internationalen Beziehungen* (vgl. Stetter 2013a) verknüpfen lässt, um so Ordnungsbildung in der globalen Politik aus einer sozial- und gesellschaftstheoretisch informierten Perspektive zu verstehen.

Im Folgenden wird Ordnungsbildung als ein evolutiver Prozess der Entgrenzung in der gesellschaftlichen Moderne verstanden, in dessen Zusammenhang sich das weltpolitische System im Wechselspiel mit seiner (welt-)gesellschaftlichen Umwelt (ko-)konstituiert und ausdifferenziert. Theoretisch gesprochen kann man Ordnung in der globalen Politik also als System-Umwelt-Beziehung beschreiben, die sich aus der Einbettung globaler Politik in gesellschaftliche Strukturen einerseits und der globalen Entgrenzung dieser *welt*gesellschaftlichen Ordnung andererseits ergibt. Eine solche Vorgehensweise lässt zwei auch empirisch hochgradig relevante Strukturmuster weltgesellschaftlicher Ordnung sichtbar werden, deren Inklusion in die Theorie- und Begriffssprache der IB zur Schärfung des „ordnungstheoretischen" Profils klassischer IB-Theorien beitragen kann. Wie in den folgenden Kapiteln ausgeführt, sind diese zwei Strukturmuster, die für die Konstitution von Akteuren, Institutionen und Normen in der globalen Politik hochgradig signifikant sind, einerseits die *(funktionale) Differenzierung* moderner gesellschaftlicher Ordnung (Luhmann 1998; Albert et al. 2013) und andererseits *Subjektivierungsdynamiken* in Form der historischen Genese des Individuums als normativem Referenzpunkt dieser Ordnung, was spezifische Formen des politischen Umgangs mit Inklusion und Exklusion evoziert (siehe Mauss 1985; Reus-Smit 2011). In der Gesamtschau lässt sich dann, unter Rückgriff auf Michel Foucault, globale politische Ordnung als Entgrenzung von in der frühen Moderne auf Europa beschränkte Formen liberaler Gouvernementalität – und Opposition gegen diese Ordnung – verstehen (vgl. Foucault 2000; Busse/Stetter 2013).

Der diesem Beitrag zu Grunde liegende Gedankengang wird in vier Schritten entfaltet. In Kapitel 2 und 3 gehe ich detaillierter auf die gerade skizzierten Grundlagen einer historisch und soziologisch inspirierten Theorie der globalen politischen Ordnung ein. Kapitel 2 wirft die Frage nach der Ordnungsbildung innerhalb des weltpolitischen Systems auf und identifiziert die Theorie der *Primärinstitutionen* in der Englischen Schule als den „ordnungstheoretisch" ambitioniertesten Versuch in den IB, diejenigen Ordnungsmuster in der internationalen Politik zu beschreiben, die im Verlaufe der Entwicklung des modernen weltpolitischen Systems entstanden sind. Kapitel 3 diskutiert dann die Einbettung des weltpolitischen Systems in einen umfassenderen weltgesellschaftlichen Ordnungszusammenhang und erörtert die oben angesprochene Bedeutung von (funktionaler) Differenzierung und Subjektivierung für die Evolution der globalen politischen Ordnung. Da es sich hier nicht um eine statische Ordnung handelt – die Rede des Übergangs von einem westfälischen zu einem post-westfälischen System deutet dies an – diskutiere ich in Kapitel 4, wie sich dieser Wandel in der globalen politischen Ordnung vollzieht. Mein zentrales Argument ist hier, dass sich Wandel evolutiv und nicht primär aufgrund „sichtbaren" Handelns von Akteuren einstellt. Strukturell betrachtet lebt Wandel wesentlich von der Bereitstellung eines gesellschaftlichen Möglichkeitshorizontes für Widerspruch, Opposition und Kontestation. Dieser Möglichkeitshorizont basiert auf einem weltgesellschaftlich hohen und normativ leicht aufladbaren Skandalisierungspotential, das sich aus der Beobachtung empirisch andauernd vorkommender (gravierender) Abweichungen vom Differenzierungs- und Inklusionspostulat moderner politischer Ordnung ergibt. Da ähnliche Dynamiken für die Herausbildung von *Demokratie* auf innerstaatlicher Ebene bedeutsam waren, liegt schließlich die Frage nahe, ob mit der Entgrenzung liberaler Gouvernementalität auch eine Entgrenzung der Demokratie im Sinne einer Demokratisierung globaler Politik einhergeht. Diese Frage wird in Kapitel 5 abschließend behandelt. Zwar können Abweichungen zum Differenzierungs- und Inklusionspostulat leicht skandalisiert werden und bieten hohes normatives Erregungspotential. Dies führt, evolutionstheoretisch gesprochen, aber bisher nur zu einer hohen Variabilität und zahlreichen Selektionsexperimenten – sprich *Fragmentierung* – in der globalen politischen Ordnung, aber kaum zu einer Restabilisierung im Sinne eines die globale Politik institutionell und normativ überspannenden einheitlichen Demokratieparadigmas.

2   Die „Gesteinsschichten" der globalen politischen Ordnung: Zur Evolution der Primärinstitutionen der internationalen Gesellschaft

Im Gegensatz zu vielen nationalstaatlichen Ordnungen oder auch dem supranationalen Kontext der EU zeichnet sich das weltpolitische System nach konventioneller Sicht durch eine relativ fragile Form der Ordnungsbildung aus. Es gibt keinen „globalen Leviathan" in Form einer Weltregierung. Und es gibt auch keine integrativ wirkende „unsichtbare Hand", die für Ordnung sorgen würde, etwa ein geteilter Glaube an die Nation oder an demokratische Spielregeln. Was es aber durchaus auf globaler Ebene gibt – da besteht bei vielen IB-Theorien Einigkeit – sind systemische Gesetzmäßigkeiten, Formen, Regeln und Konventionen, die die Interaktion zwischen internationalen Akteuren auch ohne ordnungsbildenden Überbau prägen. Klassische IB-Theorien bemühen daher das Bild einer „anarchischen Ordnung", um dieses Paradoxon ungeordneter Ordnung in der internationalen Politik zu beschreiben (vgl. Bull 2002; Waltz 1979). Es gibt allerdings mehrere altbekannte Mängel dieser Beschreibung internationaler Politik als „anarchisch".

Erstens ist internationale Politik aufgrund hegemonialer Ordnungsstrukturen (vgl. Ikenberry 2000) weniger anarchisch denn stratifiziert (vgl. Viola 2013). Zu denken ist hier etwa an die ordnungsbildende Dominanz spezifischer Akteure wie den USA seit Ende des 2. Weltkrieges oder Großbritannien im 19. Jahrhundert, aber auch an die „hegemoniale Macht" bestimmter Weltbilder und Ideologien, etwa des liberalen Politik- und v. a. Wirtschaftsmodells im Kontext gegenwärtiger „Globalisierung". Zweitens mag die Beschreibung internationaler Politik als „anarchisch" nicht so recht mit der dichten Institutionalisierung globaler Politik korrespondieren. So zeichnet sich internationale Politik durch eine nach wie vor anhaltende Zunahme von internationalen Organisationen und Regimen, die in vielen Politikfeldern über signifikante Kompetenzen verfügen, aus – mit anderen Worten: einer durch *Global-Governance*-Arrangements, Verrechtlichungsdynamiken und die Bedeutung Internationaler Organisationen (IOs) (vgl. Abbott et al. 2000; Rosenau/Czempiel 1992) geprägten internationalen Ordnung. Drittens schließlich ist die Vorstellung einer anarchischen Ordnung nur schwer mit der normativen Kraft bestimmter Ideen zu vereinbaren, die Logiken der Angemessenheit für die internationale Politik konstituieren (vgl. Kratochwil 1989; Müller 2004). Forschung in den IB betont hier zuvorderst – und ohne an dieser Stelle auf die Ambivalenz dieser Norm einzugehen (vgl. Bonacker/Brodocz 2004) – die normative Kraft der Menschenrechte (vgl. Risse-Kappen et al. 1999; Forsythe 2000) Es soll hier nun aber nicht darum gehen, diese Argumente pro und contra einer „anarchischen Gesellschaft" (Bull 2002) auf globaler Ebene weiter zu vertiefen. Was aber durch diese kurze Auflistung ersichtlich sein sollte ist, dass globale politische Ordnung komplexer ist, als es die Rede von „Anarchie", „Hegemonie", „*Governance*" oder „normativer Ordnung" suggeriert. Irgendwie scheinen alle diese Ordnungsprinzipien plausibel zu sein. Doch wie lassen sich diese verschiedenen Perspektiven integrieren, ohne den in den IB beliebten, aber erkenntnistheoretisch problematischen Weg (vgl. Herborth 2011) zu gehen, einfach von jeder Theorie ein scheinbar passendes Stückchen zu nehmen und zu glauben, dies ergäbe ein stimmiges Gesamtbild?

Ich schlage an dieser Stelle und als Alternative zu einem solchen theoretischen *patchwork*-Ansatz vor, auf Überlegungen der Englischen Schule zu rekurrieren, also der Theorie in den IB, der die theoretisch wohl gehaltvollste Beschreibung der historischen Genese der globalen politischen Ordnung gelungen ist (vgl. Linklater/Suganami 2006). Insbesondere die Systematisierung zentraler ordnungstheoretischer Überlegungen der Englischen Schule durch Barry Buzan (2004) gestattet einen umfassenden Blick auf historische Ursprünge und Entwicklung dieser Ordnung. Als besonders hilfreich erweist sich hierbei Buzans Konzept der „Primärinstitutionen" (2004: 161–204) der internationalen Gesellschaft, nebenbei Onufs oben angeführtes Diktum bestätigend, dass für eine Theorie globaler politischer

Ordnung zuvorderst eine bessere Institutionentheorie von Nöten sei (vgl. Onuf 2002: 228). Unter Primärinstitutionen versteht Buzan – im Gegensatz zu der eher an „handfesten" Institutionen wie den UN, Nationalstaaten, Bürokratien, Netzwerken oder völkerrechtlichen Verträgen interessierten konventionellen Institutionenforschung in den IB – grundlegende ordnungsbildende Strukturen und Praktiken internationaler Politik. Primärinstitutionen sind mithin

> „the institutions talked about by the English school as constitutive of both states and international society in that they define both the basic characteristics and purpose of any such society" (Buzan 2004: xviii).

Primärinstitutionen sind also nicht nur der ideelle „Unterbau" der globalen politischen Ordnung, sondern auch konstitutiv für die Legitimierung von Akteuren in dieser Ordnung (vgl. Manning 1975). Buzan (2004: 181) verweist an dieser Stelle darauf, dass Primärinstitutionen – im Gegensatz zu Nationalstaaten, IOs oder multilateralen Verträgen, die im Buzanschen Sinne Sekundärinstitutionen der internationalen Gesellschaft darstellen – nicht durch bewusste Setzung oder konkrete Beschlüsse entstehen. Primärinstitutionen entwickeln sich vielmehr evolutiv als nicht intendierte Folge der Interaktion miteinander in Kontakt tretender politischer Entitäten wie etwa Staaten oder anderen politischen Akteuren. Konkrete Primärinstitutionen sind – um auf eine Auflistung Buzans zurückzugreifen – grundlegende Ordnungsprinzipien internationaler Politik wie Souveränität, Territorialität, Diplomatie, Mächtegleichgewicht, Gleichheit der Menschen (Menschenrechte), Ungleichheit der Menschen (Dynastische Ordnung; Kolonialismus), Handel, Nationalismus und Umweltvorsorge (vgl. Buzan 2004: 184–187). Es geht hier nicht darum, ob diese Liste von Primärinstitutionen vollständig beziehungsweise hinreichend genau ist oder ob Institutionen mit ähnlich konstitutivem Charakter für die globale Politik fehlen – wie etwa „Regionalisierung" (Albert/Stetter 2015) – oder nach wie vor die internationale Politik prägende postkoloniale Formen der Unterscheidung zwischen Westen und Nicht-Westen (vgl. Darby 2004; Hatem 2012).

Entscheidend für den vorliegenden Beitrag ist vielmehr die Bedeutung, die diesen Primärinstituionen als „durable and recognised patterns of shared practices rooted in values held commonly by the members of interstate societies" (Buzan 2004: 181) für den Aufbau von Ordnung in der internationalen Politik zukommt. Die Komplexität von Ordnung in der internationalen Politik zeigt sich darin, dass seit Entstehen des modernen Staatensystems im 17. Jahrhundert eben nicht eine, sondern zahlreiche dieser Primärinstitutionen die globale Ordnung – d. h. grundsätzliche Vorstellungen über legitimes Verhalten und legitime Akteurschaft – prägen. Hierbei ist freilich zweierlei zu beachten: Erstens haben Primärinstitutionen keinen teleologischen Charakter. Wenngleich relativ stabil, verändern sich Primärinstitutionen, „they will typically undergo a historical pattern of rise, evolution and decline that is long by the standards of a human lifetime" (Buzan 2004: 181–182). Zweitens stehen diese Institutionen nicht zwangsläufig in einem komplementären Verhältnis zueinander, zu denken wäre etwa an das – zumindest auf den ersten Blick bestehende – Spannungsverhältnis zwischen Souveränität und Menschenrechten oder Markt und Umweltvorsorge. Auf diese Weise erlaubt es das Konzept der Primärinstitutionen auch, den ordnungstheoretischen Partikularismus einzelner IB-Theorien zu überwinden. So befördert die ausschließliche Fokussierung auf spezifische Primärinstitutionen wie „Souveränität" oder „Territorialität", das Bild einer globalen Ordnung anarchischer Natur. Andere Primärinstitutionen sind aber eher hegemonialen Charakters wie „Kolonialismus" (vgl. Keene 2002) bzw. „Post-Kolonialismus" (vgl. Darby 2004) oder „Großmachtpolitik". Wieder andere entsprechen dann aber der Vorstellung einer durch inklusive (d. h. angemessene) Normen integrierten Ordnung, zuvorderst wäre hier die Primärinstitution „Gleichheit der Menschen" zu nennen. Und schließlich verweisen Primärinstitutionen wie „Diplomatie" (v. a. im Kontext von Multilateralismus), der „Markt" oder „Umweltvorsorge" auf eine durch *Governance*-Arrangements, Verrechtlichung und IOs geprägte globale Ordnung.

Bildlich gesprochen entsteht globale politische Ordnung also durch den „Glauben" an diese diversen Primärinstitutionen (vgl. Aalberts 2010), die im Laufe der Evolution des globalen politischen Systems seit dem 16. Jahrhundert entstanden sind und sozusagen wie sedimentierte Gesteinsschichten über- und quer zueinander liegen. Ein einheitliches Paradigma globaler Politik lässt sich aufgrund der Vielzahl von Primärinstitutionen nicht ausmachen. Zu viele unterschiedliche Handlungsimperative und Legitimationspraktiken werden durch die verschiedenen Primärinstitutionen evoziert. Globale Politik ist mal anarchisch, mal auf *Governance* geeicht – das eine Mal normativ integrierend, das andere Mal hegemonial. Nicht nur die von Rosenberg mit Blick auf ungleiche Entwicklungsformationen und das massive Wohlstands- und Machtgefälle in den internationalen Beziehungen zu Recht hervorgehobene „Gleichzeitigkeit des Ungleichzeitigen" globaler Politik (Rosenberg 2007), sondern auch eine durch Primärinstitutionen geprägte *Gleichzeitigkeit des Uneinheitlichen* charakterisiert also bis auf Weiteres die globale politische Ordnung.

Es ist nicht Ziel des vorliegenden Beitrags, die historische Genese und Entwicklung dieser Primärinstitutionen und ihre Bedeutung für die globale politische Ordnung ausführlicher zu beschreiben. Es soll vielmehr der Blick darauf gelenkt werden, dass – so weiterführend im Vergleich zu anderen IB-Theorien die historisch informierte Herangehensweise der Englischen Schule für ein theoretisch gehaltvolles Verständnis dieser Ordnung ist – ein „ordnungstheoretisches" Problem bestehen bleibt. Es resultiert, spezifischer gesagt, aus der Subsumtion des „Globalen" unter das „Internationale" in vielen IB-Theorien, die Englische Schule eingeschlossen. Dies kommt schon durch die Verwendung des amorphen Begriffs der „internationalen Beziehungen" deutlich zum Ausdruck. Denn die Rede von den „internationalen Beziehungen" suggeriert – fälschlicherweise – dass das Internationale ein primär politisch zu denkender Sachverhalt ist (siehe auch Luhmann 2000: 221–222). Eine nicht unproblematische Konsequenz hieraus ist, dass globale Ordnung in den IB mithin leicht auf originär politische Institutionen – wie Souveränität, Diplomatie, Multilateralismus, Menschenrechte etc. – verengt wird. Der Fokus liegt, mit anderen Worten, primär auf politischen Institutionen, also Institutionen, die im Kontext der Evolution des (welt-)politischen Systems entstanden sind. Doch so zentral autopoietische Reproduktion – und damit selbst generierte Institutionen im Sinne der hier angeführten Primärinstitutionen – für soziale Systeme wie unter anderem das politische System auch sind: Das politische System führt keine monadische Existenz, sondern ist eines von vielen sozialen Systemen der modernen, globalen Gesellschaft. Globale Politik – oder klassisch: internationale Beziehungen – ist eingebettet in eine umfassendere globale – klassisch: internationale – gesellschaftliche Ordnung. Soziologisch interessierte Theorien internationaler Politik verweisen daher schon lange darauf, dass bei der Analyse der globalen politischen Ordnung deren Bezug zu allgemeinen weltgesellschaftlichen Strukturmustern systematischer berücksichtigt werden sollte, als dies in den IB handelsüblich ist (zu Theorien der Weltgesellschaft vgl. Heintz et al. 2005; Luhmann 1998; Krücken/Drori 2009; Stichweh 2000; Thomas et al. 2008).

3 Soziologie der Internationalen Beziehungen: Zur Schärfung des „ordnungstheoretischen" Profils der IB

Unbeschadet des Beitrags von IB-Theorien – und hier insbesondere des Konzepts der Primärinstitutionen – für die Dechiffrierung globaler politischer Ordnung, zeigt ein soziologisch geschulter Blick, dass nach wie vor gewichtige theoretische Leerstellen offen bleiben, die vor allem damit zusammenhängen, dass Theorien der Ordnungsbildung in den IB zu wenig an (soziologische) Theorien der Ordnungsbildung in der gesellschaftlichen Moderne rückgebunden werden (vgl. Stetter 2013b; Albert/Mahlert 2013). So tendieren viele IB-Theorien etwa dazu, zentrale *gesellschaftliche* Kontextbedingungen der globalen politischen Ordnung aus der Theoriebildung zu exkludieren. Eine dieser gesellschaftlichen Kontextbedingungen ist die Einbettung globaler politischer Ordnungsbildung, seit Beginn der Neuzeit, in umfassendere soziale – sprich weltgesellschaftliche – Strukturen und Prozesse der globalen Moderne (vgl. Jung 2001; Schlichte/Reckwitz 2013). Wie ich auf den folgenden Seiten aufzeigen möchte, ist eine solche Verknüpfung der Theoriebildung in den IB mit einer historisch interessierten Soziologie der Internationalen Beziehungen (vgl. Stetter 2013b) nicht nur deswegen hilfreich, weil sie es ermöglicht, den Zusammenhang zwischen der globalen politischen Ordnung einerseits und grundlegenden Strukturen, Institutionen und Praktiken der Moderne andererseits herauszuarbeiten. Sie ist auch hilfreich, weil sie einen soziologisch geschärften Blick auf die weiter oben angeführten Primärinstitutionen gestattet, der – wie ich argumentieren werde – für die Bestimmung des Verhältnisses dieser Primärinstitutionen zueinander weiterführend ist.

Strukturen, Institutionen und Praktiken der Moderne diffundieren seit Beginn der Neuzeit – befördert durch die sich gleichzeitig vollzogene geographische Erschließung des Erdballes – in einem Prozess der Entgrenzung. Mit anderen Worten limitieren räumliche Grenzen die Reichweite von Kommunikation als sinnstiftender Grundlage des Aufbaus jeder sozialen Ordnung grundsätzlich nicht (mehr) (vgl. Stichweh 2000). In diesem Sinne ist mit Beginn der Neuzeit auch von der Ausdifferenzierung *einer* globalen politischen Ordnung auszugehen, was aufgrund von Entkopplungsdynamiken aber nicht bedeutet, dass sich in temporaler oder räumlicher Hinsicht nicht multiple Modernitäten (vgl. Eisenstadt 2000) identifizieren ließen. Die Weltgesellschaftsforschung hat auf diese der Globalisierung inhärente Heterogenität und auf solche Fragmentierungsdynamiken umfassend verwiesen, dies muss hier daher nicht wiederholt werden (vgl. Luhmann 1998; Thomas et al. 2008). Entgrenzung zeigt sich, um auf das oben angeführte Beispiel der Primärinstitutionen zu rekurrieren, etwa darin, dass moderne Ordnungsprinzipien und damit auch Formen politischer Machtausübung und Herrschaft nicht auf bestimmte Weltregionen beschränkt sind, sondern global diffundieren, wie – mit Blick auf politische Ordnungsprinzipien – insbesondere die globale Verbreitung der Ideen der Souveränität, des Nationalismus oder der Menschenrechte belegt. Entgrenzung darf aber keinesfalls als Auflösung sozialer (oder räumlicher) Grenzen verstanden werden. Denn die globale Entgrenzung der Kommunikation führt nicht zur Homogenisierung von Gesellschaft, sondern vielmehr zu Komplexitätssteigerung. Ordnung wird, wie sich etwa an der Multiplikation von Primärinstitutionen und der grundsätzlichen Umstrittenheit des konkreten Bedeutungsgehalts einzelner solcher Institutionen zeigt, nicht durch Komplexitätsreduktion, sondern vielmehr durch die Zunahme von Komplexität in der Binnendifferenzierung des globalen politischen Systems aufgebaut. Denn obgleich Institutionen diffundieren, bleibt ihr Bedeutungsgehalt umstritten und muss immer neu ausgehandelt werden, was Differenzen produziert – sowohl in zeitlicher als auch in sachlicher Hinsicht, wie das Beispiel der Primärinstitution „Souveränität" deutlich aufzeigt (vgl. Sørensen 1999). Durch diese Differenzproduktion entstehen fortlaufend neue soziale (und räumliche) Grenzen und es grenzen sich soziale (und territoriale) Ordnungsräume voneinander ab – Staaten, Nationen, Kulturen, Konfessionen, *neighborhoods*, Regionen usw. *Debordering* und *rebordering* sind daher auch kein Gegensatzpaar, sondern miteinander verknüpfte Prozesse – wo globale Entgrenzung stattfindet, werden auch immer wieder neue Unterscheidungen markiert. Gesellschaft ist nur um den Preis der Differenz zu haben (vgl. Luhmann 1998).

Ein soziologisch und gesellschaftstheoretisch geschärfter Blick erfordert freilich – dies ist bereits deutlich geworden – nicht nur die Binnendifferenzierung des globalen politischen Systems auf segmentärer (z. B. Staaten; Regionen), stratifikatorischer (z. B. Norden vs. globaler Süden; Staaten versus nicht-staatliche Akteure; Vetomächte im Sicherheitsrat vs. andere Staaten) sowie auf funktional-sachlicher (z. B. Primärinstitutionen-) Ebene zu thematisieren. Ordnungsbildung in der Weltgesellschaft vollzieht sich nicht nur im Kontext der Ausdifferenzierung eines spezifischen sozialen Systems – hier des politischen Systems – sondern nicht zuletzt durch „Irritationen", die ein solches System aus seiner (welt-)gesellschaftlichen Umwelt bezieht. Im Folgenden wird Ordnungsbildung daher als ein evolutiver – d. h. nicht-linearer und dynamischer – Prozess der Entgrenzung in der gesellschaftlichen Moderne verstanden, in dessen Zusammenhang sich das weltpolitische System im Wechselspiel mit seiner (welt-)gesellschaftlichen Umwelt (ko-)konstituiert und ausdifferenziert. Theoretisch gesprochen lässt sich Ordnung in der globalen Politik also als System-Umwelt-Beziehung beschreiben, die sich aus der Einbettung globaler Politik in gesellschaftliche Strukturen einerseits und der globalen Entgrenzung dieser *welt*gesellschaftlichen Ordnung andererseits ergibt.

Nimmt man die soziologische Diagnose ernst, dass sich Weltgesellschaft im Kontext der Moderne konstituiert, so heißt dies im Umkehrschluss auch, dass eine Bestimmung der grundlegenden Ordnung in der internationalen Politik unter anderem danach fragen muss, wie allgemeine gesellschaftliche Ordnungsprinzipien der Moderne auf (globale) Politik einwirken und diese irritieren. Eine solche Vorgehensweise lässt zwei auch empirisch hochgradig relevante Strukturmuster weltgesellschaftlicher Ordnung in der Moderne zur Geltung kommen, deren Inklusion in die Theorie- und Begriffssprache der IB somit auch zur Schärfung des „ordnungstheoretischen" Profils klassischer IB-Theorien beitragen kann. Dies sind, spezifisch gesprochen, einerseits die (funktionale) Differenzierung moderner gesellschaftlicher Ordnung (siehe Luhmann 1998; Albert et al. 2013) und andererseits Subjektivierungsdynamiken in Form der historischen Genese des Individuums als normativem Referenzpunkt dieser Ordnung (siehe Mauss 1985; Reus-Smit 2001, 2011). Wie ich im Folgenden aufzeige, sind diese beiden allgemeinen gesellschaftlichen Ordnungsmuster der Moderne von zentraler Bedeutung für die Konstitution von Akteuren, Institutionen und Normen sowie die Ausübung von Macht und Herrschaft in der globalen Politik. Dies gilt nicht zuletzt mit Blick auf wichtige Primärinstitutionen, wie unter anderem Souveränität und Menschenrechte, deren Bedeutung innerhalb des globalen politischen Systems sich, wie die folgenden Anmerkungen deutlich machen, wesentlich durch weltgesellschaftliche Irritationen aus der Umwelt des weltpolitischen Systems ergeben.

Wie insbesondere Niklas Luhmann in seiner Gesellschaftstheorie aufgezeigt hat, ging die mit dem Begriff der „Globalisierung" bekanntlich nur unzureichend benannte Neuvermessung der Welt in der Neuzeit (vgl. Osterhammel 2010) mit einer Veränderung ihres primären Differenzierungsschemas einher. Obgleich segmentäre und stratifizierte Formen der Differenzierung nach wie vor bedeutsam sind, ist die moderne gesellschaftliche Ordnung primär durch funktionale Differenzierung gekennzeichnet. Dies zeigt sich einerseits in der Ausdifferenzierung von sich hochgradig autonom entwickelnden sozialen Systemen wie der Wirtschaft, dem Recht, der Religion, der Kunst, der Wissenschaft – bis hin zur Politik; andererseits in der sich parallel zu dieser Ausdifferenzierung vollziehenden Komplexitätssteigerung innerhalb dieser Systeme, die sich im Kontext des weltpolitischen Systems etwa in der in den IB häufig aufgestellten Diagnose einer steten Zunahme von Akteuren, Politikfeldern oder eben Primärinstitutionen zeigt.

„Internationale Politik" stellt sich auf den Primat der funktionalen Differenzierung in der Weltgesellschaft ein. Dies geschieht etwa durch den Aufbau und Unterhalt von „Außenkontakten", mit denen das Verhältnis zur weltgesellschaftlichen Umwelt formalisiert wird, was sich insbesondere durch die strukturelle Kopplung zwischen (globaler) Politik und (globalem) Recht im Kontext der in den IB etwas unpräzise als „Verrechtlichung" bezeichneten Konstitutionalisierung des Internationalen zeigt. Wie stark sich internationale Politik durch funktionale Differenzierung „irritieren" lässt, wird aber insbesondere auch am Aufstieg des *Governance*-Paradigmas deutlich. Internationale Politik transformiert sich durch den Bedeutungswandel der Grenzen zwischen Innen und Außen (vgl. Walker 1993) weg von einem Bereich der *high politics,* der sich mit nur wenigen sicherheitspolitisch relevanten Themen befasst und in dem primär „Staatsmänner" und Diplomaten agieren, hin zu einer Arena, in der unterschiedlichste Akteure zu „politischen Unternehmern" mit Blick auf die gesamte Bandbreite nunmehr globalisierter einstmals klassisch staatlicher Aufgaben werden – wie Steuerfragen, Sozialstandards, Bildungsfragen etc. Mit anderen Worten, aus funktional-sachlichen „Zwängen" vollzieht sich spätestens seit dem Entstehen von IOs und multilateraler Verträge seit dem 19. Jahrhundert eine Umstellung globaler Politik, die als globale Entgrenzung der Kapazität zur Bereitstellung kollektiv verbindlicher Entscheidungen verstanden werden kann. *Global Governance* kann mithin als Entgrenzung von Staatlichkeit verstanden werden, als deren Resultat unter anderem an den Schnittstellen der Politik mit anderen sozialen Systemen hochgradig verdichtete Politikregime entstehen (vgl. Fischer-Lescano/Teubner 2007) – freilich (vorerst) ohne das Entstehen eines zentralisierten Weltstaates. Dies muss aber nicht verwundern, denn Zentralisierung ist nur *eine* mögliche Lösung des modernen „Governanceproblems"; das Entstehen dezentralisierter, sich in vielen Teilregimen vollziehender Weltstaatlichkeit eine andere (vgl. Albert/Stichweh 2007). Für globale Politik und das Zusammenspiel von Staaten, IOs, Nichtregierungsorganisationen und epistemischen Netzwerken in diesen verschiedenen, sich primär funktional-sachlich legitimierenden *Governance*-Regimen wird also (vorerst) ein anderer Entwicklungspfad beschritten, als ihn das politische System im Kontext der Entstehung von Nationalstaaten eingeschlagen hat. Denn auf globaler Ebene ist im Gegensatz zu zentralisierter politischer Herrschaft auf nationalstaatlicher Ebene „vielmehr eine heterarchische, konnexionistische netzwerkartige Verknüpfung von Organisationen und Professionen" (Luhmann 2000: 221) typisch.

Globale Politik ist heute wesentlich – hier nun der Rolle von Staaten ähnlich – eine funktionale Regulierungsinstanz zur „Lösung" allgemeiner gesellschaftliche Probleme, sei es im Bereich der Handelspolitik, der Gesundheitspolitik, der Standardsetzung, der Regulierung von Telekommunikation, der Flüchtlingspolitik oder in Ernährungsfragen. Um es an dieser Stelle noch einmal zu betonen, bedeutet diese Orientierung an sachlichen Irritationen nicht, dass funktionale Differenzierung die einzige Form der Differenzierung innerhalb des globalen politischen Systems ist. Die segmentäre Differenzierung in Staaten, die (stratifizierte) Ungleichheit zwischen Staaten sowie die Unterscheidung in Zentrum und Peripherie sind weiterhin gewichtige Formen der Binnendifferenzierung des weltpolitischen Systems. Gleichwohl bedeutet globale Politik heute vor allem, mit den gesellschaftlichen Folgen von funktionaler Differenzierung umzugehen und die Irritationen, die sich hieraus ergeben, in eine Kapazität zur Bereitstellung und Symbolisierung kollektiv verbindlicher Entscheidungen umzuleiten. Schon das Entstehen des modernen Staates, insbesondere im Kontext des Aufbaus eines komplexen Verwaltungsapparates und umfassender rechtlicher Regelungsapparate, kann als eine solche Entgrenzung des Politischen verstanden werden – und gleiches gilt *mutatis mutandis* für die Globalisierung dieser Verwaltungsförmigkeit und Rechtsbasiertheit moderner Politik im Kontext von *Global Governance*.

Diese Ausdifferenzierung der thematischen Regelungsbereiche globaler Politik geht mit einer anderen allgemeinen weltgesellschaftlichen Entwicklung in der Moderne Hand in Hand, namentlich der Subjektivierung beziehungsweise Individualisierung der sozialen Ordnung. Wie auch Foucault (2000) in seiner Gouvernementalitätstheorie bemerkt hat, sind moderne Staatlichkeit und Individualisierung zwei aufeinander verweisende Phänomene. Die Rechtfertigung des Staates basiert auf zwei mit modernen Subjektivierungsdynamiken eng verknüpften Aspekten. Erstens darauf, dass – wie bereits Hobbes (1966) beobachtet hat – der Leviathan durch individuelle Subjekte inthronisiert wird und – hierauf hat dann Locke (1977) verwiesen – die Frage der Rechte von Individuen, inklusive der Möglichkeit, dass diese Rechte *nicht* wahrgenommen und eingefordert werden (können), zu einem integralen Bestandteil moderner Politik wird.

Zweitens basiert die Rechtfertigung moderner Staatlichkeit darauf, dass der Staat seinen Daseinszweck und Herrschaftsmythos darauf gründet, die Instanz zu sein, die die Optimierung der Bevölkerung – ihre Bildung, ihre Gesundheit, ihre Rechte, ihre Chancen auf dem Arbeitsmarkt, ihr Nationalbewusstsein – organisiert und über hiermit verbundene Sachfragen autoritativ entscheidet. Angesichts der oben angesprochenen Entgrenzung von Staatlichkeit verwundert es mithin nicht, dass im Kontext des Aufstiegs der diversen *Global-Governance*-Regime eine solche Optimierung der (Welt-)Bevölkerung und ihrer Lebensverhältnisse – sei es durch globale Impfpolitik, entwicklungspolitische Ziele wie die Millennium Goals, globale Vergleichsstatistiken, Standards in der Flüchtlingspolitik oder durch Zertifizierung von Produkten – zu beobachten ist, die durch das Zusammenspiel von IOs, Staaten und transnationalen *Governance*-Netzwerken verwaltet wird. Gleichzeitig gibt es heute kaum einen Regelungsbereich internationaler Politik, der ohne Referenz auf die Rechte von Individuen auskommt, von allgemeinen *habeas corpus*-Rechten in universalistischen Menschenrechtserklärungen auf globaler und regionaler Ebene über die Spezifizierung politischer und sozio-ökonomischer Rechte, der Rechte von Individuen (Zivilisten) in bewaffneten Konflikten bis hin zum Aufstieg der Norm der *responsibility to protect* sowie der Rechte von Individuen, die verschiedenen gesellschaftlichen Gruppen angehören (Minderheiten; Frauen; Kinder; Behinderte etc.) (vgl. Forsythe 2000).

Es wäre nun aber aus soziologischer Perspektive verkürzt und würde die Bedeutung von Subjektivierungs- und Individualisierungsprozessen in der Moderne massiv unterschätzen, würde man hierin vorrangig eine Dynamik *innerhalb* des weltpolitischen Systems sehen und diese allgemeine gesellschaftliche Entwicklung dann vorschnell mit dem Aufstieg der Menschenrechte identifizieren. Wie neben weltgesellschaftstheoretischen Ansätzen auch andere soziologische Theorien (vgl. Joas 2012) aufgezeigt haben, steht hinter der häufig konstatierten „Macht der Menschenrechte" mehr als „nur" ein politisch (umstrittener) Aushandlungsprozess über die richtige nationale und internationale Ordnung. Hilfreich ist an dieser Stelle Luhmanns (1998) Hinweis darauf, dass der Übergang von der (mittelalterlichen) stratifizierten Adelsgesellschaft zur funktional-differenzierten (neuzeitlichen) Staatengesellschaft auch mit einer Umstellung des Schemas der Inklusion und Exklusion von Personen einhergeht. Während stratifikatorische Gesellschaftssysteme auf einer lebenslangen und damit starren Regelung der Inklusion (und mithin Exklusion) bestimmter Personen innerhalb festgefügter sozialer Schichten basieren – so etwa zwischen Adel und Nicht-Adel in Europa oder den konfessionell definierten *Dhimmi* in der islamischen Rechtstradition – bauen funktional differenzierte Systeme auf einem variableren Inklusions-/Exklusionsschema auf. Während stratifizierte Systeme Personen auf Grundlage ihres sozialen Standes adressieren, ist die Frage des Standes im Kontext funktionaler Differenzierung sekundär. Dies heißt natürlich nicht, dass funktionale Differenzierung keine Ungleichheiten produzieren würde – dies geschieht fortlaufend. Es bedeutet aber, dass sich funktional operierende Systeme wie die Wirtschaft, die Religion, die Politik, die Wissenschaft, das Erziehungssystem, der Sport oder die Kunst nicht auf Grundlage der Unterscheidung sozialer Merkmale von Personen(-gruppen) ausdifferenzieren. Vielmehr konstituieren sie sich durch die Referenz auf sachliche Leitunterscheidungen (auch: Codes) – wie Zahlung/Nichtzahlung (Wirtschaft), Wissen/Nichtwissen (Wissenschaft) oder Machthaben/Nicht Machthaben (Politik). Eine Folge dieser Umstellung des Differenzschemas in der Moderne ist, dass sich in funktionalen Systemen Personen unabhängig ihres Standes auf dieser oder jener Seite der sachlich ausgerichteten Leitunterscheidung wiederfinden können – und diese Zuteilung im Laufe eines Lebens auch beinahe beliebig oft die „Seiten" wechseln kann. Zumindest *ex ante* muss also jede dieser Seite offen für die Inklusion aller Personen sein. Das Funktionieren funktionaler Leitunterscheidungen würde durch eine zu starke Einschränkung des allgemeinen Inklusionspostulats sozialer System unterminiert werden, und – so lange eine stratifizierte Ordnung nicht durch alle Personen, auch die Benachteiligten, als normativ angemessen akzeptiert würde – zu gesteigertem Widerspruch und Konflikt führen (siehe hierzu Stetter 2008).

Die funktional ausdifferenzierte Ordnung der Moderne basiert mithin, in Abwesenheit einer stratifikatorischen Basis, auf einem allgemeinen Inklusionspostulat. Jeder ist ein potentiell Glaubender, ein Konsument, ein politisches Subjekt oder eine Person, die vom Gesundheits- und Bildungssystem als zu heilende oder zu erziehende adressiert wird. Dies meint auch Luhmann, wenn er darauf verweist, dass ein alleiniger Fokus auf Menschenrechte nicht ausreicht, um die Bedeutung des Individuums für die moderne gesellschaftliche Ordnung umfassend zu verstehen. Denn die Menschenrechte sind nur *ein* spezifischer Ausdruck des Aufstieges des Individuums als Referenzpunkt moderner Ordnung. Denn „zusätzlich muß beachtet werden, daß der Rückgang [sic!] auf das Individuum schon längst zuvor zum semantischen Symbol und zum strukturellen Problem der Ausdifferenzierung von Funktionssystemen avanciert war" (Luhmann 2000: 350). Inklusion schließt Exklusion nicht aus, wie bei allen Unterscheidungen ist die eine Seite nur um den Preis der anderen Seite zu haben. Die moderne Ordnung zeichnet sich daher eben nicht nur durch die „Sakralisierung der Person" (Joas 2012) aus, sondern auch durch den Aufstieg des *homo sacer* (Agamben 2002), also der Exklusion des Menschen, der als Feind oder Gefahr der Ordnung erscheint und ein „nacktes Leben" und Sterben am Rande der Gesellschaft führt, in Gefängnissen und Anstalten (vgl. Foucault 1993), Konzentrations- und Flüchtlingslagern (vgl. Agamben 2002) oder in Favelas und Slums (vgl. Luhmann 1998). So gewichtig die Beobachtung ist, dass die moderne Gesellschaft auch durch die fortlaufende Produktion von Exklusionsinseln geprägt ist, so wichtig ist es auch festzuhalten, dass diese Praxis zwar permanent praktiziert wird, das allgemeine Inklusionspostulat der funktional differenzierten Weltgesellschaft aber so lange hierdurch nicht überschrieben wird, bis sich hieraus keine stratifizierte Leitunterscheidung globaler politischer Ordnung ergibt. Mit Blick auf eine in den IB übliche Diktion ausgedrückt: solange die massive Exklusion bestimmter Personen im öffentlichen Diskurs keine Logik der Angemessenheit konstituieren kann, wird sich die globale politische Ordnung eher am Inklusionspostulat (inklusive seiner politischen Deutung als „Menschenrechte") orientieren denn an einer globalen Herrschaftsordnung, die Exklusion zu ihrer normativen Basis macht.

Das Inklusionspostulat führt aber nicht nur dazu, dass Personen als Individuen adressierbar werden und sich als politische Subjekte wahrnehmen. Der Aufstieg des Individuums in der modernen gesellschaftlichen Ordnung erklärt sich auch daraus, dass die Referenz auf das Individuum zur Ausdifferenzierung sozialer Systeme – etwa des politischen Systems – beiträgt. Die Analogie zum Aufstieg des Staates in der frühen Neuzeit drängt sich auch hier wieder auf. Denn die Referenz auf das Individuum generiert vielfältige Aufgaben, denen sich der Staat und eben auch globale Weltstaatlichkeit zu widmen berufen fühlt. Das Inklusionspostulat bietet Rechtfertigung und schafft Aufgaben, auf Grundlage derer „die Politik" für „die Menschen" aktiv werden kann – von der Gewährleistung innerer und äußerer Sicherheit zur korrekten Unternehmensbesteuerung bis hin zur Schulpflicht: „Der Bezug auf die Individuen bestätigt den Übergang von einer nur indirekt wirkenden zu einer direkten politischen Herrschaft. Zugleich dient diese Semantik, wie auch in anderen Funktionssystemen, dazu, eine eigene Sphäre ausdifferenzierter Autonomie abzugrenzen" (Luhmann 2000: 280).

Die Rede vom Inklusionspostulat der modernen gesellschaftlichen Ordnung bezieht sich also keineswegs nur auf subjektive Autonomierechte von Individuen. Das Individuum wird gleichzeitig zum Referenzpunkt politischer Herrschaft auf nationaler und globaler Ebene. Es dient der Legitimierung politischer Autorität und des Auf- und Ausbaus politischer Verwaltungsapparate von der lokalen Ebene bis hin zu *Global-Governance*-Arenen. In der Gesamtschau lässt sich dieser Prozess daher, unter Rückgriff auf Michel Foucault, als globale Entgrenzung von in der frühen Moderne auf (West-)Europa beschränkter Formen liberaler Gouvernementalität verstehen (vgl. Foucault 2000; Busse/Stetter 2013).

Die hier diskutierten weltgesellschaftlichen Strukturmuster können nunmehr an die Diskussion zu Primärinstitutionen im vorherigen Kapitel rückgebunden werden. Denn es wird deutlich, dass die Genese und Evolution der Primärinstitutionen „Souveränität" und „Menschenrechte" (beziehungsweise „Gleichheit der Menschen") nicht nur auf interne Dynamiken im weltpolitischen System zurückzuführen sind, sondern sich wesentlich aus umfassenderen weltgesellschaftlichen „Irritationen" - sprich funktionale Differenzierung und Subjektivierung - ergeben. Menschenrechte, oder genauer Subjektivierungs- und Individualisierungsdynamiken in der Moderne, können als Reaktion auf ein allgemeines Inklusionspostulat in einer primär funktional differenzierten Gesellschaft verstanden werden, die zwar soziale Schichtung (re-)produziert, in ihren basalen Leitunterscheidungen auf diese im Gegensatz zu einer stratifizierten Gesellschaft aber nicht angewiesen ist. Gleichzeitig legitimieren sowohl dieses Inklusionspostulat als auch die vielfältigen funktional-sachlichen Anforderungen, denen sich Politik in einer funktional differenzierten Gesellschaft zu stellen hat, den Aufbau politischer Verwaltungsapparate mit umfassenden Kompetenzen zur Regulierung wirtschaftspolitischer, rechtlicher, gesundheitspolitischer, sicherheitspolitischer, wissenschaftspolitischer und vieler anderer Sachthemen. Es entstehen mit anderen Worten *Governance*-Arrangements in zentralisierter (Nationalstaat) oder dezentralisierter (Weltstaatlichkeit) Form, um all diese Themen zur „Optimierung" des Wohls „der Menschen" zu regulieren. Es spricht daher aus gesellschaftstheoretischer Perspektive auch vieles dafür, dass sich die beiden hier genannten Primärinstitutionen nicht einfach in den Kanon der diversen in Kapitel 2 angeführten Primärinstitutionen einreihen, sondern aus guten theoretischen Gründen eine gewisse Seniorität genießen. Diese wird aber eben erst dann sichtbar, wenn eine umfassendere soziologisch-weltgesellschaftliche Perspektive eingenommen wird - die dann auch aufzeigt, dass Souveränität und Menschenrechte keineswegs widersprüchliche Ordnungsprinzipien sind, sondern vielmehr in einem komplementären Verhältnis zueinander stehen (vgl. Reus-Smit 2001).

4   Der Wandel der Ordnung: Evolution und Widerspruch

Wie schon die Rede des Wandels von einem westfälischen zu einem post-westfälischen System nahe legt, ist Ordnung natürlich kein statischer Begriff, sondern nur auf Grundlage von Wandel verstehbar. Da Ordnung im Rahmen kommunikativer Prozesse immer wieder „imaginiert", also diskursiv konstruiert und aktualisiert werden muss (siehe Albert et al. 2008), gibt es keine primordiale Ordnung der Dinge. Ordnung oder besser: die in Kommunikation produzierte Plausibilität bestimmter Ordnungsvorstellungen zeichnen sich durch ihre „imputed thingness" (Manning 1975) aus, die durch weitere Kommunikation bestätigt oder herausgefordert werden kann, aber grundsätzlich immer verändert wird. Denn Bedeutung kann nicht einfach kopiert, sondern muss immer wieder neu aktualisiert und kontextualisiert werden.

Da *ex ante,* selbst im Falle gravierender Machtunterschiede, nicht gewusst werden kann, ob kommunikative Zumutungen angenommen oder abgelehnt werden, und da ohnehin zu viele (von Akteuren unmöglich in ihrer Gesamtheit zu reflektierende) Kontextfaktoren auf Kommunikation einwirken, lässt sich Wandel auch nicht im Vorfeld planen und sollte daher – im Nachhinein – nicht in simplifizierenden Modellen rekonstruiert werden (siehe Mearsheimer/Walt 2013). Wandel vollzieht sich vielmehr evolutiv. Dies kann am Beispiel der Genese und der globalen Diffusion von Souveränität und Menschenrechten gut aufgezeigt werden. Während in der frühen Neuzeit – das Bild des Leviathans bringt dies gut zum Ausdruck – der von politischen Subjekten eingesetzte Souverän fortan autoritär herrschen sollte, wandelte sich der Souveränitätsbegriff seither sowohl in sachlicher als auch sozialer Hinsicht. Sachlich findet eine Verschiebung weg von dieser absoluten Souveränität – deren radikale Betonung vermutlich für die Ausdifferenzierung eines seine gesellschaftliche Autonomie betonenden modernen politischen Systems förderlich war – hin zu einer „Souveränität für..." statt. Der Souverän soll nicht nur für Sicherheit sorgen, sondern hat die Optimierung der politischen Ökonomie sowie der Entfaltungschancen seiner Bürger zur Aufgabe (vgl. Foucault 2000). In sozialer Hinsicht wandelt sich Souveränität von einem Ordnungskonzept, das sich westliche Staaten vorbehalten und gegenseitig attestieren, hin zu der Globalisierung von Souveränität im Kontext der Entkolonialisierung. Und schließlich ist eine Veränderung bezüglich der Übertragung von Souveränität, im Sinne der Ausübung politischer Herrschaft, auf IOs, auf regionale Organisationen wie die EU oder auf *Governance*-Netzwerke zu beobachten (vgl. hierzu auch Sørensen 1999). Wie im vorherigen Kapitel ausführlich diskutiert, ist diese Evolution politischer Souveränität und Herrschaft aber keineswegs ein im weltpolitischen System selbst generierter Prozess – und kann deswegen auch nicht schlicht auf die Handlungen oder Intentionen von Akteuren in diesem System zurückgeführt werden – sondern steht in einem ko-konstitutiven Verhältnis mit „Irritationen", die globale Politik aus ihrer weltgesellschaftlichen Umwelt bezieht, wie etwa der Umstellung des Differenzierungsschemas auf funktionale Differenzierung.

Eine durchaus vergleichbare Dynamik lässt sich mit Blick auf die Menschenrechte (Gleichheit der Menschen) feststellen. Auch dieses Ordnungsprinzip verändert sich seit Beginn der Neuzeit evolutiv in sachlicher und sozialer Hinsicht, insbesondere seit der *human rights revolution* im 19. Jahrhundert (vgl. Iriye et al. 2012). Dies zeigt sich auf der sachlichen Ebene etwa mit Blick auf das globale Menschenrechtsregime und den Prozess der Ausweitung dieses Rechtekorpus von einem auf spezifische Extremsituation – wie Krieg – beschränkten Recht der Zivilbevölkerung hin zu einem immer feineren und nuancierten globalen Menschenrechtskatalog, der heute individuelle Rechte in beinahe jedem *Governance-Regime* spezifiziert. In sozialer Hinsicht zeigt sich diese Ausdifferenzierung der Menschenrechte an ihrer schrittweisen Übertragung auf alle Menschen, ein Prozess, für den die Einforderung eines individuellen Rechtes auf Selbstbestimmung im Kontext der Entkolonialisierung und hiermit die globale Diffusion einer spezifisch modernen Form des Individualismus und der Subjektivierung in nicht-westliche Regionen – wie etwa dem Nahen Osten (vgl. Jung 2012) oder Asien (vgl. Thomas et al. 2008) – von wesentlicher Bedeutung gewesen ist (siehe Reus-Smit 2011).

Um den evolutiven Wandel der beiden hier aufgeführten Institutionen „Souveränität" und „Menschenrechte" angemessen zu verstehen, ist es von zentraler Bedeutung, nicht nur die affirmative Reproduktion dieser Institutionen zu beleuchten, die sich etwa in der Forderung von IOs nach neuen globalen Regelungen oder der Forderung von Nichtregierungsorganisationen nach einem besseren globalen Menschenrechtsschutz widerspiegelt. Neben einer solchen Normdiffusion durch Affirmation speist sich der Wandel globaler politischer Ordnungsstrukturen, wie in den IB in jüngerer Zeit häufig betont (vgl. Wiener 2007), vor allem aus Kontestation und Widerspruch. Auch hier ist aber wieder die umfassendere weltgesellschaftliche Einbettung globaler Politik von Bedeutung. Denn Protest wird dadurch erleichtert, dass die Praxis globaler Politik im Gegensatz zu den zu normativen Grundlagen moderner gesellschaftlicher Ordnung steht. Einer rein machtpolitischen Interessenorientierung kann deswegen so überzeugend widersprochen werden, da sie den hohen sachlich Begründungsanforderungen in einer funktional differenzierten Gesellschaft so offensichtlich zuwider läuft. Die Dominanz des globalen Nordens von der frühen Kolonialzeit bis heute (vgl. Comaroff/Comaroff 2012) ruft deswegen so lautstarken Widerspruch hervor, weil hierdurch das Inklusionspostulat der modernen Gesellschaft so eindeutig konterkariert wird.

In welche Richtung dieser Wandel läuft – z.B. mehr globale Zentralisierung oder mehr (kulturell imprägnierte) Fragmentierung – lässt sich aber trotz der Bedeutung der beiden hier aufgeführten weltgesellschaftlichen Ordnungsprinzipien nicht bestimmen. Eines ist aber sicher: Widerspruch und Kontestation gegen Verletzungen des Prinzips der Sachorientierung (funktionale Differenzierung) einerseits oder des Inklusionspostulats andererseits führen nicht zwangsläufig zur global homogenen Durchsetzung dieser Ordnungsprinzipien. Je stärker gegenläufige Praktiken – also etwa stark interessensbetonte Politik oder massive Formen der Exklusion von spezifischen Personengruppen (Kettenexklusionen; siehe Stichweh 2000) – sind, desto wahrscheinlicher ist aus konflikttheoretischer Perspektive (vgl. hierzu Stetter 2008; Messmer 2003), dass Widerspruch und Kontestation nicht zur Überwindung dieser Praktiken führen, sondern – sofern die Widersprechenden machtpolitisch erfolgreich sind – zur Reproduktion solch hochgradig konfliktiver und antagonistischer gesellschaftlicher und politischer Formationen. Dies ist etwa die Dynamik, die sich seit Beginn der arabischen Aufstände im Nahen Osten zeigt. Während die sozialen Proteste von Tunis über Kairo bis Sana'a und Damaskus sowie die Interventionen externer Akteure wie unter anderem westlicher Staaten oder UN-Unterorganisationen (vgl. Hatem 2012) von der Forderung nach mehr Freiheit, mehr Rechten, mehr Wohlstand und besserer Regierungsführung geprägt waren, zeigt sich, dass die neuen (und alten) Machthaber – egal ob islamistischer oder säkularer Provenienz – aber auch westliche Entscheidungsträger nur schwer der Logik der Antagonisierung entkommen, die die Wahrnehmung der politischen Ordnung des Nahen Ostens so tiefgreifend prägt (siehe Stetter 2008).

5 Fazit: Entgrenzung von Demokratie oder globales Ordnungsarchipel?

Nicht nur aufgrund der gerade gemachten Einschränkungen sollte der sich aus der historisch kontingenten Erfahrung des (westlichen) Staates speisenden Vorstellung, dass der Aufbau (welt-)staatlicher Souveränität und die (globale) Diffusion der Menschenrechte auch zu einer Demokratisierung der politischen Ordnung führt, mit großer Vorsicht begegnet werden. Ein oberflächlicher Blick mag zwar die Analogie nahe legen, dass nach der Entgrenzung von Staatlichkeit und souveräner Herrschaft einerseits und der Entgrenzung des Inklusionspostulates (und der Menschenrechte) andererseits einer globalen Entgrenzung von Demokratie nichts mehr entgegensteht. Und tatsächlich zeigt die umfassende sozialwissenschaftliche Debatte zum Thema „globale Demokratie" zumindest, dass – wenn schon nicht auf struktureller Ebene – Demokratie doch immerhin eine wichtige Semantik der globalen politischen Ordnung ist (vgl. Held 1995; Archibugi 2008).

Dem soll hier auch gar nicht widersprochen werden. Es soll keineswegs ausgeschlossen werden, dass sich in der Zukunft ein nicht nur metaphorisch so zu nennender Weltstaat (vgl. Wendt 2003) mit demokratischen Spielregeln entwickeln *kann*. Es sind aber – ohne der Evolution der Weltgesellschaft vorzugreifen – schon aus rein funktionaler Perspektive heraus auch andere Entwicklungswege denkbar. Mit anderen Worten erscheint es mir an dieser Stelle hilfreich, die zentrale Funktion von Demokratie für das politische System in Erinnerung zu rufen, namentlich die „Recodierung der politischen Macht" (Luhmann 2000: 97) in eine leicht zu technisierende (vgl. Luhmann 2000: 99–100) – und daher für eine funktional differenzierte Gesellschaft gut handhabbare – Unterscheidung und Austauschbarkeit von Regierung und Opposition (vgl. Luhmann 2000: 103), die klare Regeln für den Wechsel zwischen beiden Seiten der Unterscheidung bereithält, ohne zu präjudizieren, welche Personen (Parteien, Ideologien) auf der einen oder auf der anderen Seite zu stehen haben. Demokratie ist, so betrachtet, *eine* Lösung der Umstellung gesellschaftlicher Leitcodierung von Schicht (stratifizierte Gesellschaft) auf Funktion (z.B. Bereitstellung der Kapazität zu kollektiv verbindlichen Entscheidungen).

Ein naheliegendes Problem der Demokratisierung der globalen politischen Ordnung liegt allein schon darin, dass sich im Gegensatz zu den nationalstaatlichen Ebenen, auf denen sich Demokratie als Herrschaftsform etabliert hat, in Ermangelung von Parteien und ideologischen Programmen eine klare Trennung von Regierung und Opposition nicht abzeichnet, sieht man einmal von der etwas blumigen Rede eines „globalen Widerstandes" (Armstrong et al. 2004) gegen dieses oder jenes ab. Aber selbst wenn dieses Anschubproblem gelöst sein sollte, verweist bereits die Entstehung der derzeitigen fragmentierten globalen politischen Ordnung, die sich in der Vielzahl rechtlich-politisch und institutionell hochgradig unterschiedlich verdichteter *Governance*-Regime aufzeigt, darauf, dass das Problem moderner politischer Ordnung – namentlich immer wieder neu zwischen Machthaben und Nicht Machthaben unterscheiden zu müssen – durch *unterschiedliche* institutionelle Praktiken gelöst werden kann. Demokratie im Sinne eines verschiedene Politikfelder überspannenden Institutionenbaus sowie als Mechanismus „für die prinzipielle Inklusion der Gesamtbevölkerung in alle Funktionssysteme im Sonderfall des politischen Systems" (Luhmann 2000: 97) ist eine dieser Praktiken. Die gegenwärtig zu beobachtende Fragmentierung der globalen politischen Ordnung in verschiedene Themenfelder, in denen „Entscheider" und „Experten" interagieren – und in der die Forderung nach Einbeziehung der lokalen Ebene von „Betroffenen" zumindest normativ viel Zustimmung erfährt (vgl. Engelkamp et al. 2012) – ist eine andere Praxis; und für eine sich funktional beobachtende Weltgesellschaft durchaus nahe liegende.

Das Problem der globalen politischen Ordnung und die Grundlage für eine in Zukunft mutmaßlich nicht abschwellende Kritik an dieser Ordnung ist vielmehr, dass diese Fragmentierung globaler Herrschaft auf viele *Governance*-Inseln gleichzeitig durch eine die globale Politik tief prägende ungleiche Verteilung von Macht gekennzeichnet ist, die sich in der Vormacht insbesondere der USA beziehungsweise des „Globalen Nordens" ausdrückt. Die *Governance*-Inseln liegen also in einem durch hegemoniale Macht zusammengehaltenen Ordnungsarchipel. Demokratie im Sinne eines diese Inseln alternativ tragenden institutionellen und normativen (zentralen) Überbaus ist eine Lösung dieses Machtproblems der globalen Ordnung, eine Auflösung in heterarchische, dezentrale und fragmentierte *Governance*-Regime bleibt aber eine andere. Da beides aber aus machtpolitischen Gründen, die jeweils einen massiven Bedeutungsverlust des Nationalstaates implizieren würden, unwahrscheinlich ist, erscheint es für die nähere Zukunft naheliegender zu sein, davon auszugehen, dass die globale politische Ordnung zwischen liberaler Hegemonie und einer Praxis der Fragmentierung oszillieren wird. In diesem Kontext – dies hat die gesellschaftstheoretische Analyse globaler Ordnung in diesem Beitrag aufgezeigt – können Abweichungen zum modernen Differenzierungs- und Inklusionspostulat zwar weiterhin leicht skandalisiert werden und bieten hohes normatives Erregungspotential – haben aber bisher eher zu Fragmentierung und Dezentralisierung einerseits und Antagonisierung und Konflikthaftigkeit der globalen politischen Ordnung andererseits beigetragen denn zu einer globalen Entgrenzung der Demokratie.

Literatur

Aalberts, Tanja E., 2010: Playing the Game of Sovereign States: Charles Manning's Constructivism avant-la-lettre, in: European Journal of International Relations, Jg. 16, H. 2, 247–268.

Abbott, Kenneth W./Keohane, Robert O./Moravcsik, Andrew/Slaughther, Anne-Marie/Snidal, Duncan, 2000: The Concept of Legalization, in: International Organization, Jg. 54, H. 3, 401–419.

Agamben, Giorgio, 2002: Homo sacer: Die souveräne Macht und das nackte Leben. Frankfurt a. M.: Suhrkamp.

Albert, Mathias/Mahlert, Bettina, 2013: Internationale Beziehungen und Soziologie: das „Scharnier" der Differenzierung, in: Stetter 2013a, 59–77.

Albert, Mathias/Stetter, Stephan, 2015: Embedding Regional Integration in the Fabric of a Differentiated World Society and a Differentiated World Political System, in: Boris Holzer/Fatima Kastner/Tobias Werron (Hrsg.), From Globalisation(s) to World Society: Comparing Neo-Institutionalist and Systems Theoretical Contributions to World Society Research, London: Palgrave (i. E.).

Albert, Mathias/Stichweh, Rudolf (Hrsg.), 2007: Weltstaat und Weltstaatlichkeit: Beobachtungen globaler politischer Strukturbildung, Wiesbaden: VS.

Albert, Mathias/Buzan, Barry/Zürn, Michael (Hrsg.), 2013: Bringing Sociology to International Relations: World Politics as Differentiation Theory, Cambridge: Cambridge University Press.

Albert, Mathias/Kessler, Oliver/Stetter, Stephan, 2008: On Order and Conflict. International Relations and the „Communicative Turn", in: Review of International Studies, Jg. 34, special issue, 43–67.

Archibugi, Daniele, 2008: The Global Commonwealth of Citizens. Towards Cosmopolitan Democracy, Cambridge: Cambridge University Press.

Armstrong, David/Farrell, Theo/Maiguashca, Bice (Hrsg.), 2004: Governance and Resistance in World Politics, Cambridge: Cambridge University Press.

Bonacker, Thorsten/Brodocz, André, 2004: Im Namen der Menschenrechte: Zur symbolischen Integration der internationalen Gemeinschaft durch Normen, in: Zeitschrift für Internationale Beziehungen, Jg. 8, H. 2, 179–208.

Bonß, Wolfgang, 2013: Wahlverwandtschaften oder Unbehagen, in: Stetter 2013a, 318–329.

Bull, Hedley, 2002: The Anarchical Society: A Study of Order in World Politics, New York: Columbia University Press.

Busse, Jan/Stetter, Stephan, 2013: Gouvernementalität im Nahen Osten. Machtprakti-ken in Israel und Palästina aus weltgesellschaftlicher Perspektive, in: Andreas Vasilache (Hrsg.), Gouvernementalität, Staat und Weltgesellschaft. Studien zum Regieren im Anschluss an Foucault, Wiesbaden: Springer VS, 197–224.

Buzan, Barry/Little, Richard, 2001: Why International Relations has Failed as an Intel-lectual Project, in: Millennium, Jg. 30, H. 1, 19–39.

Buzan, Barry, 2004: From International to World Society? English School Theory and the Social Structure of Globalisation, Cambridge: Cambridge University Press.

Comaroff, Jean/Comaroff, John L., 2012: Theory From the South: Or, How Euro-America is Evolving Toward Africa, Boulder: Paradigm.

Darby, Phillip, 2004: Pursuing the Political: A Postcolonial Rethinking of Relations International, in: Millennium, Jg. 33, H. 1, 1–32.

Eisenstadt, Shmuel N., 2000: Multiple Modernities, in: Daedalus, Jg. 129, H. 1, 1–29.

Engelkamp, Stephan/Glaab, Katharina/Renner, Judith, 2012: In der Sprechstunde: Wie (kritische) Normenforschung ihre Stimme wiederfinden kann, in: Zeitschrift für Internationale Beziehungen, Jg. 20, H. 2, 103–116.

Fischer-Lescano, Andreas/Teubner, Gunther, 2007: Fragmentierung des Weltrechts. Vernetzung globaler Regime statt etatistischer Rechtseinheit, in: Albert/Stich-weh 2007, 37–62.

Forsythe, David P., 2000: Human Rights in International Relations, Cambridge: Cambridge University Press.

Foucault, Michel, 1993: Überwachen und Strafen. Die Geburt des Gefängnisses, Frank-furt a. M.: Suhrkamp.

Foucault, Michel, 2000: Die Gouvernementalität, in: Ulrich Bröckling/Susanne Kras-mann/Thomas Lemke (Hrsg.), Gouvernementalität der Gegenwart. Studien zur Ökonomisierung des Sozialen, Frankfurt a. M.: Suhrkamp, 41–67.

Hatem, Mervat, 2012: Globalization in a Middle Eastern Regional Perspective: A Post-colonial Reading of the Arab Human Development Reports, in: Stephan Stet-ter (Hrsg.), The Middle East and Globalization: Encounters and Horizons, New York: Palgrave, 97–114.

Heintz, Bettina/Münch, Richard/Tyrell, Hartmann (Hrsg.), 2005: Weltgesellschaft. Theoretische Zugänge und empirische Problemlagen, Stuttgart: Lucius & Lucius.

Held, David, 1995: Democracy and the Global Order. From the Modern State to Cos-mopolitan Governance, Stanford: Stanford University Press.

Hellmann, Gunther/Wolf, Klaus Dieter/Zürn, Michael (Hrsg.), 2003: Die neuen In-ternationalen Beziehungen: Forschungsstand und Perspektiven in Deutschland, Baden-Baden: Nomos.

Herborth, Benjamin, 2011: Methodenstreit, Methodenzwang, Methodenfetisch, in: Zeitschrift für Internationale Beziehungen, Jg. 18, H. 2, 137–152.

Hobbes, Thomas, 1966: Leviathan der Stoff, Form und Gewalt eines kirchlichen und bürgerlichen Staates, hrsg u. eingel. v. Iring Fetscher, Frankfurt a. M.: Suhrkamp.

Hoffmann, Stanley, 1977: An American Social Science: International Relations, in: Dae-dalus, Jg. 106, H. 3, 41–60.

Ikenberry, G. John, 2000: After Victory. Institutions, Strategic Restraints, and the Rebuilding of Order after Major Wars, Princeton: Princeton University Press.

Iriye, Akira/Goedde, Petra/Hitchcock, William I., 2012: The Human Rights Revolution. An International History, Oxford: Oxford University Press.

Joas, Hans, 2012: Die Sakralität der Person. Eine neue Genealogie der Menschenrechte, Berlin: Suhrkamp.

Jung, Dietrich, 2001: The political sociology of world politics, in: European Journal of International Relations, Jg. 7, H. 4, 443–474.

Jung, Dietrich, 2012: Islamic Reform and the Global Public Sphere. Muhammad Abduh and Islamic Modernity, in: Stephan Stetter (Hrsg.), The Middle East and Globalization. Encounters and Horizons, New York: Palgrave, 153–170.

Keene, Edward, 2002: Beyond the Anarchical Society. Grotius, Colonialism and Order in World Politics, Cambridge: Cambridge University Press.

Kratochwil, Friedrich, 1989: Rules, Norms and Decisions. On the Conditions of Practical and Legal Reasoning in International Relations and Domestic Society, Cambridge: Cambridge University Press.

Krücken, Georg/Drori, Gili S. (Hrsg.), 2009: World Society. The Writings of John W. Meyer, Oxford: Oxford University Press.

Lapid, Yosef, 1989: The Third Debate. On the Prospects of International Theory in a Post-Positivist Era, in: International Studies Quarterly, Jg. 33, H. 3, 235–254.

Linklater, Andrew/Suganami, Hidemi, 2006: The English School of International Relations. A Contemporary Reassessment, Cambridge: Cambridge University Press.

Locke, John, 1977: Zwei Abhandlungen über die Regierung, hrsg. u. eingel. v. Walter Euchner, Frankfurt a. M.: Suhrkamp.

Luhmann, Niklas, 1998: Die Gesellschaft der Gesellschaft (2 Bände), Frankfurt a. M.: Suhrkamp.

Luhmann, Niklas, 2000: Die Politik der Gesellschaft, Frankfurt a. M.: Suhrkamp.

Manning, Charles, 1975: The Nature of International Society, London: Macmillan.

Mauss, Marcel, 1985: A Category of the Human Mind. The Notion of Person; the Notion of the Self, in: Michael Carrithers/Steven Collins/Steven Lukes (Hrsg.), The Category of the Person. Anthropology, Philosophy, History, Cambridge: Cambridge University Press, 1–25.

Mearsheimer, John J./Walt, Stephen M., 2013: Leaving Theory Behind. Why Simplistic Hypothesis Testing is Bad for International Relations, in: European Journal of International Relations, Jg. 19, H. 3, 427–457.

Messmer, Heinz, 2003: Der soziale Konflikt. Kommunikative Emergenz und systemische Reproduktion, Stuttgart: Lucius & Lucius.

Müller, Harald, 2004: Arguing, Bargaining and All That. Communicative Action, Rationalist Theory and the Logic of Appropriateness in International Relations, in: European Journal of International Relations, Jg. 10, H. 3, 395–435.

Onuf, Nicholas, 2002: Institutions, Intentions and International Relations, in: Review of International Studies, Jg. 28, H. 2, 211–228.

Osterhammel, Jürgen, 2010: Die Verwandlung der Welt. Eine Geschichte des 19. Jahrhunderts, München: Beck.

Reus-Smit, Christian, 2001: Human Rights and the Social Construction of Sovereignty, in: Review of International Studies, Jg. 27, H. 4, 519–538.

Reus-Smit, Christian, 2011: Struggles for Individual Rights and the Expansion of the International System, in: International Organization, Jg. 65, H. 2, 207–242.

Risse-Kappen, Thomas/Ropp, Stephen C./Sikkink, Kathryn, 1999: The Power of Human Rights. International Norms and Domestic Change, Cambridge: Cambridge University Press.

Rosenau, James/Czempiel, Ernst-Otto (Hrsg.), 1992: Governance without Government. Order and Change in World Politics, Cambridge: Cambridge University Press.

Rosenberg, Justin, 2007: International Relations: The „Higher Bullshit". A reply to the Globalization Theory Debate, in: International Politics, Jg. 44, H. 4, 450–482.

Schieder, Siegfried/Spindler, Manuela (Hrsg.), 2010: Theorien der Internationalen Beziehungen, Stuttgart: Barbara Budrich (UTB).

Schlichte, Klaus/Reckwitz, Andreas, 2013: Subjekttheorie und internationale Beziehungen: Eine heuristische Skizze, in: Stetter 2013a, 107–125.

Sørensen, Georg, 1999: Sovereignty. Change and Continuity in a Fundamental Institution, in: Political Studies, Jg. 47, H. 3, 590–604.

Stetter, Stephan (Hrsg.), 2013a: Ordnung und Wandel in der Weltpolitik. Konturen einer Soziologie der Internationalen Beziehungen, Leviathan Sonderband 28, Baden-Baden: Nomos.

Stetter, Stephan, 2013b: Ordnung und Wandel in der Weltpolitik: Konturen einer „Soziologie der Internationalen Beziehungen", in: Stetter 2013a, 11–58.

Stetter, Stephan, 2008: World Society and the Middle East. Reconstructions in Regional Politics, Houndsmill: Palgrave Macmillan.

Stichweh, Rudolf, 2000: Die Weltgesellschaft: Soziologische Analysen, Frankfurt a. M.: Suhrkamp.

Thomas, George M./Chhetri, Nalini/Hussaini, Khaleel, 2008: Legitimacy and the Rise of NGOs: The Global and Local in South Asia, in: Journal of Civil Society, Jg. 4, H. 1, 31–42.

Viola, Lora Anne, 2013: Stratificatory Differentiation as a Constitutive Principal of the International System, in: Albert/Buzan/Zürn 2013, 112–131.

Walker, R. B. J., 1993: Inside/Outside. International Relations as Political Theory, Cambridge: Cambridge University Press.

Waltz, Kenneth N., 1979: Theory of International Politics, New York: McGraw-Hill.

Wendt, Alexander, 2003: Why a World State is Inevitable, in: European Journal of International Relations, Jg. 9, H. 4, 491–542.

Wiener, Antje, 2007: Contested Meaning of Norms: A Research Framework, in: Comparative European Politics, Jg. 5, H. 1, 1–17.

Zürn, Michael, 2013: Soziologie und Internationale Beziehungen – keine Wahlverwandtschaft, in: Stetter 2013a, 299–317.

Transnationaler Konstitutionalismus und demokratische Legitimität

Andreas Niederberger

Zusammenfassung Im Streit über die Bewältigung des Demokratiedefizits internationaler Organisationen und transnationaler Strukturen und Akteure verweisen einige auf einen entstehenden oder anzustrebenden transnationalen Konstitutionalismus. Von ihm wird erwartet, dass er parallel zu den Entwicklungen innerhalb der demokratischen Nationalstaaten Voraussetzungen für Grundrechte und demokratische Verfahren im globalen Rahmen sichert. Gegen solche Auffassungen werden jedoch gewichtige Kritiken vorgebracht, die in völkerrechtlichen Konstitutionalisierungstendenzen gerade eine wesentliche Gefahr für demokratische Strukturen sehen. Dieser Artikel überprüft daher, was für die jeweiligen Positionen spricht und inwiefern es einen Zusammenhang zwischen globaler Demokratie und globalem Konstitutionalismus gibt. Dazu wird zunächst der Begriff des transnationalen Konstitutionalismus präzisiert und von anderen Verfassungs- bzw. Verrechtlichungsbegriffen abgegrenzt. Auf dieser Grundlage werden zwei Verständnisse des internationalen Konstitutionalismus vorgestellt, und vier wesentliche Formen der Kritik daran präsentiert. Zuletzt wird die Reichweite der Kritik bewertet und ein Angebot unterbreitet, wie die Ambivalenz des transnationalen Konstitutionalismus zu verstehen ist und warum er dennoch für die transnationale Demokratie unverzichtbar ist.

1 Konstitutionalismus und die Zukunft der Demokratie

Normative Demokratietheorien gehen davon aus, dass Legitimität politischer Herrschaft darüber erreicht wird, dass diejenigen, die der Herrschaft unterworfen sind, sie letztlich ausüben oder wenigstens kontrollieren. Dieser Anspruch führt viele Ansätze dazu zu untersuchen, wie die Herrschaft aussehen muss, damit sich in ihrer Ausübung oder Bestimmung all diejenigen zur Geltung bringen können, die von ihr betroffen sind. Dabei werden Formen der Herrschaft ausgeschlossen, in denen Betroffene kontingenterweise berücksichtigt werden (etwa weil ihre Interessen mit denen derjenigen identisch sind, die die Herrschaft ausüben, oder weil die Herrschenden sich [bloß] moralisch verpflichtet sehen, die entsprechenden Interessen aufzugreifen). Politische Herrschaft muss vielmehr so verfasst sein, dass es per se möglich ist, sich in den Entscheidungen zur Geltung zu bringen oder Kontrolle auszuüben, und dies nicht von jeweiligen Umständen oder der moralischen Motivation anderer abhängt. Die Existenz einer Demokratie steht damit unter Inklusionsbedingungen und erfordert Verfahren und Strukturen, in denen alle, die von Entscheidungen betroffen sind, ihre Interessen und Anliegen einbringen und an der Entscheidungsfindung teilhaben können (vgl. Niederberger 2011).

In der Einleitung zu dem von ihnen herausgegebenen Band *The Twilight of Constitutionalism* konstatieren Petra Dobner und Martin Loughlin, dass moderne Demokratien diese Legitimitäts- und Verwirklichungsbedingungen in der Form von Verfassungen angestrebt haben:

> „Modern constitutions have established a set of governmental institutions that provide the necessary conditions for the realisation of a democratic *Rechtsstaat*. Such constitutions constrain politics by legal means, structure power relations comprehensively, help normatively integrate societies, and offer a practical account of legitimate democratic rule within the state." (Dobner/Loughlin 2010: xi)

Ein solcher Fokus auf Verfassungen wirft eine Reihe von wichtigen Fragen dazu auf, wie es z. B. überhaupt sein kann, dass Politik durch Recht eingeschränkt wird oder Macht umfassend staatlich strukturiert wird – ganz abgesehen von den sozialen Integrationsleistungen der Demokratie für Gesellschaften.[1] Über diese Fragen hinausblickend fahren Dobner und Loughlin jedoch fort und richten ihren Blick auf Komplikationen, die sich derzeit einstellen:

> „While these achievements cannot be denied, the fact is that this period of maturation of constitutionalism coincides with the erosion of some of the basic conditions on which those achievements have rested. Foremost amongst these conditions are those of statehood and a concept of democracy generated from the claim that ‚we the people' are the authorising agents of the constitutional scheme. Constitutionalism is increasingly being challenged by political realities that effect multiple transgressions of the notion of democratic statehood. It is in this sense that constitutionalism can be understood to be entering a twilight zone." (Dobner/Loughlin 2010: xi)

---

1   Vergleiche zu den darin liegenden Voraussetzungen für eine jede Theorie legitimer politischer Herrschaft Niederberger (2009: 3–44).

Die Autoren diagnostizieren also, dass die innerstaatliche Konsolidierung der Verankerung von Demokratien in Verfassungen mit Entwicklungen einhergeht, die den Konstitutionalismus selbst als problematisch erscheinen lassen. Die Entwicklungen, die sie benennen, sind einerseits die Transformation der Staatlichkeit und andererseits die wachsende Schwierigkeit, eine Kongruenz derjenigen, die entscheiden, mit denen, die von Entscheidungen betroffen sind, zu erreichen. Beide Veränderungen verweisen damit auf einen politischen Wandel, der gewöhnlich mit der Globalisierung in Verbindung gebracht wird – so dass zu erwarten wäre, dass Dobner/Loughlin fordern, die Verfassungsidee an die globalisierten politischen Verhältnisse anzupassen. In ihren Augen ist es jedoch alles andere als klar, ob die Tendenzen zu einem transnationalen Konstitutionalismus eher den Beginn einer Antwort auf die Herausforderungen darstellen, vor denen die Idee des demokratischen Konstitutionalismus heute steht, oder ob sie nicht vielmehr selbst ein wesentliches Moment der Herausforderungen sind, also die Zukunft demokratischer Legitimität bedrohen.

Während es nur noch wenige Ansätze gibt, die bestreiten, dass irgendeine Art der Verfassung für einzelstaatliche Demokratien notwendig ist, ist die Situation in der Auseinandersetzung über Legitimität und Demokratie in einer globalisierten Welt, wie die Einleitung und das gesamte Buch von Dobner und Loughlin belegen, weniger eindeutig. Viele verbinden mit der Vorstellung einer Konstitutionalisierung der internationalen Beziehungen die Hoffnung, dass hierüber die Bedeutung reiner Machtverhältnisse zwischen den Staaten bzw. zwischen Staaten und multinationalen Konzernen oder internationalen Organisationen gemindert oder sogar transformiert werden könnte (z. B. Habermas 1998: 149–156 und die Beiträge in Dunoff/Trachtman 2009). Und auch hinsichtlich der innerstaatlichen Bedingungen sehen viele in einem transnationalen Konstitutionalismus deren Vollendung: So könnte die jeweilige demokratische Verfassungsordnung abgesichert werden, indem den politischen Akteuren wesentliche Voraussetzungen materieller (etwa die Menschenrechte) oder prozeduraler Art dauerhaft entzogen werden. Und daneben würde es eine transnationale Perspektive erlauben, die Beteiligung derjenigen zu erwirken, die (bislang) als Migranten oder Flüchtlinge noch keinen Bürgerstatus haben (z. B. Bohman 2007: 101–134).[2]

Andererseits gibt es jedoch auch eine zunehmend stärkere Skepsis gegenüber einer solchen Interpretation der globalen politischen und rechtlichen Entwicklungen – insbesondere seit dem 11. September 2001 und weiteren Ereignissen der 2000er Jahre, wie z. B. der globalen Finanzkrise seit 2008. Nationalstaaten haben sich als weiterhin mächtige und vielleicht sogar die letztlich entscheidenden Ak-

---

2 Einen Abriss zur „Vorgeschichte" dieser jüngeren Diskussion seit dem Ende des 2. Weltkriegs bietet Kennedy (2009).

teure erwiesen, wogegen völkerrechtliche Verpflichtungen, darunter vor allem die Menschenrechte, nur sehr beschränkte Reichweite zu haben scheinen.[3] Multinationale Konzerne unterliegen kaum signifikanter rechtlich-politischer Kontrolle, sondern spielen vielmehr die einzelstaatlichen Rechts- und Steuersysteme gegeneinander aus bzw. sie benutzen das internationale Recht und dessen Institutionen, um sich gegen demokratische Kontrolle und Regulierung zur Wehr zu setzen.

Das Oszillieren zwischen Hoffnung und Skepsis erzeugt den zwielichtigen Eindruck, den der Konstitutionalismus für Dobner und Loughlin hinterlässt. Für die politische Theorie, die am Begriff und an der Zukunft der Demokratie interessiert ist, wirft dies die Frage auf, ob und in welcher Form das Recht und die Idee einer Konstitutionalisierung der transnationalen Verhältnisse tatsächlich relevante Bezugspunkte sind oder sein sollten. Hierbei kommen sowohl empirische, als auch normative Überlegungen zum Tragen und es ergeben sich wesentlich vier Positionen zum transnationalen Konstitutionalismus, die – wie Tab. 1 zeigt – jeweils eine empirische und eine normative Dimension haben:

Tabelle 1   Auffassungen zur Konstitutionalisierung transnationaler Verhältnisse (© Andreas Niederberger)

		Normative Dimension	
		Nicht wünschenswert	Geboten/wünschenswert
Empirische Dimension	Nicht-Existenz	Es gibt keinen transnationalen Konstitutionalismus, und er ist auch nicht wünschenswert	Es gibt keinen transnationalen Konstitutionalismus, aber er ist wünschenswert oder sogar geboten
	Existenz	Transnationaler Konstitutionalismus besteht, ist aber nicht wünschenswert	Transnationaler Konstitutionalismus besteht und dies ist auch wünschenswert bzw. geboten

Der Streit um den transnationalen Konstitutionalismus dreht sich also sowohl darum, ob es ihn überhaupt gibt, wie auch darum, ob es ihn geben sollte. Im Folgenden soll überprüft werden, was für und gegen die jeweiligen Positionen spricht, um letztlich eine Antwort auf die Frage zu geben, ob sich das Zwielicht aufhellen lässt, in dem sich der transnationale Konstitutionalismus befindet, und folglich klar gesagt werden kann, ob und in welchen Hinsichten er vorliegt und/oder anzustreben ist oder nicht. Dazu wird zunächst der Begriff des transnationalen

---

3   Vergleiche dazu paradigmatisch das vieldiskutierte Buch Goldsmith/Posner 2005.

Konstitutionalismus präzisiert und von anderen Verfassungs- bzw. Verrechtlichungsbegriffen abgegrenzt (2). Auf dieser Grundlage werden zwei distinkte Verständnisse eines sich entwickelnden und/oder zu begrüßenden transnationalen Konstitutionalismus vorgestellt (3). Und im Anschluss daran werden vier wesentliche Formen der Kritik oder Problematisierung des transnationalen Konstitutionalismus präsentiert (4), um schließlich vor diesem Hintergrund die Reichweite der Kritik zu bewerten. Dabei wird ein Angebot unterbreitet, wie die Zwielichtigkeit des transnationalen Konstitutionalismus zu verstehen ist, und erläutert, warum dies kein grundsätzlicher Einwand gegen ihn ist – so er sich entwickelt oder erreichbar wäre (5).

2 Zum Begriff des transnationalen Konstitutionalismus

Die Debatte über die Wirklichkeit und Wünschbarkeit einer Verfassung jenseits der Einzelstaaten wird unterdessen von verschiedenen Disziplinen geführt.[4] Auffallend ist in dieser Debatte jedoch, dass es quer zu den Disziplinen und z. T. verbunden mit der jeweiligen normativen Perspektive sehr unterschiedliche Verständnisse dessen gibt, was mit „transnationalem" (oder „internationalem" bzw. „globalem") Konstitutionalismus[5] genau gemeint ist. Einige suchen nach einem mehr oder minder expliziten Verfassungsdokument, während andere eher an der Geltung bestimmter grundlegender Normen oder am Setting von Institutionen und Verfahren interessiert sind.

Um den Begriff zu klären, ist daher eine erste wichtige Differenzierung zwischen einer Verfassung und dem Konstitutionalismus von Nöten: Unter einer *Verfassung sind ein (mehr oder weniger expliziter) Verfassungstext und darüber autorisierte Institutionen, Verfahren und/oder Prinzipien zu verstehen.* Sie bezeichnet damit einen Rahmen, ein Fundament und/oder ein Ereignis, in dem oder auf dem aufruhend Politik und „normales" Recht gestaltet werden. Bezüge auf eine Verfassung haben in der Demokratietheorie oft vornehmlich zwei Ziele. Sie unterstreichen einerseits die Notwendigkeit expliziter, geteilter Normen, über die ein Referenzrahmen besteht, der in politischem Handeln (z. B. von Minderheiten) dazu genutzt werden kann, um an Grenzen von Argumentationen, Entscheidungen und Kompetenzen (der Mehrheit) bzw. auf gebotene Verfahren und Ansprüche zu erinnern. Andererseits wird die vereinigende symbolische Wirkung von Verfassungsgebungen bzw. Verfassungsdokumenten unterstrichen, d. h. die Verfassung

---

4 Einen breiten Überblick über Zusammenhänge und Themen der Diskussion über internationale Konstitutionalisierungsphänomene und -tendenzen bietet u. a. Kleinlein (2011).
5 Im Folgenden werden alle diese Ausdrücke synonym verwandt.

wird als Ausdruck der (Selbst-)Konstitution eines politischen Gemeinwesens und damit als Möglichkeit begriffen, diesen Gründungsakt zu reaktualisieren oder mit seiner spezifischen Bindungswirkung für die Mitglieder eines Gemeinwesens präsent zu halten (vgl. Vorländer 2004: 56–62).

Der Begriff des Konstitutionalismus ist dagegen weiter. Zwar kann auch er sich auf eine Ordnung beziehen, die durch eine Verfassung etabliert wurde oder begrenzt bzw. begründet ist. Von Konstitutionalismus ist jedoch allgemeiner schon dann zu sprechen, wenn eine *Hierarchisierung von Ebenen der politischen Ordnung bzw. Verfahren vorliegt, durch die denjenigen, die jeweils entscheiden, bestimmte Entscheidungsoptionen entzogen sind oder werden, die für das Bestehen der politischen Ordnung fundamental sind (oder wenigstens sein sollten).* Eine politische Ordnung ist also dann durch einen Konstitutionalismus gekennzeichnet, wenn es der politischen Ordnung versagt ist, über einige grundlegende (d. h. für die Ordnung konstitutive) Prinzipien, Ansprüche oder Verfahren (in normaler Politik) zu verfügen, selbst wenn es keine explizite Verfassung gibt.[6] Von Konstitutionalismus kann also auch dann die Rede sein, wenn z. B. wesentliche Rechte oder Teilhabemöglichkeiten bzw. die Unmöglichkeit bestimmter Entscheidungen durch eine Trennung von Gewalten oder Institutionen, die eine Normenkontrolle durchführen können, garantiert sind. In diesem Sinne ist dann auch das Vereinigte Königreich als eine konstitutionalistische Ordnung zu beschreiben, selbst wenn es keine Verfassung und explizite Verfassungsorgane gibt. Und es sind sogar Formen eines politischen Konstitutionalismus denkbar, in denen die Reflexivität der politischen Entscheidungen und Beratungen, d. h. die Weise, wie in den Verfahren die Bestehens- und Erhaltungsbedingungen des politischen Systems thematisiert werden müssen, gewährleisten, dass konstitutive Elemente für das politische Gemeinwesen nicht der (direkten) politischen Verfügung unterliegen (u. a. Bellamy 2007; Kramer 2004).

In der Debatte über den transnationalen Konstitutionalismus vertritt kaum jemand die Idee einer konstitutionellen Struktur des globalen oder regionalen Rahmens über eine Verfassung.[7] Politische Ordnung wird bei Betrachtungen der internationalen Beziehungen bzw. von transnationalen Mehrebenensystemen nicht mehr so vorgestellt, dass sie auf einem einzigen und stabilen Fundament aufruht – zumal es, wenigstens bislang, noch keine (erfolgreichen) verfassungsgebenden

---

6   Vergleiche dazu u. a. die Beiträge in Elster/Slagstad 1988. Eine Deutung der amerikanischen Verfassung als Konstitutionalismus vertritt Ely (1980).

7   Mattias Kumm (2004: 931) vertritt sogar die Auffassung, dass ein globaler Konstitutionalismus nicht einmal eines Verfassungsrechts bedürfe, wogegen Anne Peters (2006: 582) jedoch die internationale Konstitutionalisierung gerade an die Emergenz eines globalen Verfassungsrechts (ohne Verfassung) bindet.

Versammlungen oder Ereignisse im Raum jenseits der Einzelstaaten gab.[8] Dabei werden durchaus Positionen vertreten, die z. B. die symbolische Funktion unterstreichen, die eine globale oder regionale Verfassung für die politische, soziale und/oder rechtliche Integration der internationalen oder kontinentalen politischen Gemeinschaft haben könnte. Solche Ansätze richten sich jedoch zumeist nicht primär auf die Verfassungsordnung, die so erreicht werden soll, sondern vielmehr auf die unmittelbaren politischen Effekte einer expliziten und gemeinsamen Verfassungsgebung.[9]

Angesichts des üblicherweise weiteren Konstitutionalismusverständnisses, das in der Diskussion vorgebracht wird, ist aber gerade der (transnationale) Konstitutionalismus von zwei weiteren Begriffen bzw. rechtlich-politischen Tendenzen der Verrechtlichung *(juridification)* abzugrenzen. So wird einerseits die zunehmende und tiefere rechtliche Regulierung von Handlungsbereichen und Materien mit dem englischen Ausdruck der *legalization* bezeichnet. Andererseits wird für den wachsenden Austrag von Konflikten jenseits des Staates und zwischen ihnen vor Gerichten der Term der *judicialization* gebraucht. Beide Ausdrücke heben zweifelsohne Entwicklungen heraus, die wie der transnationale Konstitutionalismus unter Vorgänge der Verrechtlichung (wiederum in einem weiten Sinn verstanden, so dass dieser Ausdruck auch den „politischen Konstitutionalismus" umfasst) fallen, aber nicht jede Verrechtlichung ist bereits Teil eines Konstitutionalisierungsprozesses und Verrechtlichung setzt auch nicht per se eine hierarchische Stufung des Rechts voraus. Studien zur Verfassungsentwicklung in Einzelstaaten haben zwar darauf hingewiesen, dass der Konstitutionalisierung oft eine *legalization* und/oder eine *judicialization* vorhergegangen ist. Daraus lässt sich aber nicht ableiten, dass solche Prozesse notwendig in die Konstitutionalisierung des Rechts oder gar der gesamten politischen Ordnung münden.[10]

Konstitutionalismus unterscheidet sich von den zuletzt genannten Prozessen wesentlich darin, dass er eine spezifische Gesamtverfassung des rechtlich-politi-

---

8   Der wichtigste Versuch einer solchen expliziten Verfassungsgebung war sicherlich derjenige, eine Verfassung für die Europäische Union zu schaffen. Dieser Versuch wurde nach den ablehnenden Voten in den Referenden in Frankreich und den Niederlanden 2005 allerdings wieder aufgegeben.

9   Vergleiche zur Diskussion der symbolischen Dimension einer Weltverfassung u. a. Ackerman (1997).

10   Vergleiche dazu allerdings funktionalistische Rechtsbetrachtungen, die darauf verweisen, dass ab einem bestimmten Komplexitätsgrad das Recht selbst (etwa das Europarecht) ein funktionales Äquivalent zu einer Verfassung (bzw. den sie kennzeichnenden Normen) hervorbringen muss. Denn nur mit einer klaren Hierarchie von Normen bzw. Prinzipien zu ihrer Gewichtung und Anwendung lassen sich in komplexen und überlappenden Verrechtlichungen von Handlungsbereichen (nachvollzieh- und überprüfbare) Entscheidungen treffen. Siehe hierzu u. a. Klabbers/Peters/Ulfstein (2009).

schen Systems und seiner Instanzen und Institutionen angibt. Im transnationalen Raum ist dafür minimal notwendig ein Übergang von der staatlichen Zustimmung zu internationalen Rechtsnormen und ihrer Anwendung (also einer Vorstellung horizontaler Gleichheit der Staaten) zur Erzwingbarkeit der Normen auch gegen den jeweiligen Staatswillen (also einer vertikalen Überordnung des Völkerrechts über einzelne Staaten). Internationales Recht ist, wenn es Konstitutionalismus gibt, nicht mehr Ausdruck faktischer Kooperationsbereitschaft.[11] Es erhebt in diesem Fall vielmehr selbst den Anspruch, Kooperation oder Rechtsbefolgung erzwingen zu können, bzw. autorisiert den Einsatz von zwingenden Maßnahmen (weshalb auch, wie im Folgenden ersichtlich werden wird, die sogenannten *erga omnes*-Verpflichtungen sowie das *ius cogens* so relevante Bezugspunkte in der Diskussion sind). Konstitutionalismus erfordert also, dass das geltende Recht nicht an die Motivationen oder Urteile jeweiliger Akteure gebunden ist, die durch das Recht programmiert oder in ihren Möglichkeiten eingeschränkt sein sollen. Das Recht muss stattdessen denjenigen, die durch es Kontrolle ausüben oder ihre Ansprüche gegen mächtige Widerparts geltend machen wollen, eigenständig Mittel an die Hand geben.

3   Zwei Verständnisse des transnationalen Konstitutionalismus

Die zuvor angeführten begrifflichen Klärungen stehen in engem Zusammenhang mit den Tendenzen und Phänomenen, die darüber erfasst und genauer verstanden werden sollen. Allerdings handelt es sich bei ihnen zunächst nur um definitorische Überlegungen, die noch keine abschließende Aussage dazu enthalten, ob es das definitorisch Ausgezeichnete wirklich gibt. Auf der Basis dieser Klärungen werden insbesondere zwei Entwicklungen angeführt und als Modelle verstanden, die es nahe legen (könnten), dass sich ein transnationaler Konstitutionalismus herausbildet: einerseits der Vorrang von Menschen- oder Grundrechten vor anderen Elementen des Völkerrechts und andererseits Prozesse, in denen sekundäre völkerrechtliche Regeln erkannt und angewandt werden.

Für viele der Ansätze, die sich mit Fragen der Legitimität internationaler Ordnung befassen, steht die Sicherung der Menschenrechte im Mittelpunkt. Ihnen zufolge ist von einem transnationalen Konstitutionalismus dann zu reden, *wenn die internationale Ordnung so beschaffen ist, dass das Handeln in ihr an Grenzen stößt, wenn grundlegende Menschenrechte verletzt werden.* Parallel zu Grundrechten in

---

11   Einen Überblick über völkerrechtliche Entwicklungen, bei denen die Zustimmung von Staaten nicht mehr erforderlich ist, bietet Peters (2006: 587–589).

Einzelstaaten, die der politischen Verfügung entzogen sind, wäre in diesem Fall auch die internationale Ordnung Ausdruck eines Konstitutionalismus, da sich die internationale Politik in den Grenzen der Menschenrechte bewegen müsste bzw. sogar die unumgängliche Aufgabe hätte, die Menschenrechte zu schützen und/ oder zu gewährleisten. Bei den faktischen internationalen Entwicklungen wird insbesondere auf das seit der Wiener Vertragsrechtskonvention aus dem Jahr 1969 anerkannte *ius cogens,* das zwingende Völkerrecht, Bezug genommen und dabei vor allem auf die wachsende Bedeutung grundlegender Menschenrechte als Teil dieses Rechtsbestand verwiesen.[12] Über das *ius cogens* kommt es zu einer Hierarchisierung internationaler Rechtsnormen, da vertraglich oder in internationalen Organisationen erzeugte Normen nur dann angewandt und durchgesetzt werden dürfen, wenn sie nicht gegen das *ius cogens* verstoßen. Es etabliert sich also eine Art „Grundrechtsgewährleistung" im internationalen Recht, indem Menschenrechte (zum entscheidenden) Teil des *ius cogens* werden. Alle Akteure sind folglich verpflichtet, darüber zu wachen, dass die menschenrechtlichen Ansprüche nicht verletzt oder eingehalten werden (vgl. Gardbaum 2008; Kumm 2004).

Dabei wird die Verpflichtung gegenüber dem *ius cogens* nicht nur über Interventions- oder Sanktionsberechtigungen und -instanzen erzeugt. Sie bedeutet vielmehr auch, dass Rechtsverbindlichkeiten aufgehoben werden, wenn Verträge oder vermeintlich völkerrechtlich bindende Entscheidungen von dazu autorisierten Gremien und Instanzen im Widerspruch zum *ius cogens* stehen, und unterstellt werden kann, dass Vertragsparteien ein Interesse daran haben, dass Verträge erfüllt und vor Gerichten durchgesetzt werden können. Für dieses Verständnis eines transnationalen Konstitutionalismus und seiner aktuellen Erscheinungsformen im Völkerrecht und in der internationalen Politik hat der Konstitutionalismus dementsprechend vor allem zur Folge, dass die Politik moralisch eingeschränkt wird, was die „Anarchie der Staatenwelt" durch eine liberale Minimalmoral domestiziert (im Sinn der Verwirklichung der „domestic analogy").

In dieser Beschränkung auf eine „Minimalmoral" liegt aber auch bereits die größte Schwäche eines solchen menschenrechtsbasierten transnationalen Konstitutionalismus. Denn die entsprechenden Forderungen an die internationale politische Ordnung greifen zu kurz, um die sehr viel umfangreicheren demokratie- und legitimitätstheoretischen Erwartungen aufzunehmen, die innerhalb der Einzelstaaten mit dem Konstitutionalismus verbunden wurden und noch werden (und auf die Dobner/Loughlin im zu Beginn angeführten Zitat verwiesen). Dieses Modell eines transnationalen Konstitutionalismus scheint auf der Prämisse aufzu-

---

12 Wobei die Tatsache, dass *ius cogens* selbst ein vertraglich abgesicherter Terminus ist, die Frage aufwirft, ob das *ius cogens* letztlich der Rechtsetzungshoheit der Staaten unterliegt oder ihr vorausgesetzt ist (vgl. Gardbaum 2009: 243).

ruhen, dass so etwas wie demokratische Rechtsstaatlichkeit im globalen oder kontinentalen Rahmen nicht mehr zu erreichen ist, sondern nur noch ein minima-
les „moralisches" Fundament politischer Ordnung. Diese Minimalität wird dabei
auch deshalb fragwürdig, weil nicht einmal alle Menschenrechte Teil des *ius cogens* sind, sondern höchstens ein kleiner Bestandteil der Rechte, die in den existierenden internationalen Menschenrechtsabkommen niedergelegt sind. Auch dies
wird oft von Ansätzen übergangen, die in den Menschenrechten den Kern eines
globalen Konstitutionalismus sehen.

Die Vorstellung, dass der transnationale Konstitutionalismus sich wesentlich
in der zunehmend tiefen Verankerung der Menschenrechte im Völkerrecht und
in der internationalen Politik zeigt, wird von nicht wenigen vertreten. In der Perspektive einer demokratietheoretischen Bestimmung der Legitimität von politischen Ordnungen kann dieses Konstitutionalismusverständnis jedoch aufgrund
seines zu schmalen Begriffs des Konstitutionalismus nicht überzeugen. Wenn Legitimität mit Blick auf grundlegende Rechte (einiger) gewonnen wird, das aber bedeutet, dass umfassendere Legitimität verbürgende Verfahren und Institutionen,
die in wenigstens einigen Einzelstaaten erreicht wurden, aufzugeben sind, dann
besteht eine ambivalente Situation, bei der nicht eindeutig zu sagen ist, dass dem
globalen Menschenrechtssicherungsgewinn der Vorrang zukommen sollte.

Demokratietheoretisch interessanter ist daher demgegenüber ein zweites Verständnis des transnationalen Konstitutionalismus, das nicht mit einem moralischen, sondern mit einem funktionalistischen oder legalistischen Modell des Konstitutionalismus operiert. Transnationaler Konstitutionalismus wird hierbei darin
identifiziert, dass sich im aktuellen Völkerrecht *eine zweite Ebene rechtlicher Regeln herausbildet, die festlegen, wie rechtliche Regeln auf der ersten Ebene (d. h. „normales" Völkerrecht) gebildet bzw. nicht gebildet werden und transnationale legislative, exekutive und judikative Instanzen in der globalen Ordnung wirken können.* Im
Anschluss an H. L. A. Harts Differenzierung zwischen primären und sekundären
rechtlichen Regeln (Hart 1994: 79–99) wird konstatiert, dass konstitutionalistische
Rechtssysteme dadurch gekennzeichnet sind, dass es nicht nur materielle Regelungen einzelner Fragen oder Ansprüche gibt, sondern auch Regeln, die die Fortbil-
dung und Einheit des Rechts sowie die Autorisierung rechtlicher Akteure bestimmen (u. a. Teubner 2003: 20–21). Auch für dieses Verständnis des transnationalen
Konstitutionalismus ist das *ius cogens* ein wichtiges Element, aber relevant ist dabei, dass es angibt, welche Normen in Verträgen erzeugt oder vor Gericht erzwungen werden dürfen oder nicht. Es gibt somit Lösungen für Streitigkeiten über
Rechtsnormen an die Hand, die in gegebenen Situationen miteinander kollidie-
ren (z. B. bei der Frage, wie sich die „ältere" Norm eines Menschenrechtsabkom-
mens zu der „jüngeren" Norm eines Vertrages verhält, in dem möglicherweise
menschenrechtsverletzende Handlungen vereinbart wurden). In der Perspektive

dieses Ansatzes ist in diesem Zusammenhang nicht vornehmlich die Art der *ius cogens*-Normen wichtig, sondern die Tatsache, dass die Vorstellung eines *ius cogens* die international geltenden Normen strukturiert und Grenzen für die Erzeugung neuer Normen setzt (wobei wiederum die Art der Normen für die Strukturierung relevant sein kann).

Aber die Stellung des *ius cogens* im aktuellen Völkerrecht ist nur *eine* relevante Entwicklung unter anderen, wodurch der vermeintlich moralische Charakter vieler Normen, die unter das *ius cogens* fallen, in anderem Licht erscheint.[13] Es wird nämlich insgesamt diagnostiziert, dass das internationale Recht auf zwei funktionale Herausforderungen mit Mitteln „verfassungsrechtlicher" Normen reagiert oder sogar reagieren muss: So bringt *erstens* der Zuwachs transnationaler ökonomischer, sozialer, politischer und kultureller Vernetzungen das Problem mit sich, dass internationales Recht in vielen Fällen keine oder zumindest keine klaren und einfach anwendbaren Regeln bereitstellt und Verfahren äußerst langwierig sind, in denen neue Abkommen und Normen entwickelt werden. Denn die faktischen und oft sogar intentional betriebenen Prozesse der Globalisierung führen zur Intensivierung von inter- und transnationalen Kontakten und Räumen, was die Problematik mit sich bringt, dass diese Interaktionen und Räume große Unsicherheiten präsentieren, wenn bzw. weil sie nicht oder nur wenig verrechtlicht sind und die einzelstaatlichen Mechanismen, um Rechtssicherheit zu verbürgen, zu kurz oder nicht greifen. Die Herausbildung sekundärer Regeln und eine konstitutionalistische Gestalt des Völkerrechts sind also Bedingungen für die Generierung von Recht in relevanten neuen Situationen oder um wenigstens Rechtssicherheit zu erzeugen. Das *ius cogens* ist dann ein Beispiel für Normen, die angeben, wie Recht in solchen Situationen und Räumen erzeugt wird, selbst wenn es (bislang) kein explizit dafür erlassenes Recht gibt.[14]

Die erste Herausforderung des Völkerrechts ergibt sich also durch Situationen, in denen Akteure eine rechtliche Regelung erwarten, aber noch keine Normen (explizit) erzeugt wurden, also ein Mangel an rechtlicher Regulierung zu konstatieren ist. Daneben gibt es aber *zweitens* eine Herausforderung, die daraus resultiert, dass es ebenfalls Räume und Interaktionen gibt, in denen Regeln

---

13 Vergleiche dazu auch den Versuch, die UN-Charta als Grundlage einer Weltverfassung zu verstehen, wobei das ius cogens und die Menschenrechte nur am Rande bedeutsam sind, bei Fassbender (1998).

14 Wichtige Ansätze für eine solche funktionalistische Erklärung der Herausbildung eines transnationalen Konstitutionalismus bieten u. a. die Deutung des Europarechts als eines letztlich unter Quasi-Verfassungsprinzipien stehenden Rechts durch Armin von Bogdandy und Jürgen Bast (2009) wie auch Joseph Weilers (1999) Vorstellung des Entstehens einer eigenen europäischen Verfassungstradition aus der Diversität und wechselseitigen Beobachtung der europäischen Verfassungssysteme.

gelten, die sich unterschiedlichen Abkommen, Verträgen etc. verdanken. Denn trotz der zuvor genannten Schwierigkeiten in der Entwicklung neuer Konventionen und Normen kommt (und kam) es in vielen Kontexten zu neuen Verträgen, Abkommen und rechtlichen Regulierungen, wobei nicht immer geklärt wird (oder wurde), in welchem Verhältnis die neuen Normen zu älteren Normen stehen, die die fraglichen Kontexte eventuell auch betreffen. Dieses Entstehen bloß vermeintlich neuer rechtlich regulierter Handlungsräume bzw. neuer Regelungen für bereits anderweitig (teilweise) regulierte Räume hat eine *Fragmentierung* des international geltenden Rechts zur Folge. Für diese Fragmentierung ist charakteristisch, dass es keinen grundsätzlich gemeinsamen „Rechtsraum" mehr gibt, d. h. nichts gewährleistet, dass die Prinzipien kohärent sind, die zur Anwendung kommen.[15] Gleichzeitig kann es sein, dass dieselben Handlungen oder Zustände unter die Regelungen unterschiedlicher Rechtsräume fallen. Die mehrfache Verrechtlichung erzeugt also in diesen Situationen keine größere „Rechtssicherheit", sondern eröffnet vielmehr vielfache Spielräume für richterliche oder sonstige Willkür – weshalb es hier von Nöten ist, dass sich Normen herausbilden, die auf diese Kollisionen im Recht reagieren. Der transnationale Konstitutionalismus erweist sich somit als Bedingung für die Einheit des Rechtsraums, die wiederum eine wesentliche Voraussetzung für Rechtssicherheit ist (und d. h. für die Möglichkeit, die Norm identifizieren zu können, die in einer gegebenen Situation zur Anwendung kommt).

Im Unterschied zu menschenrechtsfokussierten Ansätzen kommen funktionale Verständnisse des transnationalen Konstitutionalismus einer umfassenderen Rolle des Konstitutionalismus näher. Sie verweisen darauf, dass das internationale Recht auf die beiden Herausforderungen des Regulierungsbedarfs und der Fragmentierung bestehenden Rechts konstitutionalistisch reagiert. So gibt es einerseits Regeln, die festlegen, wer welche Arten von neuen rechtlichen Prinzipien und Entscheidungen hervorbringen darf bzw. welchen Grenzen neue rechtliche Prinzipien etc. unterliegen, während andererseits Prinzipien und Regeln zur Geltung gebracht werden, die auf Kollisionen zwischen Rechtsprinzipien aus distinkten Rechtsräumen abzielen und dabei quasi-verfassungsmäßig angeben, wie welche Prinzipien zu gewichten sind bzw. wie zu entscheiden ist. Die Autorisierung, Prinzipien neu zu bilden, und die Grenzen neuer Prinzipien hängen dabei eng zusammen, denn die Autorisierung wird, so die These, nur daher hingenommen, weil sie klaren Grenzen unterliegt. Sie ergibt sich somit aus der funktionalen Notwendigkeit, auf die genannten Herausforderungen zu reagieren, die von allen anerkannt werden muss, die an der Geltung des Rechts interessiert sind (das sie z. T.,

---

15 Wichtiger Referenzpunkt für die Problematisierung der Fragmentierung des Völkerrechts ist
    der Bericht der International Law Commission zum Thema aus dem Jahr 2006.

z. B. in Verträgen, selbst erzeugt haben), und nicht aus einer Revolution oder dem (bewussten) Gründungsakt einer politischen Gemeinschaft.

Dieser Konstitutionalismus, mit dem auf die beiden Herausforderungen reagiert wird, ist in der Perspektive der entsprechenden Ansätze ein *funktionaler* Konstitutionalismus, da er erforderlich ist, damit das internationale Recht als ein kontinuierlicher Rechtsraum *funktionieren* und sich weiterentwickeln kann. Im Unterschied zu Theorien, die die Menschenrechte in den Mittelpunkt rücken, ist damit allerdings noch keine Vorentscheidung darüber getroffen, für welche Art inter- und transnationaler Ordnung ein transnationaler Konstitutionalismus steht. Während das menschenrechtsbasierte Verständnis des transnationalen Konstitutionalismus eine zu schmale Grundlage für die umfassenderen demokratietheoretischen Ansprüche an eine legitime Ordnung bietet, könnte es so scheinen, als würde das funktionalistische Verständnis als solches überhaupt keinen Beitrag zur Bestimmung der Legitimität politischer Ordnung leisten bzw. selbst aufgrund des weitreichenden Geltungsanspruchs, die Einheit des globalen Rechtsraums zu gewährleisten, eine große Gefahr für eine legitimere Gestalt der internationalen Politik darstellen. Denn wenn auf die funktionalen Herausforderungen mit unterschiedlichen sekundären Regeln reagiert werden kann, dann muss die Legitimität der jeweiligen sekundären Regeln, die emergieren oder gewählt werden, eigens untersucht werden, bevor eine Aussage über die Leistung des Konstitutionalismus getroffen werden kann. Bevor diese Frage wieder aufgegriffen wird, sollen jedoch zuerst Kritiken vorgestellt werden, die grundsätzlich bestreiten, dass ein transnationaler Konstitutionalismus vorliegt oder wünschenswert wäre.

4 Transnationaler Konstitutionalismus: Zwischen illusorischer Fiktion und problematischem Faktum

Beide Varianten des Konstitutionalismus, also eine Fassung des Völkerrechts, in der die Menschenrechte das Fundament bilden, sowie die funktionalistisch verstandene Herausbildung sekundärer Regeln, sind in der politischen Theorie und Philosophie der letzten beiden Jahrzehnte aufgegriffen und insbesondere in ihrer Bedeutung für die Zukunft der Demokratie analysiert und unterstrichen worden. Allerdings dienen sie, wie die letzten Bemerkungen zum funktionalistischen Konstitutionalismus bereits unterstrichen haben, nicht notwendig denselben normativen Zielen: Der erste, menschenrechtsbasierte Ansatz ist vor allem in einer liberal-individualistischen bzw. gerechtigkeitstheoretischen Perspektive relevant geworden, während der zweite Ansatz eher auf Bedingungen für eine durchgängige nicht-willkürliche *rule of law* verweist, ohne dass dabei schon klar wäre, welche Rechtsprinzipien vorrangig zur Geltung kommen. Häufig absehend von dieser

Diskussion über die Richtung, die der transnationale Konstitutionalismus aktuell annimmt oder annehmen könnte, sind alle Ansätze, die einen solchen Konstitutionalismus ins Zentrum ihrer Aufmerksamkeit stellen, aber gegenwärtig starken Kritiken ausgesetzt. Sie richten sich insbesondere auf vier Punkte, wobei es jeweils, wie in Tab. 1 zu Beginn schon festgehalten wurde, empirische und normative Vorbehalte gegenüber dem transnationalen Konstitutionalismus oder der Idee eines solchen Konstitutionalismus gibt: Eine erste Kritik weist den transnationalen Konstitutionalismus empirisch als Illusion zurück; eine zweite (in zwei Varianten auftretende) Kritik weist den Konstitutionalismus ebenfalls empirisch zurück, konstatiert aber darüber hinaus eine problematische, nämlich hegemoniale oder neo-liberale politische Funktion der Illusion. In einer dritten Kritik wird dem transnationalen Konstitutionalismus durchaus Realität zugestanden, er wird jedoch als Hinderungsgrund für die „demokratische" Verrechtlichung von Konflikten begriffen. Und in einer vierten Kritik schließlich wird dem transnationalen Konstitutionalismus vorgeworfen, insgesamt ein wichtiger Faktor für die problematische Entpolitisierung von Konflikten und ihrer Lösung zu sein.

4.1 Transnationaler Konstitutionalismus als Illusion

Die schwächste Kritik[16] hält den Theorien eines transnationalen Konstitutionalismus vor, die reale Bedeutung des internationalen Rechts und seiner vermeintlich konstitutionalistischen Gestalten zu überschätzen. Ihr zufolge entscheiden letztlich die Motivationen oder Erwartungen von Akteuren in jeweiligen Situationen darüber, ob das Handeln (vermeintlich) „unter Rechtsprinzipien" steht oder nicht, aber die Prinzipien bzw. rechtlichen Institute haben keine eigene Kraft, Akteure dazu zu bringen, rechtliche Normen zu befolgen. Soziale und politische Verhältnisse sind also letztlich durch Macht- und Interessensverteilungen bzw. durch einzelstaatliche Rechtsordnungen und ihre Selbstbindung an das Völkerrecht zu erklären, aber nicht durch internationale rechtliche Regelungen, die Befolgung erwarten und letztlich auch als solche Handlungsnotwendigkeiten erzeugen. Das Völkerrecht bringt derart Interessenlagen oder Machtverhältnissen zum *Ausdruck* und ist nicht selbst *Ursache* dafür, dass gegebene internationale Beziehungen bzw. (vermeintlich) von internationalem Recht gestaltete Verhältnisse so sind, wie sie

---

16 Diese Kritik ist natürlich „stark", insofern sie bestreitet, dass es irgendetwas von dem gibt, worüber Theorien eines transnationalen Konstitutionalismus reden. Mit Blick auf die Konzeption eines transnationalen Konstitutionalismus ist die Kritik allerdings „schwach", da sie keine Aussage dazu trifft, wie diese Konzeption normativ einzuschätzen ist bzw. wie Entwicklungen zu bewerten wären, in denen sich tatsächlich ein solcher Konstitutionalismus herausbilden würde.

sich darbieten. Wenn es Kooperation und/oder Befolgung des Völkerrechts gibt, dann erklärt sich dies durch die Vorteile, die sich Betroffene davon versprechen (vgl. Goldsmith/Posner 2005). Solche Phänomene können folglich genutzt werden, um die Interessen von Akteuren zu rekonstruieren, aber sie sagen nichts über die spezifischen Leistungen des Völkerrechts aus (außer eventuell über den Sicherheits- und Erkenntnisvorteil, der sich aus der expliziten Formulierung von Handlungsprinzipien ergibt). Das internationale Recht erklärt dementsprechend dieser Auffassung gemäß nichts, sondern ist selbst eine abhängige Variable. Theorien eines transnationalen Konstitutionalismus, die aus der „Emergenz" eines menschenrechtsbasierten Völkerrechts oder sekundärer Regeln zur Generierung von Recht bzw. zur Lösung von Rechtskollisionen auf einen Vorrang des Rechts vor der Politik bzw. des internationalen Rahmens vor den einzelstaatlichen Interessen schließen, sitzen daher einer Illusion auf.[17]

4.2 „Transnationaler Konstitutionalismus" als Ausübung von Macht

Die erste Kritik wendet sich gegen die Grundannahme hinter allen Vorstellungen eines transnationalen Konstitutionalismus, dass hier Rechtsprinzipien existieren, die die Grundlage oder Grenzen für „normale" Politik darstellen. Dagegen wird festgehalten, dass es zwar zu (eventuell recht stabilen) Konvergenzen zwischen nationalen Interessenlagen kommen kann, die den Eindruck vermitteln, dass es Prinzipien gibt, die hinter den Interessen bzw. deren Verfolgung stehen. Aber dieser Eindruck täuscht, da den Prinzipien keine eigene Kraft zukommt und ihre Geltung somit auch mit der Interessenskonvergenz enden würde. Eine zweite Art von Kritik teilt oft diese Illusionsdiagnose, geht aber über diese hinaus, indem eine These dazu aufgestellt wird, dass der Referenz auf den transnationalen Konstitutionalismus dennoch eine wichtige Funktion im Verfolgen der jeweiligen Interessen zukommt. Dieser Kritik zufolge präsentieren Theorien eines transnationalen Konstitutionalismus eine „idealisierte" Darstellung des internationalen Rechts, die übersieht, dass das Recht deshalb zunehmend relevant ist und wird, weil es mächtigen Interessen oder Akteuren dient, die ihre Position vermittels des

---

17 Diese Kritik an der Vorstellung eines transnationalen Konstitutionalismus wird oft auch von sogenannten „democratic sovereignists" vertreten, die überzeugt sind, dass demokratische Selbstregierung nur in souveränen Nationalstaaten in einer westfälischen Staatenordnung realisierbar ist. Sie weisen dementsprechend die „Illusion" des transnationalen Konstitutionalismus auch deshalb zurück, um offenzulegen, worauf sich die Demokratietheorie sinnvollerweise konzentrieren sollte. Vergleiche dazu z. B. Cohen (2008), deren Kritik z. T. auch schon in die nächste Variante übergeht (etwa Cohen 2004).

Völkerrechts absichern oder sogar ausbauen können. Diese Art der Kritik existiert dabei in zwei Varianten, die z. T. miteinander kombiniert werden.

„Transnationaler Konstitutionalismus" als hegemoniales Projekt

In einer ersten Fassung einer solchen Kritik hat das internationale Recht (bzw. die Darstellung desselben, die Ansätze zu einem transnationalen Konstitutionalismus vorbringen) die Funktion, die Vormacht des Westens bzw. Nordens gegenüber dem globalen Süden zu verstetigen. Die Referenz auf ein konstitutionalistisch (neu) strukturiertes Völkerrecht sichert dieser Kritik gemäß also Institutionen und Prinzipien ab, die für die Hegemonie des Westens stehen und es dem Süden erschweren (sollen), eigene Ansprüche zur Geltung zu bringen bzw. hegemoniale Bestrebungen abzuwehren. In seiner internationalen Gestalt seit dem Ende des 1. Weltkriegs gab das Völkerrecht einen Rahmen ab, in dem die Dekolonisierung des Südens vorangetrieben werden konnte, indem es allen Staaten ermöglicht wurde, ihren Anspruch auf gleiche Souveränität und daraus resultierende Grenzen des Wirkens anderer Staaten und internationaler Organisationen vorzubringen. Der aktuelle „Konstitutionalisierungsdiskurs" hat demgegenüber den Zweck, Gründe zu generieren, über die internationale Organisationen bzw. die hinter ihnen stehenden westlichen Staaten (weiterhin oder neue) Kontrolle über ehemalige Kolonien oder sonstige Gemeinwesen des globalen Südens ausüben oder sogar direkt in sie intervenieren können. Die vermeintliche Konstitutionalisierung lässt sich dementsprechend nicht aus der Organisation und den rechtlichen Ansprüchen des globalen Rechtsraums selbst heraus erklären. Sie geht vielmehr darauf zurück, dass über ihre Anrufung die (partielle) Umverteilung der globalen Macht durch das klassisch moderne Völkerrecht (in der Form der souveränen Gleichheit aller Staaten inklusive des jeweiligen Selbstbestimmungsrechts) revoziert werden soll.[18]

„Transnationaler Konstitutionalismus" als neoliberales bzw. entpolitisierendes Projekt

In einer zweiten Variante dieser Kritik wird auf einen anderen Effekt geblickt, den ein transnationaler Konstitutionalismus hat (oder haben könnte). Ihr zufolge dient die Referenz auf einen vermeintlichen transnationalen Konstitutionalismus wesentlich dazu, den Neoliberalismus abzusichern bzw. zum Grundbestand der globalen Ordnung zu machen. In den Augen dieses Vorbehalts zeigen gerade die Entwicklungen im Menschenrechtsbereich, dass das „konstitutionalisierte" Völ-

---

18 Vergleiche u. a. mit einer Rekonstruktion der post-kolonialen Kritik am Konstitutionalisierungsdiskurs Reinold (2012).

kerrecht darauf abzielt, die globale politische Ordnung auf individuelle Ansprüche und Freiheitsräume zuzuschneiden – womit Eigentumsansprüche an materiellen und immateriellen Gütern ins Zentrum rücken und politische oder soziale Rechte sowie insgesamt kollektive Ansprüche übertrumpfen (vgl. Gill 2002). Wichtige Bezugspunkte für diese Kritik sind das (in der Perspektive der Kritik zu Recht) gescheiterte Projekt einer Verfassung für die Europäische Union, der weiterhin andauernde Streit über den Schutz und die Reichweite „geistigen Eigentums" sowie die diversen Freihandelsabkommen (z. B. NAFTA).

Die beiden Varianten der Kritik an den ideologischen Effekten oder Absichten der Referenzen auf den transnationalen Konstitutionalismus werden jeweils einzeln vorgebracht, aber sie existieren auch in Kombinationen, die den Zusammenhang der beiden Varianten betonen. So wird darauf hingewiesen, dass die Perpetuierung der Hegemonie des Westens über den globalen Süden dann besonders tiefgreifend ist, wenn sie im Modus einer Sicherung vermeintlich universeller menschlicher oder menschenrechtlicher Ansprüche geschieht, oder dass die Realisierung der ökonomischen Interessen, die mit dem Neoliberalismus verbunden sind, dann nachhaltig gelingt, wenn dem globalen Süden Möglichkeiten genommen werden, sich durch souveräne Entscheidungen und politische Ordnungen einer einfachen Integration in den Weltmarkt zu verweigern. Der Neoliberalismus erscheint also als Neoimperialismus, oder der Neoimperialismus hat die Funktion, Widerstände gegen eine neoliberale (Neu-)Ordnung der Ökonomie zu beseitigen (vgl. Gill/Cutler 2014).

4.3 Transnationaler Konstitutionalismus als Hinderungsgrund für die „demokratische" Verrechtlichung von Konflikten

Die beiden zuvor angeführten Arten von Kritiken bestreiten die Existenz eines transnationalen Konstitutionalismus und bemängeln angesichts dieser Inexistenz ein inadäquates oder sogar ideologisches Verständnis der (vermeintlichen) Konstitutionalisierungstendenzen im Völkerrecht. In der zweiten Kritik wird sogar festgehalten, dass die eigentlichen Gründe und Interessen (mehr oder minder absichtlich) verkannt werden, die das Recht und seine Entwicklung tragen. Das Völkerrecht ist in diesen Perspektiven vor allem ein Instrument, und es ist empirisch und normativ falsch, es als eigenen und wenigstens teilweise unabhängigen Handlungsraum zu rekonstruieren.

In zwei weiteren Kritiken wird nicht bestritten, dass es die entsprechenden Tendenzen gibt und diese die durchaus mächtige Binnenlogik des Rechtsraums verändern. Es wird jedoch festgehalten, dass diese Tendenzen in normativer oder politisch-strategischer Hinsicht nicht wünschenswert sind. Eine erste derartige Kritik kommt zu dem Schluss, dass die konstitutionalistische Integration des fragmentierten internationalen Rechts deshalb nicht anzustreben ist, weil dies soziale und politische Kämpfe in verschiedenen Arenen in eine (letztlich an sich ohnmächtige) gemeinsame Sprache (bzw. in rechtlich allgemein anerkannte Ansprüche und Pflichten) zwingt. Wenn Verrechtlichungen immer von einzelnen (potentiellen) Konflikten ausgehen, dann liegt der Wert der Verrechtlichungen vor allem auch darin, dass jeweilige Lösungen in den einzelnen Konflikten erstritten werden (können). Dabei ist nicht grundsätzlich davon auszugehen, dass die unterschiedlichen Verrechtlichungen unter übergreifende und gleiche Prinzipien zu bringen sind. Es ist ganz im Gegenteil wichtig für das Gelingen der Verrechtlichungen, dass die jeweiligen Konfliktparteien die Prinzipien niederlegen können, die ihnen angesichts des entsprechenden Konflikts angemessen und notwendig erscheinen. Werden die unterschiedlichen Verrechtlichungen unter übergreifende Prinzipien gezwungen, bedeutet dies, dass lokale Kämpfe um Verrechtlichungen unter dem Vorbehalt stehen, dass entsprechende Regelungen letztlich aufgehoben werden können, weil sie nicht mit allgemeinen Prinzipien vereinbar sind. Dies belegen etwa Verfahren vor dem Europäischen Gerichtshof zu Arbeiterrechten, bei denen das Gericht entgegen den Rechten auf Streik und gewerkschaftliche Organisation, die in jeweiligen Verfassungen niedergelegt sind, unter Rekurs auf europäisches Recht für Rechte von Firmeneigentümer und gegen das Recht zu Arbeitskämpfen und insgesamt gegen politische Entscheidungen für bestimmte Regulierungen geurteilt hat (vgl. Scharpf 2012). Hinter dem Anstreben rechtlicher Lösungen von Konflikten steht aber die Annahme, dass die befriedende Wirkung (und demokratische Funktion) des Rechts entscheidend davon abhängt, dass die Konfliktparteien tatsächlich Autoren des Rechts sind und d. h. an das Recht gebunden sein werden und nicht die Option haben, es über rechtliche Institutionen für ungültig erklären zu lassen.

In einer komplexen Welt mit vielfältigen sozialen und politischen Konflikten hat das Recht – so die Perspektive dieses Kritikansatzes – nur dann eine begrüßenswerte Funktion, wenn die Prinzipien, die in ihm niedergelegt werden, von denjenigen kontrollier- und generierbar sind, die letztlich auch durch das Recht gebunden sein sollen. Konstitutionalisierungen zielen darauf ab, den rechtsetzenden Instanzen (d. h. in diesem Fall den Konfliktparteien) bestimmte legislative Kompetenzen abzusprechen, was zur Folge hat, dass diejenigen, die befürchten müssen, dass die rechtliche Absicherung (einiger) ihrer Interessen ohnehin keinen Bestand haben wird, auch keinen Grund mehr haben, zu gemeinsamen rechtlichen Regelungen ihrer sozialen Handlungsräume zu kommen (vgl. Maus 2007; Grimm 2012). Die Demokratisierung von Herrschaft über Recht und Verfassung hängt somit wesentlich von Bottom-up-Prozessen und eventuell weiteren Bedingungen für das Ent- und Bestehen politischer Gemeinschaften ab – und kann nicht umgekehrt durch eine konstitutionalistische Gestalt des rechtlichen Rahmens herbeigeführt oder abgesichert werden.

4.4 Transnationaler Konstitutionalismus als Entpolitisierung von Konflikten und ihrer Lösung

Eine letzte Kritik an der Wünschbarkeit des transnationalen Konstitutionalismus geht noch weiter als die zuvor angeführte Art und fragt, ob es überhaupt sinnvoll ist, bestimmte politisch-ökonomische Konflikte, die bislang keiner überzeugenden Lösung zugeführt wurden, qua Recht zu sistieren und damit den Anschein zu erwecken, als seien sie gelöst. Konflikte sollten dieser Kritik zufolge als Konflikte sichtbar bleiben und nicht im Rahmen eines Konstitutionalismus als grundsätzlich lösbar oder sogar schon gelöst erscheinen. Die Dynamik weiteren Verhandelns über einen jeweiligen Konflikt trägt mehr zu dessen Bearbeitung und eventuellen Lösung – oder aber zur Mobilisierung, den Konflikt offensiv auszutragen – bei als das Verdecken des Konflikts durch eine vermeintliche (immer schon vorliegende und abgesicherte) rechtliche Lösung (vgl. Volk 2012).

Eine stärkere Variante dieser Kritik an der Wünschbarkeit eines Konstitutionalismus im internationalen Recht geht noch über die letzte Form der Kritik hinaus und fordert insgesamt, die Entpolitisierung von Konflikten qua Recht zurückzuweisen und demgegenüber soziale, ökonomische und politische Streitfelder zu politisieren – also einer „bloß" rechtlichen, post-demokratischen Regelung zu entziehen. Diese Kritikvariante wird teilweise mit derjenigen verbunden, die sich gegen den instrumentell-ideologischen Charakter des internationalen Rechts richtet (also eine Kritik, wie sie im Abschnitt 4.2 vorgestellt wurde). Sie argumentiert, dass eine Verlagerung von Konfliktlösungen in den Bereich des Rechts den jeweiligen Konfliktparteien Möglichkeiten nimmt, ihre Interessen und Anliegen zu artikulieren und geltend zu machen. So hat etwa die Darstellung von Konflikten vermittels von Rechten zur Folge, dass strukturelle Faktoren bzw. kollektive Interessen kaum berücksichtigt werden (können).[19]

Insgesamt zeichnen sich im Feld der Kritiken an der Wirklichkeit und Wünschbarkeit eines konstitutionalistischen Völkerrechts also vier Arten von Kritiken ab (die z. T. miteinander kombiniert werden): Der *ersten* und schwächsten Kritik zu-

---

19 Die Präsentation der Kritiken am transnationalen Konstitutionalismus hat sich auf die Formen der Kritik konzentriert, die sich mit dem Vorliegen und der Wünschbarkeit eines solchen Konstitutionalismus im engeren Sinn auseinandersetzen. Die zuletzt angeführte Kritikvariante führt in den allgemeineren Bereich der grundlegenden politik- oder demokratietheoretischen Rechtskritik, der in einer Gesamterörterung der Probleme des (transnationalen) Konstitutionalismus sicherlich auch zu berücksichtigen wäre.

folge gibt es gar keinen transnationalen Konstitutionalismus, und er ist auch angesichts der Geltungsgrundlagen des Völkerrechts in absehbarer Zeit nicht zu erwarten. In der Perspektive der *zweiten* Kritik ist die Deutung des Völkerrechts als eines Konstitutionalismus selbst Ausdruck von hegemonialer oder neo-liberaler Machtpolitik, d. h. es gibt – wie in der ersten Kritik bereits konstatiert – keinen transnationalen Konstitutionalismus, aber die Fiktion eines solchen ist Teil einer internationalen Politik, in der der Westen/Norden seine Privilegien und Handlungsoptionen gegenüber dem Süden und den Schwellenländern absichern und/oder eine neoliberale Grundstruktur des globalen Raums durchsetzen will.

Neben diesen beiden Arten von Kritiken, die empirisch bestreiten, dass ein transnationaler Konstitutionalismus existiert, gibt es zwei weitere Arten, die von einem solchen Bestehen durchaus ausgehen (und z. T. ihre Kritikperspektive genau aus einer Analyse der Effekte des solcherart veränderten internationalen Rechts gewinnen), aber die Wünschbarkeit eines konstitutionalisierten Völkerrechts in Frage stellen. Der dritten Kritik gemäß ist demokratische Verrechtlichung ein Bottom-up-Prozess, der durch die Top-down-Struktur eines transnationalen Konstitutionalismus erschwert wird. Und in der Sichtweise der vierten Kritik schließlich bringen die Entwicklungen zu einem transnationalen Konstitutionalismus den Versuch zum Ausdruck, Konflikte und ihre Lösung zu entpolitisieren. Damit wird aber gerade die demokratische Auseinandersetzung und die Inklusion in Verfahren und Strukturen der legitimen Konfliktbewältigung verhindert.

5   Perspektiven des transnationalen Konstitutionalismus und seiner Bedeutung für die Demokratietheorie

Alle vier Formen der zuvor präsentierten Kritik werden in der aktuellen Diskussion (insbesondere in der demokratietheoretischen Auseinandersetzung) vertreten. Mit ihnen werden dabei nicht nur die Entwicklungen je anders gedeutet als in den zuvor angeführten Ansätzen, die wenigstens die Wünschbarkeit[20] (und vielleicht sogar die Unumgänglichkeit) eines transnationalen Konstitutionalismus behaupten. Sie werden darüber hinaus auch in eine Auseinandersetzung über die richtige normative und politische Strategie eingebracht, wie auf die Entwicklungen und das oft diagnostizierte Legitimitätsdefizit der globalen Ordnung und von Akteuren und Einrichtungen in ihr zu reagieren ist. Man kann allerdings z. T. auch (auf allen Seiten) den Eindruck bekommen, dass es gar nicht um ein adäquates

---

20 Anne Peters (2006: 605) gesteht dabei sogar zu, dass „the constitutionalist reading of current international law is to some extent an academic artefact".

Verständnis der Entwicklungen (und eine Begründung von normativen Perspektiven auf dem Hintergrund des jeweiligen Verständnisses) geht. In vielen Fällen wirkt es eher so, als würden letztlich *normative Optionen gegeneinander ausgespielt*, die auch unabhängig von der jeweiligen Diagnose (weiter) vertreten würden (bzw. die Diagnosen generieren würden, die erforderlich wären, um die eigene Option zu untermauern).

Gerade in der Perspektive der Demokratietheorie mit ihrer Suche nach den Bedingungen für legitime Herrschaftsausübung ist es sicherlich richtig, darauf hinzuweisen, dass die Entwicklungen des Rechts im Kontext der Globalisierung wenigstens *ambivalent* sind. So ist zweifelsohne einerseits eine Entformalisierung politischer Verhältnisse und die Schwächung demokratischer Verfassungen und Verfahren aufgrund von transnationaler Rechtserzeugung zu beobachten. Diese Entformalisierung und Schwächung äußern sich darin, dass bis dato (vermeintlich) wirksame rechtliche bzw. sogar verfassungsmäßige Bindungen von Regierungen und anderen Herrschaftsinstanzen, wie etwa mächtigen ökonomischen Akteuren, aufgehoben werden oder an Kraft verlieren.[21] Ein Beispiel hierfür sind die Entscheidungen über die diversen „Hilfsprogramme", die im Kontext der Finanz- und Eurokrise seit 2008 aufgelegt wurden. Andererseits führen die Interessen ökonomischer Akteure und die Risiken von Finanzströmen, die alte staatliche Grenzen überschreiten, aber auch zu einer Verrechtlichung und Formalisierung von Handlungsräumen, die bislang nicht oder kaum verrechtlicht waren. Viele Gegenstände und Interaktionen werden also grundsätzlich für politische Steuerung und Kontrolle verfügbar.

Die Frage, die sich angesichts dieser *ambivalenten* Entwicklungen und d.h. auch mit Blick auf viele der Kritiken an Ansätzen zu einem transnationalen Konstitutionalismus stellt, ist, ob sich diese Ambivalenzen letztlich zu einer Seite auflösen (lassen bzw. ließen). Für viele kritische Bewertungen des transnationalen Konstitutionalismus sind Entformalisierung und Verrechtlichung zwei Seiten eines (problematischen) Prozesses, in dem erkämpfte (staatliche und über das Wirken von Staaten vermittelt auch internationale) Kontroll- und Steuerungsmöglichkeiten ökonomischer, sozialer und politischer Macht durch die Entformalisierung geschwächt oder aufgehoben werden. Daneben wird diagnostiziert, dass durch die Verrechtlichung, die von ökonomischen Akteuren ausgeht bzw. im Zusammenhang der ökonomischen Interessen von Staaten steht, zugleich Möglichkeiten

---

21 Zur Kritik an der Entformalisierung des Rechts durch (vermeintliche) konstitutionalistische Entwicklungen im Völkerrecht siehe Koskenniemi (2008). Hiergegen halten andere fest, dass der allgemeinen Entformalisierung des Rechts nur durch eine Re-Konstitutionalisierung begegnet werden kann und dass dazu gerade die Vorstellung einer möglichen konstitutionalistischen Gestalt des internationalen Rechts erforderlich ist (vgl. Peters 2006: 610).

weiterer oder zukünftiger demokratischer Kontrolle und Steuerung genommen werden, die den rechtlich niedergelegten Regeln widersprechen. Es findet also ein Umbau von Herrschaftsverhältnissen von der Politik hin zu vermeintlich entpolitisierten, aber letztlich auf Partikularinteressen gerichteten rechtlich abgesicherten Herrschaftsmöglichkeiten statt.

Für viele Ansätze zu einem transnationalen Konstitutionalismus lassen sich die Ambivalenzen demgegenüber in die andere Richtung auflösen: Die neue internationale Verrechtlichung von Handlungsräumen gibt Akteuren aller Art (und d. h. vor allem auch bislang verhältnismäßig schwachen Staaten oder Gruppen innerhalb bzw. zwischen politischen Gemeinwesen) Möglichkeiten an die Hand, kontrollierend und revidierend auf bestehende Herrschaftsverhältnisse einzuwirken, etwa in der Form eines transnationalen Menschenrechtsschutzes oder indem internationale Organisationen mit umfassenderen Kompetenzen ausgestattet werden. Die Entformalisierung ist folglich für sie als Ermächtigung gegenüber bis dahin verhärteten institutionellen Machtstrukturen zu begreifen. Hier eröffnet das internationale Recht also gerade Räume für neue politische Strukturierungen und Kontrollen, in denen sich diejenigen zur Geltung bringen können, die bislang (noch) keinen Zugang zu Instanzen hatten, die auf mächtige Akteure begrenzend oder zurückweisend einwirken können. Das internationale Recht bietet in dieser Sichtweise einen Rahmen für die Politisierung und demokratische Steuerung der globalen Ökonomie und politischer Institutionen auf den verschiedenen Ebenen sowie für die Durchsetzung grundlegender Ansprüche.[22]

Für beide Ansätze gibt es Belege in den aktuellen Verhältnissen.[23] Aber wie schon zuvor für die allgemeine Perspektive festgehalten wurde, so ist auch die Auflösung der Ambivalenzen mehr dem jeweiligen normativen Projekt oder den theoretischen Vorentscheidungen geschuldet als der Evidenz in den Entwicklungen. Es ist im Unterschied dazu zu konstatieren, dass es keine Eindeutigkeit gibt, sondern dass die Verhältnisse *tatsächlich ambivalent* sind. Es lässt sich nur an jeweiligen Einzelfällen bzw. in einzelnen Bereichen nachvollziehen, welche Optionen durch Entformalisierungen und Verrechtlichungen jeweils genommen und eröffnet werden. Jede Einschätzung der gegebenen Verhältnisse sollte also diese Ambivalenzen nicht leugnen, sondern gerade von ihnen ausgehen. *Damit ist die*

---

22 Vergleiche zu einer solchen Deutung von Entformalisierungen und den Möglichkeiten, die sie eröffnen, etwa Fischer-Lescano (2005).

23 Dabei sind diese Belege selbst z. T. ambivalent, wie etwa die Macht des Südens in der Entwicklung des UN-Menschenrechtsrates zeigt. Hier haben die tatsächlich eröffneten Mitentscheidungsmöglichkeiten von Ländern, die bislang an der Bestimmung und Ausdeutung der Menschenrechte nicht oder nur kaum beteiligt waren, zur Folge gehabt, dass der Rechtsstatus, der mit Menschenrechten einhergehen (und auch gegen den mächtigeren Norden gewendet werden können) sollte, geschwächt und auf fragwürdige Art relativiert wurde.

zentrale Frage, ob demokratietheoretisch betrachtet etwas für oder gegen einen An-
satz zu einem transnationalen Konstitutionalismus spricht, wenn die Verhältnisse
(zumindest noch) wesentlich ambivalent sind.

Bei der Beantwortung dieser Frage dürfen die Entwicklungen nicht zu schnell
affirmiert werden, sondern sie sind genau zu rekonstruieren und zu analysieren.
In einer solchen Untersuchung der rechtlich-politischen Entwicklungen ist es dabei sinnvoll, zwei Ebenen zu unterscheiden, auf denen Formen und Aspekte des
transnationalen Konstitutionalismus betrachtet werden: Erstens ist zu analysieren, welche Inhalte oder Materien von den entsprechenden Rechtsentwicklun-
gen überhaupt tangiert werden. Der selektive Zugriff auf einzelne Gegenstände
und Entscheidungen verdeckt oft eher, wie repräsentativ die entsprechenden „Beispiele" für die Gesamtentwicklung sind, als dass er generalisierende Aussagen ermöglichen würde. Und zweitens ist mit Blick auf die entsprechenden Materien,
wie auch hinsichtlich anderer Rechts- und Handlungsbereiche zu sehen, was die
Entwicklungen für den Zugriff auf politische Kontrolle und Steuerung bzw. deren
Verteilung und d. h. für die Verfassung von Politik und Recht bzw. für die demokratische Gestaltbarkeit der globalen Ordnung, aber auch lokaler Ordnungen bedeuten.[24]

Bei einem solchen Ausgang von den Ambivalenzen könnte als demokratie-
theoretisches Argument gegen eine „Ratifizierung" von Konstitutionalisierungstendenzen bereits im Vorhinein vorgebracht werden, dass unter ambivalenten
Verhältnissen Möglichkeiten offen zu halten sind, mit denen man sich gegen jeweils problematische Ereignisse, Zustände oder Entwicklungen wenden kann.
Das Offenhalten dieser Möglichkeiten könnte gegen ambivalente Konstitutionalisierungen im internationalen Recht sprechen, weil man keiner relativ stabilen
Festschreibung von Regeln bzw. keiner Struktur zustimmen sollte, die Regelungs-
und Handlungsoptionen entzieht, die sich in späteren demokratischen Verfahren
als notwendig oder wünschenswert erweisen könnten. Eine solche Argumentation für das Suspendieren des eigenen Urteils und die darüber begründete Kritik
am Diskurs über den transnationalen Konstitutionalismus vermag allerdings nur

---

24 Dabei ist zu berücksichtigen, dass die Erwartungen an eine transnationale Demokratie grundsätzlich anders aussehen müssen als diejenigen, die mit Blick auf einzelstaatliche
Demokratien (zumeist) festgehalten wurden und werden. Denn in einer transnationalen
Demokratie ist – zumindest wenn, wofür viel spricht, die Perspektive eines einzigen gemeinsamen demokratischen Institutionengefüges parallel zu demjenigen der Einzelstaaten
verworfen wird – auch das Beherrschungspotential zu berücksichtigen, das von einzelstaatlichen Demokratien ausgeht. Aufgrund dieses Potentials können innerstaatlich (vermeintlich) perfekt legitime Verhältnisse in kosmopolitaner Sicht illegitim sein. Dementsprechend
muss die transnationale Demokratie auch den Pluralismus demokratischer Einzelordnungen
und ihrer Selbstbestimmungsmöglichkeiten legitim gestalten. Vergleiche dazu ausführlicher
Bohman (2007) und Niederberger (2009: 405–486, 2013).

unter zwei Voraussetzungen zu überzeugen: Erstens unterstellt sie, dass es einen Zusammenhang zwischen dem Offenhalten von Möglichkeiten (d. h. dem Nicht-Nehmen derselben) und dem faktischen Bestehen der Möglichkeiten gibt. Von einem solchen Zusammenhang ist aber nicht prinzipiell auszugehen, sondern er ist selbst durch weitere Faktoren bedingt, die wiederum in einer genauen Untersuchung der vorliegenden Verhältnisse nachzuweisen wären. Und zweitens muss behauptet werden, dass die Möglichkeiten, die eine (und zwar selbst eine problematische) Konstitutionalisierung des internationalen Rechts mit sich bringt, nicht oder wenig relevant dafür sind, dass auf problematische Entwicklungen reagiert werden kann. Auch dies lässt sich mit guten Gründen bestreiten, denn selbst rechtliche Entwicklungen und Festschreibungen, die nicht als wünschenswert erachtet werden bzw. nicht demokratisch legitimiert wurden, bringen neue Klagemöglichkeiten, diskursive Referenzpunkte und insgesamt politisch-rechtliche Handlungsvermögen mit sich, von denen – gerade angesichts der beschränkten Gestaltungsmöglichkeiten der Globalisierung – nicht per se klar ist, dass sie irrelevant für den Umgang mit Problemen bzw. für die Politisierung ökonomischer, sozialer und politischer Gegebenheiten sind.

Für einen transnationalen Konstitutionalismus (und d. h. für das Unterstreichen und Forcieren entsprechender Tendenzen im internationalen Recht) spricht daher schon im Vorhinein genau unter den Bedingungen der Ambivalenz, dass er die überzeugendere Alternative angesichts der Sorgen bietet, die hinter den beiden Voraussetzungen stehen. Hinter ihnen verbirgt sich nämlich das Anliegen, nicht eine zukünftige demokratische Politik bzw. Institutionen und Verfahren zu verunmöglichen, in denen legitime Entscheidungen getroffen und umgesetzt werden können. Demokratische Legitimität erfordert aber notwendig ein rechtlich-politisches Standing derjenigen, die Entscheidungen und Maßnahmen legitimieren können, sowie Verfahren und Strukturen, in denen die Legitimation geleistet und verbindlich gemacht werden kann. Ohne eine konstitutionalistische Ordnung bleiben jede Legitimierung und vor allem die konstitutive Abhängigkeit machtvoller Akteure von der Legitimierung kontingent. Erst durch Formen des Konstitutionalismus kann sichergestellt werden, dass diejenigen, die die Entscheidungen treffen und kontrollieren sollen, sich auch – ohne weitere Bedingungen – in den Entscheidungsverfahren und den Prozessen zu deren Durchsetzung einbringen können. Dies wird auch bei der zweiten zuvor genannten Voraussetzung deutlich, denn wo immer Verrechtlichungen zu beobachten sind, mögen diese zunächst einmal selbst als Macht gegenüber sozialen und ökonomischen Akteuren auftreten, die darüber Mitgestaltungsmöglichkeiten verlieren. Sie überformen jedoch bloße Machtkonflikte und bieten damit Gelegenheiten – gerade weil es sich in der Rechtsform nicht (mehr) um einen bloßen Ausdruck von Macht handelt –, auf die Verhältnisse einzuwirken, indem Regelungen gegen vermeintlich mächtige Akteure gewendet, Prinzipien problematisiert und skandalisiert sowie Institutionen gefordert und genutzt werden, die Entscheidungen und Prinzipien umzusetzen vermögen. Die Zurückweisung der Konstitutionalisierungstendenzen setzt zumeist auf eine anti-rechtliche Politisierung und vertraut darauf, dass soziale und politische Kräfte zu mobilisieren sind, die für anzustrebende Ziele kämpfen. Damit wird das Erreichen einer demokratischen Kontrolle und Steuerung ökonomischer und sozialer Verhältnisse an die Kontingenz jeweiliger Interessens- und Motivationslagen gebunden. Eine solche Auslieferung an die Kontingenz ist aber selbst in hohem Maß faktisch und normativ problematisch, da das jeweilige Beanspruchen und Geltendmachen von Interessen von Faktoren und Bedingungen abhängt, über die die Anspruchsinhaber nicht verfügen können. Für den transnationalen Konstitutionalismus spricht daher, dass er einen Weg vorzeichnet, über den diese Kontingenz überwindbar werden könnte.

In dieser „Affirmation" des transnationalen Konstitutionalismus ist es allerdings notwendig, ihn funktionalistisch und nicht primär substantiell – etwa über die Sicherung von Menschenrechten oder andere institutionelle Errungenschaften – zu verstehen. Nur als ein solcher Konstitutionalismus gewährleistet er, dass es grundsätzlich möglich ist oder sein könnte, politische Kontrolle und Steuerung auszuüben – und sei es allein deshalb, weil über den Primat des Rechts gegenüber sozialen und ökonomischen Verhältnissen ein Primat der Gesetzgebung und Regulierung gegenüber bloßen (machtbedingten) Gegebenheiten gesichert wird. Das Recht bleibt als Medium der Kontrolle und Steuerung erhalten und kann deshalb auch politisch angeeignet und genutzt werden. Mit der Betonung eines funktionalistischen Konstitutionalismus werden aber auch viele der zuvor genannten Kritiken als Zurückweisungen des Konstitutionalismus schlechthin hinfällig,[25] da sie sich insbesondere gegen substantielle, vor allem menschenrechtsbasierte Konstitutionalismusauffassungen richten.

Diese Klärungen der Perspektive, in der der transnationale Konstitutionalismus auch und gerade angesichts der Ambivalenz der Verhältnisse relevant ist oder wäre, enthalten, wie zuvor festgehalten wurde, noch nicht selbst eine Aussage dazu, ob und in welchem Umfang es einen solchen Konstitutionalismus tatsächlich gibt. Dazu ist, wie ebenfalls bereits gesagt wurde, eine neue und offene Analyse und Rekonstruktion der aktuellen Gegebenheiten von Nöten. Eine überzeugende Form einer solchen Analyse sollte folglich nachzeichnen, ob, wo und wie sich Macht- und Interessenskonflikte bzw. die Handlungs- und Entscheidungsoptionen in ihnen durch die rechtlichen Entwicklungen verändern. Hierbei könnte die Hypothese überprüft werden, dass sich die Sicherheit des Zugriffs auf Optionen

---

25 Inhaltlich sind die Kritiken ja in der vorhergehenden Argumentation bereits in der Ambivalenz der Entwicklungen berücksichtigt.

verändert, womit der transnationale Konstitutionalismus tatsächlich einen unverzichtbaren Beitrag zur Erfüllung notwendiger Bedingungen für die politische Kontrollier- und Steuerbarkeit von Handlungsräumen leisten würde, *aber nicht selbst schon Garant (also hinreichende Bedingung) für eine Demokratisierung dieser Kontrolle und Steuerung wäre.* Selbst wenn diese Hypothese sich bestätigen würde, wäre es dementsprechend sicherlich illusorisch und eventuell sogar normativ und strategisch falsch zu erwarten, dass die Tendenzen zu einem transnationalen Konstitutionalismus an sich die Demokratie und demokratische Legitimität retten oder etablieren werden. Die parallelen Prozesse der Entformalisierung und der Verrechtlichung sind und bleiben auf absehbare Zeit ambivalent, da sie – bei allem Begrüßenswerten – in Einzelstaaten erreichte Rechte und demokratische Kontroll- bzw. Steuerungsmöglichkeiten auch schwächen oder ganz aufheben sowie politische Kämpfe zu sistieren und entmächtigen trachten. Das Interessante am transnationalen Konstitutionalismus ist daher nicht die spezifische globale Verfassung mit bestimmten Prinzipien und Rechten, die er sichert und die dasjenige auf eine höhere Ebene hebt, was in den Einzelstaaten bereits erkämpft wurde. Dieser Konstitutionalismus ist vielmehr ein wichtiger Orientierungspunkt, weil er die *Idee* eines *demokratischen* Teilhabe*rechts* nicht aufgibt, d. h. die Vorstellung eines Status, über den das Mitwirken an der Steuerung und Kontrolle der globalisierten sozialen, ökonomischen und politischen Verhältnisse *nachhaltig gesichert* ist. Ohne eine verbindliche konstitutionalistische Rechtsordnung lässt sich demokratische Steuerung gar nicht denken – jede Steuerung diesseits einer solchen Rechtsform bleibt willkürlich, egal wie gut die Absichten, Einsichten oder Resultate derjenigen sind, die die Steuerung faktisch ausüben.

Literatur

Ackerman, Bruce, 1997: The Rise of World Constitutionalism, in: Virginia Law Review, Jg. 83, H. 4, 771–797.

Bellamy, Richard, 2007: Political Constitutionalism: A Republican Defence Of The Constitutionality Of Democracy, Cambridge: Cambridge University Press.

Bogdandy, Armin von/Bast, Jürgen (Hrsg.), 2009: Europäisches Verfassungsrecht, 2. Aufl., Berlin/Heidelberg: Springer.

Bohman, James, 2007: Democracy across Borders. From *Dêmos* to *Dêmoi,* Cambridge, MA: MIT Press.

Cohen, Jean L., 2004: Whose Sovereignty? Empire versus International Law, in: Ethics & International Affairs, Jg. 18, H. 3, 1–24.

Cohen, Jean L., 2008: Rethinking Human Rights, Democracy, and Sovereignty in the Age of Globalization, in: Political Theory, Jg. 36, H. 4, 578–606.

Dobner, Petra/Loughlin, Martin, 2010: Introduction, in: dies. (Hrsg.), The Twilight of Constitutionalism?, Oxford: Oxford University Press, xi–xvi.

Dunoff, Jeffrey L./Trachtman, Joel. P. (Hrsg.), 2009: Ruling the World? Constitutionalism, International Law, and Global Governance, Cambridge: Cambridge University Press.

Elster, Jon/Slagstad, Rune (Hrsg.), 1988: Constitutionalism and Democracy, Cambridge: Cambridge University Press.

Ely, John Hart, 1980: Democracy and Distrust. A Theory of Judicial Review, Cambridge, MA: Harvard University Press.

Fassbender, Bardo, 1998: The United Nations Charter as Constitution of the International Community, in: Columbia Journal of Transnational Law, Jg. 36, H. 3, 529–619.

Fischer-Lescano, Andreas, 2005: Globalverfassung. Die Geltungsbegründung der Menschenrechte, Weilerswist: Velbrück.

Gardbaum, Stephen, 2008: Human Rights as International Constitutional Rights, in: European Journal of International Law, Jg. 19, H. 4, 749–768.

Gardbaum, Stephen, 2009: Human Rights and International Constitutionalism, in: Dunoff/Trachtman 2009, 233–257.

Gill, Stephen, 2002: Constitutionalizing Inequality and the Clash of Globalizations, in: International Studies Review, Jg. 4, H. 2, 47–65.

Gill, Stephen/Cutler, A. Claire (Hrsg.), 2014: New Constitutionalism and World Order, Cambridge: Cambridge University Press.

Goldsmith, Jack L./Posner, Eric A., 2005: The Limits of International Law, Oxford: Oxford University Press.

Grimm, Dieter, 2012: Die Zukunft der Verfassung II. Auswirkungen von Europäisierung und Globalisierung, Berlin: Suhrkamp.

Habermas, Jürgen, 1998: Die postnationale Konstellation und die Zukunft der Demokratie, in: ders., Die postnationale Konstellation. Politische Essays, Frankfurt a. M.: Suhrkamp, 91–169.

Hart, H. L. A., 1994: The Concept of Law, 2. Aufl., Oxford: Oxford University Press.

International Law Commission, 2006: Fragmentation of International Law. Difficulties Arising from the Diversification and Expansion of International Law, Report of the Study Group of the International Law Commission (finalized by Martti Koskenniemi), UN Doc. A/CN.4/L.682 (Apr. 13, 2006) & A/CN.4/L.682/ Corr.1 (Aug. 11, 2006).

Kennedy, David, 2009: The Mystery of Global Governance, in: Dunoff/Trachtman 2009, 37–68.

Klabbers, Jan/Peters, Anne/Ulfstein, Geir, 2009: The Constitutionalization of International Law, Oxford: Oxford University Press.

Kleinlein, Thomas, 2011: Konstitutionalisierung im Völkerrecht. Konstruktion und Elemente einer idealistischen Völkerrechtslehre, Heidelberg et al.: Springer.

Koskenniemi, Martti, 2008: Formalismus, Fragmentierung, Freiheit – Kantische Themen im heutigen Völkerrecht, in: Kreide/Niederberger 2008, 65–89.

Kramer, Larry D., 2004: The People Themselves. Popular Constitutionalism and Judicial Review, Oxford: Oxford University Press.

Kreide, Regina/Niederberger, Andreas (Hrsg.), 2008: Transnationale Verrechtlichung. Nationale Demokratien im Kontext globaler Politik, Frankfurt a. M./New York.

Kumm, Mattias, 2004: The Legitimacy of International Law: A Constitutionalist Framework of Analysis, in: European Journal of International Law, Jg. 15, H. 5, 907–931.

Maus, Ingeborg, 2007: Verfassung oder Vertrag. Zur Verrechtlichung globaler Politik, in: Peter Niesen/Benjamin Herborth (Hrsg.), Anarchie der kommunikativen Freiheit. Jürgen Habermas und die Theorie der internationalen Politik, Frankfurt a. M.: Suhrkamp, 350–382.

Niederberger, Andreas, 2009: Demokratie unter Bedingungen der Weltgesellschaft? Normative Grundlagen legitimer Herrschaft in einer globalen politischen Ordnung, Berlin/New York: de Gruyter.

Niederberger, Andreas, 2011: Freiheit und Recht. Zur philosophischen Bedeutung der Demokratie, in: Philosophisches Jahrbuch, Jg. 118, H. 1, 21–38.

Niederberger, Andreas, 2013: Republicanism and Transnational Democracy, in: ders./Philipp Schink (Hrsg.), Republican Democracy. Liberty, Law and Politics, Edinburgh: Edinburgh University Press 2013, 302–327.

Peters, Anne, 2006: Compensatory Constitutionalism: The Function and Potential of Fundamental International Norms and Structures, in: Leiden Journal of International Law, Jg. 19, H. 3, 579–610

Reinold, Theresa, 2012: Constitutionalization? Whose Constitutionalization? Africa's Ambivalent Engagement with the International Criminal Court, in: International Journal of Constitutional Law, Jg. 10, H. 4, 1076–1105.

Scharpf, Fritz W., 2012: Perpetual momentum: directed and unconstrained?, in: Journal of European Public Policy, Jg. 19, H. 1, 127–139.

Teubner, Gunther, 2003: Globale Zivilverfassungen: Alternativen zur staatszentrierten Verfassungstheorie, in: Zeitschrift für ausländisches öffentliches Recht und Völkerrecht, Jg. 63, 1–28.

Volk, Christian, 2012: Why Global Constitutionalism Does not Live up to its Promises, in: Goettingen Journal of International Law, Jg. 4, H. 2, 551–573.

Vorländer, Hans, 2004: Die Verfassung. Idee und Geschichte, 2. Aufl., München: Beck.

Weiler, Joseph H., 1999: The Constitution of Europe: ‚Do the New Clothes Have an Emperor?‘, and Other Essays on European Integration, Cambridge: Cambridge University Press.

Cubicle Land – Bürokratie und Demokratie in der Regierung der Welt

Klaus Schlichte

Zusammenfassung   Die These Max Webers, dass der Wesenszug moderner Gesellschaften die formale Rationalisierung sei, ist in der Betrachtung internationaler Politik bis heute kaum beachtet worden. Das globale Wachstum von bürokratischen Apparaten als politisches Resultat dieser Rationalisierung wird in diesem Beitrag mit Blick auf die „Regierung der Welt" diskutiert. In verschiedenen globalen Politikfeldern, in der Entwicklungspolitik wie in der Wissenschaftspolitik, so die These des Beitrags, mündet die Geschichte der bürokratischen Herrschaft gegenwärtig in eine neue Form. „Cubicle Land" ist eine Chiffre für die netzwerkartig verknüpften bürokratischen Zellen, in denen die sich selbst steuernden Angestellten in Projekten dem „team leader" zuarbeiten.

1   Positionen in den „Internationalen Beziehungen"

Das theoretische Angebot zum Verständnis internationaler Politik wird immer noch von zwei Denkschulen dominiert, die sich über Lehrbücher und endlose Bezugnahmen verstetigt haben. Die eine Position wird Realismus genannt. Sie versteht die Welt als unter dem Primat der Machtpolitik stehend. Internationale Politik ist das Spiel der Machtstaaten, die ihre „Interessen" verfolgen und dabei egoistisch agieren. Je nach der Verteilung der Macht zwischen Staaten stellt sich das internationale System mal als multipolar, mal als bipolar oder aber als Hegemonie eines Staates dar. Ordnungen jenseits staatlicher Herrschaft sind nur insoweit möglich, als sie von den egoistisch interessierten Staaten für individuell nützlich angesehen werden.

Die andere Denkschule in der politikwissenschaftlichen Subdisziplin „Internationale Beziehungen" ist im Wesentlichen von liberalen politischen Theorien inspiriert. Ihre Auffassung ist dynamischer. Staaten sind lernfähige Organisationen, die über funktionale Zwänge zur Kooperation genötigt werden. Die Interaktion macht Koordination nötig, und aus der Koordination entsteht Kooperation und schließlich internationale Organisation. „Global Governance" ist die jüngste Formel dieser u. a. in Deutschland vorherrschenden Theorierichtung. Demnach sollen nicht nur Staaten, sondern auch globale Unternehmen, Kirchen, NGOs und die „globale Zivilgesellschaft" zusammenarbeiten, um anstehende Probleme zu lösen und „Kollektivgüter" zu schaffen. Kooperation, Koordination, inter- und suprainternationale Organisationen werden diesem Paradigma zufolge geschaffen, um „globale Probleme" zu lösen. Ein global zu beobachtender normativer Wandel, so die liberale Hoffnung, begünstigt diese Tendenz.

In diesem Beitrag soll aus einer weniger prominenten Tradition, aus der Perspektive einer kritischen Soziologie der internationalen Politik, argumentiert werden. In den Sozialwissenschaften gemahnt das Attribut „kritisch" an „Kritische Theorie". Während diese die Selbstbezeichnung eines sich als undogmatisch verstehenden Marxismus war (vgl. Horkheimer 1986), wird der kritische Impuls in diesem Beitrag aus weiteren Quellen gespeist. Die Inspiration entstammt vor allem dem soziologischen Denken über Politik bei Karl Marx, Max Weber, Michel Foucault und Pierre Bourdieu (vgl. Schlichte 2005, 2006). Für die Analyse internationaler Politik, so der Ausgangspunkt, sind diese Autoren wegen ihrer kritischen, analytischen Begriffe wichtiger als die Stars der „Scientific Community" der politikwissenschaftlichen Subdisziplin „Internationale Beziehungen".

Was mit dem Attribut „kritisch" gemeint ist, soll an dieser Stelle nicht ausgeführt, sondern nur zusammengefasst werden (vgl. Schlichte 2006): Die wichtigste Form, in der sich Kritik legitimieren kann, ist die Form der immanenten Kritik. Sie besteht darin, die bürgerliche Gesellschaft an ihren eigenen Maßstäben zu messen, sie also beim Wort zu nehmen, und ihre Praxis mit ihren proklamatorischen Ansprüchen zu vergleichen. Weil in der heutigen Weltgesellschaft niemand mehr außerhalb dieser bürgerlichen Wertmuster steht, ist dies keine Kritik von außen, und sie nimmt die Kritisierenden auch nicht aus.

Mit dieser Position ist zwar ein normativer und heuristischer Anspruch markiert, aber noch kein analytisches Vokabular und auch kein Ansatzpunkt für die Analyse internationaler Politik gewonnen. Aus der Sicht einer kritischen Theorie internationaler Politik ist dieser Ansatzpunkt immer durch die Frage nach der Form und der Begründung politischer Herrschaft gegeben, für deren Analyse der ganze begriffliche Reichtum der politischen Soziologie zur Verfügung steht (vgl. Schlichte 2012).

Es reicht demnach nicht, in theoretischer Sprache auf höherer Abstraktionsebene Strukturen und Verhältnisse zu benennen, sondern eine wirklich sozialwissenschaftliche Analyse muss auch die Akteure und Konstellationen identifizieren können, denen sich die Ausbildung und der Gehalt von Strukturen verdanken. In dieser Hinsicht trifft sich das Webersche Programm mit den Anforderungen, die auch Marx (1983: 35) an die Rekonstruktion von historischen Verläufen und kritischer Auseinandersetzung mit der Gegenwart stellt, nämlich als „Reproduktion des Konkreten im Wege des Denkens". Diese Analyse muss zugleich historisch verfahren, denn politische Herrschaft folgt nicht transhistorisch universellen Gesetzmäßigkeiten, sondern die Konstellationen sind historisch vielfältig, die Formen der Legitimität ebenso. Die Zusammenhänge können deshalb nicht theoretisch deduziert werden, sondern müssen in Vermittlung des historischen, empirischen Primärmaterials rekonstruiert werden. Diese Historizität erstreckt sich auch auf die Subjekte, die an politischer Herrschaft beteiligt sind und ihr zugleich unterliegen: Handlungsrationalitäten liegen nicht transhistorisch fest, sondern verändern sich ebenso in Wechselwirkung mit historischen Prozessen und den Effekten politischer Herrschaft, weil sich mit ihrer Form auch die Subjektivitäten verändern.

Dieses Programm soll in diesem Beitrag nur an einem aktuellen Ausschnitt der „Regierung der Welt" umrissen werden, der aber einen bisher wenig beachteten Kern politischer Herrschaft betrifft, nämlich die Verwaltung. Die hier vertretenen Thesen lassen sich folgendermaßen umreißen: Mit dem Ausdruck „Cubicle Land" wird die aktuellste Form bürokratischer Herrschaft bezeichnet, die sich in mehreren globalisierten Politikfeldern entwickelt. Dieser Modus der „Regierung der Welt" kennzeichnet die Politik vieler westlicher Staaten, er bestimmt auch die Welt der internationalen Organisationen, der „epistemic communities" der Experten und der Nichtregierungsorganisationen. Diese Form der globalisierten Bürokratie hat eine eigene Zeitlichkeit, die sich in quasi-religiösen Formen und Praktiken äußert. Ihr unterliegt zugleich eine Ordnungsvorstellung mit moralischem Gehalt, denn wie jede Ordnungsutopie ist auch diese zugleich eine Heilsökonomie (vgl. Bloch 1967: 567).

Besonders sichtbar wird dieser neue Typ der bürokratischen Herrschaft in der Entwicklungspolitik und in der Wissenschaftspolitik, weshalb diese beiden Politikfelder auch im Mittelpunkt des Beitrags stehen.

Diese These wird im Folgenden näher erläutert, indem zunächst die Globalisierung der Bürokratie mit anderen Vorstellungen vergleichend diskutiert wird. Das betrifft zum einen das Konzept der „gouvernementalité mondial", wie es Jean-François Bayart (2004) entlang der Foucaultschen Konzeption entwickelt hat, und zum anderen die Vorstellung einer „Global Governance", wie sie Ann Marie Slaughter im gleichen Jahr vorstellte (2). In einem zweiten Hauptteil werden dann die spezifische Sprache, die Vorstellungen von Personal und „Führung" und die spezifische Zeitlichkeit von Cubicle Land genauer vorgestellt (3). Der Beitrag schließt mit einer vergleichenden Diskussion der hier vorgestellten Thesen (4).

Methodisch beruht dieser Beitrag auf wilden Synthesen. Dieses Vorgehen erscheint umso notwendiger und legitimer, je mehr sich die Forschung zu internationaler Politik der Synthese entzieht und sich in immer feiner differenzierter

Analytik entäußert. Der Versuch des synthetischen Blicks beruht auf Beobachtungen, Gesprächen und Erfahrungen in verschiedenen Kontexten. Lehre und Forschung in Deutschland, Frankreich und den USA, aber auch in Uganda, Serbien
und Kirgistan während der letzten zehn Jahre sind die nur teilweise impressionis-
tische Grundlage der hier vorgestellten Thesen. Die Vielheit der Beobachtungs-
punkte schützt zwar nicht vor Irrtümern, und besonders nicht vor dem, überall
dasselbe zu finden, wenn man überall dasselbe sucht. Doch in den nachstehen-
den Thesen schlagen sich auch methodisch kontrollierte Forschungen in zwei Politikfeldern nieder, zu denen der Zugang unterschiedlich ist: Während ich in der
Wissenschaftspolitik als beobachtender Teilnehmer agiere, bestehen laufende Forschungen zur Ethnographie der Entwicklungspolitik eher aus teilnehmenden Beobachtungen und semi-strukturierten Interviews.

2   Global Governance oder „gouvernementalité mondial"?

Man mag Überlegungen darüber anstellen, warum zwei Bücher zum gleichen
Thema, nämlich über die Konvergenz und Verbundenheit politischer Formen,
im gleichen Jahr erscheinen, deren Autoren sich aber gegenseitig ignorieren. Sie
mögen hier indes als Anlass dienen, zwei im Feld der Internationalen Beziehungen – als politikwissenschaftliche Subdisziplin – prominent vertretene Positionen
zu exemplifizieren.

Marie-Anne Slaughters Werk „A New World Order: Government Networks
and the Disaggregated State" (2004) lässt sich vor allem auffassen als ein Plädoyer gegen das Paradigma des Nationalstaats, das vor allem in der US-amerikanischen Forschung nach wie vor vorherrschend ist. In der Disziplin der Internationalen Beziehungen wurde internationale Politik bis weit nach dem Zweiten
Weltkrieg ausschließlich als bloße Politik zwischen Regierungen aufgefasst. Ausnahmen von dieser Sichtweise hat es nur an den Rändern der Disziplin gegeben. Marie-Anne Slaughter plädiert nun für eine veränderte Sichtweise, derzufolge sich bereits über Expertenrunden und Verflechtungen Regierungen über die
Grenzen von Staaten hinweg ergeben hätten. „Global Governance" sei auf diese
Weise schon Realität.

Damit konvergiert, dass sich spätestens seit den 1990er-Jahren von der so genannten „reflexiven Wende" der Internationalen Beziehungen ausgehend eine
viel stärkere Betonung der nicht-staatlichen Akteure in der internationalen Politik durchgesetzt hat (vgl. Hamati-Ataya 2012), die dann auch den liberalen Mainstream erreichte und in der Betonung der pluralistischen Interessenartikulation
im Innern von Staaten mündete. Regierungen dominieren demnach zwar immer

noch die internationale Politik, aber sie nehmen dabei auf innergesellschaftlich artikulierte Interessen Rücksicht. Slaughters Thesen betreffen nun die Politik zwischen Regierungen und über diese hinaus. Denn Interessenartikulation und Politikgestaltung, so Slaughter, finden nicht nur in internationalen Konferenzen und in internationalen Organisationen statt, in denen Regierungen miteinander verhandeln. Stattdessen hätten sich längst in allen Politikfeldern – von der Entwicklungspolitik über die Umweltpolitik bis in die technische Standardisierung und die Sicherheitspolitik – komplexe Netzwerke von Institutionen und institutionellen Verkettungen ergeben, die auch Nichtregierungsorganisationen und multinationale Unternehmen umfassten. Man könne, so Slaughter, diese Entwicklung als Geburt der „Global Governance" auffassen, also einer konvergenten Bewegung der politischen Bemühung um die Lösung globaler Probleme.

Während diese Sichtweise tief in liberalen Theorien der Politik verankert ist – die Konvergenz der pluralistisch organisierten Interessen ist hierfür vielleicht der sichtbarste Ausdruck – hat Jean-François Bayart (2004) ein dazu komplementäres, aber zugleich kritisches Argument über internationale Politik entwickelt. Seine Thesen beruhen weniger auf der Draufsicht in der Perspektive der internationalen Organisationen als auf den Vergleichen aus Forschungen im subsaharischen Afrika, in der Türkei, im Iran und in Japan. Der Titel seines Werkes „Le gouvernement du monde" verrät bereits Anklänge an Michel Foucault, und zusammen mit Antonio Gramsci ist dieser auch die wichtigste theoretische Referenz Bayarts. Weniger in Statistiken als in historisch vergleichenden Skizzen versucht Bayart nachzuzeichnen, wie sich Vorstellungen über das richtige Regieren in Kolonialzeiten, aber auch in der Gegenwart über Kontinente hinweg ähneln, sich gegenseitig beeinflussen, aber auch divergieren. Es ist vielleicht kein Zufall, dass Afrika der Raum ist, in dem man das am deutlichsten sehen kann. Diese Regierungsmentalitäten, die „gouvernementalités", darin folgt Bayart Foucault, schaffen auch jeweils spezifische Subjekte wie den Trickster, den Flüchtling, den Reformer, den Militär oder den Staatsmann (vgl. auch Reckwitz/Schlichte 2013).

Den Thesen beider Autoren soll in diesem Beitrag gefolgt werden. Denn tatsächlich ist die Regierung der Welt nicht mehr auf die Politik von Regierungen reduzierbar. Und ebenso richtig ist es, dass in dieser neuen Regierung der Welt sich ausbreitende Gemeinsamkeiten zu finden sind. Um die Inhalte dieser globalen Politiken soll es aber hier nicht so sehr gehen wie um die Form. Die These dieses Beitrages soll also Slaughter und Bayart ergänzen, indem sie sich der neuen Gestalt bürokratischer Formen annimmt, die in dieser Regierung beobachtbar sind.

Cubicle Land, das ist die These, ist eine Form der Regierung der Welt, in der sich Vorstellungen über das richtige Regieren mit bestimmten Praktiken und Techniken verbinden, die die am Projekt dieser Regierung miteinander verbundenen Organisationen teilen. Die Techniken und Praktiken zusammen mit den verzeitlichten Projekten sind der Kern dieser „Regierung der Welt". Die Analyse dieser Form muss ihre Genese zunächst historisch in Umrissen rekonstruieren.

Von Max Weber stammt das Diktum, dass Herrschaft im Alltagsfall eben Verwaltung sei (Weber 1985: 545), und es besteht wenig Zweifel daran, dass große Teile der Verwaltung auf der Welt bürokratisch organisiert sind. Doch während die Soziologie aus der Bürokratie, ihrer formalen ebenso wie ihrer informellen Ebene, ein Standardthema gemacht hat, ist dieses Thema in der Politikwissenschaft bisher ein Randgebiet geblieben. Die Verwaltung gilt als unpolitisch, und sie ist deshalb kein Thema der Politikwissenschaft geworden. Das hat sich auch in der akademischen Disziplin „Internationale Beziehungen" erst vor Kurzem gewandelt (Barnett/ Finnemore 2004). In ihrem Blick auf Internationale Organisationen thematisieren Barnett und Finnemore alle bekannten Pathologien der Bürokratie, die für die Widersprüche und Dysfunktionen von internationalen Organisationen verantwortlich sein sollen. Zwar hat diese Arbeit ein gewisses Interesse an der Frage der Organisation der Welt ausgelöst (vgl. Dingwerth et al. 2009), aber eine umfassende Beschäftigung mit der Frage, was die bürokratische Verfasstheit von politischer Herrschaft für internationale Beziehungen, für die demokratische Verfasstheit dieser Politik und für die Frage von politischer Steuerung bedeutet, ist bis heute ausgeblieben. Dieser Beitrag soll ein Versuch sein, diese Auseinandersetzung anzuregen.

3   Zum Formwandel bürokratischer Herrschaft

Cubicle Land ist der metaphorische Ausdruck für die neue globale Form der Regierung, die projektartig organisiert ist. Diese hochgradig vernetzte Form ist aber nicht die erste globalisierte Form der Bürokratie. Nachfolgend soll in einem skizzenartigen historischen Abriss zunächst gezeigt werden, wie sich bürokratische Herrschaft mit unterschiedlichen Formen von Staatlichkeit ausbreitete (3.1). In einem zweiten Abschnitt dieses Kapitels werde ich dann auf die Besonderheiten von Cubicle Land eingehen und Thesen über die Entstehungsgründe dieser Form globalisierter bürokratischer Herrschaft formulieren (3.2).

3.1   Zur globalen Geschichte der Bürokratie

Der Physiokrat Vincent de Gournay (1712–1759) soll den Begriff der Bürokratie geprägt haben, und dies schon in ironischer Absicht. Er beobachtete, dass die Beamten im absolutistischen Frankreich mehr und mehr Macht in ihren Händen akkumulierten, und dies begründete seine Skepsis darüber, ob Regierungen wirklich in der Lage wären, ihre Entscheidungen durchzusetzen. Ein Thema, dass sich bis zu Max Webers Diskussion „Parlament und Regierung im neugeordneten Deutschland" (1988) weiter verfolgen lässt. Von Max Weber stammt dann auch die bis heute dominierende Definition der Bürokratie als einer Herrschaftsordnung, die auf kodifiziertem Recht und auf einem unpersönlichen Betrieb beruht. Dieser wird ausgeführt von geschultem Personal, das in hierarchisch gruppierten Abteilungen nach getrennten Kompetenzen agiert. Diese Büros werden zum „Kern jeden modernen Verbandslebens" (Weber 1985: 126). Staatsbeamte, genauso wie ihre Gegenstücke in Unternehmen, werden mit Geld entlohnt, sie sind der Verfügungsmacht über die Sachmittel beraubt und einer strikten Disziplin unterworfen. Geboten wird ihnen dafür die Sicherheit einer Laufbahn. Präzision, Konsistenz, Disziplin und Erwartungssicherheit – es ist die Berechenbarkeit des bürokratischen Apparats, die ihn in den Augen der Regierenden schon in der europäischen Frühen Neuzeit so wertvoll und effizient macht.

Die Geschichte der modernen, nach legal-rationalen Standards operierenden Bürokratie ist bei Weber eng mit der Geschichte des Kapitalismus verbunden. Patrimoniale Bürokratien mit ihren stärker personalisierten, aber daher weniger berechenbaren Regeln gab es dagegen auch zu anderen Zeiten und auch außerhalb Europas. Erst in der europäischen Moderne wird die moderne Bürokratie zum verbreiteten Muster, und zwar sowohl in den Armeen wie in den Massenparteien, in privaten und öffentlichen Unternehmen, in Verbänden und Stiftungen. Deshalb sind nicht nur staatliche Verwaltungen, sondern auch das politische Leben in modernen Massengesellschaften der Weberschen Analyse zufolge durch eine bürokratische Logik bestimmt. Die Bürokratisierung ist, so Weber, „der unentrinnbare Schatten der ‚Massendemokratie'" (Weber 1985: 130).

So verweisen alle Erklärungen der Geschichte der Bürokratie auf einen langfristigen historischen Strukturwandel. Während sie als Fachbehörden und dem Namen nach immer nur bestimmten Zwecken dienen, etwa als staatliche Behörden der „Steuerung" der Gesellschaft, ist ihr wahrer Grund im Übergang von personalisierten und konkreten Formen der politischen Kommunikation zu entpersonalisierten und effizienteren Formen der Kommunikation und versuchten Koordination zu suchen. Der älteste dieser Zwecke ist die Organisation von Menschen und Geldwerten für die Kriegsführung der Staaten in der Frühen Neuzeit, sieht man von kirchlichen Bürokratien ab. In der Geschichte der europäischen Staaten kann man sehen, wie gelehrig die Staaten voneinander Errungenschaften bürokratischer Organisation übernehmen, weil die kriegerische Umgebung sie zu schnellen Anpassungen und Rationalisierungen zwingt (vgl. Raphael 2000: 21).

Einige Autoren haben deshalb versucht, die Geschichte der Bürokratie mit funktionalistischen Theoremen zu erklären. Soziale Differenzierung, länger werdende Handlungsketten und der Bedarf an Kommunikation hätten eine gesteigerte Kalkulierbarkeit, eine höhere Logizität und eine Systematisierung der Apparate erzwungen (vgl. Luhmann 2010: 59; Breuer 1994: 41). Betrachtet man die globale Geschichte der Bürokratie näher, dann zeigen sich neben diesen abstrakten Erfordernissen aber auch noch andere Mechanismen des Wachstums der Bürokratie.

Wie die globale Geschichte von Parlamenten und Verfassungen, so ist auch die globale Geschichte der Bürokratie ganz offensichtlich eine von Importen und Exporten, von Aneignungen und Akkulturationen. Das zeigt sich bereits in der Geschichte der europäischen Bürokratie, in der die nationalen Institutionen voneinander lernen. Eignungstests für die Einstellung statt Patronage, das Laufbahnprinzip und die Pensionsschemen sind Züge der staatlichen Bürokratie, die die europäischen Staaten voneinander lernen (vgl. Dreyfus 2000: 167 ff.). Die Konkurrenz bei der Konstruktion leistungsfähiger Apparate bleibt im kriegerischen Zeitalter des Imperialismus weiterhin eine Antriebskraft der Bürokratisierung. Eine zweite ist aber eindeutig auch die beginnende Demokratisierung des Staates. Statt die Stellenvergabe allein zur Pfründe aristokratischer Patronage zu machen, drängt im Zuge seiner Emanzipation das Bürgertum auf Standardisierung und Kontrolle des Zugangs nach Leistungskriterien. Die „concours", die seither in Frankreich den Zugang zu staatlichen Ämtern regeln, sind ebenso wie die zahllosen Diplome und Titel des Staates Ausfluss dieser Forderung. Das Interesse an „Chancengleichheit", die Eroberung des aristokratisch monopolisierten Apparats für die Aufstiegsinteressen des mächtiger werdenden Bürgertums führte also zu einer weiteren Versachlichung und Formalisierung politischer Herrschaft, die naturgemäß bürokratische Form annahm.

Das 19. Jahrhundert ist auch der Zeitraum, in dem sich die Bürokratie über den Zwang kolonialer Herrschaft und freiwillige Adaptionen rasch globalisierte (vgl. Osterhammel 2009: 86 ff.). Aus der Kolonialzeit lassen sich bis heute direkte Linien in die Praktiken und Ordnungen der bürokratischen Welt zeichnen, die als Cubicle Land weiter unten diskutiert werden. Das Wachstum der kolonialen Bürokratien ist aber nicht auf die Erfordernisse zunehmend funktional differenzierter Gesellschaften ausgerichtet, sondern auf die Kontrolle und Inwertsetzung von Gebieten, die als Teile protektionistisch geschützter Räume wichtige Ressourcen im Wettbewerb der Empires werden. Das Kontrollbedürfnis veranlasst die Zählungen, die Messungen, die Registrierungen, die ihrerseits Grundlage der Besteuerungen, der Verordnung von Zwangsarbeit und der Projektierung von großen Entwicklungsprojekten werden. Dieser Befund gilt für die bourbonischen Reformen des spanischen Lateinamerikas in den 1750er-Jahren (vgl. Pietschmann 1980) wie für die Praxis der französischen Kolonien in Westafrika im 20. Jahrhundert (vgl. Suret-Canale 1969; Spittler 1981).

Während die koloniale Bürokratie weitgehend als oktroyierte Formen aufgefasst werden könnte, lassen sich in anderen Fällen freiwillige Übernahmen europäischer Bürokratie finden, so in China und Japan (vgl. Reinhard 1999: 491–506).

Häufig scheint diese importierte Bürokratisierung allerdings eine Folge des eigentlich beabsichtigten Imports von kodifiziertem Recht gewesen zu sein. In jedem Fall, so dürfen wir annehmen, hat die Einführung dieser Form eine Inkorporation lokaler Traditionen und Formen in der Implementierung bedeutet.

Ein besonders interessanter Fall, aber unter diesem Aspekt bisher nicht prominent untersuchte Teilgeschichte, ist der der Sowjetunion. Bereits sehr früh wurde die Sowjetherrschaft von undogmatischen Marxisten als bloße bürokratische Herrschaft denunziert, die nur Funktionären und Amtsträgern diene (vgl. Rizzi 1985). Die Kritik der bürokratischen Spitzen als „nomenklatura" wurde zum durchgehenden Thema der dissidenten Stimmen, wo immer sozialistische Systeme implementiert worden waren (vgl. Djilas 1957). Grundlage der herausragenden Stellung der bürokratischen Formen in der Sowjetunion war neben dem entwickelten Verwaltungsnetz des zaristischen Russlands allerdings nicht nur das Interesse an Privilegien, sondern die Vorstellung von der zentralen Lenkung der gesamten gesellschaftlichen und wirtschaftlichen Entwicklung. Der „real existierende Sozialismus" stand hier in der Tradition des „developmental state", mit dem er viele Merkmale teilte (vgl. Schlichte 2005: 160 ff.).

Im postkolonialen Entwicklungsstaat hat diese Regierungsauffassung mit ihren stark bürokratischen Elementen überlebt. Sie hat sich nicht nur in den sozialistischen Staaten ausgebildet, sondern überall dort, wo die Vorstellung der staatlichen Behörden und Unternehmen mit ihren bürokratischen Verfahren zu maßgeblichen Agenturen des Projekts der „Entwicklung" wurden (vgl. Eckert 2007; Bichsel 2009; O'Donnell 1988). Die Varianz der konkreten Formen mag von Fall zu Fall beträchtlich sein, doch die nachkoloniale Welt zeigt vor allem viele Ähnlichkeiten in der Entwicklung ihrer Bürokratien: Sie sind das Produkt einer oktroyierten Herrschaft, die sich zugleich mit lokalen Gehalten und Produktionen verbunden hat. Sie sind aber mit dem Ende der Kolonialherrschaft nicht verschwunden, sondern zeigen im Geist des Personals, in der inneren Gliederung und in den politischen Zielsetzungen zahllose Kontinuitäten zur kolonialen Vergangenheit. In Zentralasien sind die Bürokratien bis heute an sowjetischem Muster orientiert (vgl. Geiss 2007), während sich in Lateinamerika mit seiner viel älteren Eigenstaatlichkeit stärkere Sonderwege entwickelten, die gleichwohl auch Typencharakter ausbildeten (vgl. O'Donnell 1988).

Die Geschichte des Kolonialismus ist also die Geschichte eines der Hauptvektoren der Bürokratisierung. Nicht nur die Erfassung der Bevölkerung, die Kataster und Steuerregister gehören hierzu, sondern ebenso die Erfassung der Ökonomie für die volkswirtschaftliche Gesamtrechnung, der Zusammenschluss von Währungssystemen und die rechtliche Kodifizierung (vgl. Ferguson 2003). Das 19. Jahrhundert erscheint daher im Rückblick als das Jahrhundert, in dem die wesentlichen Strukturen der heutigen politischen Herrschaft entstanden.

Über die „zweite industrielle Revolution", die „neue Ökonomie der Schrift", setzt sich die Bürokratisierung der Welt aber auch im Innern der westlichen Gesellschaften fort (vgl. Gardey 2008: 16). Die Verwaltung wird selbst zu einer ökonomischen Branche, nämlich in dem Maße, in dem Banken und Versicherungen im organisierten Kapitalismus zum bürokratischen Komplement der Lebensorganisation von Bevölkerungsmehrheiten werden. In der Bürokratie entsteht damit selbst ein Rationalisierungsdruck, der die Effizienz und die Geschwindigkeit von Datenverarbeitungen immer wichtiger werden lässt (vgl. Gardey 2008: 17). Mit der Standardisierung im internationalen Warenverkehr, der globalen Kommunikation und der Politik entsteht damit das infrastrukturelle Gerüst für die anschlussfähige Organisation aller möglichen Lebensbereiche und die Implementierung von „policies" (Brunsson/Jacobsson 2000). Politik ohne Bürokratie wird undenkbar, aber zugleich nimmt die Bürokratisierung der Regierung den öffentlich politischen Charakter, weil sich alle Probleme in scheinbar rein technische Fragen von Daten, Budgets, Kennziffern und operationalisierten Indikatoren auflösen.

3.2　Cubicle Land – die neue Bürokratie?

Die hierarchische Organisation der Bürokratie ist in den ersten drei Jahrzehnten nach dem Zweiten Weltkrieg der klassische und von allen für ideal gehaltene Organisationsmodus. Der organisierte Kapitalismus ist das Zeitalter der großen Organisationen und der hierarchischen Apparate. Aber, wie C. Wright Mills in seinem Buch „White Collar" von 1951 schreibt, diese Apparate sind auch schon längst zu einem bürokratischen Kommunikationsraum verschmolzen:

> „Each office within the skyscraper is a segment of the enormous file, a part of the symbol factory that produces the billion of slips of paper that gear modern society in to its daily shape. From the executive's suite to the factory yard, the paper web work is spun; a thousand rules you never made and don't know about are applied to you by a thousand people you have not met and never will." (Mills 1951: 189)

Heute, im Zeitalter von Cubicle Land, werden die steilen Hierarchien ersetzt durch die flachen Landschaften der dezentralisierten Netzwerke, die die zellenartigen Büros verbinden. Auch die Morphologie der Bürokratie wandelt sich. Während Wolkenkratzer schon nicht mehr als Idole der Modernität gelten, so sind die Bürozellen, die Zimmer der Einzelnen oder die Zellen des Großraumbüros doch erhalten geblieben. Die „cubicles", durch mittelhohe Trennwände markierte Zellen in Großraumbüros, wie wir sie aus den Angestelltenfilmen der USA kennen, sind selbst eine wissenschaftlich entwickelte Antwort auf die Frage, wie moderne Bürotechnik und die informationsbasierten Arbeiten der Angestellten möglichst effizient organisiert werden können.

Der Ausdruck „Cubicle Land" dient hier als Chiffre für eine Form von Bürokratie, die längst nicht mehr auf Großraumbüros angewiesen ist und in Zeiten der Digitalisierung für enge Kooperation auch keine räumliche Nähe mehr nötig macht. Die ganze Welt ist ein Büro (vgl. Bartmann 2012), das immer noch definiert bleibt durch „Akten und kontinuierlichen Betrieb durch Beamte" (Weber 1985: 126). Die Zellen der Bürokratie von internationalen Organisationen, von Regierungen wie von Nichtregierungsorganisationen sind durch Funk und Glasfaserkabel verbunden. Das erlaubt die sekundenschnelle Kommunikation und Übertragung auch großer Datenbestände des bürokratischen Wissens zwischen Zentralen in New York oder Paris und den „bush offices" in Kampala oder Duschanbe (vgl. Schlichte/Veit 2012). Zwischen den Zellen wandern die E-Mails, die Geldbewegungen, die Anhänge mit Texten und Excel-Kalkulationen – all das, was für die Konzeption, Durchführung und Evaluierung von „Projekten" notwendig ist, die inzwischen zum Hauptmodus des Regierens geworden sind.

„Cubicle Land" ist also zugleich der metaphorische Ausdruck für diese neue projektförmige Form der Regierung, die sich zunehmend globalisiert. Dies ist eine globale Regierung, die aus konvergierenden Vorstellungen darüber besteht, was die Moderne ist und wie ihre Versprechen ausgefüllt werden können. Sie ist zugleich kein auf den Westen beschränktes Phänomen. Die Zusammenhänge und die „cubicles" finden sich in den Büros der deutschen, parteinahen Stiftungen in den Hauptstädten Zentralasiens ebenso wie in amerikanischen Universitäten, in den Büros der „Gesellschaft für Internationale Zusammenarbeit" in Maputo ebenso wie bei den Vereinten Nationen in New York (vgl. Bartmann 2012).

Sie alle sind Teil von Cubicle Land, einem internationalen System nicht von Staaten, sondern von bürokratisch verfassten Netzwerken. Überall ist der Organisationsmodus in diesen Netzwerken derselbe: Es wird beantragt, kalkuliert, geschrieben, bewertet und berichtet. Und dann wird wieder kalkuliert, beantragt, geschrieben, berichtet und bewertet, so in der projektförmigen Forschung, in der Entwicklungszusammenarbeit, in den internationalen Organisationen und auch in der Europäischen Union.

Die generalstabsmäßigen Kommandohöhen von einst sind nicht mehr relevant, die Entscheidungen sind längst diffundiert in Millionen Stellen in den Apparaten, eine Zurechnung von Politik ist global immer schwieriger geworden. Das gilt selbst für die Europäische Union, in der die Sachentscheidungen zunehmend in mehr als 200 Komitees verlagert worden sind, in denen Mitgliedsstaaten mit der Kommission verhandeln (vgl. Blohm-Hansen/Bradsma 2009).

Cubicle Land ist eine Landschaft aus Organisationen, die vieles gemeinsam haben. Die Tatsache, dass heute das Personal etwa zwischen Entwicklungsagenturen, Universitäten, internationalen Organisationen und Unternehmensberatungen ohne Schwierigkeiten die Positionen wechseln kann, hat ihren Grund in diesen fundamentalen Gemeinsamkeiten.

Doch nicht nur das Personal ist kommensurabel, auch sonst gibt es zwischen den in der Wissenschaft akribisch getrennt betrachteten Organisationen weitreichende Gemeinsamkeiten. Ihre Sprache gleicht sich ebenso an wie ihre internen Organisationsformen, in denen die Machtasymmetrien immer versteckter werden, und sie teilen drittens eine spezifische Zeitlichkeit, die vom Widerspruch zwischen immer kurzfristigeren Projekten oder „Maßnahmen" und immer weiter ausgreifenden Erwartungsbegriffen geprägt ist.

3.3   Die Sprache von Cubicle Land

> „Wir sind eher 'n Umsetzerladen, mit bestimmten Kompetenzen der, ja wir nennen das Regiekompetenz, wir behaupten, dass wir Prozesse gestaltet kriegen, ‚change management' gestaltet kriegen, dass wir darüber hinaus eben auch immer wieder für ganz bestimmte Dinge immer Expertise mobilisieren können, also in bestimmten Bereichen die auch immer vorhalten."[1]

An vorderster Stelle in allen Politikfeldern steht die Produktion von Sprache. „Schallwellen und Tintentropfen" sind nach Max Weber (1985: 846) die Medien moderner Politik. Daran hat sich auch in Cubicle Land nichts geändert. Nichtregierungsorganisationen, internationale Organisationen und andere große Bürokratien müssen sich wie staatliche Bürokratien als etwas „Allgemeines" darstellen, als eine Instanz, die im Interesse des großen Ganzen handelt. Sie können sich nicht als Bürokratien präsentieren und Gehorsam verlangen. Um ihren Ansprüchen Legitimität zu verleihen, müssen sie im Namen großer Werte – Entwicklung, Frieden, Wohlfahrt – auftreten. Sie müssen darin sogar nach Monopolen streben, denn erst diese Monopolisierung des Allgemeinen erlaubt es ihnen, „Verallgemeinerungsprofite" (Bourdieu 1998: 124) für ihre Taten und Diskurse zu erzielen. Dieser Wettstreit um das Monopol des Allgemeinen erklärt einen Gutteil der Konkurrenz zwischen den großen Bürokratien.

In Cubicle Land regiert eine Semantik der Endlosigkeit von immer dringender werdenden Anpassungen. Grundsätzlich ist darin kein Unterschied etwa zum 19. Jahrhundert, für das die Fortschrittssemantik charakteristisch war. Verändert haben sich aber die Leitvokabeln. Heute dominieren unausdeutbare Großbegriffe

---

1   Interview mit deutschem Entwicklungshelfer, mittleres Management, Maputo, 10. Oktober 2012.

wie „Governance", „Exzellenz" oder „Entwicklung", die als Leitsterne fungieren. Im der Bürokratie vermeintlich vorgeordneten diskursiven Feld fungieren diese Begriffe als Ersatz der politischen Utopien, die noch das 20. Jahrhundert prägten. Wie im vorigen Jahrhundert rankt sich um die Füllung und „Konzeptionalisierung" und „Operationalisierung" dieser Begriffe eine endlose Diskussion, in der Partikularinteressen und das Geltungsbedürfnis von Institutionen und einzelnen Machtgruppen erkennbar werden.

Dieser Diskurs der globalen Regierung durchzieht alle Politikfelder, von der Wissenschaftspolitik bis zur Entwicklungshilfe: „Wettbewerb" und „Ownership" gelten in beiden. Dem zugrunde liegt die Vorstellung, dass die Beteiligung des Personals wie auch die Indienstnahme von nachgeordneten Behörden oder Stellen nur dann gelingt, wenn diese zum Selbstengagement und zur „nachhaltigen" Verpflichtung durch eigene „Mittelverwendungen" eingebunden werden. Die Prämien kommen nicht kostenlos, sondern sie zu erlangen erfordert nicht nur eigene Anstrengungen, sondern strukturelle Umbauten, und in genau dieser Anpassung besteht die Regierung. So wie Mosambik von den 19 „Gebern", die der Regierung Budgethilfe gewähren, dazu genötigt wird, in der Verwaltung „capacity building" zu betreiben, so sind auch die deutschen Universitäten genötigt, die Verwendung ihrer Mittel so auszurichten, dass sie sich mit den „Zielen" der Ministerien und Forschungsorganisationen decken.[2]

Doch die genannten Begriffe erfüllen Funktionen, die sich nicht einfach auf eine interessengesteuerte Agenda des Neoliberalismus reduzieren lassen. Sie sind quasi-religiöse Kategorien, säkularisierte theologische Figuren, die Reinhart Koselleck (2006: 68) als „Erwartungsbegriffe" gekennzeichnet hat. Die diffusen Großprojekte, für die sie stehen, sind unendliche Projektionen, denen eigen ist, dass sich die Horizonte, auf die sie verweisen, mit jedem vollzogenen Schritt mitverschieben. Die Reform, der Grundmodus des bürokratischen Herrschaft, ist deshalb kein Prozess mehr, der durch einen Anfang und ein Ende in der Zeit markiert werden könnte, sondern ein Zustand (vgl. Bartmann 2012: 101f.). Gerade dass die Ziele nicht erreicht werden, ist der Grundmodus der Reform. Dass die Ziele bei sich mitbewegenden Erwartungshorizonten nicht erreicht werden können, ist das Geheimnis und die Kraft dieser Herrschaft.

---

2   Zur Wissenschafts- und Hochschulpolitik in Deutschland, an der sich alle hier geschilderten Phänomene klar erkennen lassen, vgl. Münch (2007, 2009), Kühl (2012), Maeße (2010) und zur EU-Wissenschaftspolitik Bruno (2008).

3.4   Personal und interne Herrschaft

Jedes leitende Büro eines Unternehmens ließ sich früher als „Gipfel eines Hügels aus Arbeit, Geld und Entscheidungen" begreifen (Mills 1951: 190), und gleiches galt für Ministerien und internationale Organisationen. Natürlich gibt es diese Form der bürokratischen Herrschaft immer noch, am sichtbarsten vielleicht beim Militär. Doch darüber legt sich in vielen Politikbereichen die nur leicht gewellte Landschaft von Cubicle Land, in der die Zentralen der Organisationen die Hügelkuppen sind. Darin haben sich auch die Anforderungen an die Subjekte geändert, die darin arbeiten. Sie sind selbst Projekte, die sich selbst regieren sollen.

Peter F. Drucker, einer der Gurus der neuen Managementliteratur, schrieb in den 1960er-Jahren schon von der „Wissensgesellschaft", in der die „Kopfarbeiter" dominieren würden, die nicht mehr durch Hierarchie eingezwängt arbeiten sollen, sondern „im Team" (Drucker 1998: 361), zugleich aber „klare Autoritäten" bräuchten. Der Einzelne solle die nicht-hierarchische Organisation mit Verstand und Zielstrebigkeit nutzen – das Ziel ist eine Organisation, „in der die Disziplin auf die einzelnen übergeht" (Drucker 1998: 326). Dieses „Selbstmanagement" ist inzwischen zum Ideal der Personalbewirtschaftung auch in staatlichen Einrichtungen geworden (vgl. Vormbusch 2012: 180 ff.).

Im Inneren der alten Bürokratie gab es hierarchische Herrschaft. Die Leitung wurde innegehalten von den leitenden Angestellten, die im klassischen Weberschen Sinne herrschten: Sie genossen die Chance, auf einen Befehl bei einem angebbaren Personenkreis Gehorsam zu finden, waren aber auch selbst einer solchen Hierarchie unterworfen. Zwischen den Angestellten herrschte Konkurrenz um Status innerhalb derselben Organisation, und dieser Status stellte sich nicht nur über das Gehalt, sondern vor allem über Titel und Gunst bei der Leitung, oder wie in Behörden über formale Laufbahnkriterien (vgl. Mills 1951: 210) dar. Der Wettbewerb des Personals um die Gunst der Leitung ist der Kern dieser kleinen politischen Ökonomie der Führung.

Die in Hierarchien eingezwängten Manager der 1960er-Jahre erfanden das „management by objective", das die klassische Hierarchie durch numerisch definierte, mit Gesamtzielen kohärente Zielvereinbarungen für einen abgesteckten Aufgabenbereich ersetzte. Der offiziellen Beschreibung nach geht es dabei nicht nur um die Emanzipation der Führungskräfte von den Regularien der großen hierarchischen Organisationen, sondern um die „Emanzipation" aller Beschäftigten von der direkten Herrschaft der Bosse (vgl. Boltanski/Ciapello 2003: 108).

Inzwischen hat sich die „mise en nombre" (Bruno 2008: 21) als Regierungstechnik der Kontrolle verallgemeinert. Tabellenplätze im Fußball, Einschaltquoten für Fernsehprogramme, Exzellenzplätze für Universitäten, Drittmittelsummen für Forscher und Plätze im „Human Development Index" für Staaten – die

Numerifizierung macht „Erfolge" über das allgemeine Äquivalent der Ranking-plätze auch für Laien verständlich. Vor allen Dingen aber macht die numerische Platzierung den Beschäftigten klar, wo sie stehen und warum ihre Anstrengun-gen noch nicht genügen. Denn selbst wenn sie Platz 1 einnehmen, droht der mit Scham besetzte Abstieg. Die Wende zu den vermeintlich flacheren Hierarchien und zu informellerem Umgang hat also Leitung und Vorgesetzte nicht abgeschafft, sondern nur die Techniken der Kontrolle und der Selektivität subtiler gemacht.

Außerdem gelten im Cubicle Land die alten bürokratischen Regeln des Avancements nicht mehr. Es gibt keine automatische Beförderung nach Dienst-alter. In seiner Not hilft sich das Personal mit Cliquenwirtschaft, häufig über die formalen Grenzen der Hierarchie und der Organisationen hinweg (vgl. Mills 1951: 210). Informelle Beziehungen, als „networking" längst von der Leitung zur Tugend geadelt, sind immer notwendige Ergänzung der formalen Ordnungen, die keine hinreichenden Antworten für kontingente Probleme mehr bieten kann. Die Zahl der Beziehungen innerhalb der eigenen Organisation wie über diese hinaus ist deshalb ein wesentlicher Gradmesser für den Wert des einzelnen Mitarbeiters. Wie in Cubicle Land überhaupt sind die Beziehungen, nicht die dem Individuum selbst innewohnenden Eigenschaften, das Entscheidende für den in Avancement und Anerkennung gemessenen Erfolg.

Auch die Mechanismen der Führung haben sich geändert: Im neuen Ma-nagementdiskurs geht es nicht mehr um Motivation, sondern die dauerhafte Mo-bilisierung selbst wird das Ziel. Demnach gilt das Gehalt nicht mehr als allein hinreichend, Mitarbeiter zu halten und zu Leistungen anzutreiben. Stattdessen ist Sinngebung nötig, die nicht mehr „der Chef" vollbringt, sondern der „team-leader", der zugleich „Coach" und nach außen „Experte" ist. Im Mittelpunkt ste-hen Schlagwörter wie „schlanke Unternehmen", das „Team" und das „Projekt".

Die schlanke Organisation verringert ihre Hierarchiestufen auf drei oder fünf (vgl. Boltanski/Ciapello 2003: 112). Und sie gibt Funktionen und Aufgabenfelder ab – alles, was nicht zum Kerngeschäft gehört. Das geschieht durch Investitionen in Allianzen und Joint Ventures mit anderen Unternehmen. Im Alltag regieren also kleine Organisationskerne, eine Tendenz, die sowohl in der Wissenschaft wie in der Entwicklungspolitik in „Provincial Reconstruction Teams" der UN-Inter-vention in Afghanistan ihren Ausdruck findet. Mit der Verminderung der Hier-archiestufen geht indes eine höhere Komplexität der institutionellen Landschaft einher. Für die Karriereentwicklung werden plurilokale Netzwerke, „Verbindun-gen" wichtiger als unilokale Hierarchien, eine Tendenz, die für die Projektmitar-beiter der Universitäten wie der NGOs gilt.

Aber das Führungsproblem ist geblieben: All die selbstorganisierten Einhei-ten müssen in eine Richtung streben (vgl. Boltanski/Ciapello 2003: 115), und damit bleibt das Problem der Legitimität dieser Führung. Nun soll Führung eben nicht mehr über Hierarchie erreicht werden, sondern über verinnerlichte Strategien der Selbstorganisation. Diese gelten natürlich auf den sogenannten Führungsebenen gleichermaßen.

Die Antwort auf diese neue Führungsanforderung ist der „teamleader". Die Terminologie der Führung ist eben nicht nur Terminologie: Aus dem Direktor wurde zunächst der „manager". Beide waren noch der sprichwörtliche „boss". Erst in Cubicle Land wird der immer noch klassisch hierarchische Boss nun zum „teamleader".

Der „teamleader" führt nicht über Anordnungen wie in der klassischen Bürokratie mit ihrer legal-rationalen Legitimitätsform. Stattdessen wird Charisma inszeniert. Die „teamleader" haben die Rolle des quasireligiösen Heilsbringers. Er braucht eine „Vision" (Boltanski/Ciapello 2003: 115), mit der er mobilisiert. Im Innern gelten aber weiterhin die Unterscheidungen, die die Gesellschaft auch sonst durchziehen: Gender und „race" sind auch hier subtil wirkende Mechanismen der Hierarchisierung: „white middle class males" sind nicht nur in den global operierenden Unternehmen eindeutig überrepräsentiert, sondern ebenso in internationalen Organisationen und Nichtregierungsorganisationen.

3.5   Die Zeitlichkeit der Praxis: die Projektlogik

„Vision 2020" ist nicht nur ein Projekt der Augenärzte in Deutschland und der Christoffel-Blindenmission unter Federführung der Weltgesundheitsorganisation. Dieses Projekt hat das Ziel, vermeidbare Blindheit bis zum Jahr 2020 zu überwinden. „Vision 2020" ist auch der Name der selbst gesetzten Zielvorstellungen der Regierung von Malaysia. In den Worten des Premierministers Mahathir Mohamad sind die Fortschrittserwartungen des europäischen 19. Jahrhunderts ungebrochen geblieben:

> „Hopefully the Malaysian who is born today and in the years to come will be the last generation of our citizens who will believe in a country that I called ‚developing'. The ultimate objective that we should aim for is a Malaysia that is a fully developed country by the year 2020.
>
> What, you might rightly ask, is ‚a fully developed country'? Do we want to be like any particular country of the present 19 countries that are generally regarded as ‚developed countries'? Do we want to be like the United Kingdom, like Canada, like Holland, like Sweden, like Finland, like Japan? To be sure, each of the 19, out of a world community of more than 160 states, has its strengths. But each also has its fair share of weaknesses. Without being a duplicate of any of them we can still be developed. We should be a developed country in our own mold.

Malaysia should not be developed only in the economic sense. It must be a nation that is fully developed along all the dimensions: economically, politically, socially, spiritually, psychologically and culturally. We must be fully developed in terms of national unity and social cohesion, in terms of our economy, in terms of social justice, political stability, system of government, quality of life, social and spiritual values, national pride and confidence." (Mohamad 2008)

Auch der Präsident Malaysias ist ein Leader mit einer Vision. Das gleiche gilt für die Präsidenten von Ruanda, von Sri Lanka oder Kasachstan. Sie haben alle Pläne, die nach Jahreszahlen benannt sind und gleichsam mit sich selbst getroffene Zielvereinbarungen darstellen. Der Mechanismus ist derselbe wie in den Projekten der „creative class": Mit der Vision gewinnt der Leader im Innern der Organisation die Teams für sich und baut nach außen Legitimität auf. Darin unterscheiden sich heute Regierungschefs nicht von Universitätspräsidenten oder Fußballtrainern. Die Vision soll Gefolgschaft ohne Befehlsgewalt herstellen – durch eine Art inszeniertes Charisma, das aber auch den Routine-Dynamiken des Charismas unterliegt. Deshalb wechseln die Leitbegriffe alle drei bis fünf Jahre, weil nur mit neuen ideellen Produkten neues Charisma produzierbar ist. Das Verhalten der „teamleader" verschränkt sich also mit den Dynamiken der Diskurse. Zugleich wird das „Führungspersonal" in Cubicle Land immer stärker an den kurzfristigen, numerisch formulierbaren Erfolg gebunden: Auch darin werden Universitätspräsidenten oder Präsidenten von internationalen Organisationen den Trainern von Bundesligavereinen ähnlicher.

Die Geschichte des Managements ist so eine ständige Verfeinerung der Instrumente zur Beherrschung der Unternehmensabläufe (vgl. Boltanski/Ciapello 2003: 120) und zur Intensivierung der Herrschaft. Dieser Prozess findet in der Figuration von Cubicle Land seinen neuesten Ausdruck in der Subjektform des Projektmitarbeiters, der sich noch stärker selbst kontrolliert, als dies andere Typen von abhängig Beschäftigten taten, vor allem, weil sie oder er sich nun vor allem selbst ständig kontrolliert. Die eigentliche Bewährung der Subjekte ist ihre Fähigkeit, ein neues Projekt zu entwickeln, oder, weniger einträglich, sich zumindest in ein neues Projekt einzufügen.

Wichtig ist für die Subjekte vor allem ihr Aktivsein: neue Projekte zu ersinnen, Pläne zu schmieden, sich in Netzwerke einzugliedern, Kontakte herzustellen und zu pflegen (vgl. Boltanski/Ciapello 2003: 156). Und grundsätzlich kann alles zum Projekt gemacht werden (vgl. Boltanski/Ciapello 2003: 157), wodurch sich der Einzelne auszeichnen kann, die Sanierung eines Wohngebiets ebenso wie die Modernisierung der Provinzverwaltung oder die wissenschaftliche Forschung. Gerade weil die Beschäftigungsverhältnisse wie die Projekte befristet sind, ist nicht mehr die Normalbiographie des organisierten Kapitalismus das Ideal, sondern die

Originalität des „kreativen Subjekts" (Reckwitz 2012: 316), das die Tendenzen erspürt und durch seine Kreativität erfolgreich darin ist, die neuen Projekte zu entwerfen und umzusetzen. Dabei geht es immer mehr darum, die Aufmerksamkeit, die Sympathie, das Interesse der anderen zu erwecken (vgl. Boltanski/Ciapello 2003: 160), und immer weniger um „die Sache selbst". Wegen dieser Beliebigkeit werden die Subjekte in diesen Funktionswelten „Nomaden" (Deleuze/Guattari 1992), die einem „Ungebundenheitsimperativ" gehorchen.

Die Zielsetzungen dieser umfassenden Reform der Welt sind indes keine neuen. Die Projektlogik besteht nur darin, dass die Ziele, die ehemals arbeitsteilig in Großorganisationen verfolgt wurden, in immer kleinere Ziele zerlegt werden. Als „Projekte" werden sie in immer kürzer getakteten Abständen beantragt, genehmigt oder auch nicht – und bei Genehmigung durchgeführt. Dann wird präsentiert, dokumentiert, berichtet und evaluiert. Dieser Modus gilt für die Wissenschaft ebenso wie für die Entwicklungshilfe oder für die Planung des Fernsehprogramms.

4 Schluss: Cubicle Land – eine Regierung der Welt?

Cubicle Land ist die jüngste, dezentralisierte Form internationalisierter bürokratischer Herrschaft. Cubicle Land ist die Chiffre für einen Modus der Regierung der Welt, und diese Regierung übergreift und umfasst die Staaten der Welt, aber sie ist auch die Welt der internationalen Organisationen, der „epistemic communities" der Experten und der Nichtregierungsorganisationen. Natürlich hat Cubicle Land die alten hierarchischen Organisationsformen noch nicht verdrängt. Es gibt sie nach wie vor. Aber die Veränderungen der Organisationsform selbst von militärischer Macht (vgl. Warburg 2008) deuten darauf hin, dass sogar die Kernbereiche staatlich-hierarchischer Organisation von den Formen von Cubicle Land überlagert werden.

Die Genealogie von Cubicle Land ist die Geschichte der Bürokratie. Als Modus der Regierung der Welt hat Cubicle Land eine Geschichte, und das ist die Geschichte der Verwaltung als der Alltagsform von politischer Herrschaft. Nicht nur Staaten, sondern auch Unternehmen haben bürokratische Formen der Herrschaft entwickelt und durchgesetzt, auch wenn ihre Projekte historisch sehr unterschiedliche Überschriften hatten.

Cubicle Land ist ein dem Wesen nach politisches Phänomen. Denn auch Cubicle Land ist kein konfliktfreier Raum, sondern auch hier gibt es Streit um Positionen, um Legitimitäten und Dominanzen. In den Großanstalten der internationalen Politik scheinen die inneren Kämpfe der Bürokratie sogar besonders zu blühen. Das ewig gespannte Verhältnis zwischen dem Internationalen Währungsfonds und Weltbank wird heute organisationstheoretisch erklärt. Natürlich beeinflussen Geber- und Nehmerländer die Politik beider Organisationen. Dass die beiden Organisationen aber nicht zusammenarbeiten, kann man nur aus bürokratischen Eigeninteressen erklären: Das bürokratische Interesse der Stäbe an der Bewahrung von Kompetenzen verhindert die Kooperation (vgl. Woods 2006: 4). Auch weil es auf der Leitungsebene um die Monopolisierung des symbolischen Kapitals des „Erfolges" geht, bleibt die Kooperation aus. Negative Koordination, die Vermeidung von Schnittmengen, ist das Maximum der Kooperationsbemühungen. Der Kampf um Kompetenz zwischen Nichtregierungsorganisationen, Stiftungen – die Generalkompetenz für die Bewertung von allem beanspruchen – Wissenschaftlern, Ministerialbürokratien und Berufsverbänden um die Ausgestaltung von Reformen führt zugleich zur Verstetigung der „Probleme", um deren Lösung sich die Reformen drehen sollen.

Folgt man dem Weberschen Diktum, dass Herrschaft im Alltagsfall Verwaltung bedeutet (Weber 1985: 545), ist auch der Umkehrschluss erlaubt: Verwaltung ist Herrschaft. Damit sind die Routinen der Verwaltung, die vermeintlich niederen Tätigkeiten der Bürokratie, die oft naiv als bloßes „paperwork" belächelt werden, in einem fundamentalen Sinn politisch. Denn politische Herrschaft funktioniert heute weniger über die pompös inszenierten Haupt- und Staatsaktionen als über die eingelebten Routinen, die Techniken des Selbst, die unerfüllbaren Visionen und die Maschine der Bürokratie. Nicht die Beschlüsse der Regierungen oder die großen Konferenzen sind die eigentliche Wirklichkeit der Politik, sondern die Arbeit der Behörden, die Millionen Interaktionen, in denen staatliche Vertreter den Staat reproduzieren, in denen sich die nicht-staatlichen Akteure den Vertretungen des Staates in Gestalt von Formularen oder Beamten gegenüber sehen, mit denen sie auf welche Art auch immer zu Rande kommen müssen.

Was sich hier zeigt, ist ein ganz eigenartiges Feld, voller Dynamiken von Macht und Herrschaft, die noch weitgehend unerforscht sind. Man kann diese Veränderung als eine Reaktion auf die Zunahme von Interdependenzen betrachten, die hierarchische Steuerung in einer globalisierten Welt immer schwieriger macht (vgl. Scharpf 2000: 290). Vielleicht ist Cubicle Land also einfach nur eine Reaktion der Verwaltung auf die Globalisierung, auf immer länger werdende Handlungsketten und Interdependenzen. Die Bürokratie ist nämlich auch, wie Max Weber es formulierte, „der unvermeidliche Schatten der Massendemokratie" (Weber 1985: 130). Die Geschichte der Bürokratie ist eben auch die Geschichte der Demokratie, der zunehmenden Komplexität moderner Gesellschaften. Und es sieht so aus, als wäre jedenfalls im politischen Bereich eine enger werdende Verbindung zwischen Demokratisierung und Bürokratisierung zu beobachten. Jede neue Forderung, jeder neue Konflikt führt zu einer weiteren Regel; jede neue Regel führt zu einem neuen Sachbearbeiter, aber jede neue Regel führt auch zu einem neuen

Konflikt. Die bürgerlichen Revolutionen führen zur Wehrpflicht, zu den ersten großen Apparaten. Die Arbeiterbewegung zum Sozialstaat und seinen großen Dateien. Die Frauenbewegung zur Gleichstellungspolitik und zu weiteren Formularen, die Umweltbewegung zu neuen Umweltschutzrichtlinien.

Ist das unvermeidliche Resultat dieser langen Prozesse, die ich hier umrissen habe, die „Herrschaft des Niemand", von der Hannah Arendt (2002: 51) als große Gefahr sprach? Wer ist eigentlich noch für was verantwortlich – welche Phänomene sind eigentlich noch auf welche Entscheidungen welcher Akteure zurechenbar? Ist Bürokratisierung also identisch mit Depolitisierung? Der Theorie nach nicht unbedingt. In Webers Herrschaftssoziologie gibt es ein wichtiges Gegenmittel – das ist das Charisma. Allein das in der Krise geborene Charisma sei, so Weber, in der Lage, das stählerne Gehäuse der Hörigkeit aufzubrechen. Heute sind wir vielleicht kritisch gegenüber diesem Gedanken. Gorbatschow, Nelson Mandela oder vielleicht auch Hugo Chavez mag man Charisma zuschreiben – an der Bürokratisierung der Welt haben sie offenbar wenig geändert. Wolfgang Mommsen (1974: 159) hat deshalb dieser Weberschen Idee widersprochen: Das politische Personal entstammt eben mehr und mehr selbst den Apparaten, der „Maschine", wie Weber die ihm zeitgenössische US-amerikanische Politik charakterisierte. Das Personal, das in dieser Maschine produziert wird, muss, so Mommsen, nur die Funktionen eines politischen Theaterstücks erfüllen, aber ohne die heimliche Expansion der Maschine zu stören, die das wahre Gerüst des Staates und der Herrschaft überhaupt ist.

Literatur

Arendt, Hannah, 2002: Vita activa oder Vom tätigen Leben, München: Piper.

Barnett, Michael/Finnemore, Martha, 2004: Rules for the World: International organizations in global politics, Ithaca, NY: Cornell UP.

Bartmann, Christoph, 2012: Leben im Büro. Die schöne neue Welt der Angestellten, München: Hanser.

Bayart, Jean-François, 2004: Le gouvernement du monde. Une critique politique de la globalisation, Paris: Fayart.

Bichsel, Christine, 2009: Conflict Transformation in Central Asia. Irrigation disputes in the Ferghana Valley, London: Routledge.

Bloch, Ernst, 1967: Das Prinzip Hoffnung, 2. Bd., Frankfurt a. M.: Suhrkamp.

Blohm-Hansen, Jens/Bradsma, Gijs Jan, 2009: The EU Comitology System: intergovernmental Bargaining and Deliberative Supranationalism?, in: Journal of Common Market Studies, Jg. 47, H. 4, 719–740.

Boltanski, Luc/Ève Chiapello, 2003 [first printed in Paris 1999]: Der neue Geist des Kapitalismus, Konstanz: UVK.

Bourdieu, Pierre, 1998: Praktische Vernunft. Zur Theorie des Handelns, Frankfurt a. M.: Suhrkamp.

Breuer, Stefan, 1994: Bürokratie und Charisma. Zur politischen Soziologie des Staates, Darmstadt: Wissenschaftliche Buchgesellschaft.

Bruno, Isabelle, 2008: À vos marques, prêts… chercher! La stratégie européenne de Lisbonne, vers un marché de la recherche, Bellecombe: Editions du Croquant.

Brunsson, Nils/Jacobsson, Bengt, 2000: A World of Standards, Oxford: OUP.

Deleuze, Gilles/Guattari, Félix, 1992: Tausend Plateaus. Kapitalismus und Schizophrenie, Berlin: Merve.

Dingwerth, Klaus/Kerwer, Dieter/Nölke, Andreas (Hrsg.), 2009: Die organisierte Welt. Internationale Beziehungen und Organisationsforschung, Baden-Baden: Nomos.

Djilas, Milovan, 1957: The New Class. An analysis of the Communist System, New York, NY: Praeger.

Dreyfus, Françoise, 2000: L'invention de la bureaucratie. Servir l'état en France, en Grande-Bretagne et aux Etats-Unis, Paris: Editions La Découverte.

Drucker, Peter F. , 1998: Management im 21. Jahrhundert, Düsseldorf: Econ.

Eckert, Andreas, 2007: Herrschen und Verwalten. Afrikanische Bürokraten, staatliche Ordnung und Politik in Tanzania, 1920–1970, München: Oldenbourg.

Ferguson, Niall, 2003: Empire. How Britain made the modern world, London: Penguin.

Gardey, Delphine, 2008: Ecrire, calculer, classer. Comment une révolution de papier a transformé les societies contemporaines (1800–1940), Paris: Editions La Découverte.

Geiss, Paul, 2007: Andere Wege in die Moderne: Recht und Verwaltung in Zentralasien, in: Osteuropa, Jg. 57, H. 8-9, 155–174.

Hamati-Ataya, Inanna, 2012: Reflectivity, Reflexivity, Reflexivism: ir's „Reflexive Turn" and Beyond, in: European Journal of International Relations, Jg. 30, H. 2, 141–162.

Horkheimer, Max, 1986 [1937]: Traditionelle und kritische Theorie, in: Ders., Traditionelle und kritische Theorie. Vier Aufsätze, Frankfurt a. M.: Fischer, 22–64.

Koselleck, Reinhart, 2006: Begriffsgeschichten. Studien zur Semantik und Pragmatik der politischen und sozialen Sprache, Frankfurt a. M.: Suhrkamp.

Kühl, Stefan, 2012: Der Sudoku-Effekt. Hochschulen im Teufelskreis der Bürokratie. Eine Streitschrift, Bielefeld: Transkript.

Luhmann, Niklas, 2010 : Politische Soziologie, Frankfurt a. M.: Suhrkamp.

Maeße, Jens, 2010: Die vielen Stimmen des Bologna-Prozesses. Zur diskursiven Logik eines bildungspolitischen Programms, Bielefeld: Transkript.

Marx, Karl, 1983 [geschrieben 1858, zuerst veröff. Moskau 1939]: Grundrisse der Kritik der politischen Ökonomie, Marx-Engels-Werke, Bd. 42, Berlin: Dietz.

Mills, C. Wright, 1951: White Collar. The American Middle Class, Oxford: Oxford UP.

Mohamad, Mohathir, 2008: The Way Forward; Rede vor dem „Malaysian Business Council" am 17. November 2008, in: http://www.pmo.gov.my/?menu=page&page=1904 [12. 02. 2013].

Mommsen, Wolfgang, 1974: Max Weber. Gesellschaft, Politik, Geschichte, Frankfurt a. M.: Suhrkamp.

Münch, Richard, 2007: Die akademische Elite, Frankfurt a. M.: Suhrkamp.

Münch, Richard, 2009: Globale Eliten, lokale Autoritäten. Bildung und Wissenschaft unter dem Regime von PISA, McKinsey & Co., Frankfurt a. M.: Suhrkamp.

O'Donnell, Guillermo, 1988: Bureaucratic Authoritarianism. Argentina, 1966–1973, in comparative perspective, Berkeley, Cal.: University of California Press.

Osterhammel, Jürgen, 2009: Die Verwandlung der Welt. Eine Geschichte des 19. Jahrhunderts, München: Beck.

Pietschmann, Horst, 1980: Staat und Staatliche Entwicklung am Beginn der spanischen Kolonisation Amerikas, Münster: Aschendorfsche Verlagsbuchhandlung.

Raphael, Lutz, 2000: Recht und Ordnung. Herrschaft durch Verwaltung im 19. Jahrhundert, Frankfurt a. M.: Fischer.

Reckwitz, Andreas, 2012: Die Erfindung der Kreativität. Zum Prozess gesellschaftlicher Ästhetisierung, Frankfurt a. M.: Suhrkamp.

Reckwitz, Andreas/Schlichte, Klaus, 2013: Subjekttheorie und internationale Beziehungen. Eine heuristische Skizze, in: Leviathan, Sonderheft „Soziologie der internationalen Beziehungen", Jg. 41, Sonderband 28, 107–124.

Reinhard, Wolfgang, 1999: Geschichte der Staatsgewalt. Eine vergleichende Verfassungsgeschichte Europas, München: Beck.

Rizzi, Bruno, 1985: The Bureaucratization of the World: the USSR, transl. and with an introd. by Allan Westoby, London: Tavistock.

Scharpf, Fritz W., 2000: Interaktionsformen. Akteurszentrierter Institutionalismus in der Politikforschung, Opladen: Leske + Budrich.

Schlichte, Klaus, 2005: Der Staat in der Weltgesellschaft. Politische Herrschaft in Afrika, Asien und Lateinamerika, Frankfurt a. M.: Campus.

Schlichte, Klaus, 2006: Ist Kritik noch möglich? Zum Verhältnis von Politik und Wissenschaft in den Internationalen Beziehungen, in: Günter Hellmann (Hrsg.), Forschung und Beratung in der Wissensgesellschaft. Das Feld der internationalen Beziehungen und der Außenpolitik, Baden-Baden: Nomos, 283–306.

Schlichte, Klaus, 2012: Der Streit der Legitimitäten. Der Konflikt als Grund einer historischen Soziologie des Politischen, in: Zeitschrift für Friedens- und Konfliktforschung, Jg. 1, H. 1, 9–43.

Schlichte, Klaus/Veit, Alex, 2012: Three Arenas: the conflictive logic of external statebuilding, in: Berit Bliesemann (Hrsg.), State-Building or State-Formation?, New York: Palgrave, 167–183.

Slaughter, Anne-Marie, 2004: A New World Order: Government Networks and the Disaggregated State, Princeton, NJ: Princeton University Press.

Spittler, Gerd, 1981: Verwaltung in einem afrikanischen Bauernstaat. Das koloniale Französisch-Westafrika 1919–1939, Wiesbaden: Steiner.

Suret-Canale, Jean, 1969: Schwarzafrika. Geschichte West- und Zentralafrikas, 1900–1945, Berlin: Akademie-Verlag.

Vormbusch, Uwe, 2012: Die Herrschaft der Zahlen. Zur Kalkulation des Sozialen in der kapitalistischen Moderne, Frankfurt a. M.: Campus.

Warburg, Jens, 2008: Das Militär und seine Subjekte. Zur Soziologie des Krieges, Bielefeld: transcript.

Weber, Max, 1988 [1918]: Parlament und Regierung im neugeordneten Deutschland. Zur politischen Kritik des Beamtentums und Parteiwesens, in: Ders., Gesammelte Politische Schriften, hrsg. v. J. Winckelmann, Tübingen: Mohr, 306–443.

Weber, Max, 1985 [1920]: Wirtschaft und Gesellschaft. Grundriß der verstehenden Soziologie, 5. Aufl., Tübingen: Mohr.

Woods, Ngaire, 2006: The Globalizers. The IMF, the World Bank and their borrowers, Ithaka, NY: Cornell UP.

Teil III
Demokratie und
das Andere der Ordnung

Exit(us), Voice and Loyalty
Rousseau, der Scheintod und die Demokratie

Wolfgang Fach

Zusammenfassung Hält man sich an Rousseau, dann gibt es Demokratie nur als demokratischen Augenblick: den Moment, in dem alle zusammen eine existenzielle Gefahr abwehren, die jeden Einzelnen elementar bedroht. Außerhalb dieses Extremfalls existiert kein öffentliches Leben, kollektive Entscheidungen haben da nichts verloren, und Demokratie findet nicht statt.

Wer dennoch, um bei Gelegenheit das Publikum wachzurütteln, den Ausnahmefall herbeireden will, wird Schiffbruch erleiden – „mangelnder Ernst" lässt sich rhetorisch nicht kompensieren. Diese Erfahrung mussten zumindest jene wortmächtigen Zeitgenossen Rousseaus machen, die – aus welchen Gründen auch immer – versucht haben, den Scheintod zur allgemeinen Katastrophe aufzublasen.

Die Scheintod-Debatte schärft den Blick für Komplikationen im Verhältnis von Ernstfall und Demokratie(-theorie). Insofern ist sie mehr als eine wissenschaftsgeschichtlich bemerkenswerte Episode.

1 Der Exit-Test

Albert Hirschmans Trias von „Exit, Voice and Loyalty" (1990) war dazu gedacht, die Optionen eines Verbrauchers zu beschreiben. Im Zuge der theoretischen Ökonomisierung aller Lebensbereiche ist das Dreigestirn auch auf einen politischen Sachverhalt angesetzt worden: Wenn Wähler (Politik-Konsumenten) mit ihrer Partei nicht zufrieden sind, werden sie sich, sofern ihre Loyalität hinreichend gefestigt ist, in deren Geschäfte einmischen, also die „Stimme" erheben (Versammlungen besuchen, Abgeordnete zur Rede stellen etc. pp.); oder aber es reicht ihnen endgültig, sie „treten aus" respektive wechseln das Lager und testen bis auf Weiteres eine andere Partei. Diese *Exit-Option* gilt als Markenzeichen der „modernen Demokratie"; politische Regime anderen Zuschnitts wollen genau davon nichts wissen.

„Jean-Jacques Rousseau wird oft und gerne als der Vater der modernen Demokratie bezeichnet":[1] Wäre dieser Gemeinplatz mehr als nur gemein, müsste man im „Gesellschaftsvertrag" (Rousseau 1989b) einen Ort finden können, der den Ausstieg als Lackmustest präsentiert. Tatsächlich kehren sich die Verhältnisse bei Rousseau komplett um, denn das Kriterium demokratischer Zustände ist ein striktes *Exit-Verbot*. Was steckt dahinter?

2   Demokratie als Ernstfall: Rousseau

In einem Satz das: Für Rousseau fallen Demokratie und Katastrophe zusammen. Dass es dahin einmal kommen würde, wird dem Menschengeschlecht nicht schon in der Wiege gesungen. Sein Kindesalter verlebt es zwar in überaus primitiven Umständen, doch die sind auch unwiederbringlich idyllisch: „Solange die Menschen Genüge daran fanden, in bäurischen Hütten zu wohnen, ihre Kleider aus verschiedenen Häuten mit Fischgräten oder Dornen zusammenzuheften, sich mit Federn und Muschelwerk zu schmücken, sich den Leib mit verschiedenen Farben zu bemalen, Bogen und Pfeile zu verbessern oder mit Zierart zu versehen, mit schneidenden Steinen einige Fischerkähne oder einige grobe musikalische Werkzeuge zu verfertigen, mit einem Worte: Solange sie nur Werke herstellten, die einer allein zuwege bringen konnte, solange sie keine Künste ausübten, die das Zusammenwirken vieler Hände erforderten, solange waren sie so frei, gesund und glücklich, als es ihre eigene Natur erlaubte, und genossen ohne Unterlass die Freuden eines unabhängigen Umgangs." (Rousseau 1989a: 100)

Die Harmonie der Vereinzelung herrscht indes nur unter Vorbehalt. Eines Tages ist Schluss mit dem Frieden, sei es (hier changieren Rousseaus Aussagen), weil die Menschen, unzufrieden mit dem primitiven Leben, sich selbst zum Problem werden, sei es, weil in der umgebenden Natur ein Problem lauert, dessen Bewältigung nach gemeinsamer Anstrengung verlangt: der *politische Augenblick*. In Rousseaus Worten: „Ich nehme an, die Menschen seien zu der Stufe gelangt, wo die Hindernisse, die ihrer Haltung im Naturzustand entgegen wirken, durch ihren Widerstand die Kräfte überwiegen, die jeder Einzelne zu seiner Behauptung in diesem Stand aufzuwenden hat. In diesem Falle kann jener ursprüngliche Zustand nicht fortdauern. Die Vergesellschaftung findet, anders gesagt, im *Ernstfall* statt: „Das Menschengeschlecht würde zu Grunde gehen, wenn es nicht die Art seines Daseins änderte" – es verschwände von der Bildfläche, alle zusammen und jeder einzeln, „omnes et singulatim", mit Haut und Haar. Im Kollektiv, nur so, ha-

---

1   Der Satz entstammt einer käuflichen Hausarbeit, die 1997 an der Uni Kassel verfertigt worden ist.

ben wir das Potential (an Ressourcen, Energien, Intelligenz, was auch immer), um den gefährlichen Moment zu überstehen: „Diese Summe von Kräften kann nur durch das Zusammenwirken mehrerer entstehen." Genau besehen müssen *alle* mitmachen, da es in dieser schwierigen Lage ein gefährlicher Luxus wäre, Kräfte einfach zu verschenken: Jeder *Einzelne* „unterstellt gemeinschaftlich sein Person und sein ganze Kraft" dem Überlebenszweck. Wer „den Gehorsam verweigert, soll durch den ganzen Körper", die Gemeinschaft, „dazu gezwungen werden." (Rousseau 1989b: 279 ff.) Anders gesagt: Wann immer eine demokratische Entscheidung ansteht, steht fest, wie diese Entscheidung ausfällt – und wann immer Abweichungen zulässig sind, darf es keine demokratische Entscheidung geben. Das Markenzeichen einer *katastrophalen Demokratie*. Die Herrschaft des Volkes erscheint bei Rousseau als Zwang der Sache, gebunden an den raren, „verrückten" (Zolberg 1972) Moment. Im „normalen" Alltag dominieren private Schwierigkeiten, deren Bewältigung weder alle etwas angeht noch ein Grund sein darf, jeden X-Beliebigen einzuspannen.[2]

3   Der Scheintod – ein Ernstfall?

Gleichgültig ob die innere oder äußere Natur den Menschen zu schaffen macht – am Ende drohen jedes Mal „schrecklichste Unordnungen", ja es wartet sogar der *Tod* des Kollektivs. Was umgekehrt heißt: Dieses Szenario, *glaubhaft vermittelt*, mobilisiert wie kein zweites Gefühle, Energien, Ressourcen. Die Frage ist daher, ob sich der Ernst, den Rousseau als brutales Faktum („a clear and imminent danger", gewissermaßen) behandelt, rhetorisch erzeugen lässt. Nicht aus vollkommen heiterem Himmel, aber doch ohne Blitz und Donner als Beleg.

Was könnte dafür taugen? Welches Phänomen mag das Gemeinwesen (omnes) gefährden und außerdem jeden persönlich (singulatim) bedrohen, also nicht nur empfindsame Seelen berühren oder lüsterne Sensationsgier auslösen?[3] Zu Rousseaus Lebzeiten hat sich vor allem ein Sachverhalt aufgedrängt: der *Scheintod*. Den Punkt am genauesten traf damals Johann August Donndorff, Bürgermeister von Quedlinburg und Mitglied mehrerer wissenschaftlicher Gesellschaften. In seinem

---

2   Rousseaus vieldiskutiertes „problème fondamentale", wie Freiheit und Herrschaft zusammengehen sollen, wird gewöhnlich ohne den Bezug auf den Ernstfall diskutiert (zuletzt wieder bei Loick 2012: 88 ff.). Dann hängt die Lösung („Gesellschaftsvertrag") allerdings in der Luft und gibt zu allerlei Fehldeutungen Anlass.

3   Ein Effekt, den man in märchen- („Schneewittchen") oder grauenhafter Form (vgl. Wagener 1801) erzeugen konnte. Allerdings lässt sich der robuste Menschenverstand nicht pauschal ins Bockshorn jagen – das ernste Thema hat auch Eingang in läppische Lust- und lustige Marionettenspiele gefunden.

„Buch für Jedermann" über „Tod, Scheintod und zu frühe Beerdigung" verkündet er im Brustton der Überzeugung: „Der Gegenstand, den ich hier zu bearbeiten unternommen, und den ich mit der größten Teilnahme für die Menschheit bearbeitet habe, ist für das Ganze, und für jedes Individuum von größter Wichtigkeit" (Donndorff 1820: X). Wichtig „für das Ganze, und für jedes Individuum". Die Lage war wirklich *ernst*. „Chronisten des Grauens", allen voran besorgte Mediziner, schossen wie Pilze aus dem Boden, Horrormeldungen verbreiteten sich lauffeuerartig (sprich: wurden voneinander abgeschrieben), die Dunkelziffer sollte ein Übriges tun, um in den Köpfen, öffentlichen wie privaten, Schreckensbilder entstehen zu lassen.

Christoph Wilhelm Hufeland, damals herzoglicher Hofmedicus in Weimar, nachmals königlicher Leibarzt und deutscher Scheintod-Papst, verkündete, es könne buchstäblich niemand davor sicher sein, fälschlicherweise als Toter behandelt zu werden, und „die Möglichkeit schon" müsse „uns in solchem Falle für Wahrscheinlichkeit gelten". Derart großgeredet war das individuelle Risiko zugleich ein allgemeines Verhängnis, denn, so William Hawes, Hufelands englischer Bruder im Geiste, dass „die Bevölkerung die besten und heilsamsten Reichthümer einer Nation begründe", sei „von allen Schriftstellern angenommen worden". Weshalb dem kolossalen Menschenverlust vorzubeugen als Sache von „unendlichem Wert" gelten müsse (Hufeland 1791: 30; Hawes 1798: 4 f.). Omnes et singulatim – alle zusammen und jeden einzelnen würde der Scheintod etwas angehen.[4]

Das Thema sollte denn auch zeitweise hohe Wellen schlagen und bedeutende Geister respektive wichtige Gestalten beschäftigen. Selbst Potentaten waren mit ihm befasst: Friedrich der Große hat auf dem Amtswege reagiert, Englands Georg III. ist zumindest symbolisch, als Patron, aktiv geworden, und von Ludwig XV. heißt es immerhin, er habe sich diese Angelegenheit vortragen lassen. Ein *politischer Augenblick* im Entstehen? Ein persönliches Trauma, nationales Verhängnis, globales Drama? Die Demokratie aus dem Geiste des Scheintods?

„Wer Ohren hat zu hören, der höre" – dieses Motto ziert Donndorffs Jedermanns-Traktat. Es zeugt von anhaltender Frustration, man schreibt bereits das Jahr 1820. Horchende Bürger oder lauschende Beamte sind offenbar Mangelware

---

4   Dabei ist die heilsgeschichtliche Dimension des Problems noch gar nicht eingerechnet. Hufeland nutzt sie, um dem Thema zusätzlichen Schub zu verschaffen: „Ist der Verstorbene wirklich todt, so kann es den vorurtheilslosen Überlebenden nicht schrecklich, nicht schauderhaft seyn, ihn unmittelbar wieder mit der mütterlichen Erde zu vereinigen; und ist der Verstorbene nur scheintodt, so werden seine Mörder es unstreitig schwerer vor Gott und ihrem Gewissen zu verantworten haben, wenn sie ihn nicht auf der Stelle, durch unmittelbare Ueberschüttung der Scheinleiche mit Erde ermorden, sondern ihm einen Sarg mitgeben, worin der vom Scheintode Erwachende noch eine Zeitlang – wär' es auch nur noch ein Viertelstündchen die scheußlichste und qualvollste aller Todesarten stirbt" (Hufeland 1808: 251).

geblieben. Der Übergang *vom Tod zum Scheintod* hat Schleifspuren hinterlassen, ganz so ernst haben die Leute den Fall nicht genommen. Woran lag's?

4 Ernst als Option

„Man hört viel auf den Kanzeln von der Eitelkeit, Unsicherheit und Unstetigkeit zeitlicher Dinge sprechen, aber jeder denkt dabei, so gerührt er auch ist, ich werde doch das Meinige behalten. Kommt nun aber diese Unsicherheit in Form von Husaren mit blanken Säbeln wirklich zur Sprache, und ist es ernst damit, dann wendet sich jene gerührte Erbaulichkeit, die Alles vorhersagte, dazu, Flüche über die Eroberer auszusprechen. Trotzdem aber finden Kriege, wo sie in der Natur der Sache liegen, statt", und „das Gerede verstummt vor dem Ernst der Geschichte." Exemplarisch sagt Hegel (1986: 494) das Wesentliche: Der ernste Fall prägt sich den Menschen mit kristallklarer Schärfe ein – in diesem Moment verschwindet jeder Zweifel, die Quasselei erstirbt, und wer weiter reden will, ist ein Verräter.

4.1 Ein Problem wird kreiert

Das Elend des Scheintods beginnt hier: Anstatt dem Gerede ein Ende zu bereiten, kommt er durch Gerede in die Welt. Es ist zudem eine schwere Geburt. Noch einmal sprechen Donndorffs Ausführungen Bände: Es könne gar „nicht genug darüber geschrieben werden, um, wo möglich endlich einmal die Menschheit von der unglücklichen Lage zu überzeugen, in welche sie sich durch Unwissenheit, Aberglauben und Starrsinn stürzen kann." (Donndorff 1820: X) Kurzum: Die Gefahr drängt sich nicht unabweislich auf, vielmehr muss das Unglück erst einmal „herbeigeschrieben" und zur „überzeugenden" Geschichte ausgebaut werden, ansonsten prallt sie an der öffentlichen Meinung ab.

Um ganz genau zu sein: Vor 1740 haben „Unwissenheit, Aberglauben und Starrsinn" bewirkt, dass die tödliche Gefahr nicht einmal existiert hat (von vergessenen Vorläufern in der Antike einmal abgesehen). Scheintote sind zwar hie und da entdeckt worden, doch ihre Fälle wurden unter Unglück, Unheil oder gar Unverschämtheit verbucht. Empört berichtet Hufeland, was ihm zu Ohren gekommen ist. Da habe es doch eine Leichenfrau gegeben, die „einige Zeit nach dem Tode eines Mannes, den sie eingekleidet hatte, äußerte, es werde wahrscheinlich bald noch eins von der Familie nachsterben, denn der Verstorbene habe im Sarge ein Auge aufgethan, und sie habe dies schon öfter als ein üble Vorbedeutung bemerkt". Eine so „wichtige Lebensäußerung", merkt Hufeland an, „ist also für diese Menschen nichts als Nahrung des Aberglaubens, und nun zweifle man noch länger, dass unzählige lebendig begraben werden". Noch bunter hat es dem Hörensagen nach eine Totenwärterin getrieben, die „sich rühmte, es habe einst eine Leiche, bey der sie wachte, des Nachts sich aufgerichtet, aber sie habe sie mit den Worten wieder niedergedrückt: „Ey was willst du unter den Lebendigen? Nieder mit dir! du gehörst nicht mehr zu uns; und die Leiche habe sich nicht weiter geregt." Hat man sich, fragt der konsternierte Hufeland, „je einen solchen Grad von Aberglauben für möglich gedacht, und dürfen wir mit gutem Gewissen unsere Leichen in solchen Händen lassen?" (Hufeland 1791: 21, 34)

Darüber konnte man nur lamentieren, weil inzwischen eine Wahrnehmungsschwelle überschritten worden war. Als Auslöser der neuen Sensibilität sollte sich Jacques-Bénigne Winslow erweisen, ein französischer Anatom dänischer Abstimmung, dessen Dissertation über die „Anzeichen eines unsicheren Todes" („mortis incertae signa") freilich in irgendwelchen Archiven verstaubt wäre, hätte nicht ein anderer Franzose seine Chance gewittert: Jacques Jean Bruhier. Dieser umtriebige Mediziner auf der Suche nach seiner Karriere hat den dürren Originaltext um rund dreihundert wahre Begebenheiten ergänzt und damit wirkungsmächtig gemacht. Ohne Verweis auf diese Pionierarbeit würde praktisch niemand mehr auskommen.[5]

Bei beschriebenem Papier ist es nicht geblieben. 1774 gründet Hawes (zusammen mit seinem Kollegen Thomas Cogan) die „Humane Society Instituted For the Recovery of Persons Apparently Drowned", deren Beispiel bald Schule machen sollte, inner- wie außerhalb Englands. Immerhin erhielt die Sozietät den erwähnten Segen von oben – Georg III. erklärte sich bereit, den Schirmherrn zu spielen. Hierzulande begann sich das regierende Interesse erwartungsgemäß anders – mit größerem Nachdruck – bemerkbar zu machen, nämlich in Gestalt von Eingriffen „der Obrigkeiten und Volksregierer", so Struve, der 1797 halbwegs befriedigt feststellen konnte, „dass die Menschenrettung seit zwanzig Jahren ein Gegenstand für die Landesregierungen" gewesen sei (Struve 1797: 3, 13 f.) Preußens Friedrich stand also keineswegs allein mit seiner Fürsorge für Scheintote.

---

5   Vgl. etwa Donndorf (1820), Hufeland (1791, 1808), Hawes (1798) oder Christian August Struve (1797), zu dessen Leistungen die Erfindung eines Apparates zur „Bestimmung des wahren von dem Scheintode" gehört. Auch die Staatswissenschaft hat sich des Themas angenommen: Robert von Mohl (1832: 220–224) geht darauf ein, und Johann Peter Frank (1813) widmet dem Problem gar geschlagene 500 Seiten. Alles in allem kommt der emeritierte Medizinprofessor und Goethe-Freund Johann Gottlob Bernstein in seiner „Medicinisch-chirurgischen Bibliothek" von 1829 auf rund 70 einschlägige Titel, die literarischen, journalistischen und anders laienhaften nicht eingerechnet (Bernstein 1829). Auch danach war die Scheintod-Frage alles andere als passé.

Passiert ist also manches – auf dem Papier, da und dort auch in der Praxis. Indes, so stet war dieser Tropfen auch wieder nicht, dass er von sich aus den Stein gehöhlt, sprich: dem tragischen Fall zum nötigen Ernst verholfen hätte.

4.2 Das Thema wird lanciert

„Fälle dieser Art machen Lerm" – Hawes' (1798: 228) Feststellung lässt sich in eine *Empfehlung* umwandeln: Wer Aufmerksamkeit erregen will, muss Beispiele bringen. Dass diese Rechnung aufgeht, hatte Bruhier den anderen vorgemacht. Nach ihm hat sich kein Kreuzzügler die Gelegenheit entgehen lassen, sein Anliegen mit Fallstudien kräftig zu würzen, häufig unter Rückgriff auf das Material des Meisters, eine wahre Fundgrube für wahre Begebenheiten mit glücklich geretteten oder elend verendeten Opfern: an die 300 „gripping, lurid tales of torture or nearly averted torture" (Freedman 2011: 181).[6] Andere hatten eigene Geschichten zu erzählen oder konnten vom Hörensagen berichten oder wussten wenigstens, welche Anekdoten im Umlauf waren. So entstand ein Scheintod-Panorama, das geeignet schien, die Leute – „omnes et singulatim" – angemessen aufzurütteln und dem Thema politischen Schub zu verleihen. Denn dass es ohne staatliche Sub- respektive Interventionen gehen würde, darauf wollte niemand wetten.

Selbst der honorige Hufeland hat, um gehörige Resonanz draußen im Lande bemüht, dieses Chronistengeschäft ausgiebig betrieben. Seinem Fundus entstammt dieses (von Bruhier – wem sonst? – entlehnte) Schauerstück: „Zu Basingstoke in England war eine vornehme Frau begraben worden, die man für tot hielt. Über der Gruft, worin man sie beigesetzt hatte, befand sich eine Schule. Schon den ersten Tag nach der Beerdigung hörten die Kinder ein Geräusch in der Gruft. Der Schullehrer kam erst auf wiederholtes Bitten darauf, die Sache zu untersuchen. Die Gruft ward geöffnet, und man fand die traurigen Spuren des verzweifelten Kampfs der Unglücklichen und des Unvermögens, sich los zu machen. In den letzten Zügen lag sie da, hatte sich die Hände und das Gesicht zerkratzt, und den Kopf zertrümmert" (Hufeland 1808: 8). Als besonders eifriger Sammler erweist sich Donndorff, dessen Schrift Fall auf Fall häuft und es am Ende auf 66 Beispiele bringt. Seine Nummer 44, ebenfalls aus Bruhiers Feder stammend, handelt von einem Trompeter in Paris, an dessen Grabstätte Kinder gespielt und dabei ein Getöse gehört haben. Worauf er wieder ausgegraben wurde: „Als man den Sarg öffnete, fand man den armen Menschen auf dem Bauche liegen, und in seinem Blut

---

6 Kritische Stimmen, die – wie der französische Militärarzt Antoine Louis (1752) – Zweifel an Bruhiers Zuverlässigkeit angemeldet haben, waren über eine lange Zeit hinweg ausgesprochen rar gesät.

schwimmen, weil seine Schultern durch die vielen Nägelspitzen ganz zerrissen waren. Er holte noch Athem, starb aber eine Viertelstunde nachher, wirklich." Exempel 17, führt uns in wieder eine ganz andere Region (Neuburg an der Donau), wo 1791 „der Pfarrer zu Jassorff" gestorben ist. Man, so geht die Geschichte weiter, „eilte, ihn zu begraben, ohne die gehörige Zeit abzuwarten. Verschiedene Personen, die seinem Grabe nahe kamen, glaubten ein Getöse darin zu hören, und meldeten es." Was aber als Einbildung abgetan und nicht weiter verfolgt wurde. Als aber „wiederholte Nachrichten von der Fortdauer des Getöses einliefen", machte man sich endlich doch an die Ausgrabungsarbeit und fand „zwar den Leichnam todt, aber ganz auf dem Bauche liegend, zum sichern Beweise, dass er wieder lebendig geworden, und wahrscheinlich, durch die Anstrengung, seinem fürchterlichen Gefängnisse zu entfliehen, in diese ungewöhnliche Lage gekommen war" (Donndorff 1820: 89, 71).

Eine englische Dame, ein Pariser Trompeter, ein Pfarrer aus Bayern: Diese x-beliebigen Personen verbindet offensichtlich nichts als ihr trauriges Schicksal, den Scheintod nicht überlebt zu haben. Das Verhängnis schlägt jederzeit und überall zu, ohne Ansehen der Person, Position oder Nation. Daher spielen auch die Namen der Elenden gewöhnlich keine Rolle.[7] Wenn allerdings statt der Katastrophe eine Kopfgeburt droht, sind Differenzen unvermeidlich. Kein Mensch bei Sinnen käme auf den Gedanken, in säbelbewehrten Husaren etwas anderes als säbelbewehrte Husaren und im ernsten Fall etwas anderes als das mögliche Ende zu sehen. Der Scheintod-Alarmismus aber erlaubt Verwischungen, macht Unterschiede, eröffnet Ausweichmanöver. Ernst war eben nur eine der Optionen.

5   Die Wahl des Blicks

Den Zeitgenossen ist nicht verborgen geblieben, dass der Scheintod ausgefranst ist und unterschiedliche Reaktionen provoziert hat.[8] Hufeland zeigt sich davon besonders irritiert, weil sein zentrales Anliegen – das unfallfreie Sterben – dadurch an den Rand gedrängt wird: „Freylich" klagt er, „veranlaßt Ein Ertrunkener mehr ärztliche Untersuchuchung, ob der Tod scheinbar oder wirklich erfolgt sey,

---

7   Ob das der Grund dafür ist, dass gerade die deutschen Quellen, Donndorffs Traktat eingeschlossen, aus dem armen Pfarrer Jassorff den „Pfarrer zu Jassorff" machen, sei dahin gestellt. Es könnte sich auch um eine bloße Kopisten-Nachlässigkeit handeln.

8   Dagegen verlieren die spärlichen Analysen späterer Tage diesen Punkt völlig aus den Augen – vermutlich wegen der alles beherrschenden Faszination des Horror-Genres (s. Bondeson 2002), doch auch unter dem Eindruck, der Scheintod sei ein typisches Objekt „policeylicher" Interventionen und daher mit einer bestimmten (kontinentaleuropäischen) Staatstradition verbunden gewesen (vgl. Kessel 2001).

als hundert Menschen, die in ihren Betten gestorben zu seyn scheinen" (Hufeland 1808: 3). Und Struve (1799) ist wohl darauf gestoßen, dass die Sichtweise auch Ländergrenzen folgen kann – wie anders wäre erklärbar, dass er Englands „scheinbar Ertrunkene" fürs deutsche Publikum in „Verunglückte und Scheintote" verwandelt?[9] Folgt man dieser Spur weiter, tut sich ein Abgrund an Beliebigkeit auf.

5.1   Eine andere Sicht

In England ist, nicht zu übersehen, das deutsche Sargtrauma wie weggeblasen[10] – jenes „Erwachen im Grabe" (Taberger 1829) jagt offenbar niemandem einen Schreck ein, jedenfalls entzündet es keinerlei öffentliche Debatten. Die zirkulierenden Rettungsfälle suggerieren eine ganz andere Art der Betroffenheit.

Zum Beispiel fiel eines schönen Tages R. Stanley aus seinem Boot „in die Themse, wurde von W. Davis herausgezogen u. ohne sichtbare Lebenszeichen. Nach einer halben Stunde lebte mein Kranker, während der Anwendung gewöhnlicher Mittel, wieder auf; indessen blieb er sich lange unbewußt, bekam starkes Erbrechen, und in wenigen Stunden kam er zu sich." Dies weiß Dr. Egerton zu berichten. Ähnliches meldet Dr. Phippson, ein Sozietäts-Arzt: Er habe „eine große Menge Volks ans Wasser rennen" sehen und gehört, „James Higgins sey von einem Boot in die Themse gefallen". Hilfreiche Hände hätten ihn in ein Boot gezogen; nach einigen Komplikationen erinnert sich Phippson daran, was er bei Hawes gelernt hat, verfährt danach und hat Erfolg damit: Der Totgeglaubte „erwacht wohl". Schließlich etwas, das dem Wundarzt John Blount widerfuhr:„Anne Pearson, eine junge Frau von zwanzig Jahren, die mit einem Kinde hochschwanger ging, fiel durch Zufall in die Themse. Sie hatte ungefähr drei Minuten unterm Wasser gelegen. Es war kein Puls bemerkbar, wir konnten keinen Athem gewahr werden. Die von der Societät gegebene Rettungsanleitung wurde ein halbe Stunde lang angewendet." Danach rührte sich etwas, die Verunglückte tat „einen tiefen Seufzer" und war einige Zeit später so erholt, „daß sie von jemanden unterstützt in ihres Freundes Haus gehen konnte" (Hawes 1798: 145, 258, 67).

Das englische Auge sah offenbar Anderes. Ihm fiel nicht der Schrecken versehentlich Eingesargter auf, stattdessen geriet ein ums andere Mal die glückliche Wendung am Ort des Geschehens – weit vor den Toren des Friedhofs – in sein

---

9   In seiner Übersetzung des Hawes-Textes.

10 Was nicht bedeutet, dass es zu dieser Zeit überhaupt keine englischen Sarg-Stories gegeben hätte – eine unwahrscheinliche Lücke angesichts der internationalen Verflechtung des Genres. Doch waren sie alles in allem randständige, auch skurrile Erscheinungen – wie etwa John Snarts „Thesaurus of Horror; or, the Charnel-House Explored!!" (Snarts 1817).

Blickfeld. Und es entdeckte keine Toten, die vielleicht doch noch ein bißchen lebendig waren, sondern vermutete zunächst einmal Leben, das mit etwas Geschick
dem Tod entrissen werden konnte. Wer sich die Sache so zurecht legt, vermittelt
eine andere Botschaft. Nicht ums Erschrecken über den Schrecken geht es, das
Publikum soll sich über freudige Ereignisse mitfreuen: „Die erhabene Ew. Majes-
tät", heißt es in Hawes' Widmung an den Monarchen, „wird bei der Betrachtung
der wahrhaft rührenden Szenen der Zärtlichkeit, die bei der Wiederkehr ins Leben sich ereigneten", ohne jeden Zweifel „auf das wärmste theilnehmen".

Wichtiger als diese frohe Botschaft war allerdings die fröhliche Gewissheit, mit
dem glücklichen Ausgang einen *produktiven Effekt* erzielt zu haben. Denn ganz
abgesehen davon, dass gerettete Menschen keinen schlechten Nachgeschmack (im
Wasser oder in der Presse) hinterlassen – sie, zumindest viele von ihnen, machen
sich in ihrem weiteren Leben sogar nützlich, gebärfähige Frauen nicht weniger
als arbeitswillige Männer: „To preserve the life of the lower classes", predigt Pastor Harrison anlässlich des 25. Jahrestags der *Society*-Gründung, „must ever be
most politic and useful; for it is a received opinion, that the riches of the nation al-
ways bear a certain proportion to the number of its artificers and laborious members; and that a decease of them causes a decease of its wealth and power" (Harrison 1799). Auch William Hawes' Sozietäts-Report hält mit seiner utilitaristischen
Einstellung nicht hinter dem Berg. „In Handlungsangelegenheiten", so wird Adam
Smith zitiert, „vervielfacht sich jedes Capital, oder bringt eine Zahl neuer Einheiten hervor, so daß der Verlust oder Zuwachs des Capitals zu dem allgemeinen
Stamm, als Verlust oder Zuwachs der Mittel neue Capitale zu machen anzusehen
ist. Dieser Satz ist gleich anwendbar für die Bevölkerung als für das Handlungswe-
sen, und läßt sich als ein sicherer und unumstößlicher Grund festsetzen, daß der
Abzug oder Zusatz eines einzelnen Lebens, welches noch nicht über die Periode
der Fortpflanzung hinaus ist, zu der allgemeinen Masse der Bevölkerung eines
Landes, als der Abzug oder Zusatz einer Menge von Leben in einer steigenden Fol-
genreihe fortwachsend anzusehen ist" (Hawes 1798: 5).

Das Ensemble der drei Glücklichen liegt ganz auf dieser Linie. Sie können, anders als Trompeter, Pastoren oder Damen der Gesellschaft den Einsatz zurück-
zahlen, weil sie vital sind – und nativ, dadurch dokumentiert, dass regelmäßig die
Namen derer erscheinen, die man gerettet hat. In einem Satz: Den Platz des universellen Mitleids nimmt nun das Motiv der nationalen Wertschöpfung ein.

5.2 Kontingenz und Konfusion

Die aufdringliche Unmittelbarkeit der „demokratischen" Katastrophe lässt keinen
Spielraum für Interpretationen. So weit hat es der Scheintod nie gebracht. Zwar

nimmt man ihn grenzüberschreitend als eine manifeste Bedrohung für alle (Menschen, Bürger) und jeden wahr. Doch bleibt das Phänomen so unscharf, dass sich in seinem Innern deutlich unterscheidbare Strömungen herausbilden (siehe Tab. 1).

Tabelle 1   Scheintod-Kulturen (© Wolfgang Fach)

deutsche Humanität	englische Rationalität
Tod erkennen	Leben retten
Horror vermitteln	Nutzen beweisen
Leiden verhindern	Macht erhalten
Vernunft fördern	Nation stärken
> *Leichenhäuser*	> *Rettungshäuser*

Hufeland hat den Punkt getroffen: Wasser oder Bett – das kann einen großen Unterschied machen, wenn es darum geht, Reaktionen, Ressourcen und Regenten zu mobilisieren.

Englands Wortführer setzen bei ihrer Aufklärungskampagne (fast) alles auf die Karte des *ökonomischen Effekts*. Damit folgen sie der Linie des neu erwachten Interesses am Volk als dem zentralen Wachstumsfaktor. Rousseau hat das Kalkül schon früh auf den Nenner gebracht – sein Postulat, dass „die Kraft, die im Volke liegt" nachhaltiger wirke als jene, „welche sich aus den Staatseinkünften ergibt" (Rousseau 1989c: 513), spielt allerdings zwei Kräfte gegeneinander aus, die fürs englische Denken Hand in Hand gehen. Daher war Adam Smith, wiewohl Prophet im eigenen Lande, die bessere Adresse. Mit seinen Argumenten im Tornister hofften die Sozietäts-Funktionäre ihrem Anliegen Popularität zu verschaffen – das, wiewohl an sich ein Selbstläufer, dennoch beworben werden musste, weil es Kosten verursachen würde, die irgend jemand bezahlen musste. Ins Geld ging vor allem der Plan, übers Land verstreut an stark frequentierten Uferpassagen Rettungshäuser („Receiving-Houses") zu errichten: Etablissements, die, mit sachkundigem Personal besetzt und nützlichen Utensilien ausgestattet, den „apparently drowned" eine optimale Versorgung gewährleisten sollten. Indessen wollte es mit diesem Projekt einfach nicht recht vorwärts gehen. Woran's lag, war kein Geheimnis: Den staatlichen Instanzen, angefangen beim Parlament bis hinunter zur letzten Gemeindeverwaltung, erschien der Preis des Lebensrettungsgeschäfts, gemessen an seinem erwarteten Nutzen, einfach zu hoch (Hawes 1798: 167 f.).

Dass das Leben Buchhaltern in die Hände gefallen ist: Daran war man freilich selbst (mit) schuld, beruhte doch die Sozietäts-Kampagne auf dem Argument, (einheimische) Menschen seien als (schonungsbedürftiges) Kapital zu behandeln. Wenn daraus, weil sich Englands Verantwortliche um ein paar Ertrunkene mehr oder weniger nicht scheren mochten, ein Rohrkrepier wurde, dann lag es wohl auch am Einfluss des großen Abwesenden in der Scheintod-Debatte – Thomas Malthus.[11] Seine Meinung zählte und musste den Lebensrettern äußerst ungelegen kommen: Wer wie Malthus die Ansicht vertrat, das Land produziere sowieso zu viele Menschen, nämlich mehr als ernährt werden konnten, vermochte keinen Sinn darin zu sehen, mit viel Aufwand Totgeglaubte ins tödliche Leben zurückzuholen (Malthus 2007). Nach deutscher Art auf Menschlichkeit und Mitleid zu setzen, hätte besser ins Bild gepasst – zumindest werden Leute dann aus dem Wasser gezogen, wenn sie sich volkswirtschaftlich nicht mehr rechnen.

Auch diese Lektion stammt von Adam Smith: Es gibt so etwas wie eine *sympathisierende Betroffenheit*. Man zittert mit anderen, weil es einem genauso ergehen könnte. Wann immer Leiden „so lebhaft geschildert wird, dass wir es nachfühlen können" (Smith 1985: 1), beflügelt es die Phantasie. Als ob er Smiths Botschaft verinnerlicht hätte, strengt sich Donndorff an, das „schreckliche Elend, des so leicht möglichen *Lebendigbegrabens,* in seiner ganzen Größe darzustellen"; und er legt jedermann nahe, „sich auf sein Todtbette hinzudenken" (Donndorff 1820: XII, 166), damit erzähltes Grauen ja nicht verschwendet sei.

Allerdings: Dass die „humanistische" Erzählung keine Patentlösung bereitstellen würde, haben ihre Erfinder selbst erfahren müssen. Hufelands Konfusion ist bezeichnend – er hatte alles richtig gemacht und musste dennoch mit ansehen, wie sein liebstes Kind, das „Leichenhaus", in den Anfängen stecken geblieben ist, ohne Aussicht auf bessere Zeiten. Ein Bau schwebte ihm vor, der, ähnlich zweckdienlich ausgestattet wie das englische Pendant, dem Ziel dienen sollte, totgeglaubtes Leben erst einmal zu entdecken, bevor es ärztlich traktiert würde. Eine Alarmvorrichtung – gewöhnlich Glöckchen, die über Schnüre oder Drähte mit den Eingesargten verbunden wurden – war dazu gedacht, jede noch so kleine Bewegung an dem Totenwächter anzuzeigen. Auch Hufelands Faible verschlang viel Geld – mehr zumindest, als die Scheintod-Plage, von wenigen Ausnahmen abgesehen, dem Staat, den Gemeinden oder „begüterten Männern" letzten Endes wert war.

Gleichwohl wurden ja Anstrengungen unternommen, von Staats wegen, spontan und zu Hufelands Ärger an der falschen Front: Man entriss Menschen hundert Mal lieber den Fluten als dem Sarg. Verunglückte, nicht Verstorbene, haben ein öffentliches Anfangsinteresse erregt. Nicht groß genug, um Geld locker zu machen, hat es zumindest den Strafapparat aktiviert; jene „Landesregierungen", von denen Struve voll des Lobes spricht, hatten durch die Bank (unterlassene) Hilfe-

---

11   „If we judge influence by fame then Malthus' contribution to shaping opinion", soviel lässt
     sich im Rückblick sagen, „was incomparable" (Poynter 1969: 109; ähnlich Himmelfarb 1983).

leistungen bei Unglücksfällen im Visier. Wer solche Dramen überlebt, ist in aller Regel für Anderes nützlich, während Kranke oder Alte mit „gänzlich erschöpfter Lebenskraft" (Meuth 1822: 5), biopolitsch evaluiert, eben Ausschussware darstellen. Soll heißen: Vielleicht hätte das englische Kalkül die „policeylichen" Herzen eher erweicht.

Wie auch immer die Lage ausgesehen haben mag: Ein veritabler Ernstfall lässt keinen Spielraum für „Wahlhandlungen"; Interpretation und Irritation sind Markenzeichen der Normalität.

6   Grade der Betroffenheit

Schlecht verträgt sich mit Hufelands Missbilligung des Verunglücktenprivilegs, was das Amtsblatt der Königlichen Regierung zu Arnsberg am 21.12.1822 auf Seite 596 zu berichten weiß: „Ungeachtet der Bekanntmachung vom 6. Oktober 1818", heißt es da, sei „abermals der Fall vorgekommen, daß verschiedene Personen [...] einen im Wasser gefundenen und für ertrunken gehaltenen Menschen nicht herausgezogen und nach den gegebenen Vorschriften behandelt haben, weil sie in dem Irrthume standen, dass es ihnen nicht erlaubt sei, ohne Beiseyn des Gerichts Anstalt zu seiner Rettung zu treffen." Untertänige Normalität spiegelt sich auch in dem Verdacht wider, den weitere 15 Jahre später die Regierungsbehörde zu Marienwerder hegt: „Bei der schon so oft bewährten menschenfreundlichen Gesinnung" des heimischen Menschenschlags müsse es an „der Unkenntniß mit den hierüber erlassenen gesetzlichen Bestimmungen" liegen, wenn dem Amt wieder einmal Fälle unterlassener Hilfeleistung zu Ohren kommen (nachdem man die Kenntnisse schon zwei Mal – 1821 und 1830 – aufgefrischt hatte). Selbst der drohende Tod reicht allem Anschein nach nicht aus, um Untertanen zu bewegen, *formlos* ihrer Menschenpflicht nachzukommen. Freilich erstaunt der Behördenumgang mit dem vorgeblich so wichtigen Problem nicht weniger. Auch den Beamten ist es offenkundig schwergefallen, die Not übers Gebot zu stellen – allfällige Vorschriften galt es nun einmal zu beachten; es seien, kommentiert Frank (1813: 23) diese Umständlichkeit, bis dato keine Rettungstaten bekannt geworden, die *nach* Erledigung aller Formalitäten stattgefunden haben. Zum unterkühlten Engagement in der Sache passt, dass von Amts wegen keineswegs der Eindruck vermittelt worden ist, auf „schleunige" Abhilfe werde allzu beflissen gedrängt: Erinnerungen und Erinnerungen an Erinnerungen an den (bald ein halbes Jahrhundert alten) Herrscherwillen – damit ließ man's im Zweifel bewenden.

Einen „betroffenen" Eindruck haben die deutschen Regenten also nicht hinterlassen; dabei waren sie den englischen (oder französischen) noch voraus. Genauso schwer ist es gefallen, am anderen Ende, in der Bevölkerung, „ernsthafte"

Einstellungen dingfest zu machen. Immer wieder schieben sich, weil es dem Risiko an Kontur mangelt, andere Faktoren in den Vordergrund.

6.1   Land und Stand

Hufelands Vorsorgeempfehlung, der sich seine Mitkämpfer vorbehaltslos angeschlossen haben, ging dahin, Tote, bevor sie unter die Erde gebracht werden, erst einmal so lange zu beobachten, bis ausgeschlossen werden konnte, dass ein letzter Funke Lebens unbemerkt verlöscht. Zuhause ließen sich Leichname im Allgemeinen nicht lange genug aufbahren, hygienische und ästhetische Gründe sprachen dagegen, den kritischen Zeitpunkt abzuwarten – als einzig zuverlässige „Todtenprobe" galt eintretende Fäulnis. Leichenhäuser zu bauen, hätte daher als vernünftige Absicherung gegen den „wahrscheinlichen" Horror gelten können.

Dass am Ende das „Unwissen" der Angst den Rang ablaufen würde, war keine ausgemachte Sache. Indes, um Argumente – oder Anekdoten – auf sich wirken lassen zu können, musste man imstande sein, sie überhaupt zu rezipieren. Dass „any educated reader in Germany" das Scheintod-Thema verpasst haben dürfte, kann als unwahrscheinlich gelten (Freedman 2011: 177) – doch wie viele waren schon gebildet genugt, um lesen zu können? Etwa ein Prozent, so wird geschätzt; der große Rest, die *ländliche* Bevölkerung zumal, blieb von Aufklärungskampagnen jedweder Art bis auf Weiteres verschont respektive ausgeschlossen. Dass Preußens Regierung dem „gemeinen Mann" einen leicht verständlichen „Katechismus der anscheinenden Todesfälle" zur Verfügung gestellt hat (1787), sollte das Dunkel ebensowenig lichten wie ihre Anweisung, der ansässige Pastor möge seine Schafe ex cathedra aufklären. Noch Jahrzehnte später ist von „Vorurtheilen, besonders auf dem flachen Lande" die Rede; daneben werden weitere „Localitätsschwierigkeiten" zitiert, um zu erklären, warum es allerorts dermaßen schleppend vorangeht (Schwabe 1834: 23). Und selbst als – rabiat abgespeckte, daher wirklich preiswerte – Leichenhäuser den vermeintlichen Nutznießern geradezu nachgetragen wurden, schlugen diese das Angebot überwiegend aus, sodass das Unterfangen am Ende ganz ohne Sinn da stand: „Völlig ungenügende Einrichtung, Ueberfluß derselben", notiert lakonisch der Esslinger Oberamtsarzt Steudel – bezogen auf ein Gebiet, das ausgesprochen viel Geld in diese Infrastruktur gesteckt hatte (vgl. Steudel 1849). Kurzum: Den Ernstfall haben sich städtische Honoratiorenkreise wenigstens vorstellen können (ohne dass er ihnen zu nahe getreten ist), weiter draußen im Lande war von einer Erschütterung praktisch nichts zu merken. Dort war seinetwegen die Ruh nicht hin und das Herz nicht schwer.

Hufeland darf immerhin einen persönlichen Erfolg buchen: „Ich kann", lässt er seine Leser wissen, die „neuen traurigen Beweise der Möglichkeit, lebendig begraben zu werden, auf keine tröstlichere und erfreulichere Art beschließen, als durch die Nachricht, die gewiß jeden Menschenfreund interessiren wird, daß nun wirklich hier in Weimar der Anfang mit Errichtung eines Leichenhauses [...] gemacht, und also jene Gefahr von uns auf immer entfernt wird". Seine Idee, so fährt Hufeland fort, „wirkte so stark auf das hiesige Publikum, daß die zu diesem Ende eröffnete Subscription, bey welcher jedermann freygestellt war, was er geben wollte, nicht nur bey den höheren Ständen, sondern auch bey der Bürgerschaft [...] so reichliche Beyträge erhielt, daß dieselben, in Verbindung mit der gnädigen Unterstützung welche unsere Durchlauchtigsten Herrschaften dem Institut angedeihen ließen, vollkommen hinreichten, ein den Absichten ganz entsprechends Haus zu errichten" (Hufeland 1791: 43 ff.). Eine große Koalition der Vernunft – und des Vermögens.

Allerdings sollte das Glück mit den höheren *Ständen* nicht allzu lange dauern – schon einige Jahre später hing der Leichenhaussegen schief. In seiner Geschichte des Weimarer Exempels („nebst einigen Bemerkungen über den Scheintod und mehrere jetzt bestehende Leichenhäuser") berichtet Carl Schwabe – der dafür verantwortliche Arzt – davon, wie rasch die Front gegen das Grauen gebröckelt ist: „So lebendig die Einwohner Weimars die Idee eines Leichenhauses aufgefasst haben mochten, so scheint diese doch bald erkaltet zu seyn, denn das Leichenhaus verfiel bald und wurde zuletzt nur noch als Leichenkammer, als ein Platz benutzt, um eine Leiche schnell aus den Wohnungen Lebender zu entfernen, ja! bei dem Mangel nur einiger Eleganz im Innern wurde es von den höheren Ständen gar nicht mehr benutzt." (Schwabe 1834: 25) Beklagt wird ein doppelter Verfall: das wachsende Desinteresse an der Sache und, damit einhergehend, die soziale Abspaltung der Bessergestellten – beides Prozesse, die bezeugen, wie wenig der ausgemalte Schrecken auch informierte Köpfe erfasst hat. „Eleganz" jedenfalls wäre im Angesicht des realen Horrors kein Thema.[12]

6.2 Ertrag und Ehre

Wie erwartet konnten die Engländer mit Leichenhallen à la Hufeland wenig anfangen. Nicht nur dass „Houses of the Dead" sehr viel später (rund ein halbes Jahrhundert) Fuß gefasst haben – sie wurden auch von vorneherein in ihrer Verfallsform, als simple Verwahranstalten („Leichenkammern") geplant, denen, von

---

12 Noch einen Schritt weiter ist man übrigens in München gegangen – dort wurden gleich zwei Säle gebaut, um mithilfe einer unterschiedlichen Einlagerungsgebühr arme und reiche Leichen fein säuberlich voneinander trennen zu können. Der Klassendünkel, kritisiert ein Beobachter, mache sogar vor dem Tod nicht Halt (Schwabe 1834: 14).

der Eleganz einmal ganz abgesehen, jene technische Ausstattung fehlte, die es gebraucht hätte, um Scheintote im laufenden Bestand ausfindig zu machen (Fischer 2009).

Indes sind auch an der Heimatfront, dem Feldzug zugunsten „scheinbar Ertrunkener", jene Fortschritte ausgeblieben, die, so man den Fall wirklich ernst genommen hätte, zu erwarten gewesen wären. Wenn schon nicht allen und jedem – wem sind die „apparently drowned" dann tatsächlich ein drängendes Anliegen gewesen? Im Endeffekt kommen wieder nur partikulare Betroffenheiten heraus.

Kaum war die „Humane Society" gegründet, durfte sie die geldwerte Solidarität einer ganz besonderen Klientel erfahren: „Die Billigkeit erfordert es," – liest man im ersten Jahresbericht – „der verehrlichen Zunft der Fischhändler unsre besondere Dankbarkeit und öffentliche Erkenntlichkeit zu bezeugen für ein großmüthiges Geschenk von 100 Pfund, durch allgemeine Uebereinstimmung unserer Gesellschaft gewidmet." Was ein „öffentliches und herrliches Zeugniß ihres Beifalls" sei (Hawes 1798: 33). Offensichtlich hatte dieser Berufsstand schnell begriffen, dass der *Ertrag* seiner Arbeit auch davon abhing, wie viele Ertrunkene nur scheinbar tot waren und also keine Leichen gewesen sind, sondern Badegäste oder Schlittschuhläufer mit einem Hang zum ungesunden Risiko. So standen immerhin die Fischhändler unter dem Eindruck einer exorbitanten Gefahr, jedenfalls für ihr wirtschaftliches Wohlergehen.

Wen sonst konnten Scheintote hinter dem Ofen hervorlocken? Der Chronist William Hawkes entdeckt eigenlich nur noch „perverse" Fälle, also Kriegsgewinnler, wenn man so will, deren Lage sich dank der Not *verbessert* hat. Er macht Mobilisierungsreserven bei „aufgeklärten Bürgern" aus, die in einer vernünftigen Sache ihr Betätigungsfeld finden. An ihrer Seite kämpfen „wahre Menschenfreunde", vom Bedürfnis getrieben, an Freud und Leid der Artgenossen teilzunehmen. Ja selbst wissenschaftliche Geister, „scharfsinnige Theoretiker und philosophische Forscher", kommen, da ihnen ein relevantes Thema auf den Schreibtisch flattert, als Bundesgenossen in Frage. Halbwegs belastbare, weil interessierte Loyalität findet sich aber nur bei Hawes' eigenem Berufsstand: „Der Lehrer der Arzneikunde, so wie der ausübende Arzt" finden „einen neuen Weg zu Ruf, Ehre und Glück" (Hawes 1798: 155 f.). Was in Sachen *Ehre* etc. zu tun war, ist denn auch getan worden: Der König wurde als Schirmherr gewonnen, weitere Nobiliäten konnten als Sozietätsmitglieder begrüßt werden (einige davon sind im Annual Report von 1823 gelistet), und wer sich an der Front des Scheintods besonders verdient gemacht hatte, durfte auf persönlich zurechenbare Anerkennung hoffen: „Schon bei der Errichtung unserer Societät ward beschlossen, sobald es unser Fonds zuließ, den Aerzten oder anderen Personen, die sich bei der Wiederherstellung eines Scheindtodten ausgezeichnet hatten, eine silberne Medaille als ein öffentliches Zeichen ihrer Geschicklichkeit und Humanität zu überreichen." (Hawes 1798: 54)

Eine unmissverständliche Bedrohung – „clear and immanent", so dass es keine kleinen Fluchten mehr geben würde – hat die englische Scheintod-Rhetorik den Leuten genauso wenig vermittelt wie ihr deutsches Pendant. Sicher, im Gegensatz zu diesem hat sie wenigstens einen Helden, jenen Mustermann, der unter Einsatz seines „eigenen kostbaren Lebens" (Hawes 1798: 127) Verunglückte aus dem Wasser zieht;[13] doch ihn muss man sich gewissermaßen borgen, sprich: sein Motiv ist privater Natur (Samaritertum), sein Heroismus „akzidentiell" (unfallabhängig). Dass es um mehr und Größeres geht, diese Botschaft sollte auch in England ungehört bleiben.

7 Rousseaus Problem: „Drama, Baby!"

Der Scheintod-Alarm ist verpufft, weil er, anstatt dem Gerede ein Ende zu bereiten, erst durch Gerede überhaupt entstanden ist. Am wirklichen Ernstfall, gleichgültig ob Erdbeben (Lissabon) oder Bürgerkrieg, gibt es nichts zu deuten – er „überfällt […] die Zuschauer wie eine Naturgewalt, die einfach da ist und das Nachdenken über sie mit einem Handstreich hinwegfegt."[14] Verglichen damit mangelt es alarmierenden Hirngespinsten an elementarer *Prägnanz*: Die „Naturgewalt" des ersten Augenblicks bleibt aus, einige sehen das Unheil kommen, andere sprechen von Hysterie, wieder andere haben Besseres zu tun oder wollen einfach in Ruhe gelassen werden (Hirschmanns „exit", Hegels „Einhausung").

Mit dieser Zerfaserung schlägt sich auch Rousseau herum. Nicht damit zufrieden, politische *Augenblicke* zu fixieren, will er als Gesellschaftsarchitekt reüssieren[15] – was ihn, seines (radikal-)demokratischen Anspruchs wegen, vor das schwierige Problem stellt, (politische) Verfassung und (gesellschaftliche) Erregung auf einen Nenner zu bringen. Die gewöhnlich vernachlässigte oder ganz vergessene Preisfrage lautet daher: „Wie zu den Herzen dringen?" Daran „denken unsere Verfassungsgeber, welche stets nur Gewalt und Strafen im Auge haben, leider kaum" (Rousseau 1989d: 567).

Rousseaus Ratschlag, der ihn spürbar selbst kompromittiert: „Durch welche Mittel also die Herzen ergreifen und Liebe zum Vaterland und zu seinen Gesetzen wecken? Soll ich es wagen, es auszusprechen? Durch Kinderspiele, durch Einrich-

---

13 In den Annalen der Sozietät sind solche Heroen von allem Anfang an aufgeführt, und heute haben sie das Feld der Ehre und Ehrung für sich alleine: „Have you witnessed an act of bravery? Anyone can nominate someone for an award", heißt es auf der aktuellen Homepage der „Royal Humane Society" (wie sie sich, angemessen pauschal, inzwischen nennt).

14 So Helmut Maurós treffliche Formulierung in der Besprechung einer Aufführung von Wagners „Siegfried", in: Süddeutsche Zeitung, 05. 02. 2014, 12.

15 Vergleiche Rousseau (1989c, 1989d).

tungen, die in den Augen oberflächlicher Menschen müßig sind, die aber doch teure Gewohnheiten und unbesiegbare Bindungen hervorbringen" (Rousseau 1989d: 567). Statt der Wehr- oder Wahlpflicht gäbe es eine Spielpflicht – unverkennbar das voraussetzungsvolle, wenn nicht unmögliche Unterfangen, den laufenden Betrieb unablässig aus seiner falschen Routine zu reißen.

Man kann Ernst aber auch ernsthaft „durchspielen" und malt dann statt Kindern den Teufel an die Wand – nach dem Motto: „Drama, Baby!".[16] So verfahren z. B. jene unter Rousseaus Jüngern, deren Sinn nach einem *neuen* „Gesellschaftsvertrag" steht, der die nächste „Große Transformation" (WBGU 2011) bringen soll. Am Reim ändert sich nichts: Ohne konsequentes Umdenken und radikale Entschlossenheit sind wir (allesamt, jeder einzeln) verloren: „Das Menschengeschlecht würde" – wieder einmal – „zu Grunde gehen, wenn es nicht die Art seines Daseins änderte". Gefordert seien, von heute auf morgen, „tiefgreifende Änderungen von Infrastrukturen, Produktionsprozessen, Regulierungssystemen und Lebensstilen sowie ein neues Zusammenspiel von Politik, Gesellschaft, Wissenschaft und Wirtschaft". Außer Frage stehe, dass die „Überlebensfähigkeit der Demokratie" getestet wird (WBGU 2011: 201, 205).

An ihren Dramen sollt ihr sie erkennen: die politische Romantik des Warntätertums, dem jeder Schrecken als Vehikel zupass kommt, mal Scheintod, mal Ozonloch. Es gibt halt auch einen Unernst der Geschichte.

Literatur

Bernstein, Johann Gottlob, 1829: Medicinisch-chirurgische Bibliothek, Frankfurt: Andreäische Buchhandlung.

Bondeson, Jan, 2002: Lebendig begraben. Die Geschichte einer Urangst, Hamburg: Hoffmann und Campe.

Donndorff, Johann August, 1820: Ueber Tod, Scheintod. und zu frühe Beerdigung etc., Quedlinburg/Leipzig: Gottfried Basse.

Fischer, Pam, 2009: Houses of the Dead – The Provision of Mortuaries in London, 1843–1889, in: The London Journal, Jg. 34, H. 1, 1–15.

Frank, Johann Peter, 1813: System einer vollständigen medizinischen Polizey, Bd. V., Tübingen: J. G. Cotta'sche Buchhandlung.

Freedman, Jeffrey, 2011: The Limits of Tolerance: Jews, The Enlightenment, and the Fear of Premature Burial, in: Charles Walton (Hrsg.), Into Print. Limits and Legacies of the Enligthenment, University Park, PA: The Pennsylvania State University Press, 177–197.

---

16   Auf diese griffige Formel bringt Friederike Haupt (2013) den Alarmismus, der dem Ruf nach einer gesellschaftlichen Mobilmachung für gewöhnlich beigemischt wird.

Harrison, Benjamin, 1799: The Anniversary Sermon of the Royal Humane Society, Preached at Grosvernor Chapel on Sunday, April 16, 1799 etc., London: Nichols.

Haupt, Friederike, 2013: Die Rettung der Welt ist ersatzlos gestrichen, in: Frankfurter Allgemeine zeitung, 24.11.2013, siehe: http://www.faz.net/aktuell/politik/energiewende/klimapolitik-die-rettung-der-welt-ist-ersatzlos-gestrichen-12678882.html [25.03.2014].

Hawes, William, 1798: Abhandlungen der Londoner Königlichen Gesellschaft zur Rettung Verunglückter und Scheintodter etc., Breslau et al.: Johann Friedrich Korn d. Ä. (engl. 1795).

Hegel, Georg Wilhelm Friedrich, 1986: Grundlinien der Philosophie des Rechts, Frankfurt a. M.: Suhrkamp.

Himmelfarb, Gerturd, 1983: The Idea of Poverty, New York: Random House.

Hirschman, Albert O., 1990: Exit, Voice and Loyalty, Cambridge: Harvard University Press.

Hufeland, Christoph Wilhelm, 1791: Ueber die Ungewißheit des Todes etc., Weimar: C. J. L. Glüsing.

Hufeland, Christoph Wilhelm, 1808: Der Scheintod etc., Berlin: Matzdorff.

Kessel, Martina, 2001: Die Angst vor dem Scheintod im 18. Jahrhundert, in: Thomas Schlich/Claudia Wiesemann (Hrsg.), Hirntod, Frankfurt a. M.: Suhrkamp, 133–166.

Loick, Daniel, 2012: Kritik der Souveränität, Frankfurt/New York: Campus.

Louis, Antoine, 1752: Lettres sur la certitude des signes de la mort etc., Paris: Michel Lambert.

Malthus, Thomas R., 2007 [1798]: An Essay on the Principle Population, Mineola, N. Y.: Dover.

Maurós, Helmut von, 2014: Von den Vögeln lernen, in: Süddeusche Zeitung, 05.02.14, 12.

Meuth, Carl, 1822: Aufruf an Menschlichkeit und Vernunft zur Abwehr des schrecklichsten Todes nach dem Tode, Diss. München.

Mohl, Robert, 1832: Die Polizei-Wissenschaft nach den Grundsätzen des Rechtsstaates, Bd. 1, Tübingen: Laupp.

Poynter, John R., 1969: Society and Pauperism. English Ideas on Poor Relief, 1795–1834, London: Routledge and Kegan Paul.

Rousseau, Jean-Jacques, 1989a: Abhandlung über den Ursprung und die Grundlagen der Ungleichheit, in: Ders., Sozialpolitische und Politische Schriften, Zürich: Ex Libris, 37–61.

Rousseau, Jean-Jacques, 1989b: Vom Gesellschaftsvertrag oder Grundsätze des Staatsrechts, in: Ders., Sozialpolitische und Politische Schriften, Zürich: Ex Libris, 267–391.

Rousseau, Jean-Jacques, 1989c: Entwurf einer Verfassung für Korsika, in: Ders., Sozialpolitische und Politische Schriften, Zürich: Ex Libris, 507–561.

Rousseau, Jean-Jacques, 1989d: Betrachtungen über die Regierung in Polen und über deren vorgeschlagene Reform, in: Ders., Sozialpolitische und Politische Schriften, Zürich: Ex Libris, 563–655.

Schwabe, Carl, 1834: Das Leichenhaus in Weimar etc., Leipzig: Leopold Voss.

Smith, Adam, 1985: Theorie der ethischen Gefühle, Hamburg: Felix Meiner.

Snarts, John, 1817, Thesaurus of Horror; or, the Charnel-House Explored!!, London: Sherwood, Neely, and Jones.

Steudel, Ernst Gottlieb, 1849: Altbau und Neubau des Medicinal-Wesens in Württemberg etc., Esslingen: Verlag der Dannheimer'schen Buchhandlung.

Struve, Christian August, 1797: Versuch über die Kunst, Scheintodte zu beleben etc., Hannover: Gebrüder Hahn.

Taberger, Johann Gottfried, 1829: Der Scheintod in seiner Beziehung auf das Erwachen im Grabe etc., Hannover: Hahn'sche Hof-Buchhandlung.

Wagener, Samuel Christoph, 1801: Neue Gespenster. Kurze Erzählungen aus dem Reiche der Wahrheit. Erster Theil, Berlin: Friedrich Maurer.

WBGU, 2011 (Wissenschaftlicher Beirat der Bundesregierung Globale Umweltveränderugen 2011): Welt im Wandel. Gesellschaftsvertrag für eine Große Transformation, 2. veränd. Aufl., Berlin, in: http://www.wbgu.de/fileadmin/templates/dateien/veroeffentlichungen/hauptgutachten/jg2011/wbgu_jg2011.pdf [25.03.2014].

Zolberg, Aristide, 1972: Moments of Madness, in: Politics and Society, Jg. 2, H. 2, 183–207.

Demokratie, Migration und die Konstruktion des Anderen

Christiane Bausch

Zusammenfassung Die Grenzen demokratischer Gemeinwesen scheinen angesichts globaler Migrationsbewegungen fraglicher denn je. Werden diese überschritten, wirft dies unweigerlich die Frage nach dem Einbezug des „Anderen" in den demokratischen Prozess auf.

In der feministisch geprägten partizipatorischen Demokratietheorie, deren Richtschnur die politische Gleichheit ist, plädieren Iris M. Young und Jane Mansbridge für die Institutionalisierung gruppenspezifischer Maßnahmen für strukturell benachteiligte Gruppen. Den Vorwurf, ihren Annahmen liege ein essentialistisches Gruppenverständnis zugrunde, können sie nur bedingt entkräften. Demgegenüber stellen konstruktivistische und dekonstruktivistische Ansätze den konstruierten Charakter von kollektiven Identitäten heraus und zeigen, wie „der Andere" diskursiv hervorgebracht wird – eine Position, die den komplexen Inklusions- und Exklusionsverhältnissen angemessener zu sein scheint und von der darüber hinaus auch die partizipatorische Demokratietheorie profitieren könnte.

Am bundesdeutschen Umgang mit Zuwanderung wird deutlich, inwieweit die Regeln der Inklusion und der Zuerkennung politischer Rechte verschoben wurden und welche Herausforderungen weiterhin bestehen.

1 „Der Andere" – zur Konzeptualisierung von Prozessen der Inklusion und Exklusion in demokratischen Gemeinwesen

Moderne westliche Demokratien zeichnen sich zunehmend durch ethnisch-kulturelle Pluralisierung aus. So stellt sich angesichts weltweiter grenzüberschreitender Migrationsbewegungen die Frage nach dem Einbezug von Zugewanderten in politische Gemeinwesen, die immer noch an nationalstaatlichen Grenzen festgemacht werden. Im bundesdeutschen Kontext stehen die Etablierung von Integrationsgipfeln, die Institutionalisierung von Migrantenvertretungen sowie das Aufkommen von Migrantenselbstorganisationen symptomatisch für eine heterogener werdende Gesellschaft und die Herausforderung, die Zuwanderung für die Demokratie darstellt.

Mit der Reform des Staatsbürgerschaftsrechts im Jahr 2000 und der darin enthaltenen Einführung des *ius solis*-Prinzips, durch das in Deutschland geborene Kinder ausländischer Eltern die Möglichkeit haben, die deutsche Staatsbürgerschaft anzunehmen,[1] wurden die Grenzen politischer Zugehörigkeit verschoben.[2] Auch die Ausweitung des kommunalen Wahlrechtes auf in Deutschland lebende EU-Ausländer, die mit dem 1992 unterzeichneten Vertrag von Maastricht eingeführt wurde, steht paradigmatisch für die demokratische Verhandelbarkeit der Grenzen des Demos. Trotz dieser Verschiebungen und der Anerkennung Deutschlands als Einwanderungsland bleiben politische Rechte weiterhin an den Status der nationalen Staatsbürgerschaft bzw. den der Unionsbürgerschaft gekoppelt, sodass Nicht-EU-Ausländer von politischen Entscheidungen größtenteils ausgeschlossen sind. Die Diskrepanz zwischen faktischer Bevölkerung und Demos und die damit einhergehenden ungleichen Möglichkeiten demokratischer Partizipation werfen daher die Frage nach der Legitimität politischer Entscheidungen auf.

Um derartigen Herausforderungen zu begegnen, werden von feministischen Demokratietheoretikerinnen wie Iris M. Young und Jane Mansbridge gruppenspezifische Maßnahmen eingefordert. Während in der klassischen Theorie partizipativer Demokratie[3] mehr umfassende direktdemokratische Bürgerbeteiligung gefordert wird, setzen Young (2000) und Mansbridge (1999) verstärkt auf das Repräsentationsprinzip. Aus der Perspektive normativ-partizipatorischer, feministi-

---

1   Das sogenannte Optionsmodell sieht vor, dass sich Jugendliche zwischen dem 18. und dem 23. Lebensjahr entscheiden können, welche Staatsbürgerschaft sie zukünftig annehmen wollen und bis dahin eine doppelte Staatsangehörigkeit haben. Mit dem im Dezember 2013 ausgehandelten Koalitionsvertrag der neuen schwarz-roten Bundesregierung soll nun die Optionspflicht wieder abgeschafft werden. Allerdings ist beabsichtigt, die Möglichkeit der Mehrstaatlichkeit auf in Deutschland geborene und aufgewachsene Kinder ausländischer Eltern zu beschränken.

2   Die Reform des Staatsangehörigkeitsrechts in Deutschland wird von Seyla Benhabib in Anlehnung an Derrida als Beispiel für einen Akt „demokratischer Iteration" (Benhabib 2008: 45 ff.) interpretiert. Danach wird die Bedeutung bzw. die etablierte Verwendung eines Begriffs durch seine Wiederholung im gesellschaftlichen Diskurs transformiert. Im Falle des Staatsangehörigkeitsrechts in Deutschland seien durch demokratische Iteration die Regeln der Zugehörigkeit und der Zuweisung politischer Rechte an die durch Zuwanderung herbeigeführte veränderte Zusammensetzung der Bevölkerung angepasst worden. Flüchtlinge haben von diesen Verschiebungen im Staatsangehörigkeitsrecht allerdings nicht profitiert. Sie bleiben weiterhin von politischen Rechten ausgeschlossen.

3   Für einen Überblick zu partizipativen Demokratietheorien vergleiche Martinsen 2006: 57–64.

scher Demokratietheorie, deren Fluchtpunkt politische Gleichheit darstellt, sollten strukturell benachteiligten gesellschaftlichen Gruppen u. a. zusätzliche Repräsentationsrechte zugestanden werden.[4] Die Befürworterinnen dieser Perspektive argumentieren, das Prinzip politischer Gleichheit könne nicht allein über formal rechtliche Gleichheit gewahrt werden. In einer vereinheitlichten Öffentlichkeit, in der von partikularen Zugehörigkeiten abgesehen wird, würden stets privilegierte Gruppen ihre Präferenzen und Interessen durchsetzen können, während strukturell benachteiligte Gruppen marginalisiert würden (vgl. Young 2000: 17). Daraus ergibt sich jedoch das Problem, welche Gruppen als privilegiert und welche als marginalisiert gelten und wer darüber befinden soll.

Betrachtet man den bundesdeutschen Kontext, in dem Ausländer, auch wenn sie bereits seit Jahrzehnten in Deutschland leben, von wesentlichen politischen Rechten, insbesondere dem Wahlrecht, ausgeschlossen sind und Personen mit Migrationshintergrund in zentralen politischen Institutionen im Verhältnis zu ihrem Anteil an der Gesamtbevölkerung deutlich unterrepräsentiert sind, so wirft dies aus einem partizipatorischen Demokratieverständnis heraus die Frage auf, inwiefern auch hier ausgleichende politische Maßnahmen notwendig sind. Tatsächlich lassen sich in der Bundesrepublik Formen gruppenspezifischer Repräsentation für Migranten(gruppen) – beispielsweise die bereits erwähnten Migrantenvertretungen[5] auf kommunaler oder die Islamkonferenz und der Integrationsgipfel auf bundesstaatlicher Ebene – feststellen. Wenngleich sich diese Gremien in ihrer Funktionsweise deutlich voneinander unterscheiden, so ist ihnen doch das Anliegen gemein, Migranten in den politischen Prozess einzubeziehen. Allerdings erscheint die Sichtweise von diesen als *einer* sozialen Gruppe, auf der Forderungen nach gruppenspezifischer Repräsentation aufbauen, angesichts zunehmender sozialer und kultureller Differenzierungsprozesse selbst zunehmend fraglich. Sowohl Young (2000) als auch Mansbridge (1999) begründen ihre Forderungen insbesondere unter Berufung auf die Wirkungsweise des Repräsentationsprozesses, im Zuge dessen soziale Gruppen und die ihnen gemeinsamen Interessen erst herausgebildet würden. Jedoch gelingt es ihnen nicht überzeugend, diese Perspektive mit ihren Forderungen nach der Institutionalisierung gruppenspezifischer Repräsentation in Einklang zu bringen. Betrachtet man soziale Gruppen konsequent als Effekt diskursiver Grenzziehungen, über die Ordnungen stabilisiert werden und

---

4   Bei der Reflektion der Argumente aus der US-amerikanischen Theoriedebatte im bundesdeutschen Kontext ist zu beachten, dass sich die Theorie vor allem auf Minderheiten bezieht, die in der Regel über die amerikanische Staatsbürgerschaft verfügen, während es im Falle von Zuwanderern in Deutschland auch um Personen ohne deutsche Staatsbürgerschaft geht, die nicht über die gleichen politischen Rechte wie deutsche Staatsbürger verfügen.

5   Eine ausführliche Analyse der Inklusions- und Exklusionsmechanismen von Migrantenvertretungen findet sich bei Bausch (2013).

in die Machtverhältnisse hineinspielen, so muss auch die Frage der politischen Inklusion/Exklusion komplexer gestellt werden.

Konstruktivistische bzw. dekonstruktivistische Theorien, nach denen „der (kulturell) Andere" über diskursive Grenzziehungen hervorgebracht wird, schärfen den Blick für jene Kategorisierungsprozesse, auf denen Ausschlüsse aus der politischen Ordnung basieren. Wie Sven Opitz im Anschluss an Ernesto Laclau konstatiert, verweist „[d]ie Konstruktion von Figuren der Alterität [...] auf diese Grenze und stellt den Versuch dar, ihrer inhärenten Instabilität entgegenzuwirken" (Opitz 2008: 182). Darin kommt das Paradox zum Vorschein, dass demokratische Ordnungen den Anderen einerseits ausschließen und andererseits auf ihn angewiesen sind, um sich ihrer eigenen Bedeutung und Identität zu versichern. Gleichzeitig wird deutlich, dass die Grenzen aufgrund unhintergehbarer diskursiver Öffnungen zugleich auch Raum für deren Neugestaltung implizieren. So erweitern konstruktivistische Positionen den Blickwinkel auf Prozesse der Inklusion und Exklusion, die auch im Fokus partizipatorischer Demokratietheorie stehen.

In dem vorliegenden Beitrag wird zunächst auf die normativ-partizipatorische, feministische Demokratietheorie im Anschluss an Iris Marion Young und Jane Mansbridge eingegangen. Dabei lässt sich zeigen, dass sich das darin vertretene Konzept sozialer Gruppen als äußerst problematisch erweist und Prozesse der Inklusion und Exklusion dabei einseitig betrachtet werden. Daran anschließend wird deutlich gemacht, inwiefern sich konstruktivistische Ansätze als weiterführend erweisen, wenn es um die Frage des Einbezugs „des Anderen" geht. Hierbei liegt der Fokus zum einen auf diskurstheoretischen und zum anderen auf postkolonialen Ansätzen. Im Fazit werden die beiden Theoriestränge zusammengeführt und der Erkenntniswert eines Einbezugs konstruktivistischer Theorieansätze aufgezeigt.

2   Partizipative Demokratie und die Herausforderung der Migration

Im Mittelpunkt der feministischen partizipatorischen Demokratietheorie steht die Frage, wie angesichts gravierender sozialer Ungleichheiten für alle gesellschaftlichen Gruppen im demokratischen Prozess die gleichen Chancen garantiert werden können, ihre Präferenzen und Interessen in den politischen Prozess einzubringen. Demokratie wird hier also stets in Beziehung zu einem Ideal der Gerechtigkeit gestellt.

In kritischer Auseinandersetzung mit dem konsensorientierten Modell deliberativer Demokratie in der Fassung von Jürgen Habermas (1992) akzentuiert Iris M. Young die kulturelle Prägung von Kommunikationsprozessen, durch die sich „der (kulturell) Andere" in diesen Prozessen benachteiligt sehe. So stelle sich beispielsweise das lineare rationale Argumentieren vor allem als Kennzeichen eines westlichen Sprechstiles dar. Dadurch seien in Deliberationen diejenigen deutlich im Vorteil, die ebenjenen Sprechstil beherrschen. Indem dadurch nur die Sichtweisen privilegierter Gruppen Gehör fänden, würde die Gemeinwohlorientierung des deliberativen Prozesses letztlich unterhöhlt:

> „If discussion succeeds primarily when it appeals to what the discussants all share, then none need revise their opinions or viewpoints in order to take account of perspectives and experiences beyond them. Even if they need the others to see what they all share, each finds in the other only a mirror for him- or herself" (Young 1996: 125).

In ihrer Kritik am deliberativen Modell und ihrer Absicht, eine inklusive Demokratie zu denken, schreibt sie „den Anderen" letztlich auf eine Subjektposition fest und blendet mögliche andere identitätsstiftende Zugehörigkeiten aus.

Neben kulturellen Unterschieden betont sie vor allem soziale Ungleichheiten und deren Konsequenzen für den demokratischen Prozess. Ihr zufolge setzt eine gerechtere politische Repräsentation die Einbeziehung der unterschiedlichen Stimmen und Perspektiven aller gesellschaftlichen Gruppen voraus, die aber über formal rechtliche Gleichheit nicht gewährleistet sei. Daher plädiert sie für eine Politik der Differenz, die sie jedoch von reiner Identitätspolitik abgrenzen möchte. Während diese in erster Linie die Anerkennung einer differenten Identität und kultureller Besonderheiten als Ziel habe, ginge es bei einer Politik der Differenz vielmehr um die gleichberechtigte Teilnahme am politischen Prozess.[6] Eine konkrete politische Maßnahme, die Inklusion strukturell benachteiligter Gruppen zu gewährleisten, sieht Young unter anderem in der institutionell verankerten gruppenspezifischen Repräsentation. Diesem Konzept liegt die Annahme zugrunde, dass durch die Einbeziehung von Mitgliedern marginalisierter Gruppen in den politischen Prozess auch die inhaltliche Vertretung der jeweiligen Gruppe gesichert wird. Das wiederum wird damit begründet, dass spezifische Erfahrungen und Sichtweisen, die mit der sozialen Positionierung verknüpft sind, nur durch Gruppenmitglieder artikuliert werden können.

Youngs radikales Plädoyer für die Institutionalisierung gruppenspezifischer Repräsentation hat jedoch auch heftige Kritik auf sich gezogen. Diese richtet sich vor allem gegen ihre frühen Arbeiten, die bis Mitte der 1990er Jahre entstanden

---

6   Hier grenzt sie sich explizit von der Politik der Anerkennung im Anschluss an Charles Taylor (2009) ab, der die Anerkennung von Kultur als Eigenwert herausstellt. Young geht es im Gegensatz zu dieser kulturalistischen Sichtweise jedoch stärker um die Berücksichtigung und den Ausgleich sozialer Ungleichheiten und Ausschlüsse (vgl. Young 2000: 105).

sind, in der sie radikale Forderungen wie die nach Veto-Rechten für unzählige von ihr als benachteiligt und unterdrückt eingestufte Gruppen auf der Entscheidungsebene einforderte (vgl. Young 1990: 184). Der zentrale Vorwurf lautete, dass ihr Konzept sowie ihre daraus abgeleiteten politischen Forderungen auf einem essentialistischen Verständnis von Gruppen basieren.[7] Hier setzt auch Chantal Mouffes Kritik an Youngs Konzept der Gruppenrepräsentation an: Während das Modell für nationale Minderheiten noch normativ gerechtfertigt und praktikabel erscheine, sei die Ausdehnung auf unzählige Gruppen wie zugewanderte ethnische Minderheiten, Frauen oder Arbeiter nicht gerechtfertigt. In Reaktion auf Youngs Forderungen formuliert sie:

> „She has an ultimately essentialist notion of ‚group‘, and this accounts for why, in spite of all her disclaimers, her view is not so different from the interest-group pluralism that she criticizes: there are groups with their interests and identities already given, and politics is not about the construction of new identities but about finding ways to satisfy the demands of the various parts in a manner acceptable to all" (Mouffe 2005: 86).

Weitere Kritiker des Modells wenden ein, die zugrundeliegende essentialistische Gruppenvorstellung führe zur Exklusion von Subgruppen, die in einem oder mehreren Merkmalen von der als maßgeblich gesetzten Gruppenidentität abwichen. So könnten asymmetrische Machtverhältnisse innerhalb von Gruppen zur Unterdrückung von Individuen und Untergruppen beitragen.

Young ist sich der Schwierigkeit bewusst, ein nicht essentialistisches Verständnis von Gruppen mit einer Politik der Differenz zu vereinbaren. Infolgedessen hat sie sich um eine Konzeptualisierung von Gruppen bemüht, die diese gerade nicht als naturhafte und unveränderbare Entitäten fasst. Gruppen entstehen danach in Relation zu äußeren Strukturen, wie der Organisation von Arbeit, Freizeit und Familie, von Sexualität und Begehren, denen sich das Individuum nicht beliebig entziehen kann (vgl. Young 2000: 94). Durch die ähnliche soziale Positionierung entstünde innerhalb der jeweiligen sozialen Gruppe eine Wahrnehmung von Verbundenheit. Nichtsdestotrotz handele es sich bei Gruppen um fluide Gebilde, die keineswegs unveränderbar seien.

In ihrer späteren Arbeit verabschiedet Young die Vorstellung gemeinsamer Gruppeninteressen und entwickelt stattdessen ein Konzept von „Gruppenperspek-

---

7   Vgl. hierzu die Position von Adam Tebble (2002), der argumentiert, dass institutionalisierten Formen gruppenspezifischer Repräsentation zwangsläufig eine Identitätslogik zugrunde liegt, durch die Subgruppen, die von der als maßgeblich gesetzten Identität abweichen, exkludiert werden.

tiven", die sie von Interessen und Meinungen unterschieden wissen will. Angehörige sozialer Gruppen würden sich zwar in ihren Meinungen und Interessen voneinander unterscheiden, aber nicht in den Perspektiven, die sich aus ihrer sozialen Positionierung ableiten. Perspektiven seien stets legitim, weil die soziale Positionierung nicht frei wählbar und auch nicht beliebig veränderbar sei: „Social perspective consists in a set of questions, kinds of experience, and assumptions with which reasoning begins, rather than the conclusions drawn" (Young 2000: 137). Die Perspektiven bestimmen Young zufolge also nur die Annäherung an eine Fragestellung, aber nicht, wie sich der Einzelne letztlich dieser gegenüber positioniert. Während Interessen und Meinungen stärker mit konkreten Zielen verknüpft seien, prägten Perspektiven lediglich den spezifischen Ausgangspunkt einer Diskussion. Für Young wird das Konzept der Gruppenperspektiven auf der einen Seite der Heterogenität sozialer Gruppen gerecht und unterstreicht auf der anderen Seite, dass Mitglieder einer gesellschaftlichen Gruppe aufgrund ihrer sozialen Position, die durch äußere Strukturen determiniert ist, bestimmte Perspektiven teilen. Young gelingt es damit aber nur bedingt, die Essentialismus-Kritik zu entschärfen und mit ihrem Plädoyer für gruppenspezifische Repräsentation auf theoretischer Ebene zu vereinbaren.

Neben diesem Versuch, Kritikern mit einem Konzept von Gruppenperspektiven zu begegnen, hat Young (2000: 125 ff.) dem Essentialismus-Vorwurf auch ein repräsentationstheoretisches Argument entgegengesetzt. Indem sie politische Repräsentation als eine Differenzbeziehung zwischen Repräsentierten und Repräsentanten konzeptualisiert, die sich in einem zirkulären Prozess zwischen dem Moment der Autorisierung und der Rechenschaftsablegung des Repräsentanten vollzieht, stellt sie heraus, dass Repräsentation allgemein nicht als ein statisches Identitätsverhältnis zu verstehen ist. So könnten die vielfältigen und oftmals widerstreitenden Interessen und Meinungen der Repräsentierten niemals gleichzeitig von nur einem Repräsentanten zur Geltung gebracht werden, sodass die Beziehung stets durch Differenz gekennzeichnet sei, die alternative politische Handlungsmöglichkeiten beinhalte. Ihre These lautet daher, dass gerade durch den Prozess der Repräsentation der politische Raum erweitert wird. Die Betonung der zeitlichen Dimension von Repräsentation unterstreiche darüber hinaus die Verabschiedung eines Denkens von kollektiven Identitäten als feststehenden Einheiten. Nun wirft Youngs Konzept von Repräsentation als ein zeitlich verschobener Prozess, der sich durch Differenz auszeichnet, aber die Frage auf, warum dann noch eine Notwendigkeit für die Institutionalisierung von Formen gruppenspezifischer Repräsentation besteht. Wenn sich Repräsentation allgemein durch Differenz auszeichnet, könnten die Perspektiven und Interessen benachteiligter Gruppen ebenso gut stellvertretend durch Nicht-Gruppenmitglieder wahrgenommen werden. Es bleibt insgesamt widersprüchlich, warum die Übereinstimmung von

Gruppenmerkmalen für die Qualität der Repräsentation relevant sein und zu einer qualitativ verbesserten inhaltlichen Vertretung beitragen sollte.

Während Young nur noch von der Vertretung gemeinsamer Perspektiven ausgeht und damit ihre Forderungen abgeschwächt hat, hält Jane Mansbridge (1999), die ebenfalls zu den – wenn auch kritischen – Befürworterinnen gruppenspezifischer Repräsentation zählt, an der Idee einer Repräsentation gemeinsamer Interessen fest. Auch sie hat sich mit dem Essentialismusvorwurf auseinandergesetzt, versucht diesen aber über repräsentationstheoretische Überlegungen zu relativieren. Ihr zufolge werden gemeinsame Interessen erst im Zuge des Repräsentationsprozesses diskursiv herausgebildet und sind so mitnichten an quasi naturhafte kollektive Identitäten gebunden. Die Herauskristallisierung neuer Interessen durch den Einbezug einer gesellschaftlichen Gruppe, die bislang ausgeschlossen bzw. deutlich unterrepräsentiert war, demonstriert Mansbridge vor allem am Beispiel des Einbezugs von Frauen in die Sphäre der Politik. Hierdurch sei die politische Agenda um neue Interessen und Sichtweisen erweitert und überdies soziale Bedeutung verschoben worden. Insbesondere die Existenz von relativ dauerhaften und kulturell tief verankerten Unterdrückungsverhältnissen in Bezug auf bestimmte Gruppen stellt für sie ein gewichtiges Argument für die Etablierung gruppenspezifischer Repräsentation dar. Gerade weil sich das Soziale durch Kontingenz auszeichne, deuteten verkrustete asymmetrische Verhältnisse auf die Notwendigkeit ausgleichender politischer Maßnahmen hin.

Insgesamt vernachlässigen die oben dargelegten normativ-partizipatorischen Ansätze jedoch den konstruierten und offenen Charakter von Gesellschaft und von Identitäten, wodurch sie den Fallstricken des Essentialismus nicht vollständig entgehen. Auch wenn Young und Mansbridge hervorheben, dass Gruppen nicht als Kollektive mit natürlichen Eigenschaften, Merkmalen und Dispositionen gedacht werden können, so trägt ihr Modell der Gruppenvertretung doch klar zu einer Stabilisierung von Gruppenidentitäten und einer institutionellen Verstetigung ebenjener Identitäten bei, durch die eine Exklusion von Subgruppen wahrscheinlich gemacht wird. Der Andere der politischen Ordnung wird nach diesem Ansatz auf eine bestimmte (benachteiligte) soziale Position reduziert, die seine Zugehörigkeit zu einer bestimmten strukturell benachteiligten Gruppe belegen soll. Durch die Einführung von Sonderrechten für bestimmte Gruppen werden diese als solche festgeschrieben und kategoriale Unterscheidungen befördert. Angesichts der Komplexität des Sozialen handelt es sich dabei um eine verkürzte Sichtweise. Hier könnte die Theorie partizipativer Demokratie insofern durch das Modell radikaler Demokratie bereichert werden, als die Betonung der Entstehung kollektiver Identitäten im Zuge des politischen Prozesses der Komplexität von Unterdrückungs- und Ausgrenzungsprozessen in einem höheren Maße angemessen ist.

3 Demokratie, Inklusion und die Konstruktion des Anderen

Wie oben gezeigt wurde, stabilisiert die auf Inklusion abzielende feministisch-partizipatorische Demokratietheorie Kategorisierungen, auf denen potentiell Exklusionen aufbauen. Die damit skizzierte Problematik umgehen gerade konstruktivistische Ansätze, von denen die partizipatorische Demokratietheorie in dieser Hinsicht profitieren könnte. Sie erweisen sich bei der Analyse von Prozessen der Inklusion und Exklusion insofern als weiterführender, als sie gerade diese sozial und kulturell wirkmächtigen Kategorien unterlaufen und herausstellen, dass sich Identitäten erst im Zuge des politischen Prozesses und innerhalb eines spezifischen diskursiven Rahmens formieren.

Dem agonistischen Modell der Demokratie zufolge, wie es von Chantal Mouffe vertreten wird, sind alle sozialen Verhältnisse durch Macht konstituiert. Wichtig ist Mouffe dabei, „dass Macht nicht als ein äußerliches Verhältnis, das zwischen zwei präkonstituierten Identitäten hergestellt wird, konzipiert wird" (Mouffe 2008: 101). Jede politische Ordnung, so Mouffe, ist Ausdruck einer hegemonialen Artikulation und darf daher nicht als Repräsentation von Interessen vorpolitischer Identitäten missverstanden werden. Laclau und Mouffe akzentuieren in antiessentialistischer Absicht den diskursiven Charakter des Sozialen. So beschränkt sich ihr Diskursbegriff nicht allein auf die sprachliche Ebene, auf der in Anlehnung an strukturalistische Annahmen Bedeutungen von sprachlichen Zeichen immer erst in Abgrenzung zu anderen Zeichen entstehen, sondern bezieht auch die nicht sprachliche Ebene mit ein. Demnach haben also auch nicht sprachliche Praktiken, Subjekte oder Objekte einen diskursiven Charakter und gewinnen ihre Bedeutung erst in Relation zu anderen Praktiken, Subjekten oder Objekten (vgl. Mouffe/Laclau 2006). Das Diskursive wird dabei durch eine Praxis der Artikulation hergestellt, in der einzelne diskursive Elemente zueinander in Beziehung gesetzt werden (vgl. auch Jörke 2004). Pluralistische Gesellschaften zeichnen sich durch einen permanenten Kampf um die Bildung von Bedeutung und Identitäten aus und werden somit als nicht-feststehende und unabgeschlossene Einheiten begriffen.

Im Anschluss an Carl Schmitt, dem Mouffe das Verdienst zuweist, das Paradox der Demokratie zum Vorschein gebracht und die Spannung zwischen liberaler und demokratischer Logik herausgestellt zu haben, geht Mouffe davon aus, dass der Logik der Demokratie ein Moment der Schließung eingeschrieben ist und Demokratie stets Inklusions- und Exklusionsverhältnisse umfasst (vgl. Mouffe 2010: 80 f.). So sei Ausschluss bereits bei der Konstituierung eines Volkes unumgänglich. Für demokratische Politik sei es notwendig, zwischen jenen, die zum Demos gehören und jenen, die nicht dazugehören, zu unterscheiden. Mit Schmitt

stimmt sie darin überein, dass es sich bei liberalen Gleichheitsvorstellungen, die
die Gleichheit aller Menschen als Menschen in den Fokus rücken, letztlich um
einen unpolitischen Gleichheitsbegriff handelt. Gleichheit könne es immer nur
in bestimmten Sphären geben – sie setze überdies das Korrelat der Ungleichheit
zwingend voraus. Im Gegensatz zu Schmitt geht Mouffe dann aber davon aus, dass
die Spannung zwischen dem liberalen und dem demokratischen Gleichheitsbegriff
mitnichten automatisch zum Niedergang der liberalen Demokratie führen muss.
Sie kommt vielmehr zu dem Schluss, der Kern demokratischer Politik liege gerade
im „ständigen Prozeß der fortwährenden Neuaushandlung dieses konstitutiven
Paradoxons durch verschiedene hegemoniale Artikulationen" (Mouffe 2010: 82),
sodass die Spannung letztlich niemals zu einem endgültigen Ausgleich kommen kann. Durch diese Spannung würde eine Dynamik ausgelöst, die eine liberale Demokratie auszeichne: Während das demokratische Gleichheitsverständnis
der Konstitution des Volkes zugrunde liege, also einem Prozess, der notwendiger-
weise mit Exklusion einhergehe, ermögliche das liberale Gleichheitsverständnis
unter Bezugnahme auf die Gleichheit aller Menschen die Kritik ebendieser Exklusionsmechanismen. Da Exklusionen aus ihrer Sicht jedoch prinzipiell unver-
meidbar sind, steht sie zum einen Modellen kosmopolitischer Staatsbürgerschaft
und zum anderen auch der von deliberativen Demokratietheoretikern eingeführ-
ten Idee eines rationalen Konsenses über politische Streitfragen, der über inklusive diskursive Verfahren erreicht werden soll, ablehnend gegenüber. Für sie stellt
Konsens in pluralistischen Gesellschaften den Ausdruck einer hegemonialen Artikulation und bestehender Machtverhältnisse dar. Demokratische Politik wird also
verstanden als permanenter Kampf um Hegemonie innerhalb des diskursiven Feldes, wobei die hegemoniale Stellung niemals dauerhaft garantiert sein kann.

Für Mouffe liegt die Stärke einer agonalen und radikalen Demokratie gerade
in ihrer Offenheit für die „Vielfalt der Stimmen, die es in einer pluralistischen Gesellschaft gibt" (Mouffe 2007: 48). Weiter schreibt sie:

> „Dank der Erkenntnis, dass Identitäten aus einer Vielzahl von Elementen bestehen, ist
> solch ein Ansatz besser in der Lage, sich eine Identität vorzustellen, die mit Alterität
> umgehen kann, die die Porosität ihrer eigenen Grenze anerkennt und die sich dem Au-
> ßen, das die Bedingung der Möglichkeit ihrer selbst ist, öffnet. [...] Seine Akzeptanz
> des Anderen besteht nicht nur darin, Differenzen zu tolerieren, sondern darin, ihnen
> Ehre zu bezeigen, weil er anerkennt, dass sich ohne Alterität keine Identität je gegen-
> über ihrer selbst vergewissern würde" (Mouffe 2007: 48).

Dadurch würde auch das in pluralistischen Gesellschaften stets gegebene Gewalt-
potenzial abgeschwächt. Zwar geht Mouffe (2008, 2010) davon aus, dass eine Wir-
Sie-Unterscheidung für das Politische konstitutiv ist, und wertet damit politische

Identitäten auf. Diese werden jedoch nicht als vorpolitische Gegebenheiten, sondern als temporäre Folgen von Identifikationsprozessen in Abgrenzung zu einem konstitutiven Außen aufgefasst. Identität entsteht nach Laclau und Mouffe (2006) immer erst durch Abgrenzung zu einem imaginierten Außerhalb. Im Zuge dessen kommt es zu diskursiven Bedeutungsschließungen und es entstehen vorübergehende Subjektpositionen wie Klasse, Geschlecht oder Ethnizität, die jedoch prekär und wandelbar bleiben, da es keine eindeutig festgelegte Position innerhalb des Diskursiven gibt. In Ablehnung des traditionellen philosophischen Subjektbegriffs versteht Mouffe das Subjekt als ein Ensemble von Subjektpositionen und konstatiert:

> „It is only when we discard the view of the subject as an agent both rational and transparent to itself, and discard as well the supposed unity and homogeneity of the ensemble of its positions, that we are in a position to theorize the multiplicity of relations of subordination. A single individual can be the bearer of this multiplicity and be dominant in one relation while subordinated in another" (Mouffe 2005: 76 f.).

Für Mouffe liegt das Ziel emanzipatorischer Politik daher darin, die komplexen sozialen Verhältnisse, in denen Subjekte anderen untergeordnet sind, von unterschiedlichen Positionen aus anzufechten und umfassende Allianzen zu bilden. Über Äquivalenzketten, so Mouffe, können Bündnisse zwischen verschiedenen untergeordneten Gruppen und ihren Forderungen gebildet werden, die die Verschiebung des hegemonialen Kräfteverhältnisses möglich machen sollen.

Für die normativ-partizipative Demokratietheorie, deren Anspruch die Inklusion strukturell benachteiligter Gruppen in den politischen Prozess ist, ergibt sich die Frage, inwiefern eine konsequent konstruktivistische Konzeptualisierung des Anderen nicht nur eine adäquatere Beschreibung der Verhältnisse in modernen pluralistischen Gesellschaften darstellt, sondern darüber hinaus, inwieweit darüber der Anspruch der Inklusion in den demokratischen Prozess eingelöst werden kann. Werden nämlich Sondermaßnahmen im Bereich der politischen Repräsentation eingeführt, ist dies unweigerlich mit der Zuweisung einer unterlegenen Position an jene verbunden, die davon eigentlich profitieren sollen. Vor diesem Hintergrund gilt es im Hinblick auf die politische Unterrepräsentation von „Migranten" im deutschen Kontext zu hinterfragen, inwieweit angesichts der Mehrdimensionalität von Zugehörigkeiten und der Komplexität von Unterdrückungsverhältnissen bzw. Ausschlussmechanismen ein Bezug auf das Kollektiv „Migranten" und daran orientierte Maßnahmen angebracht sind.

4   Die Konstruktion des Anderen
aus postkolonialer Perspektive

Sind postkoloniale Theorien zunächst vornehmlich innerhalb der Literaturwissenschaften vorangetrieben worden, haben sie vor dem Hintergrund der Debatten um kulturelle Globalisierung inzwischen auch zunehmend Eingang in die Sozialwissenschaften gefunden. Im Mittelpunkt des Analyseinteresses steht vor allem die Bildung und Stabilisierung eines westlichen Subjekts über die Produktion eines nicht westlichen Anderen. Dabei gehen postkoloniale Theorien, wie sie etwa von Edward W. Said (2010), Homi K. Bhabha (2000) und Gayatri C. Spivak (1990, 2008) geprägt wurden, davon aus, dass koloniale Denkmuster und soziale Praktiken bis in die Gegenwartsgesellschaft hineinwirken.

Bereits Ende der 80er-Jahre hat Chandra Talpade Mohanty (1988) gezeigt, dass die Produktion der unterdrückten Frau der sogenannten Dritten Welt konstitutiv für die Produktion der emanzipierten westlichen Feministin ist. So hänge die Selbstdarstellung westlicher Frauen entscheidend von der Existenz *anderer* Frauen ab. Die „Dritte-Welt-Frau" würde im Rahmen theoretischer und empirischer Arbeiten liberaler westlicher Feministinnen als eine homogene Kategorie entworfen und als unterdrückt und machtlos markiert, wobei der Maßstab die Situation westlicher Frauen bleibe. Darin sieht Mohanty eine Form der Machtausübung und einen „kolonialen Denkschritt": Während die westlichen Feministinnen zu den „wirklichen ‚Subjekten' einer Gegen-Geschichte" werden, wird „Dritte-Welt-Frauen" ein Objektstatus zugewiesen (vgl. Mohanty 1988: 159). Angesichts der Vorherrschaft westlicher Theorien zeigten die Darstellungen auch politische Wirkungen, indem ein asymmetrisches Verhältnis zwischen „Erster Welt" und „Dritter Welt" darin festgeschrieben werde. Hinzu komme, dass durch die vereinheitlichende Repräsentation die Erfahrungen ethnischer oder religiöser Randgruppen innerhalb der Gruppe der „Dritte-Welt-Frauen" marginalisiert würden. Letztlich fordert Mohanty in expliziter Abgrenzung zu Marx[8] den Eintritt der nicht westlichen Frauen in die Repräsentationsverhältnisse (vgl. Mohanty 1988: 160).

---

8   Marx konstatiert in „Der achtzehnte Brumaire des Louis Bonaparte" die Notwendigkeit einer stellvertretenden Repräsentation der französischen Parzellenbauern, die er aufgrund eines fehlenden Klassenbewusstseins für nicht fähig hält, für sich selbst zu sprechen: „Die Parzellenbauern bilden eine ungeheure Masse, deren Glieder in gleicher Situation leben, aber ohne in mannigfache Beziehung zueinander zu treten. Ihre Produktionsweise isoliert sie voneinander, statt sie in wechselseitigen Verkehr zueinander zu bringen. Die Isolierung wird gefördert durch die schlechten französischen Kommunikationsmittel und die Armut der Bauern. […] Insofern ein nur lokaler Zusammenhang unter den Parzellenbauern besteht, die Dieselbigkeit ihrer Interessen keine Gemeinsamkeit, keine nationale Verbindung und keine politische Organisation unter ihnen erzeugt, bilden sie keine Klasse. Sie sind daher unfähig, ihr Klasseninteresse im eigenen Namen, sei es durch ein Parlament, sei es durch einen Konvent

Ähnlich wie bei Mohanty steht auch bei Gayatri C. Spivak die diskursive Hervorbringung des Anderen im Fokus, wobei das Augenmerk ebenfalls auf Prozesse der Wissensproduktion und die Ausübung epistemischer Gewalt gerichtet wird. So stellt Spivak, die auf marxistische, feministische und poststrukturalistische Grundannahmen rekurriert und sich mit diesen zugleich kritisch auseinandersetzt, heraus, inwiefern Repräsentationspraktiken zur Konstruktion von als subaltern markierten Identitäten beitragen. Sie konstatiert: „Das klarste Beispiel für eine solche epistemische Gewalt ist das aus der Distanz orchestrierte, weitläufige und heterogene Projekt, das koloniale Subjekt als Anderes zu konstituieren. Dieses Projekt bedeutet auch die asymmetrische Auslöschung der Spuren des Anderen in seiner prekären Subjektivität bzw. Unterworfenheit" (Spivak 2008: 42). An dem Projekt der Konstituierung des subalternen Subjekts sind Spivak zufolge auch (mutmaßlich) wohlwollende Intellektuelle maßgeblich beteiligt. In Bezug auf Foucaults Analyse der Entstehung des Wahnsinns in Abgrenzung zur Vernunft am Ende des 18. Jahrhunderts kritisiert Spivak eine Vernachlässigung der epistemischen Gewalt des Imperialismus und der internationalen Arbeitsteilung. Durch Foucaults einseitige Betrachtung aus einer westlich-europäischen Perspektive würden die Erfahrungen Subalterner vollends ausgeblendet. Indem sich Foucault in seiner Machtanalytik auf die Mikroebene beschränke, er also in erster Linie Machtverhältnisse in Institutionen wie Kliniken, Irrenanstalten, Gefängnissen oder Universitäten innerhalb eines nationalen Rahmens analysiere, gerate das übergeordnete Narrativ des Imperialismus aus dem Blickfeld. Daneben kritisiert sie Michel Foucault und Gilles Deleuze, weil sie vorgäben, die artikulationsfähigen Subalternen für sich selbst sprechen zu lassen, sich aber eigentlich genau durch den Akt des Zugestehens zu ihren Fürsprechern erheben würden. Dadurch werde das unterdrückte, einheitliche Subjekt als solches erst konstituiert und in den Diskurs eingeführt. Für Spivak dient die verschleierte Repräsentation lediglich der Selbstbestätigung der westlichen Intellektuellen. In ihrer Kritik bezieht sie sich beispielsweise auf die Aussage von Deleuze im Dialog mit Foucault, wonach „es [...] die Bedingungen bereitzustellen [gilt], unter denen die Gefängnisinsassen selbst sprechen können" (Foucault 2002: 383) oder von Foucault, der konstatiert, dass „die Intellektuellen [...] allerdings feststellen [mussten], dass die Massen sie nicht brauchen, um zu wissen; sie wissen vollkommen, klar und viel besser als sie, und sie sagen es auch sehr gut" (Foucault 2002: 384). Tatsächlich würden Foucault und Deleuze hier als hegemoniale Theoretiker sprechen und die Subalternen, insbesondere die subalterne Frau, würden durch die verschleierten Repräsentationstechniken zum Schweigen gebracht, weil sie nicht gehört werden; beide Mo-

---

geltend zu machen. Sie können sich nicht vertreten, sie müssen vertreten werden." (Marx 1972: 198) mente fallen als Teil ein und desselben Sprechaktes zusammen.[9] Die Erfahrungen Subalterner blieben westlichen Theoretikern und Wissenschaftlern letztlich verschlossen, da die verfügbaren Texte aus der „Dritten Welt", die ihnen als Quellen dienen könnten, nur die Position dort lebender privilegierter Gruppen spiegele, während die wirklich Subalternen nicht fähig seien, sich darüber zu artikulieren.

Im Rahmen dieser Repräsentationsverhältnisse sei die Subalterne als Frau auf doppelte Weise marginalisiert: „Wenn die Subalternen im Kontext kolonialer Produktion keine Geschichte haben und nicht sprechen können, dann ist die Subalterne als Frau noch tiefer in den Schatten gedrängt" (Spivak 2008: 57). Anhand des Satzes „Weiße Männer retten braune Frauen vor braunen Männern" macht Spivak (2008: 78) sodann deutlich, dass die indischen Frauen zur Zeit der britischen Besatzung zwischen lokalen frauenfeindlichen Traditionen und dem britischen Rassismus keine Chance haben, sich zu artikulieren. Während sie von den Briten in deren Diskursen über in den Kolonien vorgefundene „barbarische Zustände" instrumentalisiert und als „*Objekt* des Schutzes vor ihrer eigenen Art" (Spivak 2008: 84) eingeführt werden, bringen sie subalterne Männer angeblich aufgrund von Traditionen zum Schweigen. So stehe das Verbot des hinduistischen Rituals des Witwenselbstopfers, des *sati*[10], im Jahr 1829 durch die britische Kolonialverwaltung zum einen für den Versuch, den gewaltsamen Imperialismus mit dem Schutz der unterdrückten, indischen Frauen zu legitimieren. Zum anderen mache das Ritual selbst deutlich, wie die indischen Frauen über Traditionen hervorgebracht würden. So wurden Frauen, die *sati* ausübten, durch die lokale indische Bevölkerung verherrlicht, weil sie dadurch die Tradition bewahren würden. Daneben wurde die Witwenselbstopferung als Ausdruck des freien Willens und als bewusste Entscheidung der jeweiligen Frau gedeutet. Spivak weist in diesem Zusammenhang jedoch darauf hin, dass hinter dem Ritual der Witwenselbstopferung oftmals auch ökonomische Interessen der übrigen Familienangehörigen standen, welche die erbberechtigten Witwen dazu ermutigten, *sati* zu praktizieren, um sich auf diese Weise selbst materielle Vorteile zu sichern. Zwischen den beiden Diskursen werde die Frau als Subalterne zum Schweigen gebracht. Die aktive Rolle von Frauen und die historische Dynamik der Aushandlung von Gender-Positionen (also von „Männlichkeit" und „Weiblichkeit") werde dadurch ausgelöscht und die Subalternität der Objekt-Gruppen und in potenzierter Weise die

---

9 Auch wenn Spivak Marx insgesamt äußerst kritisch gegenübersteht, stimmt sie anders als Mohanty mit seiner Aussage überein, wonach sich die Parzellenbauern nicht selbst vertreten können (vgl. Spivak 2008: 146).

10 Bei der Praxis des Witwenopfers handelt es sich Spivak (2008: 80 ff.) zufolge um ein Ritual, bei dem sich eine Witwe nach dem Tod ihres Ehemanns auf dessen Scheiterhaufen selbst tötet. Das Witwenopfer wird in den Hindugesetzen klar vom Selbstmord unterschieden, der als verwerflich gilt.

Subalternität von Frauen innerhalb dieser Gruppen festgeschrieben bzw. erst hervorgebracht. Insofern kann in Spivaks Analyse sowohl eine Kritik des britischen als auch des einheimischen indischen Patriachats gesehen werden (vgl. Castro Varela/Dhawan 2005: 75).

Dieses koloniale Muster findet sich laut Spivak auch in politischen Diskursen der Gegenwart wieder, in denen Repräsentanten für unterdrückte Gruppen sprechen, die scheinbar ein einheitliches politisches Subjekt bilden. An dekonstruktivistische Grundannahmen anschließend sieht sie die Lösung daher gerade nicht „in der positivistischen Inklusion einer monolithischen Kollektivität von ‚Frauen' in die Liste der Unterdrückten" (Spivak 2008: 35), durch die diese als Andere definiert werden. Gerade die Einführung und der Gebrauch von „masterwords" (Spivak 1990: 104), von homogenisierenden Bezeichnungen wie „die Frauen" oder „die Kolonisierten", die Zuschreibungen darstellen, spiegele die asymmetrischen Machtverhältnisse wider und schreibe diese fest. Vor diesem Hintergrund müsse es vielmehr darum gehen, die „subaltern" Repräsentierten als maßgebliche Instanzen zu denken, denen eigene Deutungshoheit zukommt und deren Urteil für die eigene Selbstverortung relevant ist – so wie diese es häufig umgekehrt in Bezug auf die hegemoniale Perspektive tun – und zugleich die eigene privilegierte Position und Verwicklung in hegemoniale Diskurse zu reflektieren.

Zeigen Spivaks Ausführungen, wie der Andere in spezifisch kolonialen Verhältnissen als einheitliches Subjekt performativ hervorgebracht wird, so sensibilisieren sie darüber hinaus grundsätzlich für die Fallstricke wohlgemeinter Politiken im Namen des Anderen, der gerade durch diese als solcher (re)produziert wird. Das ist auch für westliche Demokratien, die sich mit Zuwanderung konfrontiert sehen, von nicht unwesentlicher Bedeutung. Eine postkoloniale Betrachtung ermöglicht eine Problematisierung einer Zuweisung von Rechten und die Kritik essentialistischer Diskurse über den Anderen.[11] Im Fall von Deutschland heißt dies, darüber zu reflektieren, inwieweit die Markierung von „Migranten" als eine benachteiligte, da innerhalb der politischen Institutionen unterrepräsentierte Gruppe, nicht tatsächlich dazu führt, Ungleichheitsverhältnisse aufrechtzuerhalten, indem diese erst als einheitliche Gruppe diskursiv hervorgebracht wird, während die Deutungshoheit weiter auf Seiten der Mehrheitsgesellschaft liegt.

---

11 Damit soll mitnichten behauptet werden, dass die Situation Subalterner der „Dritten Welt", wie sie Spivak im Blick hat, mit jener von „Migranten" in Deutschland gleichzusetzen ist, wo der Eintritt in die Repräsentationsverhältnisse bedingt gegeben ist. Nichtsdestotrotz ist das grundlegende Muster der Hervorbringung eines einheitlichen Subjekts auch hier erkennbar.

5   Schlussbetrachtung: Demokratie und Migration

Die Grenzen der liberalen Demokratie werden gegenwärtig durch weltweite Migrationsbewegungen herausgefordert. Dass der Staatsbürgerstatus ausschlaggebend für die Gewährung politischer Rechte ist, führt in Deutschland dazu, dass einem Teil der Bevölkerung die demokratischen Mitbestimmungsrechte versagt bleiben. Als Kehrseite der Globalisierung und Migration taucht damit das Problem der Exklusion aus politischen Willensbildungs- und Entscheidungsprozessen auf. Die Frage ist, inwieweit sich die politischen Maßnahmen, für die in Anspruch genommen wird, Inklusion herzustellen, als zielführend erweisen oder ob sie gar Exklusionsmechanismen noch weiter verstärken.

Folgt man den Befürworterinnen eines partizipativen Demokratiemodells, die für strukturell benachteiligte Gruppen besondere Rechte einklagen, um dem Gleichheitsideal der Demokratie – und damit einem ihrer Kerninhalte – nachzukommen, so sollten diesen besondere Rechte zuerkannt werden. Damit wird jedoch „der Andere" der politischen Ordnung betont und als einheitliche Kategorie festgeschrieben.

Stellt man diesen Positionen konstruktivistische Betrachtungsweisen gegenüber, rücken Prozesse der Subjektbildung in den Fokus, die diesen Anderen erst denkbar und erfahrbar machen. Begreift man Identitäten als das Ergebnis diskursiver Grenzziehungen, hat dies auch Folgen für das Denken einer inklusiven Demokratie. So müssten weniger die von Ausschluss Betroffenen, sondern vielmehr ebenjene Kategorisierungsprozesse, die diese erst hervorbringen, in den Blick genommen werden.

Postkoloniale Ansätze schärfen dabei den Blick für kulturell und historisch tief verankerte koloniale Denkmuster, die gerade im Kontext einer Analyse der Auswirkungen von Migration auf westliche Demokratien und deren Umgang erhellend sind. Hier wird deutlich, wie die heterogenen Stimmen „Anderer" innerhalb eines diskursiven Rahmens zum Schweigen gebracht werden. Migration stellt insofern eine Herausforderung für die Demokratie dar, als sie die Grenzen des Demos und damit auch der politischen Gemeinwesen unweigerlich destabilisiert und damit neue Fragen nach der Zuerkennung politischer Rechte aufwirft. Am deutschen Beispiel zeigt sich, wie Grenzen verschoben und den durch Zuwanderung veränderten gesellschaftlichen Verhältnissen angeglichen wurden, aber auch, welche Herausforderungen weiterhin bestehen.

Literatur

Bhabha, Homi K., 2000: Die Verortung der Kultur, Tübingen: Stauffenburg.

Bausch, Christiane, 2013: Eine Inklusionsmaßnahme und ihre Exklusionseffekte: Die politische Repräsentation von Migranten in Ausländer- und Integrations-(bei)räten, in: Iulia-Karin Patrut/Herbert Uerlings (Hrsg.), Inklusion/Exklusion und Kultur. Theoretische Perspektiven und Fallstudien von der Antike bis zur Gegenwart, Köln: Böhlau, 341–356.

Benhabib, Seyla, 2008: Demokratische Iterationen: Das Lokale, das Nationale, das Globale, in: Dies., Kosmopolitismus und Demokratie. Eine Debatte, Frankfurt a. M.: Campus, 43–71.

Castro Varela, Maria do Mar/Dhawan, Nikita, 2005: Postkoloniale Theorie. Eine kritische Einführung, Bielefeld: transcript.

Foucault, Michel, 2002: Die Intellektuellen und die Macht, in: Ders., Schriften in vier Bänden. Dits et Ecrits II, 1970–1975, Frankfurt a. M.: Suhrkamp.

Habermas, Jürgen, 1992: Faktizität und Geltung. Beiträge zur Diskurstheorie des Rechts und des demokratischen Rechtsstaats, 2. Aufl., Frankfurt a. M.: Suhrkamp.

Jörke, Dirk, 2004: Die Agonalität des Demokratischen: Chantal Mouffe, in: Oliver Flügel/Reinhard Heil/Andreas Hetzel (Hrsg.), Die Rückkehr des Politischen. Demokratietheorien heute, Darmstadt: Wissenschaftliche Buchgesellschaft, 164–184.

Laclau, Ernesto/Mouffe Chantal, 2006: Hegemonie und radikale Demokratie. Zur Dekonstruktion des Marxismus, 3. Aufl., Wien: Passagen.

Mansbridge, Jane, 1999: Should Blacks Represent Blacks and Women Represent Women? A Contingent „Yes", in: The Journal of Politics, Jg. 61, H. 3, 628–657.

Martinsen, Renate, 2006: Partizipative Demokratietheorie, in: Demokratie und Diskurs. Organisierte Kommunikationsprozesse in der Wissensgesellschaft, Baden-Baden: Nomos, 57–64.

Marx, Karl, 1972: Der achtzehnte Brumaire des Louis Bonaparte, in: Marx-Engels-Werke, Bd. 8, Berlin: Dietz, 111–207.

Mohanty, Chandra T., 1988: Aus westlicher Sicht: feministische Theorie und koloniale Diskurse, in: beiträge zur feministischen theorie und praxis, Jg. 11, H. 23, 149–162.

Mouffe, Chantal, 2005: The Return of the Political, 2. Aufl., New York/London: Verso.

Mouffe, Chantal, 2007: Pluralismus, Dissens und demokratische Staatsbürgerschaft, in: Martin Nonhoff (Hrsg.), Diskurs – radikale Demokratie – Hegemonie. Zum politischen Denken von Ernesto Laclau und Chantal Mouffe, Bielefeld: transcript, 41–53.

Mouffe, Chantal, 2008: Über das Politische. Wider die kosmopolitische Illusion, Frankfurt a. M.: Suhrkamp.

Mouffe, Chantal, 2010: Inklusion/Exklusion. Das Paradox der Demokratie, in: Peter Weibel/Slavoj Žižek (Hrsg.), Probleme des Postkolonialismus und der globalen Migration, 2. überarb. Aufl., Wien: Passagen, 75–90.

Opitz, Sven, 2008: Exklusion. Grenzgänge des Sozialen, in: Stephan Moebius/Andreas Reckwitz (Hrsg.), Poststrukturalistische Sozialwissenschaften, Frankfurt a. M.: Suhrkamp, 175–193.

Said, Edward W., 2010: Orientalismus, 2. Aufl., Frankfurt a. M.: Fischer.

Spivak, Gayatri C., 1990: The Post-Colonial Critic. Interviews, Strategies, Dialogues, New York/London: Routledge.

Spivak, Gayatri C., 2008: Can the Subaltern Speak? Postkolonialität und subalterne Artikulation, Wien: Turia + Kant.

Taylor, Charles, 2009: Multikulturalismus und die Politik der Anerkennung, Frankfurt a. M.: Suhrkamp.

Tebble, Adam J., 2002: What is the Politics of Difference?, in: Political Theory, Jg. 30, H. 2, 259–281.

Young, Iris M., 1990: Justice and the Politics of Difference. Princeton/New Jersey: Princeton University Press.

Young, Iris M., 1996: Communication and the Other. Beyond Deliberative Democracy, in: Seyla Benhabib (Ed.), Democracy and Difference. Contesting the Boundaries of the Political, Princeton/New Jersey: Princeton University Press, 120–135.

Young, Iris M., 2000: Inclusion and Democracy, Oxford/New York: Oxford University Press.

Globale Proteste und die Demokratisierung der Demokratie[1]
Anmerkungen zum Kosmopolitismus

Oliver Marchart

Zusammenfassung   Der Beitrag stellt die Frage, in welcher Weise der aktuelle Erfahrungshintergrund globaler Kämpfe um Demokratisierung die Demokratietheorie informieren sollte. Statt an dem in der politischen Theorie dominanten „philosophisch-juridischen" Souveränitätsparadigma (Foucault) festzuhalten, wird das Paradigma der *cosmopolitan democracy* oder *demokratischen Weltbürgergesellschaft* kritisch hinsichtlich rechtstheoretischer Engführungen befragt. Darüber hinaus wird die tendenzielle Verwerfung der unhintergehbaren Natur von Konfliktualität, wie sie in solchen Ansätzen anzutreffen ist, kritisiert und werden Schlussfolgerungen hinsichtlich des globalen Demokratie- und Öffentlichkeitsbegriffs gezogen, die – abseits aller Verkürzung des Politischen auf das Juridische und Institutionelle – eine positive Neubewertung der politischen wie demokratisierenden Funktion von Protest in der globalen Weltbürgergesellschaft nahelegen.

1   Protest und Demokratisierung

Spätestens seit dem Auftreten der globalisierungskritischen Bewegungen ab der Mitte der 1990er Jahre, mit Sicherheit aber mit dem Auftreten der global vernetzten Sozialproteste seit 2011 stellt sich die Frage nach dem Verhältnis von Protest und Demokratisierung auf globaler Ebene, spricht doch vieles dafür, die globalisierungskritischen Bewegungen wie auch die jüngeren Sozialbewegung im Kern als Demokratisierungsbewegungen zu deuten. Wurde im einen Fall die verheerende neoliberale Zwangspolitik internationaler Organisationen wie IWF und Weltbank weniger mit dem Ruf nach deren Abschaffung als mit dem Ruf nach ihrer Demokratisierung kritisiert, so wurden im zweiten Fall die katastrophalen Effekte neoliberaler Austeritäts-, Deregulierungs- und Sozialabbaupolitik in Folge

---

[1]   Eine frühere Version dieses Beitrags wurde unter dem Titel „Die List des Konflikts. Protest in der Weltzivilgesellschaft" in *polylog18* (2007) veröffentlicht.

der Finanz- und Schuldenkrise nicht zuletzt auf das Demokratiedefizit der „Postdemokratien" (Crouch 2008) bzw. der EU zurückgeführt und mit dem Ruf nach Demokratisierung der Demokratie beantwortet. Ich bin der Überzeugung, dass sich die akademische Demokratietheorie nicht unbeeindruckt zeigen darf von realen Kämpfen um Demokratisierung. In welcher Weise aber soll der aktuelle Erfahrungshintergrund der globalen Kämpfe um Demokratisierung Demokratietheorie informieren? Diese Frage wird insofern auf keine simple Antwort treffen, als eine unmittelbare Übersetzung von Erfahrung in Theorie selten zu mehr führt als zu Tendenzwissenschaft und *wishful thinking*. Dass letzteres nicht wünschenswert ist, muss nicht betont werden. Dennoch kann Demokratietheorie, nimmt sie reale Kämpfe um Demokratisierung zur Kenntnis, nicht unbeeindruckt an jenem im Feld der politischen Theorie dominanten „philosophisch-juridischen" Souveränitätsparadigma festhalten, das schon von Foucault eindrucksvoll kritisiert wurde (Foucault 2001). Ich möchte daher im Folgenden die Debatte um die Möglichkeit oder Unmöglichkeit einer globalen demokratischen Ordnung, die zu den meistdebattierten Fragen gegenwärtiger politischer Theorie gehört, auf ihre Responsivität in Bezug auf globale Demokratisierungskämpfe hin befragen. Dazu werde ich mich auf zwei kritische Anmerkungen zum heute dominanten Paradigma einer *cosmopolitan democracy* oder *demokratischen Weltbürgergesellschaft* und auf zwei sich aus dieser Kritik ergebende Schlussfolgerungen beschränken. Die Kritik betrifft die rechtstheoretische Engführung dieses Ansatzes sowie die tendenzielle Verwerfung der unhintergehbaren Natur von Konfliktualität; die Schlussfolgerungen betreffen unsere Vorstellung von Demokratie, sei es auf nationaler, sei es auf globaler Ebene, sowie unsere Vorstellung von Öffentlichkeit. Ich werde argumentieren, dass die Verkürzung des Politischen auf das Juridische und Institutionelle zur Unterbewertung der politischen wie demokratisierenden Funktion von Protest in der globalen Weltbürgergesellschaft führt. Dabei werden wir einer Art demokratischen „List des Konflikts" begegnen.

2   Die kantianische Engführung

Zunächst ist meiner Auffassung nach Skepsis angebracht gegenüber der kantianischen Engführung dieser Debatte. Allzu oft wird die Idee demokratischer Ordnung – gleichviel ob auf nationaler oder supranationaler Ebene – auf die der *Rechts*-Ordnung, d. h. auf Fragen (völker-)rechtlicher Verfassung reduziert. Somit wird Demokratie vordringlich zu einer Angelegenheit institutioneller Verrechtlichung. In diesem Sinne tritt Jürgen Habermas, einer der Hauptvertreter eines kantianischen Verrechtlichungsansatzes, für die Konstitutionalisierung des Völkerrechts ein, womit ihm, in Abgrenzung gegenüber realistischen Ansätzen, die Lösung aller globalen Probleme in der zunehmender Verrechtlichung der Weltordnung zu bestehen scheint. Diese Vorstellung, hier ein wenig polemisch verkürzt wiedergegeben, hat problematische Auswirkungen auf unseren Politikbegriff. Politik wird im Verrechtlichungsmodell tendenziell reduziert auf von der internationalen Rechtsordnung legitimierte, bindende Entscheidungsfindung. Selbstverständlich spricht nichts an sich gegen internationale Gerichtshöfe oder andere Formen globaler Verrechtlichung, doch führt die weitgehende Reduktion von Macht und damit Politik auf Legitimität (und letztlich von Politik auf Recht) dazu, dass jene Formen politischer *Gegenmacht,* wie sie globale soziale Bewegungen repräsentieren, nicht angemessen erfasst werden.

Denn natürlich verfügen die nicht-staatlichen Akteure der Weltbürgergesellschaft über keine rechtssetzende oder rechtserhaltende Gewalt, ihre Aktionen mögen sogar gelegentlich als illegitim, wenn nicht als illegal betrachtet werden. Nur arbeiten sie mit diesen Aktionen ja gerade an einer Verschiebung der Parameter des Legitimen und des Illegitimen. Antonio Gramsci hat hierfür den Begriff der Hegemonie reserviert. Im Unterschied zu seiner traditionellen Verwendungsweise, die die Vorherrschaft eines bestimmten Staates oder einen Staatenallianz gegenüber anderen Staaten bezeichnete, wird unter Hegemonie bei Gramsci die Produktion von Konsens und freiwilliger Zustimmung bzw. unter Gegenhegemonie der Versuch der Konsensverschiebung und des Zustimmungsentzugs verstanden. Aus dieser Perspektive wird Legitimität nicht *prozedural,* wie bei Habermas, sondern *hegemonial* errungen – oder verloren.[2] Ort dieser hegemonialen Auseinandersetzung um Legitimität ist für Gramsci vornehmlich die Zivilgesellschaft. Darunter versteht Gramsci den Raum scheinbar privater Institutionen (Bildungseinrichtungen, Familie, etc.), die von der politischen Gesellschaft (dem staatlichen Zwangsapparat) zu unterscheiden sind. Die Verfügung über staatliche Zwangsmittel alleine erlaubt einer hegemonialen Gruppe oder Allianz noch nicht, Zustimmung zu ihrer eigenen Herrschaft zu generieren und diese letztlich als legitim darzustellen. Dazu muss sie sich auf das Terrain der Zivilgesellschaft begeben und

---

2   Zur Kritik am Prozeduralismus vgl. Chantal Mouffes Auseinandersetzung mit kosmopolitischer Demokratietheorie (in Mouffe 2007; 2013). Manche Vertreter einer *cosmopolitan democracy* wie David Held besitzen allerdings gegenüber sozialen Bewegung eine größere Sensibilität als Habermas. So definieren Archibugi und Held Demokratie auf nationaler wie internationaler Ebene folgendermaßen: „The concept of *democracy* deployed here is one that entails a substantive process rather than merely a set of guiding lines. For the distinctive feature of democracy is, in our judgement, not only a particular set of procedures (important though this is), but also the pursuit of democratic values involving the extension of popular participation in the political process" (Archibugi/Held 1995: 13; vgl. auch Held/McGrew 2002, sowie Beck 2002).

in die Auseinandersetzungen um die Grenzen von Legitimität (ihrer eigenen Legitimität wie jener der verfügbaren Gegenprojekte) eintreten.

Soziale Bewegungen haben nicht zuletzt deshalb eine Chance, in diesen Kampf um Legitimität einzutreten, weil sie im Medium der Öffentlichkeit agieren, ja – wie wir noch genauer sehen werden – Öffentlichkeit produzieren und damit die Grenzen des als legitim Geltenden auf nationaler wie internationaler Ebene verschieben. Habermas bezweifelt, dass diese so von NGOs und sozialen Bewegungen mobilisierte Meinungsbildung „in einer informellen Öffentlichkeit, ohne verfassungsrechtlich institutionalisierte Wege der Umsetzung kommunikativ erzeugten Einflusses in politische Macht, der Weltbürgergesellschaft eine hinreichende Integration und der Weltorganisation eine hinreichende Legitimation verschaffen kann" (Habermas 2004: 141; vgl. auch Habermas 1998a; 1998b). Mag sein, doch der Kampf um Hegemonie, um die Verschiebung hegemonialer Denkbarkeitsgrenzen im diskursiven Feld der Weltzivilgesellschaft darf nicht ausschließlich unter dem Aspekt unmittelbarer Umsetzung in rechtsverbindliche Entscheidungen betrachtet werden. Er ähnelt eher einem langwierigen Prozess der Verschiebung diskursiver Gewichtsverhältnisse, den Gramsci (1991 ff.: 1587–9) mit dem Stellungskrieg auf den Schlachtfeldern des Ersten Weltkriegs verglichen hat.

Um ein aktuelles Beispiel für die Langwierigkeit hegemonialer Verschiebungen zu geben: Auch neoliberale Denkmuster, bis in die 70er Jahre hinein völlig marginal und auf einige *think tanks* beschränkt, sind in staatliche *policies* erst über einen jahrzehntelangen hegemonialen Kampf eingegangen, bis sie schließlich das Denken nahezu aller westlichen Regierungen und ihrer supranationalen Handelsorganisationen dominierten (vgl. Kap. 2 in Marchart 2013). Wieso also sollten dann umgekehrt Erfolge in der Umsetzung anti-neoliberaler, globalisierungskritischer Forderungen über Nacht erzielt werden? Politik im Sinne der Verschiebung hegemonialer Formationen ist, so also der *erste Kritikpunkt,* ein ausgesprochen langfristiges Geschäft, bei dem nicht die unmittelbare Implementierung im Vordergrund steht – so wünschenswert diese in manchen Fällen sein mag –, sondern die Verschiebung der Grenzen des Legitimen.

3   Der Antagonismus

Der *zweite Kritikpunkt* ist eng mit diesem ersten verwandt. Denn das Verrechtlichungsmodell geht mit Konsens- und Vernunfterwartungen einher, die aus der Perspektive eines hegemonietheoretischen Zugangs viel zu hoch gegriffen sind. Das geht aus unserer ersten Kritik hervor. Ein prozedural korrekt ablaufender Prozess rationaler Deliberation wird zur Herstellung von Konsens nicht ausreichen, wenn Legitimität – im gramscianischen Sinne von Konsens und Zustimmung – aus einem hegemonialen Stellungskampf hervorgeht. Zivilgesellschaft ist durch und durch „vermachtet", nur dass Macht nicht nur die Bedingung von Herrschaft und Unterdrückung ist, sondern zugleich auch die Ressource von Befreiung und Emanzipation, also einer emanzipatorischen Gegenhegemonie. Hier lässt sich Habermas' Argument gegen bloße Protestkommunikation, sie ließe sich ohne verfassungsrechtliche Institutionalisierung nur schwer in politische Macht und bindende Entscheidungen umsetzen, gegen ihn selbst wenden. Denn wollten umgekehrt soziale Bewegungen auf den Tag einer Weltverfassung warten, bevor sie zum Protest anheben, oder wollten sie darauf warten, dass nicht nur ein internationaler Strafgerichtshof, sondern beispielsweise auch ein internationaler Arbeitsgerichtshof oder ein internationaler Umweltgerichtshof eingerichtet werden, dann käme das ihrer Selbstabschaffung gleich. Und das wiederum würde die Einrichtung solcher Gerichtshöfe nicht wahrscheinlicher machen, sondern unwahrscheinlicher. Der Institutionalisierung „des Rechts" geht der soziale Kampf um Rechte voraus, nicht umgekehrt.

Deliberative und kosmopolitische Ansätze unterschätzen also systematisch die Rolle von Konflikt- und Protestkommunikation als Demokratisierungsressource. Das ist umso erstaunlicher, da demokratische Rechte nicht so sehr aus der „Vernünftigkeitsvermutung", die man deliberierenden autonomen Öffentlichkeiten unterstellt, hervorgingen, sondern aus sozialen Kämpfen um diese Rechte. Die Universalisierungslogik, die diesen Kämpfen zugrunde liegt, hat nichts mit einem unterstellten universellen Vernunftanspruch zu tun, sondern entspricht dem Wesen von Hegemonie: ein partikularer Akteur gibt vor, die universale Gesamtheit zu inkarnieren (in der Französischen Revolution z. B. emanzipiert sich der partikulare Dritte Stand, indem er erklärt, die „Nation" in ihrer Gesamtheit zu repräsentieren). Wenn Politik aber, wie Laclau (2002) gezeigt hat, im Versuch eines partikularen Akteurs besteht, eine abwesende Universalität zu inkarnieren, so wird sich dieses Projekt gegen eine Vielzahl anderer Projekte der partikularen Definition dieses universellen Horizonts behaupten müssen. Mit anderen Worten: kein hegemoniales Projekt wird je unherausgefordert herrschen. Konfliktualität ist unaufhebbar; weder kann sie durch einen rationalen Konsens noch kann sie durch Verrechtlichung und Konstitutionalisierung überkommen werden. Im Gegenteil, Konflikt liegt vielmehr *am Grunde* eines jeden Konsenses, jeder Legitimität und jeder Verrechtlichung.

Diese Verdrängung der im wahrsten Sinne *grundlegenden* Dimension von Konflikt – und damit Protest – ist an quasi-kantianischen Theorien zunächst überraschend, da doch Kant selbst in seiner *Idee zu einer allgemeinen Geschichte in weltbürgerlicher Absicht* hinter der zunehmenden Verrechtlichung auch des Verhältnissen von Staaten zueinander den Motor eines grundlegenden, von ihm in der Natur verorteten Konflikts vermutet: der berühmten „ungeselligen Geselligkeit" der Menschen:

> *„Das Mittel, dessen sich die Natur bedient, die Entwicklung aller ihrer Anlagen zu Stande*
> *zu bringen, ist der Antagonism derselben in der Gesellschaft, so fern dieser doch am Ende*
> *die Ursache einer gesetzmäßigen Ordnung derselben wird.* Ich verstehe hier unter dem
> Antagonism die *ungesellige Geselligkeit* der Menschen; d. i. den Hang derselben, in Ge
> sellschaft zu treten, der doch mit einem durchgängigen Widerstande, welcher diese Ge
> sellschaft beständig zu trennen droht, verbunden ist." (Kant 1983: 37)

Natürlich ist die, wenn man so will, historische *List des Konflikts,* die Kant hier unterstellt, aufgrund der teleologischen Vorannahmen geschichtsphilosophisch nicht länger überzeugend. Aber der grundlegende *Antagonismus,* von dem Kant spricht, besitzt unter Abzug aller Teleologie einen politischen Kern, der nach wie vor demokratietheoretisch produktiv ist. Freilich, darauf hat u. a. Norberto Bobbio (1990: 21–4) hingewiesen, ist die Kantische These von der Fruchtbarkeit des Konflikts, für das liberale Denken insgesamt typisch. Und im Horizont des Liberalismus bleibt auch Kant, wenn er die „ungesellige Geselligkeit" in einer naturgegebenen Tendenz von *Individuen* verortet. So betrachtet, entspricht sein Modell dem für den Liberalismus typischen individualistischen Konkurrenzmodellen. Aber in doppelter Hinsicht weist Kant über den Liberalismus hinaus:

Zum ersten betont Kant explizit, dass der Antagonismus „ungeselliger Geselligkeit" ein Strukturmerkmal auch des Verhältnisses zwischen supra-individuellen Gebilden, vornehmlich zwischen Staaten sei; darin besteht ja die Pointe seines Arguments, auch wenn der „Antagonism" gerade den paradoxen Effekt besitzt, diese in einen Zustand des Friedens und der Verrechtlichung ihrer Verhältnisse zu treiben. In der weiteren Theorieentwicklung wird aber die grundlegende Instanz des Antagonismus gerade in Bezug auf Kollektive eine unerhört wichtige Rolle spielen. Karl Marx wird – in Anlehnung an Hegels Arbeit des Negativen – den Motor der Geschichte genau in einem solchen Antagonismus zwischen Kollektiven vermuten, nämlich im Klassenantagonismus (Marx/Engels 1999). Und Gramsci wird a) den Antagonismus von der geschichtsphilosophischen Unterstellung einer *teleologischen* List befreien und b) die Kollektivität von in den Produktionsverhältnissen bereits präkonstituierten Klassen entkoppeln: Erst durch einen antagonistischen Konstruktionsprozess kann ein hegemonialer „kollektiver Wille" konstruiert werden (Kollektivität wird damit zum Produkt, nicht zur Voraussetzung „ungeselliger Geselligkeit"). Schließlich werden Laclau und Mouffe (1991) diese gramscianische Version des Antagonismus diskurstheoretisch erweitern und anti-essentialistisch radikalisieren. Antagonismus ist nun die ontologische Grundvoraussetzung jeder hegemonialen Artikulation und jeder politischen Identitätsbildung (denn erst gegenüber einem rein negativen Außen, so deren Argument, kann sich ein Feld aus Differenzen vorübergehend zu einer Äquivalenzkette – z. B. zu einer Allianz – stabilisieren); und er ist zugleich die Verunmöglichungsbedingung jeder Kollektivität, jeder Totalität, ja der Gesellschaft schlechthin. Denn gerade deren notwendige Verwiesenheit auf ein negatives Außen unterhöhlt ihre innere Stabilität, während doch genau dieses Außen ihr erst zu einem *gewissen Grad* an Stabilität verhilft.

Zum zweiten sollte man die Kantische Anerkennung der Fruchtbarkeit des Antagonismus nicht alleine im Fahrwasser des Liberalismus verorten, sondern man muss sie als Grundmerkmal der Tradition des zivilgesellschaftlichen Republikanismus seit Machiavelli verstehen. In der radikal-republikanischen Tradition ist nicht Harmonie oberstes Ziel eines Gemeinwesens, sondern Freiheit drückt sich in der Wertschätzung des Konflikts, ja gerade in der Freiheit *zum Konflikt* aus. Der *locus classicus* dieser Annahme ist Machiavellis Diskussion der *disunione della Plebe e del Senato romano* in den *Discorsi*. Die Kämpfe zwischen Plebs und Adel sind nach Machiavelli gerade die Grundursache der Erhaltung der Freiheit im republikanischen Rom. Man müsse bedenken, dass „in jeder Republik das Denken und Streben der Großen und des Volkes verschieden sind und daß aus dieser Zwietracht alle Gesetze zugunsten der Freiheit hervorgehen" (Machiavelli 1990: 138). Was ist das, wenn nicht eine frühe Form der List des Konflikts? Ungeachtet der jeweils in die Funktion der Konfliktparteien schlüpfenden Akteure (bei Machiavelli Plebs und Senatus, wobei seine Sympathien deutlich der Plebs gelten), ist in der Tradition des zivilgesellschaftlichen Republikanismus Konflikt *(disunione)* als solcher freiheitsstabilisierend und nicht freiheitsgefährdend, jedenfalls solange er nicht in Fraktionalismus abgleitet.

4   Die Demokratisierung der Demokratie

Dieser zuletzt angesprochene Aspekt führt uns zu einer wichtigen demokratietheoretischen Schlussfolgerung. Demokratie, vor allem die zivilgesellschaftlich-republikanisch inspirierte Tradition radikaler Demokratie, kann als jenes politische Projekt gelten, das die Unausweichlichkeit der ontologischen Instanz des Antagonismus anerkennt und in Form ihrer symbolischen Integration in die institutionelle Matrix der demokratischen Regierungsform politisch fruchtbar zu machen versucht. Einer der bedeutendsten Demokratietheoretiker der Gegenwart, Claude Lefort, hat diese symbolische Integration von Konflikt zu beschreiben versucht.[3] Nicht zuletzt im Anschluss an Machiavelli spricht Lefort von einer grundlegenden Teilung des gesellschaftlichen Raums; ja in letzter Instanz ist die Ent-

---

3   Zur Einführung in Lefort vgl. Marchart (1999; 2010).

scheidung zwischen Demokratie und Totalitarismus für Lefort die „*Entscheidung, die Teilung des Gesellschaftskörpers und den Konflikt als unauflösbar anzusehen oder nicht*" (Lefort/Gauchet 1990: 92). Diese grundlegende Teilung, der keine Gesellschaft – auch nicht die totalitäre – auf Dauer entkommt, wurde in der demokratischen Revolution von 1789 ff. symbolisch instituiert. Leforts berühmte These lautet, dass mit der französischen Revolution durch die Exekution von Louis XVI. die Verbindung zwischen dem irdischen Körper des Königs und seinem transzendenten Körper für immer gekappt wurde. Damit aber verlor auch die Gesellschaft ihren Legitimationsanker. Der Ort der Macht wurde von jedem substantiellen Körper entleert und steht nun dem andauernden Kampf um seine *temporäre* Wiederbesetzung offen. Die grundlegende Teilung wird weiters im gesamten „symbolischen Dispositiv" der Gesellschaft anerkannt. Sie reproduziert sich in der Trennung der Sphäre der Macht von den Sphären des Rechts und des Wissens und in der Autonomisierung einer konfliktorisch verfassten Zivilgesellschaft:

> „Eine Zivilgesellschaft *(société civile)* löst sich vollständig vom Staat ab. Doch gehorcht ihre Ordnung nicht nur den Notwendigkeiten der Arbeitsteilung, sondern stellt sich vielmehr als von Grund auf disharmonisch dar. Als Bühne eines nicht zu bemeisternden Differenzierungsprozesses ist sie zur Koexistenz unterschiedlicher Milieus, Traditionen, Verhaltensweisen und Glaubenssätzen verurteilt, die jeweils ihre Einzigartigkeit in Anspruch nehmen." (Lefort/Gauchet 1990: 92)

Die Folge ist, dass Gesellschaft gar nicht mehr anders als durch ihre eigene Teilung von sich selbst – d. h. durch ihren grundlegenden Antagonismus – zu irgendeiner Form, sei diese auch noch so prekär, von Identität gelangen kann. Erst diese Teilungen „bewirken, daß die Gesellschaft eine Identität erlangt, indem sie sich auf sich selbst bezieht, derart, daß sich der Kampf der Menschen zur Konfrontation antagonistischer Klassen zuspitzt und ein Staat, in dem Autorität und Macht konzentriert sind, sich anschickt, sich von der Zivilgesellschaft zu lösen" (ebd.: 91). Auch in dieser Theorie hat Demokratie etwas mit Legitimität zu tun, die aber nicht aus prozedural geerdeten Vernunftunterstellungen hervorgeht: „Die demokratische Herrschaftsform begründet sich in dem anfänglichen Gestus, die Legitimität des Konfliktes in der Gesellschaft anzuerkennen" (ebd.: 91).

Lefort spricht bewusst von einem *symbolischen Dispositiv* der Demokratie, das sich in seiner grundlegenden Dimension als Konfliktakzeptanzdispositiv zu erkennen gibt. Dispositiv meint hier weit mehr als nur ein Ensemble von Institutionen; der Begriff bezieht sich bei Lefort auf eine umfassende, symbolisch vermittelte Lebensweise, die bis hinunter in die kleinsten Verästelungen unseres Alltags reicht. Dass dieses Dispositiv besonders solchen Bewegungen entgegenkommt, die – wie etwa soziale Protestbewegungen – vor allem auf Konfliktkommunikation setzen, liegt auf der Hand, zugleich muss es aber qua politischer Praxis permanent reaktiviert werden. Selbst das – mit Arendt (1986: 614) gesprochen – *Recht auf Rechte,* das mit der demokratischen Revolution dispositiv fixiert wurde, wird nur abgegolten, solange es auch eingefordert wird (durch die Forderungen protestierender Gruppen nach ihrem Einschluss in die Kategorie jener, die über das Recht auf Rechte verfügen).[4] Man könnte Leforts demokratisches Dispositiv daher auch als *demokratisches Performativ* bezeichnen, denn erst in der Performanz des Protests wird es immer erst – und immer aufs Neue – ins Leben gerufen. Und vielleicht ließe sich argumentieren, dass Protestbewegungen aus genau diesem Grund als *Demokratiebewegungen* angesehen werden müssen, da sie mit den expliziten Forderungen, die von ihnen vertreten werden, in ihrem Protest zugleich immer auch implizit die allgemeine Anerkennung der Legitimität von Konflikt einklagen. Sie erfüllen somit die wichtige, womöglich sogar unabdingbare Funktion eines Motors der fortgesetzten *Demokratisierung* der Demokratie.[5]

5 Das eröffnende Nein des Protests

Die letzte Überlegung kann uns erlauben, dies meine *zweite Schlussfolgerung,* die Eingangsfrage nach der Natur einer demokratischen globalen Ordnung und der Rolle der Weltbürgergesellschaft zu beantworten. Bedenkt man – mit Lefort – die symbolische und performative Natur des demokratischen Dispositivs, wird man keinen Grund finden, warum dieses auf Nationalstaaten beschränkt bleiben sollte. Bedenkt man weiterhin – mit Luhmann (1998) – die (globale) Grenzenlosigkeit von Kommunikation bzw. – mit Laclau und Mouffe – die Grenzenlosigkeit des Diskursiven, dann gibt es schließlich auch keinen Grund, warum Protestkommunikation oder Protestdiskurse an nationalstaatlichen Grenzen haltmachen sollten. Eine Weltbürgergesellschaft, die als diskursiv verfasstes Terrain hegemonialer Stellungskämpfe um Demokratisierung verstanden wird, würde quer zur – ohnehin irreführenden – Differenz global/national liegen. Die Protestakteure der Weltbürgergesellschaft, und darunter sind vor allem transnationale Bewegungsnetzwerke zu verstehen, würden sich also nicht in ihrer Natur von Protestakteuren auf

---

4   Dieses erst in der Einforderung nach Rechten aktualisierte, wenngleich dem demokratischen Dispositiv eingeschriebene Recht auf Rechte darf genau aufgrund seiner performativen Struktur nicht mit institutioneller oder konstitutioneller Verrechtlichung verwechselt werden. Es geht jeder Verrechtlichung voraus.

5   Diese Lefort'sche Pointe wurde in die deutschsprachige Debatte vor allem eingebracht von Ulrich Rödel, Günter Frankenberg und Helmut Dubiel (vgl. Rödel/Frankenberg/Dubiel 1989).

lokaler oder nationaler Ebene unterscheiden, sondern nur im Grad ihrer transnationalen Vernetzung.

Natürlich ist eine gewisse institutionelle Verfestigung der dispositiven Merkmale von Demokratie notwendig, doch das ontologische Primat liegt bei den sozialen Kämpfen, denen sie ihre Gründung wie auch ihre performative Re-Aktivierung verdankt, nicht bei den Rechtsinstitutionen an sich. Was hier vehement einzufordern ist, ist also ein Perspektivenwechsel in Bezug auf Protest, sei es in der Weltzivilgesellschaft, sei es im nationalen oder lokalen Rahmen. Denn die herkömmlichen Ansätze nicht nur des Verrechtlichungsparadigmas, sondern ebenso die meisten Ansätzen der sozialen Bewegungsforschung bleiben staats- und institutionenzentriert. An Protest scheinen sie oft mehr dessen institutionelle Adressaten zu interessieren (etwa hinsichtlich der Protestfazilitierungskapizität dieser Adressaten oder umgekehrt hinsichtlich ihrer Rezeptivität gegenüber Protestforderungen) als das Phänomen des Protests selbst. Damit aber wird Protestkommunikation als immer schon abgeleitete und letztlich utilitaristisch-umsetzungsorientierte Unternehmung konzipiert, was am Selbstverständnis vieler Protestbewegungen vorbeigeht. Protestkommunikation wird also letztlich aus dem Blickwinkel des Adressaten beobachtet und nach dessen Kriterien (etwa den Kriterien staatlichen Verwaltungshandelns, der Umsetzbarkeit von Protestforderungen in *policies* etc.) beurteilt. Was aber, wenn die wesentliche demokratische Funktion von Protest nur sekundär mit der Umsetzbarkeit jeweils partikularer Forderungen in staatliches Verwaltungshandeln oder regulative Gesetzgebung zu hat, sondern vielmehr – auf einer grundlegenderen Ebene – mit der Reaktivierung des demokratischen Dispositivs *qua Konflikt*? Wenn es sich hier um einen republikanischen Rückbezug auf den instituierenden Moment der demokratischen Revolution handeln sollte, und wenn das Recht auf Rechte nur im Kampf *gegen* die Kräfte der Verweigerung dieses Rechts überhaupt formulierbar ist – also qua Antagonismus? Das aber würde bedeuten, dass dem Antagonismus, der performativ im Moment des Protests hergestellt wird, ein potentiell demokratisierender Impuls eignet – gesetzt, er versteigt sich nicht zum totalitären Phantasma der Abschaffung des demokratischen Dispositivs und damit der gründenden Instanz des Antagonismus selbst.[6] Theorien, die auf bloße Verrechtlichung, Institutionalisierung oder Umsetzbarkeit in Verwaltungshandeln abzielen, muss diese grundsätzliche Produktivität des Antagonismus, die gerade in seinem *negatorischen* Charakter besteht, naturgemäß entgehen.

Das *eröffnende Nein* des Protests ist also kein einfaches Nein, sondern impliziert in der Verneinung die Bejahung des demokratischen Dispositivs und der Le-

---

6   Ein selbstwidersprüchliches Unterfangen, das, wie Leforts Totalitarismusuntersuchungen gezeigt haben, in letzter Instanz zum Scheitern verurteilt ist (Lefort 1981).

gitimität von Konflikt. Es wirkt *eröffnend,* weil es – mit Rekurs auf die grundlegende Instanz des Antagonismus – im Spalt zwischen Staat und Zivilgesellschaft *Öffentlichkeit* schafft. Weder, so die Lehre, die man meines Erachtens etwa aus den Demokratietheorien Leforts sowie Laclaus und Mouffes zu ziehen hat, ging dieser Spalt seiner eigenen konfliktorischen Konstruktion durch Protestkommunikation voraus (es gibt also per Definition keine „institutionalisierte" Öffentlichkeit), noch macht die Differenzierung zwischen „Staat" und „Zivilgesellschaft" ohne einen solchen radikalen Begriff von Öffentlichkeit Sinn – denn ihre Differenz lässt sich nicht durch eine duale topographische Differenzierung erzwingen, sondern kommt überhaupt erst im eröffnenden Spalt des Antagonismus zu tragen. Mit der Teleologie, die die Hegel'sche List der Vernunft bestimmte, hat diese *demokratische List des Konflikts* nichts mehr gemein – genauso wenig hat sie mit der prozeduralistischen Diskursethik, die die Habermas'sche List der Vernunft auszeichnet, gemein. Die globale Öffentlichkeit ist kein bereits institutionalisierter Raum, bereitgestellt durch nationale und international agierende Medien (à la CNN), der als leeres Gefäß nur auf seine Auffüllung mit Protestkommunikation warten würde. Die globale Öffentlichkeit stellt sich überhaupt erst im Moment der Konfliktkommunikation her und vergeht zusammen mit dem Protest, der sie erzeugte. Protest sucht nicht die Öffentlichkeit, sondern Protest findet sie. Oder genauer: Protest *erfindet* sie, und zwar jedes mal aufs Neue.

Literatur

Archibugi, Daniele/Held, David, 1995: Editors' Introduction, in dies. (Hrsg.), Cosmopolitan Democracy. An Agenda for a New World Order, Cambridge: Polity, 1–16.

Arendt, Hannah, 1986; Elemente und Ursprünge totaler Herrschaft. Antisemitismus, Imperialismus, totale Herrschaft, München: Piper.

Beck, Ulrich, 2002: Macht und Gegenmacht im globalen Zeitalter. Neue weltpolitische Ökonomie, Frankfurt a. M.: Suhrkamp.

Bobbio, Norberto, 1990: Liberalism and Democracy, London/New York: Verso.

Crouch, Colin, 2008: Postdemokratie, Frankfurt a. M.: Suhrkamp.

Foucault, Michel, 2001: In Verteidigung der Gesellschaft, Frankfurt a. M.: Suhrkamp.

Gramsci, Antonio, 1991 ff., Gefängnishefte, Hamburg: Argument.

Habermas, Jürgen, 2004: Der gespaltene Westen, Frankfurt a. M.: Suhrkamp.

Habermas, Jürgen, 1998a: Faktizität und Geltung. Beiträge zur Diskurstheorie des Rechts und des demokratischen Rechtsstaats, Frankfurt a. M.: Suhrkamp.

Habermas, Jürgen, 1998b: Die postnationale Konstellation, Frankfurt a. M.: Suhrkamp.

Held, David/McGrew, Anthony, 2002: Globalization/Anti-Globalization, Cambridge: Polity.

Kant, Immanuel, 1983: Werke in zehn Bänden, hrsg. v. Wilhelm Weischedel, Bd. 9, Darmstadt: Wissenschaftliche Buchgesellschaft.

Laclau, Ernesto, 2002: Emanzipation und Differenz, Wien: Turia+Kant.

Laclau, Ernesto/Mouffe, Chantal 1991: Hegemonie und radikale Demokratie, Wien: Passagen.

Lefort, Claude, 1981: L'Invention démocratique, Paris: Fayard.

Lefort, Claude/Gauchet, Marcel, 1990: Über die Demokratie: Das Politische und die Instituierung des Gesellschaftlichen, in: Ulrich Rödel (Hrsg.), Autonome Gesellschaft und libertäre Demokratie, Frankfurt a. M.: Suhrkamp, 89–122.

Luhmann, Niklas, 1998: Die Gesellschaft der Gesellschaft, Frankfurt am Main: Suhrkamp.

Machiavelli, Niccolò, 1990: Politische Schriften, hrsg. v. Herfried Münkler, Frankfurt a. M.: Fischer.

Marchart, Oliver 1999: Zivilgesellschaftlicher Republikanismus: Lefort und Gauchet, in: André Brodocz/Gary S. Schaal (Hrsg.), Politische Theorien der Gegenwart. Eine Einführung, Opladen: Leske & Budrich, 119–142.

Marchart, Oliver, 2010: Die politische Differenz. Zum Denken des Politischen bei Nancy, Lefort, Badiou, Laclau und Agamben, Frankfurt a. M.: Suhrkamp.

Marchart, Oliver, 2013: Die Prekarisierungsgesellschaft. Prekäre Proteste. Politik und Ökonomie im Zeichen der Prekarisierung, Bielefeld: transcript.

Marx, Karl, Friedrich Engels, 1999: Das Kommunistische Manifest. Eine moderne Edition. Mit einer Einleitung von Eric Hobsbawm, Hamburg/Berlin: Argument.

Mouffe, Chantal, 2007: Über das Politische. Wider die kosmopolitische Illusion, Frankfurt a. M.: Suhrkamp.

Mouffe, Chantal, 2013: Agonistics. Thinking the World Politically, London/New York: Verso.

Rödel, Ulrich/Frankenberg, Günter/Dubiel, Helmut, 1989: Die demokratische Frage, Frankfurt a. M.: Suhrkamp.

Sachregister

Autorenverzeichnis

Bausch, Christiane, Dr. phil., ist Wissenschaftliche Mitarbeiterin am Lehrstuhl für Politische Theorie des Instituts für Politikwissenschaft an der Universität Duisburg-Essen. Publikationen u.a.: Eine Inklusionsmaßnahme und ihre Exklusionseffekte: Die politische Repräsentation von Migranten in Ausländer- und Integrations(bei)räten, in: Katrin Engfer/Herbert Uerlings/Iulia-Karin Patrut (Hrsg.), Inklusion/Exklusion und Kultur. Theoretische Perspektiven und Fallstudien von der Antike bis zur Gegenwart, Köln: Böhlau, 2013, 341–356; Kollektive Identität und politische (Selbst-)repräsentation am Beispiel von Migrant_innenvertretungen, in: Gabriele Jähnert/Karin Aleksander/Marianne Kriszio (Hrsg.), Kollektivität nach der Subjektkritik. Geschlechtertheoretische Positionierungen, Bielefeld: transcript, 2013, 117–134; Inklusion durch politische Selbstvertretung? Die Repräsentationsleistung von Ausländer- und Integrations(bei)räten, Baden-Baden: Nomos, i.E.

Brodocz, André, Dr. phil., ist Professor für Politische Theorie an der Staatswissenschaftlichen Fakultät der Universität Erfurt. Publikationen u.a.: Variationen der Macht (Hrsg.), Baden-Baden: Nomos, 2013 (gem. mit Stefanie Hammer) (Schriftenreihe der Sektion Politische Theorien und Ideengeschichte der Deutschen Vereinigung für Politische Wissenschaft, Bd. 25); Die Macht der Judikative, Wiesbaden: VS, 2009; Erfahrung als Argument. Zur Renaissance eines ideengeschichtlichen Grundbegriffs (Hrsg.), Baden-Baden: Nomos, 2007 (Schriftenreihe der Sektion Politische Theorien und Ideengeschichte der Deutschen Vereinigung für Politische Wissenschaft, Bd. 11.).

Fach, Wolfgang, Dr. rer soc., ist Hochschullehrer i.R. und Dozent an der Universität Leipzig. Publikationen u.a.: Exzessiver Egoismus. Von Menschen und Monstern, in: Merkur, Jg. 67, H. 10/11, 2013, 1075–1083; Inkompetenzkompensationskompetenz. Wie Souveräne souverän bleiben, in: Merkur, Jg. 66, H. 9/10, 2012, 886–895; Der Gott des Gefühls. Über die Religion in Amerika, in: Merkur, Jg. 66, H. 3, 2012, 205–213.

Flügel-Martinsen, Oliver, PD Dr. phil., ist akad. Rat (auf Lebenszeit) für Politische Theorie an der Universität Bielefeld. Publikationen u. a.: Demokratietheorie und Staatskritik aus Frankreich. Neuere Diskurse und Perspektiven (Hrsg.), Stuttgart: Steiner, in Vorb. (gem. mit Franziska Martinsen); Politische Philosophie der Besonderheit. Normative Perspektiven in pluralistischen Gesellschaften, Frankfurt a. M.: Campus, 2014 (gem. mit Franziska Martinsen); Gewaltbefragungen. Beiträge zur Theorie von Politik und Gewalt (Hrsg.), Bielefeld: transcript, 2013 (gem. mit Franziska Martinsen).

Heidbrink, Ludger, Dr. phil, ist Inhaber des Lehrstuhls für Praktische Philosophie an der Christian-Albrechts-Universität zu Kiel und Gastprofessor am Reinhard-Mohn-Institut für Unternehmensführung und Corporate Governance an der Universität Witten-Herdecke. Publikationen u. a.: Unternehmen als politische Akteure. Eine Ortsbestimmung zwischen Ordnungsverantwortung und Systemverantwortung, in: ORDO. Jahrbuch für die Ordnung von Wirtschaft und Gesellschaft, Bd. 63, Stuttgart: Lucius & Lucius, 2012, 203–231; Die Verantwortung des Konsumenten. Über das Verhältnis von Markt, Moral und Konsum (Hrsg.), Frankfurt a. M./New York: Campus, 2011 (gem. mit Imke Schmidt und Björn Ahaus); Unternehmertum. Vom Nutzen und Nachteil einer riskanten Lebensform (Hrsg.), Frankfurt a. M./New York: Campus, 2010 (gem. mit Peter Seele).

Marchart, Oliver, Dr. phil., ist Professor für Soziologie an der Kunstakademie Düsseldorf. Publikationen u. a.: Die Prekarisierungsgesellschaft: Prekäre Proteste. Politik und Ökonomie im Zeichen der Prekarisierung, Bielefeld: transcript, 2014; Das unmögliche Objekt. Eine postfundamentalistische Theorie der Gesellschaft, Berlin: Suhrkamp, 2013; Ästhetik des Öffentlichen. Eine politische Theorie künstlerischer Praxis, Wien: Turia + Kant, in Vorb.

Martinsen, Renate, Dr. phil., ist Inhaberin des Lehrstuhls für Politische Theorie am Institut für Politikwissenschaft der Universität Duisburg-Essen. Publikationen u. a.: Spurensuche: Konstruktivistische Theorien der Politik (Hrsg.), Wiesbaden: Springer VS, 2014 (Schriftenreihe „Politologische Aufklärung – konstruktivistische Perspektiven"); Negative Theoriesymbiose? Die Machtmodelle von Niklas Luhmann und Michel Foucault im Vergleich, in: André Brodocz/Stefanie Hammer (Hrsg.), Variationen der Macht, Baden-Baden: Nomos, 2013, 57–74; Der Mensch als sein eigenes Experiment? Bioethik im liberalen Staat als Herausforderung für die politische Theorie, in: Clemens Kauffmann/Hans-Jörg Sigwart (Hrsg.), Biopolitik im liberalen Staat, Baden-Baden: Nomos, 2011, 27–52.

Niederberger, Andreas, Prof. Dr. phil., ist Professor für Politische Philosophie an der Universität Duisburg-Essen. Publikationen u. a.: Are Human Rights Moral Rights?, in: Amos Nascimento/Matthias Lutz-Bachmann (Hrsg.), Human Dignity, Human Rights and the Cosmopolitan Idea, Farnham/Burlington, VT: Ashgate, 2014, 75–92; Republican Democracy. Liberty, Law and Politics (Hrsg.), Edinburgh: Edinburgh University Press, 2013 (gem. mit Philipp Schink); Demokratie unter Bedingungen der Weltgesellschaft? Normative Grundlagen legitimer Herrschaft in einer globalen politischen Ordnung, Berlin/New York: De Gruyter, 2009.

Schlichte, Klaus, Dr. phil., ist Inhaber des Lehrstuhls für Internationale Beziehungen: Politik in der Weltgesellschaft und absolvierte Lehr- und Forschungsaufenthalte in Senegal, Mali, Frankreich, USA, Serbien und Uganda. Publikationen u. a.: Gewalttheorien. Eine Einführung, Hamburg: Junius, 2014 (gem. mit Teresa Koloma Beck); When Facts become a Text: Reinterpreting War with Serbian War Veterans, in: Revue de Synthèse, Nr. 114, 2014; The Limits of Armed Contestation. Power and Domination in Armed Groups, in: Geoforum, Jg. 43, H. 4, 2012, 716–724.

Stetter, Stephan, Dr. (Ph. D., LSE), ist Professor für Internationale Beziehungen und Konfliktforschung an der Fakultät für Staats- und Sozialwissenschaften der Universität der Bundeswehr München und Herausgeber der Zeitschrift für Internationale Beziehungen. Publikationen u. a.: Ordnung und Wandel in der Weltpolitik: Grundzüge einer Soziologie der Internationalen Beziehungen, Leviathan-Sonderband 28: Berliner Zeitschrift für Sozialwissenschaften (Hrsg.), Baden-Baden: Nomos, 2013; Conflicts About Water: Securitizations in a Global Context, in: Cooperation and Conflict, Jg. 46, H. 4, 2011, 441–459 (gem. mit Eva Herschinger, Thomas Teichler und Mathias Albert); World Society and the Middle East: Reconstructions in Regional Politics, Houndsmill: Palgrave, 2008.

The manufacturer's authorised representative in the EU is Springer
Nature Customer Service Centre GmbH, Europaplatz 3, 69115 Heidelberg,
Germany. If you have any concerns regarding our products, please
contact ProductSafety@springernature.com

Printed and bound by CPI Group (UK) Ltd, Croydon, CR0 4YY
27/04/2026
02097634-0002